P9-CJS-924

Herm
Die Kelten

Gerhard Herm

DIE KELTEN

Das Volk,
das aus dem Dunkel kam

Econ Verlag
Düsseldorf · Wien

Karten: Ernst Friedrich Adler, München
Fotos: Christina Herm (Schutzumschlag);
Gerhard Herm (17); Muséum Calvet, Avignon (4);
Cosy-Verlag, Alfred Gründler, Salzburg (1);
Holle Bildarchiv, Baden-Baden (2);
Irische Fremdenverkehrszentrale, Frankfurt (2)

1. Auflage 1975

Gesetzt aus der 10 Punkt Garamond
Gesamtherstellung Mohndruck Reinhard Mohn OHG, Gütersloh
Printed in Germany
ISBN 3 430 14453 1

Inhalt

I.
Das Volk, das aus dem Dunkel kam 9
II.
Ein Alptraum für Rom 29
III.
Alexanders Erben und die Kelten 57
IV.
Vier Griechen entdecken Gallien 79
V.
Es begann an der Wolga 109
VI.
Als Atlantis unterging 135
VII.
Die Geburt eines keltischen Europas 159
VIII.
Kopfjäger mit bürgerlichen Zügen 185
IX.
Die Verwalter des Todes 219
X.
Das ränkevolle Spiel des Julius Caesar 251
XI.
Der vergebliche Kampf des Vercingetorix 277
XII.
Feldzüge am Ende der Welt 305
XIII.
Die barbarische Verschwörung 327
XIV.
Irland oder die Fliege im Bernstein 351
XV.
Wilde, sanfte keltische Heilige 386
XVI.
Das Keltenreich im Nirgendwo 409
Literaturverzeichnis 429
Register 433

Meiner Frau Christina
gewidmet

Kapitel I

Das Volk, das aus dem Dunkel kam

»Das ist neben dem Grauen das zweite, was den Kämpfer mit einer Sturzflut roter Wellen überbrandet: der Rausch.«
Ernst Jünger – »Der Kampf als inneres Erlebnis«

»Zu glauben, daß wir uns in die Gedanken der Kelten versetzen, ihren psychologischen Zustand und ihre Gefühle teilen könnten, ist pure Zeitverschwendung.«
Stuart Piggott – »The Druids«

Zeittafel:

Um 400 v. Chr.:	Die Kelten fallen nach Italien ein und verdrängen die Etrusker aus der Poebene.
390 v. Chr.:	Erster Zusammenstoß mit den Römern bei Clusium.
387 v. Chr.:	Gallierkatastrophe: Nach einer Niederlage des römischen Heeres in der Schlacht an der Allia dringen die Kelten nach Rom vor, brennen die Stadt nieder und belagern das Kapitol.

Keltenwanderung nach Italien

Kelten und Karthago – zu gefährlich für Rom

Das Thema war brisant, die Art und Weise, in der es behandelt wurde, fast komödienreif. Zwei Parteien saßen sich gegenüber, bemüht, das, worum es eigentlich ging, möglichst mit keinem Wort zu berühren: Auf der einen Seite Vertreter des Senats von Rom, auf der anderen Hasdrubal, der karthagische Vizekönig in Spanien, und seine Berater.

Ort des Gesprächs: Eine Stadt an der iberischen Mittelmeerküste, die von ihren Gründern vermutlich Kart Hadascht genannt wurde, von den Römern Nova Carthago; heute heißt sie Cartagena. Zeit: Das Jahr 226 v. Chr.

Die Römer, deren Streitkräfte den Puniern wenige Jahre zuvor Sizilien, Sardinien und Korsika samt der Herrschaft über das westliche Mittelmeer entrissen hatten, gaben vor, von neuen karthagischen Expansionen in Spanien beunruhigt zu sein. Ihr Gastgeber tat so, als nehme er diese Besorgnis ernst. Sie wäre zumindest verständlich gewesen.

Hasdrubal hatte in drei langen Kriegsjahren einen beträchtlichen Teil Südostspaniens erobert, um seiner Vaterstadt Ersatz für die verlorengegangenen Mittelmeerinseln zu schaffen. Nun sah er sich in der glücklichen Lage, über die reichen Silbergruben der Sierra Morena zu verfügen und mit deren Erträgen auch den Bau neuer Flotten finanzieren zu können. Darüber hinaus hatte er weitgreifende strategische Pläne entwickelt, die eine noch stärkere Ausdehnung der punischen Macht in Spanien vorsahen.

Gerade an diesen Plänen schienen Roms Gesandte besonders interessiert zu sein. Sie begehrten zu wissen, wie weit die Karthager noch nach Norden vorstoßen wollten und ob sie etwa erst am Fuß der Pyrenäen haltzumachen gedächten. Der letzte Teil der Frage zielte auf den Punkt, um den es vor allem ging.

Auf der Nordseite des Gebirgszuges, der die Iberische Halbinsel so hermetisch vom restlichen Europa abschließt, hauste nämlich ein Volk, das die Römer weit mehr fürchteten als Karthago: die Kelten.

Der nordafrikanische Kaufmannsstaat war für die italische Republik immer nur eine Macht gewesen, die Neid oder Eifersucht erweckte.

Mit Karthago hatte sie jahrelang gedeihlich zusammengearbeitet und selbst der Erste Punische Krieg war mehr eine Frucht von Mißverständnissen und zufälligen Zusammenstößen gewesen als ein Ausdruck politischer Notwendigkeit.

Die Kelten dagegen verkörperten eine ständige existentielle Bedrohung. Die Angst vor ihnen saß jedem Bürger der Tiberstadt in den Knochen. Sie schienen eher eine Ausgeburt des finsteren Chaos zu sein als eine faßbare militärische Größe. Und da es in diesem Jahr 226 v. Chr. wieder einmal so aussah, als seien ihre Horden im Begriff, über den mittleren Teil des Apenninenstiefels herzufallen, fürchteten die Senatoren ein denkbares Bündnis zwischen drei durch die Pyrenäen getrennten potentiellen Feinden, den Karthagern in Spanien und den Kelten in Frankreich wie in Oberitalien – denn dort saßen sie auch. Einem Angriff dieser geballten Macht wär Rom kaum gewachsen gewesen.

Dennoch dürfte es keiner der Diplomaten, die Hasdrubal gegenübersaßen, gewagt haben, solche konkreten Befürchtungen zu äußern. Hätte er es getan, dann wäre offenbar geworden, in welcher Zwangslage sich seine Delegation befand.

Der Karthager indessen hat seinen Vorteil kaum über Gebühr ausgenutzt.

Er erklärte, daß Karthago bereit sei, die eigene Macht nicht weiter als bis zum Ebro auszudehnen, und ließ den Punkt vertraglich festlegen. Für ihn, so schien es, war das ein glänzendes Geschäft. Die Punier, die zu dieser Zeit nicht einmal in der Nähe dieses Flusses standen, erwarben sich ein Anrecht darauf, mit römischer Billigung noch ein beträchtliches Stück iberischen Bodens besetzen zu dürfen.

Die Römer aber hatten sich, im Austausch für ein Gebiet, das ihnen gar nicht gehörte, die Gewißheit eingehandelt, daß sie es in dem bevorstehenden Kampf nur mit den zwar kampfkräftigen, aber zügellosen Horden eines »barbarischen« Volkes zu tun haben würden, nicht jedoch mit einer von erfahrenen Offizieren geführten karthagisch-keltischen Armee. Und das wäre auch einen höheren Preis wert gewesen.

Sie konnten zu diesem Zeitpunkt freilich noch nicht ahnen, daß ihr Verhandlungspartner wenige Jahre später einem Angehörigen eben

des Volkes zum Opfer fallen sollte, das sie so sehr fürchteten, und daß sein Nachfolger dann gerade jenes keltisch-karthagische Bündnis anstreben würde, vor dem ihnen noch mehr graute – allerdings für die Punier zu spät; das hatte der Vertrag von Cartagena immerhin bewirkt.
218 v. Chr. überquerte Hannibal die Pyrenäen, um über Frankreich nach Italien vorzustoßen. Drei Jahre vorher war sein Onkel Hasdrubal, von einem Keltiberer ermordet worden.
Kelten nämlich gab es nicht nur nördlich, sondern auch südlich der spanisch-französischen Grenze. Sie bevölkerten einen beträchtlich großen Teil Mitteleuropas. Daß Rom sie fürchtete, ist kein Wunder.

Kopfjäger mit Schottenschal

Das Volk, das von den Römern »Galli«, von den Griechen »Galatai« oder »Keltoi« genannt wurde, sprengte alle Vorstellungen der antiken Welt von dem, was menschlich schien.
»Ihr Anblick«, schreibt der griechische Geschichtsschreiber Diodorus, der in Sizilien geboren war und deshalb Siculus, der Sizilier, genannt wurde, »war furchterregend ... Sie sind hochgewachsen, mit spielenden Muskeln unter weißer Haut. Ihr Haar ist blond, aber nicht nur von Natur, sie bleichen es auch noch auf künstliche Weise, waschen es in Gipswasser und kämmen es von der Stirn zurück nach oben. So sehen sie schon deshalb Waldteufeln gleich, weil ihre spezielle Wäsche das Haar auch noch dick und schwer wie Pferdemähnen macht. Einige von ihnen rasieren sich den Bart ab, andere, vor allem die Vornehmen, lassen sich bei glattgeschabten Wangen einen Schnurrbart stehen, der den ganzen Mund bedeckt und beim Essen wie beim Trinken als ein Seiher wirkt, in welchem Nahrungsteile hängen bleiben ... Gekleidet sind sie, das ist verblüffend, in grell gefärbte und bestickte Hemden. Dazu tragen sie Hosen, die sie ›bracae‹ (Breeches?) nennen und Mäntel, welche auf der Schulter von einer Brosche festgehalten werden, schwere im Winter, leichte im Sommer. Diese Umhänge sind gestreift oder kariert, wobei die einzelnen Felder dicht beieinander stehen und verschiedene Farben aufweisen.«

Läßt diese Beschreibung aber noch auf eher harmlose, bunte Exotik schließen, auf ein Volk, das eben bestickte Bauernblusen liebte und sich eine Art schottischer Tartans um den Hals schlang, so machen seine weiteren Beschreibungen deutlich, daß diese Farbenfreudigkeit nichts weniger war als ein Ausdruck primitiver Lebensfreude. Und obwohl er nur ein Kompilator zeitgenössischer Augenzeugenberichte gewesen ist (er selbst lebte im letzten vorchristlichen Jahrhundert), darf man Diodorus auch glauben, wenn er nun das beschreibt, was an den Kelten nicht nur überraschte, sondern Furcht erregte: ihre Art zu kämpfen.

Zwar trügen, so fährt er fort, einige von ihnen »Bronzehelme mit großen getriebenen Figuren darauf oder auch mit Hörnern, die sie noch größer erscheinen lassen, als sie ohnehin schon sind . . . während andere sich in eiserne, aus Ketten zusammengefügte Brustpanzer hüllen. Aber die meisten sind mit dem zufrieden, was die Natur ihnen an Waffen mitgab: sie gehen nackt in die Schlacht.« Bevor das geschah, setzten sie sich freilich auf eine Art und Weise in Szene, die ihre Gegner noch mehr verwirren mußte als alles, was sie bis dahin schon gesehen hatten.

Es begann damit, daß einer oder mehrere von ihnen vor die Front traten und die Tapfersten auf der anderen Seite zum Zweikampf herausforderten. »Dabei«, so unser Gewährsmann, »schwingen sie ihre Waffen, um den Duellpartner einzuschüchtern. Hat aber einer die Herausforderung tatsächlich angenommen, dann brechen ihre Mitkämpfer in wilde Gesänge aus, die die Taten ihrer Väter und ihre eigenen Fähigkeiten rühmen, während der Gegner geschmäht und beleidigt wird, in der Absicht, ihm vor dem Kampf ›die Schneid abzukaufen‹.« Es war eine ritualisierte Art psychologischer Kriegführung, wie sie heute noch vor jeder Wirtshausrauferei in alpinen Bergdörfern oder bretonischen Fischernestern gang und gäbe ist.

Doch es ging weiter. Nach diesem Vorspiel begann die eigene moralische Aufrüstung. »Seltsame, mißtönende Hörner erklangen«, vielstimmiges Geschrei ihrer »tiefen und insgesamt rauhen Stimmen«, Schwerter wurden rhythmisch gegen die Schilde geschlagen, Wut und Kampfeslust systematisch entfesselt. Endlich brachen die ersten los und stürmten voran. Gleichzeitig setzten sich auf den Flanken Schwadronen vierrädriger Kampfwagen in Bewegung, die in der

Regel mit zwei Mann besetzt waren. Der eine lenkte die Pferde, der andere schleuderte seine Wurfspeere in die feindliche Kavallerie, um endlich, wenn er alle verschossen hatte, vom Gefährt zu springen und als Fußkämpfer in die Schlacht einzugreifen, während der Fahrer das Fahrzeug wendete und für den Fall einer Flucht bereitstellte. Ähnlich wie diese Streitwagenfahrer kämpfte auch die Kavallerie. Zwei Reiter saßen auf dem Pferd. Einer verschoß während des Angalopps seine Wurfspieße und saß dann ab. Der andere wendete das Pferd, pflockte es fest und griff, wie auch sein Vormann, zum Schwert oder zur »Lancia« (das Wort ist keltisch), zur Stoßlanze. Von dieser Waffe schreibt Diodorus, ihre Spitze sei bis zu einem halben Meter lang und nahezu vierzehn Zentimeter breit gewesen. »Einige jener Lanzenblätter sind gerade, andere über die ganze Länge hin gewellt, damit der Stoß mit ihnen das Fleisch nicht nur zerschneide, sondern zerstückele und die Wunde beim Herausziehen aufgerissen werde ... Ihre Schwerter aber sind nicht kürzer als die Wurfspieße anderer Völker.«
Dennoch dürften es nicht so sehr diese grausamen Waffen gewesen sein, die ihre Feinde in Schrecken versetzten, sondern zuerst und zuletzt immer wieder der Anblick, den sie boten, vor allem aber die kochende Wut, die rasende Tollheit, mit der sie angriffen. So kühl sie noch während der Attacke die Vorbereitungen für einen möglichen Rückzug trafen – wenn sie kämpften, waren sie außer sich, waren nicht mehr normal, befanden sich in einer Art von Trance und im Blutrausch. Die Römer haben diesen Zustand der Entrücktheit später mangels besserer Definitionen als »furor« bezeichnet – und immer gefürchtet.
Wenn es aber über diese unbegreifliche Raserei hinaus noch eines weiteren Beweises dafür bedurft hätte, daß die Kelten eine Ausgeburt des Chaos waren, dann hätte man ihn im fürchterlichsten ihrer Kriegsgebräuche sehen können, dem nämlich, besiegten Feinden die Köpfe abzuschneiden und sie zu Hause über die Türen ihrer Hütten zu nageln. »Nicht anders«, kommentiert Diodorus, »als Jäger es mit den Schädeln erlegter Tiere tun ... die Köpfe ihrer vornehmsten Kriegsopfer konservierten sie sogar in Zedernöl und bewahrten sie sorgfältig in hölzernen Kästen auf.«

Ihre ersten Opfer, die Etrusker

Zu den ersten Bewohnern der Apenninenhalbinsel, die ihre Köpfe und große Teile ihres Besitzes an die Kelten verloren, gehörten die Etrusker. Um das Jahr 400 v. Chr. hatte dieses begabte Volk den Höhepunkt seiner rund fünfhundertjährigen Geschichte erreicht. Es beherrschte die Küste des Tyrrhenischen Meeres von der Tibermündung bis zur Nordgrenze der Toskana. Es war in zwölf mächtigen Stadtstaaten organisiert, besaß bedeutende Erzlager, etwa auf Elba, trieb Seehandel mit Phöniziern, Karthagern und Griechen, baute perfekte Straßen, tadellose Be- und Entwässerungsanlagen, war berühmt für seine Metallindustrie und hatte sein Einflußgebiet während der letzten Blütejahre bis in die Gegend des heutigen Venedig und bis zu den Schweizer Alpenseen hin ausgeweitet.
Darüber hinaus verfügten die Etrusker über Streitkräfte, deren Ausrüstung dem hohen Stand dieser technischen Entwicklung entsprach. Auch dürften sie nicht eben feige gewesen sein – über die Tapferkeit ihrer trojanischen Vorfahren war Homer des Lobes voll.
Als aber, eben um das Jahr 400 v. Chr., das damals noch ziemlich unbekannte Volk der Kelten von den Alpen herabstieg und, überwältigt von der paradiesischen Schönheit des heutigen Südtirol, der schwellenden Fruchtbarkeit der Poebene, in diesem Land zu bleiben beschloß, da hat ihnen alles das nichts genützt, weder ihre Tapferkeit noch ihre exzellenten Waffen, noch ihre Technik.
Die Kelten, die schon lange vorher von ihren Dörfern an der Donau und in den Alpen regen Handel mit Etrurien getrieben hatten, unternahmen, wie Polybios, ein älterer Kollege des Diodorus, lakonisch berichtet, »aus geringfügigem Anlaß unerwartet mit einem großen Heer einen Angriff, vertrieben die Etrusker aus dem Land um den Po und nahmen selbst die Ebenen in Besitz.«
Dann verteilten sie sich über ganz Oberitalien. »Im Quellgebiet des Po«, so der Grieche aus Arkadien, »ließen sich die Laer und Lebekier nieder, jenseits von ihnen die Insubrer, die größte unter den keltischen Völkerschaften. An diese schlossen sich längs des Flusses die Cenomanen an . . . Das Land südlich des Po am Apennin besiedelten zuerst die Anaren, östlich von ihnen die Bojer, an die sich in

Richtung auf die Adria die Lingonen, endlich am Meer die Senonen anschlossen.«

Über die Kopfzahl dieser einzelnen Stämme macht Polybios leider keine Angaben, doch kann man schon aus seiner Namensliste schließen, daß die oberitalienischen Etrusker es nicht mit einem wandernden Nomadenhaufen zu tun hatten, sondern mit dem Ausläufer einer Völkerwanderung. Auf jeden Fall markiert der Kelteneinfall das Ende ihrer Glanzzeit. In den Jahren nach 400 v. Chr. begannen sie allmählich aus der Geschichte Italiens zu verschwinden – wozu freilich auch noch ein anderes Volk maßgeblich beitrug.

Südlich des etruskischen Machtbereichs begann damals jenes junge Gemeinwesen nach einer staatlichen Form zu suchen, das sich später unter der stolzen Bezeichnung »Senat und Volk von Rom« zu präsentieren pflegte. Es gedachte die Etrusker ebenso zu beerben, wie die Kelten es taten. Tatsächlich haben die einen dieses Volk vertrieben, während die anderen es unterjochten, um dann seine Tradition der eigenen Geschichte einzuverleiben. Aber das dauerte mehr als hundert Jahre.

Erfanden auch die Vollpension

Zunächst sah es so aus, als ob die blonden Eindringlinge mit ihrem ersten großen Landgewinn gesättigt seien. Sie setzten sich fest, bauten Hütten und pflegten einen Lebensstil, der dem Historiker Polybios, einem Freund römischer Adeliger, unsagbar primitiv erscheinen mußte. »Ihre Dörfer«, notiert er, »waren unbefestigt, ihre Häuser ohne weitere Inneneinrichtung. Denn da sie auf der Streu schliefen, in der Hauptsache Fleisch aßen und keine andere Tätigkeit trieben als Krieg und Landbau, war ihr Dasein sehr einfach ... Der Besitz der einzelnen bestand in Vieh und Gold, weil sie nur diese Dinge in jeder Lage überall mit sich führen konnten.«

Indessen kann es ganz so simpel auch wieder nicht zugegangen sein in den keltischen Siedlungen. Einmal nämlich haben sie in Oberitalien die Grundlagen für einige der bedeutendsten italienischen Städte gelegt, darunter Taurinum (Turin), Bergomum (Bergamo) und Mediolanum, also Mailand, zum anderen berichtet eben der Grieche an einer späteren Stelle seines Geschichtswerkes, daß zu seinen Lebzeiten, am Beginn des letzten vorchristlichen Jahrhunderts, in diesem Teil Italiens mehr Schweine geschlachtet worden seien als anderswo, »zur Versorgung teils des privaten Bedarfs, teils der Heere«, daß die Landwirtschaft blühte und daß Gäste nirgendwo so billig und reichlich versorgt wurden wie in den Wirtshäusern eben jener Gegend. Staunend vermerkt er, die Reisenden schlössen dort nicht »eine Vereinbarung über jede einzelne Leistung des Wirts ab, sondern fragen nach dem Pauschalpreis für jede Person«. Das System der Vollpension scheint also in Oberitalien erfunden worden zu sein, und die Preise waren niedrig. »Sie betragen bei voller üppiger Verpflegung in der Regel nur ein halbes As«, das war ein Pfennigbetrag. »Die Menge der Einwohner aber«, die unter diesen günstigen Bedingungen heranwuchsen, »die Größe und Schönheit ihres Körperbaus, ferner ihren Mut im Krieg wird man aus ihren Taten selbst deutlich erkennen können.«

Das alles läßt den Schluß zu, die Kelten, von deren Nachkommen zu Polybios Zeit noch immer einige dort gesessen haben müssen, hätten das Land keinesfalls verwildern lassen, was wiederum darauf hinzuweisen scheint, daß sie landwirtschaftliche Techniken beherrschten. Außerdem darf man vermuten, sie seien durchaus auch imstande gewesen, günstige Standorte für größere Siedlungen zu erkennen. Mediolanum war schon lange vor seiner Eroberung durch die Römer eine blühende und reiche Stadt. Taurinum ebenfalls.

Schließlich aber, das bestätigt Livius, der aus Padua stammte, besaßen die in Oberitalien heimisch gewordenen Einwanderer durchaus auch Sinn für Recht und diplomatische Formen. Wenn er uns korrekt unterrichtet, dann hat sich sogar der erste Konflikt zwischen Römern und Kelten an einer Verletzung völkerrechtlicher Normen durch die späteren Erzjuristen Europas entzündet. Vorausgegangen war ihm freilich eine jener Schlafzimmergeschichten, welche die antiken Nachfolger Herodots so außerordentlich liebten und deshalb genußvoll in ihre Berichte einflochten.

Nach Clusium des Weines wegen

Aruns, so geht diese Story, ein Bürger der etruskischen Stadt Clusium, dem heutigen Chiusi, in der noch nicht keltisch gewordenen

Provinz Siena, hatte feststellen müssen, daß es einem jungen Lebemann mit Namen Lucumo (von »Lauchme«, etruskisch: Patriziat) gelungen war, seine Frau zu verführen. Nun war aber dieser Lucumo nicht nur ein erfahrener »latin lover«, sondern überdies ein Angehöriger der einflußreichen, mächtigen Oberschicht des etruskischen Gemeinwesens. Wenn Aruns sich also an ihm rächen oder, die Vermutung liegt nahe, seinen Klassenhaß gegenüber dem Adeligen abreagieren wollte, dann mußte er stärkere Mittel mobilisieren als diejenigen, die ihm privat zur Verfügung standen.

In den damals schon bis dicht vor Chiusi vorgestoßenen Kelten glaubte er, sie gefunden zu haben. Ihnen soll er früher bereits als Führer über die Alpen gedient haben, woraus sich vielleicht schließen läßt, daß er überhaupt in geschäftlichen Verbindungen mit ihnen stand. Vor allem scheint er ihnen auch Wein geliefert zu haben, ein Getränk, das sie über alle Maßen schätzten und das ihnen neu war. Dort, wo sie herkamen, gab es nur Bier.

Den Wein machte er zu seiner Waffe. Er brachte ihnen davon, »um sie zu locken«, also vermutlich, um sie darauf aufmerksam zu machen, daß in der Nähe von Clusium eine besonders gute Sorte wächst, der heute noch geschätzte Montepulciano – damals wird er anders geheißen haben.

Tatsächlich kamen sie auch. Livius meint, es seien die Senonen gewesen, schließt aber nicht aus, daß noch andere Stämme sich ihrem Heerbann angeschlossen hätten.

Die Clusiner, die von ihren weiter nördlich lebenden Landsleuten bereits ausreichend über die Kelten informiert gewesen sein müssen, erschraken dennoch, »als sie so viele Feinde und vorher nie gesehene Gestalten und Waffen erblickten . . . Sie schickten deshalb Gesandte nach Rom, um beim Senat Hilfe zu erbitten, obwohl sie mit den Römern weder verbündet noch befreundet waren.«

Rom indessen, das um diese Zeit von voraufgegangenen Kämpfen ausgeblutet und völlig verarmt war, sah keinen Anlaß, auf die Bitten eines fernen Stadtstaates hin sofort eine Armee zu mobilisieren, sah ihn um so weniger, als Clusium eine mächtige, gut bewehrte Festung war. Es begnügte sich darum mit der Absendung dreier Botschafter, die einerseits die Lage erkunden, andererseits zwischen Etruskern und Kelten vermitteln sollten.

Äcker für die Stärkeren

Die Angreifer reagierten auf den römischen Kontaktversuch erstaunlich vernünftig. »Zwar«, so erklärten ihre Führer den Parlamentären, »hörten sie den Namen der Römer zum erstenmal, aber es scheine ihnen, als müßten diese wackere Männer sein, weil die Clusiner in ihrer Notlage sich an sie gewandt hätten. Und weil die Römer ihre Partner lieber durch eine Gesandtschaft als mit Waffengewalt vor ihnen schützen wollten, so würden sie den angebotenen Frieden nicht zurückweisen, vorausgesetzt, die Clusiner träten ihnen einen Teil der Äcker ab, die sie selbst so reichlich besäßen; auf dieses Gelände wären sie nämlich angewiesen . . . Gäbe man es ihnen aber nicht, dann wollten sie vor den Augen der Römer kämpfen, damit diese zu Hause bezeugen könnten, wie überlegen im Kampf die Gallier allen Menschen seien.«
»Nun fragten die Römer, was das wohl für eine Art sei, Grundbesitzern einfach ihr Land abzuverlangen oder mit Krieg zu drohen, und was die Gallier überhaupt in Etrurien zu suchen hätten. Da erwiderten sie trotzig, ihr Recht werde von ihren Waffen verkörpert; tapferen Männern gehörte alles.« Soweit Livius.
Es ist offensichtlich, daß dieser Abschnitt seines Berichts authentischer klingt als die Geschichte vom gehörnten Weinhändler Aruns – die Livius freilich selbst nur mit Vorbehalt zitiert. Trifft es aber zu, daß die geschilderte Verhandlung tatsächlich stattgefunden hat, dann läßt sich aus ihr auch erraten, was die Senonen wirklich zu dem Vorstoß nach Süden bewogen haben könnte: Sie brauchten Land. Entweder drohten neue, aus dem Norden nachgekommene Stämme sie von dem bereits gewonnenen Boden zu verdrängen, oder die Malaria begann, ihnen gefährlich zu werden.
Die letztere Annahme ist die wahrscheinlichere, denn auch Diodorus Siculus, der eine entsprechende Überlieferung gekannt haben muß, schreibt, es sei ihnen an der adriatischen Küste »zu heiß« geworden, weshalb sie sich entschlossen hätten, »den ungünstigen Wohnsitz wieder zu verlassen«. Das scheint durchaus korrekt zu sein. Wir wissen nämlich, daß damals in Europa nach einer längeren Zeit der kühlen Sommer wieder eine Periode hoher Temperaturen begann, daß Lagunen austrockneten, daß ihre Ufer versumpften

und so der Anopheles, der Fiebermücke, günstige Brutstätten boten.
Mit anderen Worten also: Nicht der Wein hatte die senonischen Kelten angelockt, die Not hatte sie getrieben. Und als die Clusiner ihre Äcker dennoch nicht freiwillig hergeben wollten, »liefen sie zu den Waffen, die Schlacht begann«.

Die Kelten waren bessere Diplomaten

Wahrscheinlich wäre das nun ausgebrochene Gefecht nur eines von den vielen gewesen, die die italische Frühgeschichte kaum notiert, wenn dabei nicht etwas geschehen wäre, was die nächste Auseinandersetzung heraufbeschwören sollte: Zu den angegriffenen Clusinern gesellten sich auch – »es widersprach allem Völkerrecht« – die Abgesandten des Senats von Rom. Das konnten die Kelten nicht hinnehmen. Als Quintus Fabius, eines der Delegationsmitglieder, einen Führer der Kelten getötet hatte, »ließen sie deshalb zum Rückmarsch blasen und drohten den Römern. Einige rieten sogar, sofort gegen Rom zu ziehen. Aber die Ältesten setzten es durch, daß man vorher Gesandte schickte, die über das Unrecht Klage führen und die Auslieferung der Fabier (alle drei Gesandten gehörten dieser Familie an) . . . verlangen sollten.«
Auf den ersten Blick war dies ein verblüffender Vorgang: Wilde – etwas anderes können die buntscheckigen Krieger in den Augen der Römer und Etrusker kaum gewesen sein – beriefen sich auf geltende diplomatische Regeln. Andererseits: So verblüffend war das auch wieder nicht. Primitive Völker besitzen oft einen ausgeprägteren Sinn für das Recht als diejenigen, die es bereits kodifiziert haben. Mit der Verabschiedung von Gesetzen beginnt ja meist auch der Versuch, sie zu manipulieren.
Eben zur Manipulation aber sahen sich die Römer, die damals bereits über ein aus zwölf Bronzetafeln bestehendes Gesetz-»Buch« verfügten, nun gezwungen. Die Fabier, nach deren Köpfen die Kelten verlangten, waren nämlich nicht irgendein x-beliebiges Bürgergeschlecht, sie gehörten vielmehr dem ältesten Patriziat an und, so Livius, »das Parteiwesen erlaubte es nicht, daß man einen Beschluß gegen derart adelige Männer faßte, wie es eigentlich gerecht gewesen

wäre. Der Senat . . . schob deshalb die Prüfung dieser gallischen Angelegenheit der Volksversammlung zu, bei der freilich Macht und Einfluß noch viel mehr galten. So kam es, daß man die, die man eigentlich hätte bestrafen sollen, statt dessen für das kommende Jahr zu Militärtribunen mit der Gewalt eines Konsuls (also der höchsten, die überhaupt zu vergeben war) ernannte.«

Den gallischen Klägern mußte das wie ein glatter Affront erscheinen, eine arrogante Geste der Herausforderung. Verständlich, daß sie darüber empört waren. »Laut drohten sie den Krieg an und kehrten zu ihren Leuten zurück.«

Dort löste die Nachricht, »daß man die Verletzer des Völkerrechts noch ehrte und ihre Gesandtschaft damit verhöhnte«, eine Wut aus, die Livius durchaus begreiflich erscheint.

Gleichwohl scheinen ihn die Formen, in denen sie sich äußerte, befremdet zu haben. »Dieses Volk«, schreibt er, »kann sich ohnehin schlecht beherrschen. Sie rissen ihre Feldzeichen aus dem Boden und brachen auf« – Richtung Süden.

Damit war Rom nicht mehr nur in einer unangenehmen Situation, sondern in wirklicher Gefahr, und seine Bürger begriffen es rasch. Den Schock, den ihr erstes Zusammentreffen mit diesen nördlichen Völkerschaften bewirkte, sollten sie bis ans Ende ihrer Geschichte weder vergessen noch jemals völlig bewältigen.

Blonde Riesen, die »die ganze Umgebung mit wildem Gesang und vielfältigem, schrecklichem Geschrei erfüllten«, die, wohin sie kamen, »mit Roß, Mann und Wagen einen weiten Platz bedeckten«, bedrohten ein Gemeinwesen, das bereits die Grundlagen der mediterranen Zivilisation übernommen und sich eine einigermaßen ausgewogene Regierungsform gegeben hatte. Eine mühsam geordnete Welt schien bedroht zu sein von dem, wogegen alle Ordnung als Damm und Schutzwall dient, dem Chaos.

Aus sämtlichen Dörfern flohen die Bauern in die befestigten Plätze, als sich der wilde Haufe von Clusium aus auf Rom zuwälzte. Die Kelten aber dachten nicht daran, ihre Kräfte mit der Erstürmung oder Belagerung größerer Städte zu vergeuden. Der Sitz derjenigen, die sie beleidigt hatten, war ihr einziges Ziel. Es rückte immer näher.

Rom, zu Tode erschrocken, sah keine Möglichkeit, den feindlichen Anmarsch zu stoppen. Erst elf Meilen vor der Stadt, dort, wo ein kleines Flüßchen, das antike Historiker die Allia nennen, sich in den Tiber ergießt, gelang es ihren sechs Militärtribunen, von denen nun drei, wie gesagt, Fabier waren, eine Verteidigungsstellung zu beziehen. Man vermutet, es sei an der Mündung des heutigen Fosso della Bettina gewesen.

Der römische Stab hatte sich einen improvisierten Schlachtplan zurechtgelegt. Eine kleine Erhebung sollte einerseits als Auffangstellung, andererseits als Standort der Eingreifreserven dienen. Links davon waren die übrigen Truppen aufgestellt. Man plante also, auf dem Höhepunkt der Schlacht, einen plötzlichen Umfassungsangriff und rechnete wohl kaum damit, daß die »Wilden« dieses einfache, aber erprobte Stratagem durchschauen würden. Doch das war ein Irrtum. Mit sicherem Blick für das Mögliche griff Brennus, ihr Führer, genau diesen Hügel an, ohne sich um die seitlich davon formierten Schlachtreihen zu kümmern, womit er auch schon gesiegt hatte. Die völlig überraschte Eingreifreserve wurde in die Reihen der am Flußufer postierten Legion getrieben. Diese geriet in derartige Verwirrung, daß sie, schreibt Livius, »einen Kampf erst gar nicht versuchte«. Bedrängt von den eigenen Kameraden, die in ihrer Panik von hinten auf sie einschlugen, flohen die Legionäre zum Tiber und versuchten, sich schwimmend ans andere Ufer zu retten, wobei viele ertranken. Die Soldaten des äußersten Flügels aber, die noch gar nicht an den Feind gekommen waren, »liefen alle nach Rom und flüchteten auf die Burg, ohne vorher die Stadttore zu schließen«. Andere strebten, ebenso kopflos, dem benachbarten, ehemals etruskischen Veji zu.

»So gab es«, faßt Livius zusammen, »auf der Seite der Barbaren nicht nur Glück, sondern auch sorgfältige Berechnung.« Und das heißt noch einmal: Sie waren nicht nur hitzige Kämpfer, sie verstanden es auch, Chancen klug zu nutzen. Freilich, die Panik, die sie ausgelöst hatten, erklärt sich in erster Linie wohl aus ihrer Wildheit, ihrem Gebrüll und ihrer Sitte, nackt den Gegner anzuspringen.

Genutzt haben sie den Überraschungssieg dann allerdings doch

nicht. Statt dem fliehenden Feind sofort nachzusetzen und mit ihm in Rom einzudringen, »verbrachten die Kelten den Tag nach der Schlacht damit, alle Köpfe der gefallenen Gegner abzuschneiden, wie es ihrer Sitte entsprach«, das zumindest behauptet Diodorus. Indessen, so fügt er hinzu, hätten sie es deshalb nicht gewagt, die Situation auszubeuten, weil ihnen die offen daliegende Stadt allzusehr nach einer Falle aussah.
Auf den Gedanken, ihr Angriff hätte die Feinde derart in Schrecken versetzt, daß diese aus schierer Kopflosigkeit vergaßen, die Portale zu schließen, kamen sie offenbar nicht. Trotzdem war es genau so. Nach der Erfahrung, welche sie an der Allia gemacht hatten, trauten die Römer nicht einmal mehr ihren Wällen. Sie flüchteten gleich auf das besser befestigte Kapitol und gaben alles, was unterhalb dieses Burg- und Tempelhügels lag, den Feinden preis.
Aber bevor die heiligen Gänse der Juno, die ebenfalls dort oben untergebracht waren, ihr sprichwörtlich gewordenes Geschnatter erheben konnten, das die völlige Eroberung der Stadt verhinderte, kam es noch zu einer Szene, welche in alptraumhafter Verdichtung das Aufeinandertreffen zweier Völker aus zwei verschiedenen Welten umreißt.

Die Gänse standen ihren Mann

Vorsichtig, staunend, Schwerter in der Hand, Sieger und doch auch Überwältigte, wagten sich die Kelten drei Tage nach der Schlacht in das weit geöffnete totenstille Rom hinein.
Wie unbehaglich ihnen dabei zumute war, schildert Livius: »Manchmal stürzten sie haufenweise in jedes nächstliegende Haus, andere rannten zum übernächsten, als ob es nur dort noch Beute gäbe . . . Aber immer kehrten sie wieder zum Markt oder in seine Nähe zurück. Die Einsamkeit erschreckte sie.«
Dann jedoch bot sich ihnen in einem der völlig verlassenen Höfe ein unerwartet seltsamer Anblick. Auf hohen elfenbeinernen Stühlen, reglos, Stäbe in der Hand, gekleidet in purpurgesäumte Togen, saßen bärtige Greise, »die in der Majestät, welche aus ihren Zügen sprach, den Anblick von Göttern boten«.
Es waren die ältesten Patrizier der Stadt. Sie hatten sich geweigert,

als überflüssige Esser auf das Kapitol zu ziehen und erwarteten nun in der verlassenen Stadt schweigend den Tod.
Die Kelten, viel zu überrascht, um »normal« reagieren zu können, entsprachen jedoch ihren Befürchtungen nicht sofort. »Wie zu Idolen blickten sie vielmehr zu ihnen auf.« Es muß ein Bild gewesen sein, das kein Surrealist hätte besser erfinden können: ein leerer Hof im Glast der Mittagshitze, darin die feierlichen, von weißen fließenden Gewändern umhüllten Gestalten und vor ihnen – so irdisch wie Breughelsche Bauern – die struppigen Krieger in ihren papageibunten Trachten.
Endlich wagte einer von ihnen den Greis, der ihm zunächst saß, am Bart zu zupfen, wie jemand, der sich vergewissern will, ob er träumt oder wacht. Der Patrizier, sein Name soll Marcus Papirius gewesen sein, hob indigniert seinen Stab und hieb ihn dem Kelten auf den Kopf.
Diese völlig natürliche Reaktion ließ den gläsernen Bann mit einem Schlag zerspringen. Der Getroffene zog das Schwert, und das Blut, das aus dem verletzten Greisenkörper schoß, löschte den Traum aus. Jäh kehrte Wirklichkeit zurück. Auch die anderen alten Männer wurden erschlagen. Brüllend stürzten sich die Kelten in die entzauberten Häuser. Die Stadt gehörte ihnen. Wenig später brannte sie an vielen Stellen. Dann griffen sie das Kapitol an – ein für sie aussichtsloses Unternehmen.
Den steilen Hang des Burghügels zu verteidigen, war für die dort oben Eingeschlossenen ein leichtes. »Haufenweise lagen die Leichen unter ihren Schwertern, weil noch die hinzukamen, die auf die tiefer Stehenden herabstürzten. Da wollten die Gallier nie wieder zusammen oder gruppenweise ein solches Gefecht versuchen . . . statt dessen rüsteten sie zur Belagerung.«
Auch dabei hatten sie zunächst nur wenig Glück. Da sie über kein geordnetes Nachschubwesen verfügten und das von ihnen besetzte umliegende Land bald ausgeplündert war, litten sie binnen kurzem ebenso unter Hungersnot wie die Flüchtlinge auf der Tempelburg. Schließlich brach auch noch eine Seuche aus – bedingt dadurch, daß sie darauf verzichteten, ihre eigenen Leichen wie auch die feindlichen zu beerdigen. Das Kommandounternehmen aber, mit dem sie etwas später versuchten, den Festungshügel bei Nacht zu erstürmen,

scheiterte bekanntlich daran, daß die heiligen Gänse die Heranschleichenden bemerkten und mit ihrem Geschnatter die schlafenden Wächter aufweckten. Ein ehemaliger Konsul namens Marcus Manlius eilte herbei »und stieß mit dem Schildrücken den ersten obenstehenden Gallier«, der bereits im Begriff gewesen war, sich über die Mauer zu schwingen, in die Tiefe. »Bald stürzte der ganze Haufe kopfüber hinunter.« Rom hatte eine seiner berühmtesten Legenden. Freilich, ihr zweiter Teil schmeckte bitterer.

Nach sieben Monaten nahmen Belagerer und Belagerte Verhandlungen auf. Die Kelten erklärten, sie seien bereit, sich ihren Abzug mit tausend Pfund Goldes honorieren zu lassen, eine Summe, die, wie Plinius vermerkt, sich in der ganzen Stadt damals nur mit Mühe zusammenbringen ließ.

Als sie endlich doch bereitlag und abgewogen werden sollte, behaupteten die Römer, daß ihre Kontrahenten falsche Gewichte verwendeten. Und dieser Protest wiederum gab Brennus die Gelegenheit zu jenem dramatischen Auftritt, mit dem er ebenfalls in die Weltgeschichte einging. Er warf sein Schwert in die gefüllte Waagschale und sagte gelassen: »Vae victis«; Wehe den Besiegten.

Es war die tiefste Demütigung, die Rom in seiner ganzen Geschichte hinnehmen mußte. Selbst während späterer Glanzzeiten blieb ihm die Erinnerung an diese Szene und an die Kelten eine nie ganz verheilte Wunde. Gleichzeitig wurde die Anekdote zum Inbegriff all der Schrecken, die von blonden Barbaren aus dem Norden wie sonst von nichts anderem verkörpert wurde. Die Kelten hatten ein römisches Trauma begründet.

Das erklärt auch, weshalb noch im Jahr 226 v. Chr., also gute hundertfünfzig Jahre nach dem Auftritt des Brennus, der Senat seine Sorge um ein Überhandnehmen der karthagischen Macht in Spanien geringer bewertete als die Angst vor einem neuen Angriff aus dem freilich näher liegenden Oberitalien und aus Frankreich. Allerdings hatte sich in dieser Frist die Keltengefahr auch kaum verringert. Im Gegenteil, sie war noch größer geworden.

Kapitel II

Ein Alptraum für Rom

»So fand der Krieg gegen die Kelten sein Ende, ein Krieg,
der an verzweifelter Tapferkeit der Kämpfenden,
an Zahl der gelieferten Schlachten
und an der Menge der Gefallenen wie der Kampfteilnehmer
überhaupt keinem anderen,
von dem die Geschichte berichtet, nachsteht.«
Polybios – »Geschichte«

»Die Kelten waren das abenteuerlustigste aller Barbarenvölker.«
J. A. Mauduit – »L'épopée des Celtes«

Zeittafel:

Ab 380 v. Chr.:	Wiederaufbau der Stadt Rom. Die Samniten vereinigen sich zu einem Bund.
354 v. Chr.:	Römer und Samniten verbünden sich gegen die Latiner.
343–341 v. Chr.:	Erster Samnitenkrieg.
341–338 v. Chr.:	Latinerkrieg. Endet mit dem Sieg Roms.
326–304 v. Chr.:	Zweiter Samnitenkrieg. Keine der beiden Parteien erringt einen entscheidenden Sieg.
298–290 v. Chr.:	Dritter Samnitenkrieg. Samniten, Etrusker, Kelten, Sabiner, Lukaner, Umbrer gegen Rom. Im Rahmen dieser Auseinandersetzung:
295 v. Chr.:	Schlacht bei Sentinum.
290 v. Chr.:	Frieden zwischen Rom und den Samniten.
285 v. Chr.:	Eroberung des ager Gallicus. Die von dort vertriebenen Senonen verbünden sich mit den Etruskern. Die Bojer schließen sich ihnen an. Es kommt
283 v. Chr.:	zur Schlacht am Vadimonischen See (309 v. Chr. waren die Etrusker dort schon einmal von den Römern geschlagen worden). In den folgenden Jahren bis
282 v. Chr.:	gewaltsame Romanisierung der Adriaküste. Die Etrusker scheiden als selbständige Macht auf der Apenninenhalbinsel aus.
280–272 v. Chr.:	Roms Kämpfe gegen Pyrrhos von Epiros.
264–241 v. Chr.:	Erster Punischer Krieg, an dem auch keltische Söldner teilnehmen.

226 v. Chr.: Rom schließt mit Hasdrubal den Ebrovertrag, um ein Bündnis zwischen Karthago und den Kelten zu verhindern.

225 v. Chr.: Die Kelten rücken erneut gegen Rom vor. Es kommt zur Schlacht am Kap Telamon.

223 v. Chr.: Die Römer beginnen in die Poebene vorzustoßen. Sie erobern Mediolanum, die Hauptstadt der Insubrer, und legen eigene Kolonialstädte an.

218 v. Chr.: Ausbruch des Zweiten Punischen Krieges. Hannibal marschiert mit verbündeten Keltenstämmen durch Südfrankreich und über die Alpen. Nach der Schlacht am Ticinus verbünden sich auch die Insubrer mit ihm. In der Schlacht an der Trebia verspielen die Kelten einen Teil des karthagischen Erfolgs. Ihre Kraft ist gebrochen. Der Kleinkrieg Roms gegen die oberitalienischen Kelten dauert noch bis etwa

175 v. Chr.

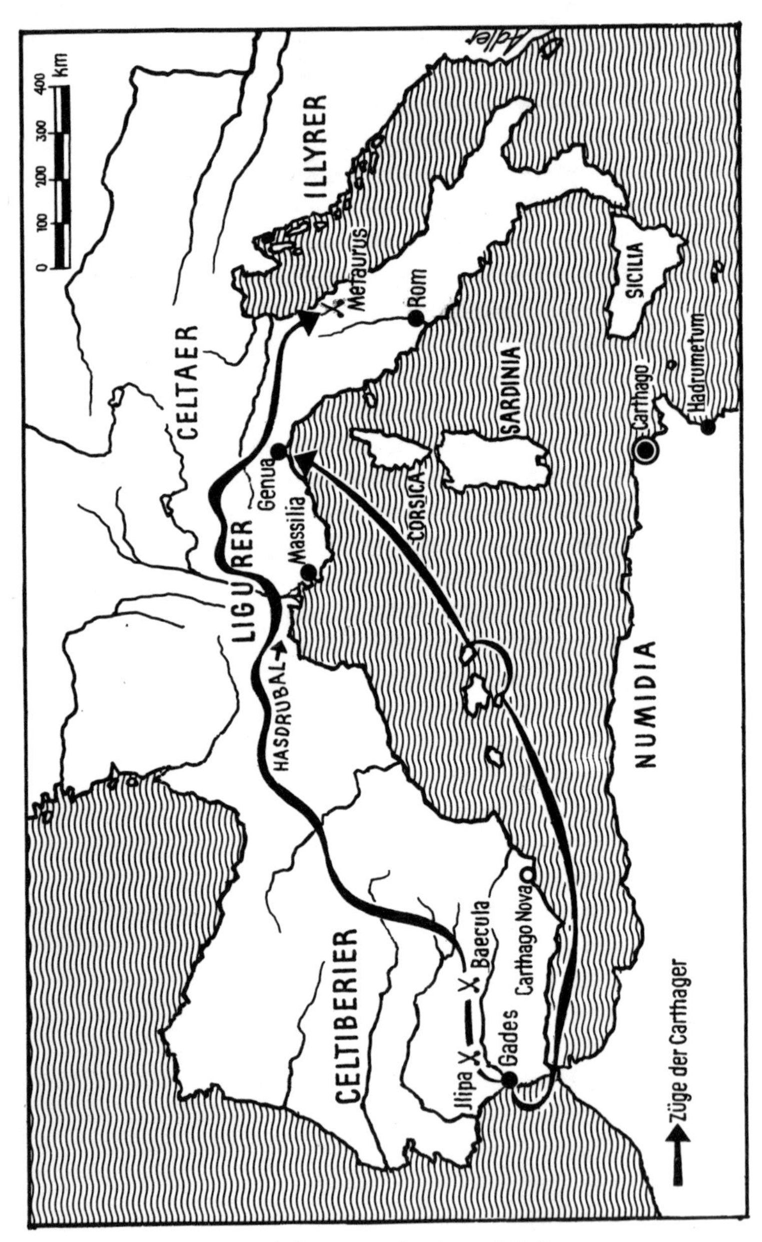

Hannibals Zug von Spanien nach Italien

Legendenbildung aus Staatsräson

Da es zwar ungemein vernünftig, aber, aus massenpsychologischen Gründen, kaum sehr praktikabel wäre, erlittene Niederlagen einfach anzuerkennen und kühl die Konsequenzen daraus zu ziehen, pflegen besiegte Völker sich meist auf eine andere Weise zu behelfen. Sie zimmern Legenden zurecht, die das unliebsame Ereignis nachträglich aufschönen und die Katastrophe zum Betriebsunfall der Geschichte herabwerten. Unter dem Schutz der so erreichten seelischen Narkose können geschickte Staatslenker dann jene notwendigen, manchmal schmerzlichen Eingriffe vornehmen, die das erschütterte Gemeinwesen wieder stabilisieren. Auch Rom hat auf den Keltenüberfall von 387 v. Chr. so und nicht anders reagiert.

Als Kern der Legendenbildung diente ihm dabei ein Mann namens Marcus Furius Camillus, der, was historisch erwiesen ist, das etruskische Veji einst für seine Vaterstadt erobert hatte, danach jedoch seiner Ämter entkleidet und in die Verbannung geschickt worden war. Nun sagte man ihm auf einmal nach, er habe nicht nur eine römische Verteidigungstruppe aufgestellt, noch während die Kelten vor dem Kapitol lagen, sondern auch Brennus das so brutal eingetriebene Lösegeld wieder abgenommen, ehe dieser es in Sicherheit bringen konnte. Doch war das eine Behauptung, die weder der nüchterne Polybios noch der etwas großzügiger abwägende Diodorus übernahmen. Lediglich Livius hat sie ausgemalt und verbreitet. Tatsächlich dürfte sie nichts weiter als ein Produkt der propagandistischen Anstrengungen sein, die Rom unternahm, um alle von den blonden Barbaren hervorgerufenen Zweifel an eigener Größe und Stärke zu unterdrücken. Das Bild, das die Stadt am Tiber von sich selbst entworfen hatte, sollte ungetrübt erhalten bleiben.

Richtig scheint an der ganzen Geschichte denn auch nur zu sein, daß man einen Mann wie Camillus nach dem Abzug des feindlichen Heeres zum Diktator ernannte und daß der sich dann bemühte, jene Maxime zu verwirklichen, welche betagte Männer verständlicherweise immer für die einzig richtige halten: die Rückkehr zum guten Alten und zu den Sitten der Väter. Was geschehen war, war Gottesgericht gewesen, Strafe für den Abfall von überlieferten Sitten und Lebensregeln. Nun mußte der Konsensus zwischen den Himmlischen und ihrer irdischen Gefolgschaft wieder hergestellt werden. Entsprechend sorgte der legendäre Held dafür, daß, laut Livius, »alle heiligen Orte hergerichtet, abgegrenzt und gereinigt wurden, weil sie im Besitz der Feinde gewesen waren«, wobei das Reinigen nicht nur als Müllbeseitigung verstanden werden darf, sondern auch als ein sakraler Akt, als Neuweihe.

Dann verhinderte er mit einer zündenden Rede, daß seine Mitbürger in ihrer Verzweiflung die völlig zerstörte Stadt verließen und ins benachbarte Veji hinüberzogen. »Hier«, so soll er ihnen zugerufen haben, »steht das Kapitol. Hier fand man einst einen Menschenkopf und vernahm die Weissagung, dieser Platz solle das Haupt der Welt sein und der Sitz der obersten Herrschaft.«

Tatsächlich scheint es ihm mit solchen Anspielungen auf alte Mythen und dem in ihnen begründeten Traum von künftiger Macht gelungen zu sein, den Tiefpunkt der Demoralisierung zu überwinden. Die psychologische Voraussetzung für eine notwendige Reorganisation des Staatswesens war geschaffen. Der Senat nahm sie in Angriff. Ziel seiner Reformen war in erster Linie die Einebnung allzu krasser Standesunterschiede und, als deren Resultat, ein höheres Maß an innenpolitischer Stabilität. Rom suchte den Schock, den ihm die Kelten versetzt hatten, so positiv wie nur möglich auszumünzen. Parallel dazu bemühte es sich natürlich auch, seine äußere Lage nach Kräften zu festigen. Das erwies sich als schwieriger.

Die Republik am Tiber war ja bei aller Stärke im Grunde nur ein Stadtstaat, dem in einer Föderation mit benachbarten Völkern, den Sabinern, Latinern und Hernikern, die dominierende Stellung zukam. Die Mitglieder dieses losen Bundes hatte der Schock des Kelteneinfalls zwar so ernüchtert, daß sie sich nun wieder enger zusammenschlossen, aber um 358 v. Chr. war im Süden der römischen Einflußsphäre bereits eine neue Gruppierung entstanden, welche die Samniten anführten, eines der begabtesten Völker aus der Großfamilie der indogermanischen Italiker. Mit ihm hat sich die auf Machtzuwachs erpichte Tiberstadt denn auch zunächst einmal fünf Jahre herumgeschlagen und sie hätte dabei möglicherweise sogar eine Niederlage hinnehmen müssen, wenn nicht plötzlich wieder die Kelten aufgetreten wären – diesmal mit günstiger Auswirkung für Rom. Ihre erneuten Einfälle zwangen die Herrscher der Samniten, sich mit dem Senat zu einigen und dann ihre Truppen an der Seite der römischen Legionen in Richtung Poebene vorgehen zu lassen.

All dies, die Kämpfe gegen die südlichen Nachbarn, das Zweckbündnis mit ihnen und, nachdem es wieder auseinandergebrochen war, weitere Auseinandersetzungen unter wechselnden Vorzeichen und in verschiedenen Koalitionsgruppierungen – die Geschichte notiert sie als den ersten, zweiten und dritten Samnitenkrieg sowie einen Latinerkrieg – waren freilich nur Vorspiele zu immer neuen, immer heftigeren Zwisten mit den Kelten. Schon den dritten Samnitenkrieg, der 298 v. Chr. begann, kann man eigentlich in diese Rubrik einordnen.

Als einer seiner Höhepunkte erweist sich rückblickend die Schlacht von Sentinum. Sie fand während des vierten Kriegsjahres statt.

Bannfluch als taktisches Mittel

In der Nähe des heutigen Sassoferrato, einem kleinen Nest am Ostabhang der Apenninen, trafen Roms Legionen auf ein Koalitionsheer, das – so schnell verändern sich politische Konstellationen – aus samnitischen, etruskischen, lukanischen, umbrischen und eben starken keltischen Kräften zusammengesetzt war. Die Römer zweifelten nicht daran, daß die Kelten das gefährlichste Element dieser Melange darstellten. Fast ebenso großen Respekt glaubten sie freilich auch den Samniten zollen zu müssen. Ihre Befehlshaber Quintus Fabius, Maximus Rullianus und Publius Decius Mus entschieden sich deshalb für eine reine Hinhalte- und Ermüdungstaktik. Sie hofften, »daß den Samniten bei längerer Dauer des Gefechts der Mut allmählich sinken würde, daß die Muskelstärke der Gallier in Beschwerden und Hitze . . . sich auflösen werde und also zu erwarten sei, sie würden den Kampf mit mehr als Männerkraft eröffnen, um ihn dann jedoch kläglicher als Weiber zu beenden.« Das zumindest berichtet Livius.

Aber so wohlbegründet und rational diese Überlegungen auch sein mochten, den Verlauf der Schlacht bestimmten keineswegs sie, sondern zwei nicht vorhersehbare Ereignisse von eher irrationalem Charakter.

Der junge Decius provozierte das erste. Er verlor ganz plötzlich die Lust am halbherzigen Hin und Her, sprengte in die keltische Reiterei hinein und wurde zurückgeschlagen – vom Schrecken.
»Unerwartet nämlich stürmte auf Kriegswagen und Karren der Feind mit derart gewaltigem Getöse von Rossen und Rädern heran, daß die Pferde der Römer scheu wurden, weil sie ein solches Getümmel nicht kannten. Die Reiterei, die den Sieg schon in der Hand gehabt hatte, stob betäubt davon. Pferde und Reiter gingen bei der besinnungslosen Flucht zugrunde ... Und die Stoßkeile der Gallier ließen ihnen keine Zeit, sich wieder zu sammeln.«
Das sah so aus, als ob den Kelten wieder einmal jenes Entsetzen zu Hilfe gekommen wäre, das ihr Verbündeter zu sein schien. Trotzdem blieb ihnen der endgültige Sieg vorenthalten, denn Decius griff nun zu einer Waffe, die in Heeresarsenalen normalerweise nicht geführt wird: dem Bannfluch.
Dem Oberpriester Marcus Livius befahl er, ihm die Todesweihe zu geben, ließ sich alle dazu notwendigen Formeln vorsprechen und fügte – man darf vermuten, laut und über das ganze Schlachtfeld hin vernehmlich – diese Worte hinzu: »Schrecken und Flucht, Mord und Blut, den Zorn der himmlischen und unterirdischen Götter treibe ich vor mir her, trage den Fluch der Vernichtung mit mir auf die Fahnen der Feinde, ihre Waffen und Wehren hinüber. Verderben treffe die Gallier und Samniten mit mir auf einer Stelle.« Dann trieb er sein Pferd in die Linie der Kelten hinein »und fand in den auf ihn gerichteten Waffen, denen er sich entgegenstürzte, den Tod«.
Sein Selbstopfer bewirkte ein überraschendes Ergebnis. »Die Gallier schossen verwirrt ihre nicht mehr treffenden Pfeile ab; andere standen versteinert ohne Sinn für Gefecht und Flucht.« Und als die Römer ihre Wurfspieße auf sie schleuderten, »stürzten viele von ihnen ohne Wunde, wie betäubt, zu Boden«.
Die Samniten aber, als sie das mitansehen mußten, ergriffen die Flucht, worauf der Rest der erstarrten Kelten von den Truppen des Quintus Fabius umgangen und niedergemetzelt wurde. Rom hatte die Schlacht gewonnen.
Insgesamt war das ein sicherlich seltsamer Vorgang. Völlig erfunden braucht die Geschichte dennoch nicht zu sein.
Wenn Decius seinen großen Fluch eindrucksvoll genug zelebriert

hatte – und Livius erzählt ja, daß Priester daran beteiligt waren –, dann mag es ihm tatsächlich gelungen sein, eine Horde von Barbaren, die selbst dem Glauben an magische Mächte und Kräfte verhaftet waren, buchstäblich in den Bann zu schlagen. Er hatte sie dessen beraubt, was einen Teil ihrer Stärke ausmachte: der möglicherweise auch in magischen Exerzitien gewonnenen Trance, in der sie sich so sehr mit ihren Göttern vereinigt fühlten, daß der Tod für sie alle Schrecken verlor.
Von einem endgültigen Sieg über die Koalition war Rom jedoch trotz des Erfolges von Sentinum noch weit entfernt. Fabius und Decius hatten lediglich verhindert, daß sich die im südlichen Apennin und in Kampanien lebenden Samniten mit den Galliern aus der Poebene für längere Frist vereinigten. Erst als acht Jahre später die ersteren zu Kreuze krochen, sah die Lage für die Römer günstiger aus. Nun standen nur noch einige Etruskerstädte und die Kelten dem römischen Anspruch auf den Mittel- und Südteil des italienischen Stiefels im Wege. 285 v. Chr. griffen beide noch einmal zu den Waffen.

Roms letzte Waffe, der Völkermord

Der Verlauf auch dieses Krieges ist schnell skizziert. Polybios bewertet ihn nur als ein Glied in der Kette all der Kämpfe, die Rom jemals mit den Kelten zu bestehen hatte, und den meisten modernen Historikern gilt er bestenfalls als ein Nachspiel zum blutigen Spektakulum des Dritten Samnitenkrieges. Die Kelten indes hätten ihn wahrscheinlich anders beurteilt, wenn sie eine nationale Geschichtsschreibung gehabt hätten. Immerhin kostete er die Senonen, einen ihrer stolzesten Stämme, Land und Existenz. Aber freilich, die Senonen hatten diesen neuen Zwist auch entfesselt.
Wie gewöhnlich war ihr erster Ansturm von unwiderstehlichem Schwung gewesen. Vor Arretium, dem heutigen Arrezzo in der Toskana, zerschlugen sie, zusammen mit etruskischen Verbündeten, eine römische Legion. Dann machten sie sich zum Weitermarsch nach Süden auf.
Inzwischen hatte sich der Senat für eine neue Strategie entschieden. Er glaubte erkannt zu haben, daß es sinnlos sei, sich immer wieder dem Furore der blonden Barbaren auszusetzen. Wenn man ihrer

Herr werden wollte, dann mußte die Axt an die Wurzeln ihrer Stärke gelegt werden. Weniger poetisch ausgedrückt: Sie sollten ganz einfach ausgerottet werden!
Konsequenterweise zog denn auch das nächste römische Heer nicht den anrückenden Feinden entgegen, sondern stieß statt dessen in das Wohngebiet der Senonen vor, die Küstenregion südlich von Rimini. Dort inszenierten seine Legionäre eine der ersten planmäßigen Völkervernichtungsaktionen auf europäischem Boden, von denen wir wissen.
Mit kalter Grausamkeit wurden unbefestigte Dörfer niedergebrannt, Frauen, Greise, Kinder, kurz die ganze nichtwaffenfähige Bevölkerung erbarmungslos abgeschlachtet oder in die Flucht getrieben. Verstörte Überlebende erreichten die Siedlungen benachbarter Stämme und verbreiteten mit ihren Schreckensmeldungen ein Entsetzen, das verständlicherweise sehr bald in Wut umschlug und das ganze keltische Volk mobilisierte.
Die Kriegerscharen der Bojer vereinigten sich mit den senonisch-etruskischen Streitkräften und marschierten, wie schon einmal, direkt in Richtung Rom. Eine zweite Schlacht an der Allia schien bevorzustehen. Sie fand auch statt, allerdings unter veränderten Vorzeichen.
Die Römer, mit keltischer Taktik inzwischen besser vertraut als im Schreckensjahr 387 v. Chr., bereiteten ihren Feinden am unteren Tiber eine vernichtende Niederlage. Das Morden soll dabei so schrecklich gewesen sein, daß sich der Fluß bis nach Rom hinab rot färbte. Und wenn es auch viel Römerblut war, das seine Wasser mitführten – das keltische überwog. Die Senonen aber, die am blindwütigsten gekämpft haben dürften, wurden derart dezimiert, daß sie aufhörten, als Volk zu bestehen. Auch die Macht der Etrusker war nun endgültig gebrochen. Nur die Bojer konnten sich einigermaßen geordnet zurückziehen.
In den Geschichtsbüchern erscheint diese Auseinandersetzung als die Schlacht am Vadimonischen See. Heute markiert den Platz, auf dem sie stattfand, nur ein kleiner, verschilfter Tümpel, abseits der Autostrada zwischen Orvieto und der italienischen Hauptstadt, aber Ortsansässige berichten, daß sein mooriger Uferboden noch immer Waffen und Gebeine freigebe.

Rom nahm sich trotz dieses Erfolges keine Zeit, lange und ausführlich zu triumphieren. Statt dessen zog es sofort die Konsequenz aus der neuen Lage, besetzte das Wohngebiet der vernichteten Senonen, wandelte es um zum sogenannten »ager Gallicus« und sicherte ihn 283 v. Chr. mit einer starken Militärkolonie, die den Namen Sena Gallica erhielt. Liebhabern des adriatischen »Teutonengrills« ist dieser Ort als Senigallia oder Sinigaglia wohlbekannt. Das berühmtere Rimini wurde, aus dem gleichen Grund, rund zwei Jahrzehnte später gegründet. Es hieß damals Ariminum.

Beide Städte waren ein Produkt der neuen, im Ausrottungskampf erprobten Strategie des Senats. Die Römer begannen, den Schrecken aus dem Norden mit einer Reihe starker Grenzfestungen in der Poebene einzumauern. Bewältigt hatten sie ihn damit freilich noch lange nicht.

Auch für die Generation, die nach der Vernichtung der Senonen geboren wurde, blieb die Keltengefahr so etwas wie ein Generalbaß, der alle Unternehmen der römischen Politik kontrapunktisch begleitete und die ihrer Gegner akzentuierte. Wo immer die Legionen in den kommenden Jahren auch antraten, in Süditalien, auf Sizilien, an der Balkanküste, überall trafen sie auf kleinere oder größere Kontingente der gefährlichen gelbmähnigen Krieger in ihren schreiend bunten Trachten.

Die Poebene aber war in dieser Frist eine Art Indianergebiet, in das sich nur wagemutige Pfadfinder, risikobereite Kaufleute und natürlich Spione hineinwagten. Offiziell trug es den Namen »Gallia Cisalpina«, das diesseits der Alpen gelegene Gallien. An seinen Grenzen, also etwa nördlich der Linie Rimini–Pisa, endete die Macht des Senats, der damals bereits nahezu den ganzen Rest des Stiefels beherrschte und dessen Heere wenig später auch schon die etablierten mittelmeerischen Großmächte das Fürchten lehren sollten.

Kelten an allen Fronten

Daß die römischen Legionen eine so ausgezeichnete Truppe waren, verdankten sie nicht zuletzt auch den Kelten. Ohne jeden Spott bemerkt Polybios: »Nachdem sie sich daran gewöhnt hatten, von den Galliern zu Boden geschlagen zu werden, konnte ihnen nichts

Schlimmeres mehr begegnen als das, was sie bereits kannten; sie traten daher als vollständig ausgebildete Ringkämpfer dem Pyrrhos auf der Kampfbahn des Krieges entgegen.«

Der König von Epirus war in der Tat der nächste, mit dem sie sich herumzuschlagen hatten. Eine Art von Großunternehmer, der sein Heer nicht anders einsetzte als ein Spekulant sein Kapital, war er mit fünfundzwanzigtausend Mann und zwanzig Kriegselefanten von Griechenland herübergekommen, um sich in Italien ein Königreich zusammenzuerobern. Aber obwohl er fast mühelos gewann, wo immer er auch mit den Römern zusammentraf, zu Boden werfen konnte er die in Volks- und Partisanenkriegen erfahrene Republik keineswegs. Seine »Pyrrhus-Siege« blieben eben dies. Und als er nach einem Abstecher auf die griechisch-karthagische Insel Sizilien geschwächt zurückkehrte, vermochten ihn die Legionen sogar in offener Feldschlacht, der Variante des Krieges, in der er absoluter Meister war, vernichtend zu schlagen.

Freilich, mit Pyrrhos' letztem Unternehmen war auch schon das Thema des nächsten großen Konfliktes angeklungen, des Krieges um Sizilien, der als der Erste Punische in die Geschichte einging. Und in ihm spielten auch wieder Kelten eine Rolle, wenn auch nur die von Mietsoldaten.

Der Kaufmannsstaat Karthago, dessen Bewohner von den Römern Poeni, Punier, genannt wurden, hatte sich zur Durchsetzung seiner Machtinteressen immer überwiegend fremder Söldner bedient. Er kaufte zusammen, was er an Mitgliedern kriegerischer Völkerstämme bekommen konnte, numidische Reiter aus Algerien, balearische Schleuderer, iberische Plänkler und eben auch Kelten aus Frankreich und Nordspanien. Mit diesen wilden Haufen hatten seine Feldherren in generationenlangen Kämpfen den Griechen zwei Drittel Siziliens abgenommen, ganz Sardinien erobert, außerdem Korsika, Malta, Ibiza besetzt oder gehalten. Allerdings hatten sie auch manchen Ärger mit ihnen erlebt.

Die Halbwilden galten zwar als unerschrockene Kämpfer, aber auch als undisziplinierte, aufsässige Soldaten – besonders die Kelten. Als Besatzungssoldaten in Agrigent stationiert, hatten sie einmal die Stadt kurzerhand geplündert, weil sich die Soldzahlung verzögerte.

Bei einer anderen Gelegenheit verspielten sie den bereits errungenen Sieg durch ihre maßlose Trunksucht. Sie stürzten sich nämlich, sofort nach dem Kampf, auf die Weinvorräte des Gegners und wurden, als dieser bei Nacht zurückkehrte, »berauscht auf der Streu schlafend« vorgefunden, wo man sie dann »wie Schlachttiere totschlug«. Freilich, so erklärt Polybios, diese Söldner hätten nicht eben die Elite ihres Volkes repräsentiert, »waren sie doch zuallererst wegen Verrats an den eigenen Freunden und Verwandten durch ihre eigenen Stammesgenossen aus der Heimat vertrieben« und von den Karthagern nur »in der Not des Krieges« aufgenommen worden. Es scheint sich also bei ihnen, wie auch bei vielen Fremdenlegionären späterer Zeiten, überwiegend um schwarze Schafe und Outlaws gehandelt zu haben.
Zu schaffen haben sie den Römern dennoch gemacht. Der Erste Punische Krieg kostete die Tiberrepublik mehr Menschenleben als irgendeine andere frühere Auseinandersetzung. Im Kampf mit den Karthagern war nicht nur der Respekt vor diesen, sondern auch vor ihren Hilfstruppen gewachsen.
Das erklärt denn auch zum Teil, weshalb die Römer, fünfundzwanzig Jahre nach dem Friedensschluß, Hasdrubal ein so großes Stück spanischen Landes zugestanden, um ihn von einer regelrechten Allianz mit den Kelten abzuhalten. Wie schwer ihr Motiv wog, skizziert Polybios.

Ein Volk in Waffen gegen eine Handvoll Barbaren

Als die Gesandten, die die Gespräche geführt hatten, aus Cartagena an den Tiber zurückkehrten, fanden sie eine Stadt in Panik vor. Ihre Bürger waren dermaßen unruhig, »daß sie bald Legionen aushoben und Vorräte an Getreide wie auch an anderem Kriegsmaterial anlegten, bald schon das Heer an die Grenze schickten, als rücke der Feind bereits in ihr Land ein ... Und diese Besorgnis war nicht verwunderlich; der alte Gallierschrecken saß ihnen immer noch in den Gliedern.«
Tatsächlich schienen sich die Nachrichten und Gerüchte über einen bevorstehenden neuen Kelteneinfall in der Zwischenzeit zur Gewißheit verdichtet zu haben.

Polybios, der im Jahr 200 v. Chr. geboren wurde und also möglicherweise noch mit alten Leuten sprach, die von ihnen betroffen gewesen waren, glaubt jedenfalls, die präzise Angabe machen zu können, es seien Bojer, Insubrer und die in den Alpen hausenden Taurisker gewesen, die sich wieder einmal zu einem antirömischen Komplott zusammengefunden hätten. Weiter gibt er an, ihre Könige wären auch mit jenen Keltenvölkern in Kontakt getreten, die am Oberlauf der Rhône ansässig waren. Von ihnen hätten sie Söldner angefordert, die er »Gaesaten« nennt und als Berufskrieger bezeichnet – Urahnen, möchte man beinahe vermuten, der schweizerischen Reisläufer des Mittelalters, deren Tradition heute noch von der Schweizergarde des Vatikans verkörpert wird.
Den »Königen« dieser Mietsoldaten, so fährt er dann fort, offerierten die Insubrer und Bojer keine festen Gebühren für ihre Dienste, sondern nur einen Wechsel auf mögliches Kriegsglück. »Sie stellten ihnen den großen Reichtum der Römer vor Augen und die Beute, die ihnen bei einem Sieg zufallen würde ... Und es war nicht schwer, sie zu überreden, zumal sie sich ihnen gleichzeitig mit jenen Versprechungen eidlich zur Bündnistreue verpflichteten ... Die Anführer der Gaesaten wurden daraufhin von einem solchen Feuereifer gepackt, daß niemals ein zahlreicheres, stattlicheres und streitbareres Heer in dieser Gegend zusammenkam.«
Waren diese Nachrichten alle korrekt, dann hatte Rom wirklich Grund genug, sich auf das Schlimmste gefaßt zu machen und seine letzten Reserven zu mobilisieren. Das geschah auch. Vier Legionen zu je zweitausendfünfhundert Fußsoldaten und dreihundert Reitern wurden aufgestellt, dazu dreißigtausend weitere Kämpfer von benachbarten Völkern angeworben. An sogenannten »Freiwilligen« rief es zu den Waffen: Fünfzigtausend Infanteristen und viertausend Kavalleristen etruskischer und sabinischer Nationalität. »Die den Apennin bewohnenden Umbrer und Sarsinaten stellten gegen zwanzigtausend Mann, die Veneter und Cenomanen weitere zwanzigtausend.« Das ergab insgesamt eine Streitmacht von einhundertvierunddreißigtausenddreihundert Kämpfern und einen Haufen, der sicherlich nicht weniger buntscheckig war als die Horden aus Oberitalien – zumal er auch Kelten mit einschloß, die Cenomanen.
Eben dieses letztere Detail macht noch einmal deutlich, daß die Rö-

mer sich nicht nur militärisch und versorgungsmäßig auf den zu erwartenden Kampf eingestellt, sondern darüber hinaus umfassende diplomatische Vorarbeit geleistet hatten. Es schien ihnen gelungen zu sein, die Front ihrer Feinde aufzubrechen. Die Veneter, ein Volk von vermutlich illyrischer Herkunft – in Frankreich gab es einen keltischen Stamm gleichen Namens –, waren mit den Galliern bisher immer gut ausgekommen. Daß sie nun, wie die Cenomanen, auf der Seite ihrer Feinde standen, »nötigte die Könige der Insubrer und Bojer, einen Teil ihrer Kräfte zum Schutz des Landes gegen die von dort (vom heutigen Friaul und Venetien her) drohende Gefahr zurückzulassen«, was natürlich ihre Siegeschancen beträchtlich verminderte.
Hätten sie es aber trotzdem geschafft, über die Apenninen hinweg nach Süden vorzustoßen und das aufgebotene Riesenheer zu schlagen, dann wären sie hinter dessen Linien auf eine nicht weniger bunt gewürfelte Reservetruppe gestoßen. Deren Kopfstärke gibt Polybios mit »zweihundertfünfzigtausend Mann zu Fuß und dreiundzwanzigtausend Reitern« an. Und noch nicht einmal sie soll den letzten waffenfähigen Rest der verbündeten Völkerschaften repräsentiert haben. Im Rücken dieser Reserve stand der »Landsturm«, die Greise also, die noch kräftig genug waren, eine Waffe zu tragen, und die Knaben, die das notfalls auch schon gekonnt hätten.
Wofür aber, so fragt man sich, diese gigantische Anstrengung? Wofür die diplomatischen Aktionen in Venetien und selbst im fernen karthagischen Spanien? Wogegen dieses Volk in Waffen? Nun, gegen nichts weiter als die Streitmacht einiger barbarischer Stämme, die kaum mehr als »fünfzigtausend Mann zu Fuß und zwanzigtausend Mann zu Pferd oder auf Streitwagen« umfaßte. Das macht deutlich: die Kelten müssen noch weitaus schrecklicher gewesen sein, als die antiken Historiker es uns mit ihren Berichten über wildes Aussehen und blinde Kampfeswut zu übermitteln vermögen.
Rom, das seit dem Sommer, in dem nur schnatternde Gänse seinen Untergang verhindert hatten, zur führenden Macht in Italien aufgestiegen war, durfte ja sehr wohl gewußt haben, was es tat, wenn es sich derartig verausgabte. Doch die Furcht war gegenseitig.

Auch die Kelten in der Poebene hatten allen Grund, sich von den Römern bedroht zu fühlen. Der Volkstribun Caius Flaminius hatte mit sozialpolitischen Argumenten durchgesetzt, daß der den Senonen abgenommene ager Gallicus unter römische Plebejer aufgeteilt und von ihnen besiedelt werden sollte. Was das bedeutete, mußte selbst der politisch unerfahrenste Dorfälteste begreifen: Die Gallier sollten nicht nur eingemauert, sie sollten planmäßig aus ihren Wohngebieten verdrängt werden.

Was blieb ihnen deshalb anderes übrig als der Versuch, die Schlinge zu zerschneiden, die ihnen da um den Hals gelegt wurde, 225 v. Chr. schlugen sie, wie erwartet, los. Ihre Strategie war die alte.

»Nachdem die Kelten in Etrurien eingerückt waren, durchzogen sie, ungestraft plündernd, das Land, und da ihnen niemand in den Weg trat, nahmen sie sich schließlich Rom selbst zum Ziel«, schreibt Polybios.

Die Römer, so gut sie auf diesen Krieg auch vorbereitet schienen, waren dennoch überrascht. Aus irgendeinem Grund hatten sie den Stoß der Bojer und Insubrer nicht vom Westen her erwartet, sondern damit gerechnet, daß sie zunächst den ager Gallicus angehen würden. Darauf vertrauend, waren in und um Rimini fünfzigtausend Legionäre unter dem Oberbefehl von Aemilius Papus zusammengezogen worden, das weitaus größte Kontingent der konsularischen Streitmacht. Aber nun standen die Angreifer plötzlich drei Tagesmärsche von Rom entfernt bei Chiusi, einer Gegend, die sie, wie auch ihren Wein, schon recht gut kannten.

Natürlich wurden sofort Eilkuriere zu allen Garnisonen in Marsch gesetzt; sie hetzten auf schäumenden Pferden zur Adria hinauf, um Papus zu alarmieren, und nach Pisa hinüber, wo Caius Attilius Regulus mit zwei weiteren Legionen stand. Ein drittes Korps, das die Westgrenze gedeckt hatte, erhielt den Auftrag, die Kelten lediglich zu beschatten, sie jedoch keinesfalls anzugreifen. Offensichtlich hatten die Militärexperten des Senats einen Plan entwickelt, der darauf abzielte, die Angreifer in eine Lage zu manövrieren, in der sie von drei Stoßkeilen aus drei verschiedenen Richtungen gleichzeitig angegriffen werden konnten. Es sah auch so aus, als ob die Lage sich wunschgemäß entwickeln würde.

Trotzdem schlug in der Hauptstadt selbst die Angst höhere Wellen als je zuvor. Ein Schicksalsdeuter hatte in einem alten Buch die Prophezeiung entdeckt, daß Gallier und Griechen den römischen Boden gemeinsam in Besitz nehmen würden – eines Tages. Aber wer wußte, ob das nicht schon morgen war?
Die Verwirrung, die dieses Gerücht auslöste, muß verheerend gewesen sein und derart gefährliche Formen angenommen haben, daß die Hüter des öffentlichen Wohls glaubten, ihr nur mit einer Aktion begegnen zu können, die ebenso barbarisch wie einprägsam war. Ein Priester hatte ihnen empfohlen, dem Schicksalsspruch einfach dadurch die Schärfe zu nehmen, daß man ihn scheinbar wortgetreu erfüllte. Zwei Griechen und zwei Kelten, ein Mann jeweils und eine Frau, sollten in die bedrohte Erde eingehen, indem man sie lebendig darin begrub. Der Rat wurde befolgt. Und die Götter schienen sich tatsächlich betrügen zu lassen.
Das keltische Heer marschierte in die Falle, die der römische Stab ihm gestellt hatte – vorher freilich inszenierte es selbst noch ein meisterhaftes Täuschungsmanöver.

Der Trick mit dem leeren Lager

Als die Führer der Bojer, Insubrer, Taurisker und Gaesaten bemerkten, daß ihnen ein starkes Beobachtungskorps auf den Fersen war, änderten sie schlagartig ihre Marschrichtung. Statt weiterhin gegen Rom vorzurücken, machten sie kehrt und zogen dem hinter ihnen stehenden Feind entgegen, in der Absicht, so schien es, ihn anzugreifen. Aber das war nur der erste Teil ihres Plans.
Sobald sie, südlich von Florenz, ihre Verfolger gestellt hatten, führten sie den zweiten aus. Sie schlugen, wie auch ihre Gegner, ein Lager auf, um sich, so sah es aus, auf den bevorstehenden Tag der nun unvermeidbar gewordenen Schlacht zu rüsten. Während jedoch die Wachen im römischen Biwak sich damit begnügten, die hell lodernden Lagerfeuer der Kelten im Auge zu behalten und den wilden Gesängen zu lauschen, die von dort herübertönten, zog deren Heer lautlos in Richtung Fiesole ab. Den ganzen Lärm, der den römischen Posten an die Ohren schlug, verursachten einige wenige Reiterschwadrone, die man zurückgelassen hatte. Erst im Morgengrauen folgten auch sie dem Gros der verschwundenen Streitmacht.

Natürlich glaubten die Römer, als sie das leere Lager gestürmt hatten, der Feind wolle sich ihnen entziehen. Sie setzten ihm daher in größter Eile nach, ohne vorher das zu tun, was jeder einigermaßen gut ausgebildete Leutnant in jeder ähnlichen Situation machen würde: Spähtrupps vorausschicken. Hätten sie es getan, dann wäre das Leben von sechstausend ihrer Leute gerettet worden.

Den Kelten nämlich kam es nur darauf an, die Legionäre in der Formation vor die Speere zu bekommen, in der ein Heer am verwundbarsten ist: in Marschordnung. Eben das gelang ihnen auch.

Der Überraschungsangriff von den Hügeln herab riß die arglos daherstampfende Kolonne auseinander und verwickelte sie in tausend Einzelkämpfe. Wer nicht fliehen konnte, wurde niedergemacht. Nur mühsam gelang es den römischen Offizieren, geringe Reste ihres versprengten Haufens wieder zu sammeln und mit ihnen eine Anhöhe zu besetzen, die sich einigermaßen erfolgreich gegen Krieger verteidigen ließ, zu deren besten Eigenschaften die Ausdauer nie gezählt hatte. Doch das änderte nichts mehr an der Tatsache, daß Rom sich von den Barbaren eine neue blutige Niederlage eingehandelt hatte. Was aber noch schwerer wog: Der römischen Falle war einer ihrer drei Zähne ausgeschlagen worden.

Indes sollten die beiden verbliebenen sich noch als scharf genug erweisen, um den vorgefaßten Plan vollenden zu können. Die siegreichen Kelten trugen unwissentlich dazu bei.

Einer ihrer Führer, der König Aneroëstes, bewog seine Verbündeten dazu, sich erst einmal zurückzuziehen, um, wie Polybios berichtet, »die gewonnene Beute loszuwerden, nicht alles aufs Spiel zu setzen und erst, wenn sie wieder beweglich geworden wären, von neuem den Kampf gegen die Römer aufzunehmen«. Sie marschierten also in Richtung Westen ab, um entlang dem Tyrrhenischen Meer die Heimat zu erreichen. Dabei wurden sie von den Truppen des Aemilius Papus verfolgt, der inzwischen, von der Adria her kommend, den Platz des Geschehens erreicht hatte.

Freilich, Papus war ebenfalls zu vorsichtig, um sofort anzugreifen. Er wartete, bis auch die Truppen aus Pisa zur Stelle sein würden. Daß die Kelten ihnen, die von Norden herabzogen, geradewegs in die Arme laufen würden, konnte er zunächst noch nicht ahnen.

Dennoch geschah genau dies. Am Kap Telamon stießen beide Heere völlig überraschend zusammen, während das dritte, eben das von Aemilius Papus, ebenfalls bereits im Anmarsch war. Damit saßen die Mannen des Aneroëstes und seines Amtskollegen in der Falle. Feind im Rücken, Feind im Gesicht – ihre Lage schien hoffnungslos zu sein.
Würde der mit ihnen verbündete Schrecken sie trotzdem noch einmal vor dem Schlimmsten bewahren? Am Anfang sah es fast so aus.

Die Nackten und die Gepanzerten

Als sie begriffen hatten, daß sie zwischen den beiden Backen einer Zange festgeklemmt waren, formierten sich die Kelten zur Rundumverteidigung: eine Front dem Gegner im Norden zugewandt, die andere dem Feind im Rücken, dazwischen das Lager mit ihrer riesigen Beute. Gaesaten und Insubrer sollten den Aemilius Papus zurückwerfen, Taurisker und Bojer die Soldaten des Attilius Regulus. Außerhalb dieser Linien waren ihre Kampfwagen postiert, vierrädrige wie zweirädrige. Polybios bestätigt, daß diese Formierung nicht nur den üblichen »furchterregenden Anblick« bot, sondern auch den »taktischen Erfordernissen entsprach«, fragt sich freilich auch, »ob die Stellung, die die Kelten hatten, nicht die gefährlichere war, da die Feinde von beiden Seiten zugleich auf sie eindringen konnten, oder im Gegenteil die erfolgversprechendste, da sie zugleich gegen beide kämpften, zugleich aber sich gegenseitig den Rücken deckten?«
Auch die Römer selbst schienen sich darüber nicht ganz im klaren zu sein. Sie wußten alle taktischen Vorteile auf ihrer Seite, »aber andererseits erschreckte sie wiederum der stattliche Anblick, den das Keltenheer in Waffen bot, und der wilde Lärm. Denn sie hatten eine Unzahl von Hornisten und Trompetern, und da gleichzeitig mit diesen das ganze Heer seinen Kriegsgesang anstimmte, entstand dadurch ein so großes und furchtbares Getöse, daß nicht nur die Instrumente und die Truppen, sondern auch die davon widerhallenden Hügel der Umgebung von sich aus ihre Stimme zu erheben schienen.« Es war wieder einmal das Chaos, das ihnen entgegenbrandete.

Die Gaesaten müssen dabei den größten Eindruck auf sie gemacht haben. Während Insubrer und Bojer ihre Hosen und Mäntel anbehielten, gehörten die Schweizer zu denjenigen, die vor Hitze derart glühten, daß sie sich aller Kleidung entledigten und in weißhäutiger Nacktheit auf ihre Feinde losstürzten; das mit Gips gehärtete gelbe Haar stand senkrecht empor, goldene Arm- und Halsbänder blitzten in der Sonne.

Doch so furchtbar der Schrecken auch als Waffe ist, er wirkt nur einmal. Gelingt es dem Gegner, ihn zu überwinden, dann ist der, der ihn ausstrahlt, auch nur ein verletzlicher Mensch, zumal wenn weder Brustpanzer noch Beinschiene seine Nacktheit schützen. In der Schlacht am Kap von Telamon, am Fuß eines Hügels, der heute Talamonaccio heißt, scheinen die Römer das zum erstenmal begriffen zu haben.

Den Kelten war ein erster Reiterangriff mißlungen, und als daraufhin ihre Fußkämpfer vorrückten, erkannten die Legionäre, daß sie eigentlich viel besser ausgerüstet waren als der Gegner. Hochgewachsene Männer, deren Schild zu klein ist, um sie voll zu decken, bieten eine ausgezeichnete Zielscheibe für Pfeile wie für Wurfspieße. Das nützten sie so kaltblütig aus, »daß der stolze Mut der Gaesaten schon an den Speerwerfern zuschande wurde«.

Während jedoch die Insubrer, Bojer und Taurisker sich vom Hagel der Geschosse tatsächlich entmutigen ließen und zurückwichen, stürmten die Schweizer »in sinnloser Wut blindlings unter die Feinde«. Dem Vorgeplänkel folgte das Handgemenge. Dabei zeigte es sich ein zweites Mal, daß die römischen Zeugmeister den Nahkampf methodischer analysiert hatten als ihre Gegenüber.

»Die Schilde der Römer nämlich sind zum Schutz, ihre Schwerter für den Kampf weit geeigneter, weil der Schild den ganzen Körper deckt, während der gallische kürzer ist, das römische Schwert aber vorzugsweise zum Stich, jedoch auch zum Hieb taugt, während das gallische allein zum Hieb taugt.«

Das heißt: die nackten oder leicht bekleideten Kelten sahen sich, nur auf Angriff eingestellt, plötzlich einer geschlossenen Front von Soldaten gegenüber, die ihre hohen Schilde wie eine wandernde Mauer vor sich hertrugen und aus deren Lücken blitzschnell zustießen. Sie selbst dagegen konnten diese Schale aus Leder, Holz und Metall nur durch Hiebe von oben her aufzubrechen versuchen, wobei sie auch noch mit dem Arm aus ihrer spärlichen Deckung herausmußten. Hinzu kam, daß ihre Schwerter, von denen Polybios korrekterweise berichtet, sie hätten keine Spitze gehabt (waren vielmehr unten abgerundet), aus offensichtlich schlechtem Material bestanden. »Sie tun nur beim ersten Hieb ihre Wirkung, werden dann sogleich stumpf und biegen sich derartig, daß, wenn man dem Kämpfenden keine Zeit läßt, sie gegen die Erde zu stemmen und mit dem Fuß gerade zu biegen, der zweite Schlag mit ihnen vollkommen wirkungslos wird.« Wieder, wie schon beim Geplänkel, machten sich die Legionäre alle diese Schwächen zunutze. War ein keltisches Schwert an ihrem Schild oder den nach vorn gereichten Lanzen der Triarier, die normalerweise im letzten Treffen standen, stumpf geworden, rückten sie dem Gegner so dicht auf den Leib, daß er zu einem weiteren Hieb nicht mehr ausholen konnte. Es war eine Methode, die spätere Feldherrn in späteren Keltenkämpfen noch perfektionieren sollten. Jedoch reichte sie schon bei Telamon, wo sie entwickelt wurde, vollkommen aus, den Feind zu vernichten. Von den Kelten, die sich nun eher niederhauen als in die Flucht treiben ließen – wohin auch? es war ja kein Weg offen –, sollen vierzigtausend gefallen sein. Nicht weniger als zehntausend, darunter einer ihrer beiden Könige, gerieten in Gefangenschaft. Aneroëstes, der andere, beging mit seiner Gefolgschaft Selbstmord.

Ein vollkommener, also ein sozusagen totaler Sieg. Trotzdem dürfte sich der Jubel, der Aemilius Papus entgegenschlug, als er wenig später in die Tiberstadt einzog – Attilius Regulus war gefallen –, weniger an den erbeuteten Rüstungen entzündet haben, die er mitführte, oder an den gedemütigten blonden Kriegern, die seinem Zug in Ketten folgten, als vielmehr an dem Gefühl, einen Alpdruck losgeworden zu sein, eine tiefsitzende Furcht besiegt zu haben und nun endlich wieder freier im eigenen Land atmen zu können.

Wenn aber dennoch ein Rest von Unbehagen zurückblieb, dann rührte er daher, daß die Kelten immer noch die Poebene mehr oder weniger in der Hand hielten und jederzeit wieder daraus hervorbrechen konnten. Indessen wog selbst das nicht allzu schwer. Man wußte ja jetzt, daß ein modern gerüstetes, methodisch vorgehendes Heer selbst ihren Furor zu brechen vermochte. Diese Erkenntnis dürfte denn auch das wichtigste Ergebnis des Krieges von 225 v. Chr. gewesen sein.

Alle späteren Keltenkämpfe auf italienischem Boden waren Nachspiele dazu, nicht nur der nun folgende Vorstoß in die Poebene, bei dem Mediolanum zerstört wurde, sondern – unter diesem Blickwinkel betrachtet – selbst der Zweite Punische Krieg, also Hannibals Versuch, zusammen mit den Stämmen aus dem Norden, Rom in die Knie zu zwingen. Er hätte nämlich äußerstenfalls dann gelingen können, wenn die Schlacht von Telamon die Gaesaten, Insubrer, Bojer, Taurisker nicht im Mark ihrer Kraft getroffen, oder wenn sein Onkel Hasdrubal nicht den Ebro-Vertrag geschlossen hätte, der den Römern Zeit ließ, mit den Feinden im eigenen Land fertig zu werden. Da er ihn aber geschlossen hatte, war ihr Kalkül aufgegangen, nicht das der Karthager. Als Hasdrubal tatsächlich bis zu diesem Fluß vorstieß, fuhr Rom ihm auf diplomatischem Weg und ohne Rücksicht auf die getroffene Abmachung prompt in die Parade. Freilich legte es damit selbst die Lunte an ein Pulverfaß, das Hasdrubals Neffe später in Brand setzen sollte.

Hannibals unzuverlässige Freunde

Hannibal, dem der römische Wortbruch den casus belli lieferte, scheint sein Bündnis mit den Kelten sehr sorgfältig vorbereitet zu haben. Abgesandte der Bojer, die zu dieser Zeit besonders heftig unter einer römischen Besiedlungsaktion in ihrem Land zu leiden hatten, brüteten mit ihm schon im Winter 219/218 v. Chr. über Plänen für einen Marsch durch Südfrankreich nach Oberitalien.

Voraustrupps legten vermutlich auf dem ganzen Vormarschweg Relaisstationen an, von denen man zwei, unweit von Carcassonne, inzwischen ausgegraben hat. Und als das karthagische Heer im September 218 v. Chr. an der unteren Rhône erschien, da war Magalos zur Stelle, ein Fürst, wiederum aus dem Volk der Bojer, um – darf man annehmen – mit den südfranzösischen Gallierstämmen zu verhandeln, die bereits Miene gemacht hatten, die Übersetzmanöver zu stören. Ohne die Hilfe solcher Mittelsmänner aus Oberitalien wäre der punische Feldherr im Keltengebiet wahrscheinlich kaum so zügig vorangekommen.

Andererseits freilich scheinen die Bojer die einzigen Gallier gewesen zu sein, die sich von Anfang an mit ihm zusammengetan hatten. Ihre anderen Volksgenossen, selbst die in Spanien angeheuerten iberischen Kelten, zeigten weitaus weniger Enthusiasmus für Hannibals weitgespanntes Unternehmen. Knapp zehntausend von ihnen desertierten bereits vor der Überquerung der Pyrenäen, andere, Ortsansässige vor allem, betätigten sich sogar als Kundschafter für die Römer und meldeten via Massilia (griechisch: Massalia), die alte hellenische Siedlung, die heute Marseille heißt, an den Tiber, daß ein Heer mit unbekannten grauen Riesentieren, den »elefantoi«, sich auf die Alpenpässe zu bewege.

Im Gebirge selbst waren es dann zunächst die keltischen Allobrogen, die ihm weitere Schwierigkeiten bereiteten. An der oberen Isère versuchten sie, ihm den Weg zu verlegen, und konnten nur durch einen Nachtangriff auf ihre Stellungen, die sie abends verließen, verdrängt werden. Etwas später unternahmen die im heutigen Savoyen lebenden Ceutronen einen ähnlichen Versuch. Erst schickten sie Hannibal Abgesandte und reichliche Verpflegung entgegen, dann jedoch, »als man in einen schmaleren Weg kam, der auf der einen Seite unter einem drohenden Bergjoch dahinlief, brachen sie«, wie Livius berichtet, »auf allen Seiten aus dem Hinterhalt hervor, griffen von vorn und im Rücken an, kämpften im Nahkampf und aus der Entfernung, wälzten große Steine auf den Zug herab.«

Ihre vermutliche Absicht: Sie wollten sich beim karthagischen Nachschub für das schadlos halten, was sie der Vorhut an Lebensmitteln geliefert hatten. Auch dieser Überfall kostete Hannibal beträchtliche Verluste, »zum Glück mehr an Zugtieren als an Menschen«.

Insgesamt machen alle diese Ereignisse deutlich, daß die Kelten keineswegs geschlossen auf der Seite des Generals standen, der ihrem gemeinsamen Feind, den Römern, auf den Leib rückte. Wenn das aber noch verständlich bei Stämmen ist, die nie kriegerischen Kontakt mit den konsularischen Heeren gehabt hatten, so muß es bei den oberitalienischen Völkern, die Hannibal nun erreichte, doch einigermaßen verwundern. Rom hatte sie verlustreich geschlagen und drohte, in ihr eigenes Lebensgebiet einzurücken. Sie standen buchstäblich mit dem Rücken an der Riesenwand der Alpen, dennoch

waren es offensichtlich nur die Bojer, die daraus eine kühle politische Konsequenz zogen, indem sie sich mit den Karthagern verbündeten.
Mangelnde Einsicht in die gegebene Lage? Nichtvorhandenes Solidaritätsgefühl? Oder einfach Resignation und dumpfe Schicksalsergebenheit nach dem letzten gescheiterten Vormarsch auf Rom? Vielleicht trifft Polybios den Nagel auf den Kopf, wenn er schreibt, daß die Kelten »nicht etwa nur die meisten Dinge, sondern geradezu alles, was überhaupt geschah, mehr von Stimmungen als von kluger Berechnung regiert sein ließen«. Sie waren ein Volk, das auf liebenswerte, aber gefährliche Weise einfach in den Tag hineinlebte.
Außenstehenden mußten sie deshalb als wankelmütig, unzuverlässig und unberechenbar erscheinen. Freilich, Hannibal, dessen Landsleute schon seit Generationen mit Kelten zu tun hatten, kannte sie gut genug, um zu wissen, wie man mit ihnen umgehen mußte.

Kelten sollen Karthager werden

Als auch die Tauriner, die im heutigen Piemont lebten, wenig Neigung zeigten, mit ihm zu kooperieren, nahm der Karthager ihre Hauptstadt im Sturm. Dann versuchte er es mit einer anderen Methode. Vor versammeltem Heer machte er einigen der keltischen Gefangenen ein blutiges Angebot. Er ließ ihnen durch Dolmetscher sagen, wer von ihnen bereit sei, zum Zweikampf gegen einen seiner Stammesgenossen anzutreten, der erhalte, im Falle seines Sieges, ein Pferd und Waffen und könne gehen, wohin er wolle. Was daraufhin geschah, läßt sich erraten.
»Als alle ohne Ausnahme Schwerter und den Kampf forderten und die Lose dafür bereits geworfen waren, wollte jeder unter denen sein, die der Zufall für diesen Kampf auswählte. Sobald sein Los gezogen war, sprang der, den es getroffen hatte, freudig auf und alle wünschten ihm Glück. Eiligst nahm er in Tanzsprüngen, nach seiner Landessitte, die Waffen auf. Als sie fochten, freuten sich nicht nur die Mitgefangenen, sondern auch die Zuschauer über das Schicksal des Siegers, ebenso jedoch über die Besiegten, die einen derart schö-

nen Tod gefunden hätten.« Mit anderen Worten, es war ein Spektakel ganz nach keltischem Geschmack.

Livius, der es überliefert, meint nun freilich, es hätte Hannibal lediglich dazu gedient, um seinen Soldaten die Lage zu illustrieren, in der sie sich befanden. »Euch«, so soll er ihnen zugerufen haben, »hat das Schicksal kaum mit stärkeren Fesseln und schlimmerer Not umgeben als diese Gefangenen ... wo ihr zum erstenmal dem Feind begegnet, müßt ihr siegen oder sterben.« Doch das ist wohl eine etwas abwegige Interpretation. Viel näher liegt die Vermutung, er habe mit dieser Demonstration an das Ehrgefühl und die Kriegslust der Kelten appelliert, habe ihnen vor Augen führen wollen, daß sie bei ihm Freiheit, Leben und reiche Beute gewinnen könnten. In einer späteren Rede, die diese Annahme bestätigt, versprach er sogar, jeden, der sich seinem Heer anschließen, zum karthagischen Bürger zu machen.

Bei alledem wußte er freilich, daß die beste Werbung für ihn ein rascher Sieg über die Römer sein würde. Deshalb strebte er fürs nächste nichts dringender an als die Schlacht. Am Fluß Ticinus (heute Ticino), unweit von Pavia, wurde sie ihm geboten. Er nutzte die Chance. Mit einer seiner raffiniert ausgeklügelten Attacken schlug er die Armee des Konsuls Publius Cornelius Scipio und war damit Herr über ein beträchtliches Stück ehemaligen keltischen Gebietes geworden. Scipio nämlich hatte sich nach dem Gefecht sofort auf Piacenza zurückgezogen, eine der neuesten und stärksten römischen Festungen an der Grenze gegen Gallien, und Hannibal so die ganze östliche Poebene überlassen.

Für die Insubrer war das ein Zeichen, auf das sie, unsicher schwankend, lange gewartet haben mochten. Mit vierzehntausend Kriegern stießen sie nun zu seinem Heer, während gleichzeitig eine Reihe von keltischen Einheiten, die im römischen Lager dienten, ihre Offiziere erschlugen und zu den Karthagern überliefen. Daß sie dabei die Köpfe der Ermordeten mitbrachten, entsprach ihren alten barbarischen Kriegssitten.

Hannibals Bündnispläne schienen also doch noch zu gelingen. Besonders viel hatte er trotzdem nicht davon. Schon bei der nächsten großen Schlacht, die im Schneetreiben an der Trebia, einem rechten Nebenfluß des Po, stattfand, brachten ihn ausgerechnet die Kelten um den vollen Vernichtungssieg. Der Feldherr hatte sie im Zentrum seines Heeres aufgestellt und ihnen die Aufgabe zugewiesen, dem feindlichen Angriff so lange standzuhalten, bis er die Römer auf beiden Seiten umgangen haben würde. Aber das gelang ihnen nicht. Noch ehe der konzipierte Kessel sich schließen konnte, gaben sie Fersengeld und verspielten damit, was die anderen Truppenteile schon beinahe gewonnen hatten.

Waren sie überfordert gewesen? Oder hatte ihr vielgerühmter, blindwütiger Mut sie verlassen? Die Antwort liegt wohl in der Mitte. Sie besaßen nach den vielen erlittenen Niederlagen einfach nicht mehr ihr altes Selbstvertrauen. Außerdem, das kam hinzu, dürften sich ihre Scharen überwiegend aus ungeübten Leuten zusammengesetzt haben. Die meisten kriegstüchtigen Männer müssen in den Verteidigungskämpfen, die noch bis zum Jahr 219 v. Chr. gedauert hatten, dahingerafft worden sein. Rom war es gelungen, den stolzen Stämmen der Gallia Cisalpina moralisch das Rückgrat zu brechen. Hannibal bekam das in Zukunft noch öfter zu spüren.

Er bemühte sich zwar weiterhin nach Kräften um die Mitarbeit der Gallier und soll sogar ihre verschiedenen Dialekte erlernt haben, doch nennenswerten Gewinn brachte ihm auch das nicht ein. Schon bald nach der Schlacht an der Trebia kehrten ganze keltische Einheiten in ihre Dörfer zurück, aufgewiegelt auch von der Parole, der Karthager setzte sie den gefährlichsten Aufgaben aus, um seine eigenen Leute zu schonen. Das Stimmungsbarometer dieses leicht erregbaren Volkes sank rapide ab. Sie waren wirklich keine zuverlässigen Bundesgenossen.

Die wenigen aber, die Hannibal auf seinem von Erfolgen gesäumten, dennoch glücklosen Weg nach Unteritalien begleiteten, kehrten Jahre später enttäuscht und verzweifelt zurück, verzweifelt vor allem darüber, daß der letzte Versuch, Rom auf seinem Weg zur Macht über ganz Italien zu stoppen, nun gescheitert war. Und da sie wohl die politisch Klügsten unter ihren Landsleuten gewesen sein dürften, wußten sie auch, was das außerdem noch bedeuten mußte. Der Senat würde nach der endgültigen Zerschlagung Karthagos alles daransetzen, um nun auch noch den letzten Unruheherd südlich der Alpen erbarmungslos auszumerzen. Den Bewohnern der Poebene drohte die Vernichtung.

Vorbei mit den bunten Attacken

Unmittelbar nach dem Friedensschluß mit Karthago schickte Rom sofort wieder Truppen nach Norden. Seine Senatoren hatten gute Gründe dafür. Durch Hannibals Marsch über die Alpen war ihnen vor Augen geführt worden, wie leicht sich von Oberitalien her immer noch die Einheit ihres Staates bedrohen ließ. Mochten die Kelten dem Karthager auch wenig genützt haben, so schienen sie doch von all den vielen Völkern, die auf der Apenninenhalbinsel siedelten und die allmählich in das römische Ordnungsgefüge eingebunden worden waren, das hartnäckigste zu sein. Da sie sich nicht beugen wollten, mußte man sie brechen – sie, das hieß auch in diesem Fall vor allem die Bojer und die Insubrer.
Allerdings, das hatte man in Rom mittlerweile auch begriffen, reichten Armeen allein nicht aus, diese Aufgabe zu erfüllen. Und so war denn der letzte Keltenkrieg auf italienischem Boden weniger ein Feldzug herkömmlicher Art als vielmehr eine breitangelegte Operation, in der systematisch eine Siedlung nach der anderen angegriffen und zerstört wurde. Gefangene, die man nicht über die Klinge springen ließ, sahen sich als Sklaven nach Süden verfrachtet. Die Kelten verglichen gleiches mit gleichem, töteten erbarmungslos, verzichteten auf ihre buntfarbigen Attacken und legten statt dessen Hinterhalte, führten einen Partisanenkrieg um jeden Meter Boden. Insgesamt hielten sie ihre Feinde noch fast zehn Jahre lang hin. Der Friedensvertrag mußte endlich mit Greisen geschlossen werden, weil von den jüngeren Männern kaum einer übriggeblieben war. In etlichen Bergtälern dauerten die Kämpfe, an denen auch Ligurer beteiligt waren, sogar bis in die siebziger Jahre hinein an.
Schon vorher freilich waren dem Heer die Kolonisten gefolgt. Auf dem blutgetränkten Boden erstanden neue römische Siedlungen. Neben Placentia blühten Cremona, Aquileia, Modena und Parma empor. Die Provinz, in der sie standen, hieß nach wie vor Gallia Cisalpina, doch Gallier gab es darin nur noch als unfreie, aber tüchtige Bauern, oder, wie ja Polybios berichtet, als Wirte, die sensationell niedrige Vollpensionspreise nahmen.
Heute pflegt sich eine wohlunterrichtete Welt über derartige Vernichtungskampagnen in fernen Ländern gebührend aufzuregen, um

sie dann zu vergessen. Damals dürfte man die Nachricht in den Staaten des Mittelmeerraumes, die sich als zivilisiert betrachteten, eher mit unverhohlener Erleichterung zur Kenntnis genommen haben. Die Römer waren nicht die einzigen gewesen, die sich mit den Kelten hatten herumschlagen müssen. Ihr Furor hatte auch anderswo die Vorstellungen von Ordnung und geordneter Welt zutiefst verletzt.

Kapitel III

Alexanders Erben und die Kelten

»Majestix fürchtet nur ein Ding:
daß ihm der Himmel auf den Kopf fallen könne.«
Aus »Asterix«

»O ihr unverständigen Galater, wer hat euch bezaubert,
daß ihr der Wahrheit nicht gehorchet?«
Paulus, »Galaterbrief«

Zeittafel:

335 v. Chr.: Alexander stößt zur Donau vor und trifft dort mit Kelten zusammen.

323 v. Chr.: Alexander stirbt in Babylon. Seine Generale, die »Diadochen«, beginnen, um das Erbe zu streiten, das er hinterließ.

301 v. Chr.: Kleinasien und Teile Makedoniens fallen an Lysimachos. Der Rest Makedoniens fällt an Kassander, Ägypten bleibt bei Ptolemaios, Persien und Syrien bei Seleukos.

283 v. Chr.: Lysimachos wird von seinem Schatzkanzler Philetairos verlassen. Der investiert veruntreutes Geld in seinen eigenen Besitz um Pergamon.

281 v. Chr.: Seleukos schlägt Lysimachos und übernimmt dessen Besitz. Ptolemaios Keraunos ermordet Seleukos. Antiochos I. besteigt den seleukidischen Thron.

279 v. Chr. Einfälle der Kelten unter Bolgios und Brennus nach Griechenland. Antigonos Gonatas vertreibt Keraunos vom makedonischen Thron. Dieser fällt im Kampf gegen die Kelten.

277 v. Chr.: Antigonos Gonatas schlägt die Tektosagen, Trokmer und Tolistoager in einem Nachtgefecht bei Lysimacheia und wird danach als makedonischer König anerkannt. Nikomedes, der Antiochos I. den bithynischen Teil Kleinasiens streitig macht, wirbt die drei Keltenstämme als Hilfstruppen an.

275 v. Chr.:	Antiochos I. besiegt die Kelten auf kleinasiatischem Boden. Nikomedes weist ihnen Siedlungsraum bei Ankara zu. Das Gemeinwesen Galatia entsteht. Byzantion leidet unter den Überfällen tylischer Kelten.
263 v. Chr.:	Eumenes I. wird Herrscher von Pergamon.
230 v. Chr.:	Eumenes' Neffe Attalos I. besiegt die Galater im Tal des Kaïkos und läßt im Athenaheiligtum von Pergamon das sogenannte große Gallierweihgeschenk aufstellen.
189 v. Chr.:	Eine römische Strafexpedition dringt nach Galatia vor.
165 v. Chr.:	Eumenes II. bringt den Galatiern eine schwere Niederlage bei.
133 v. Chr.:	Attalos III. vererbt Pergamon den Römern.
47 v. Chr.:	Caesar erobert Pontos. Ganz Kleinasien einschließlich Galatiens gerät in römischer Hand.

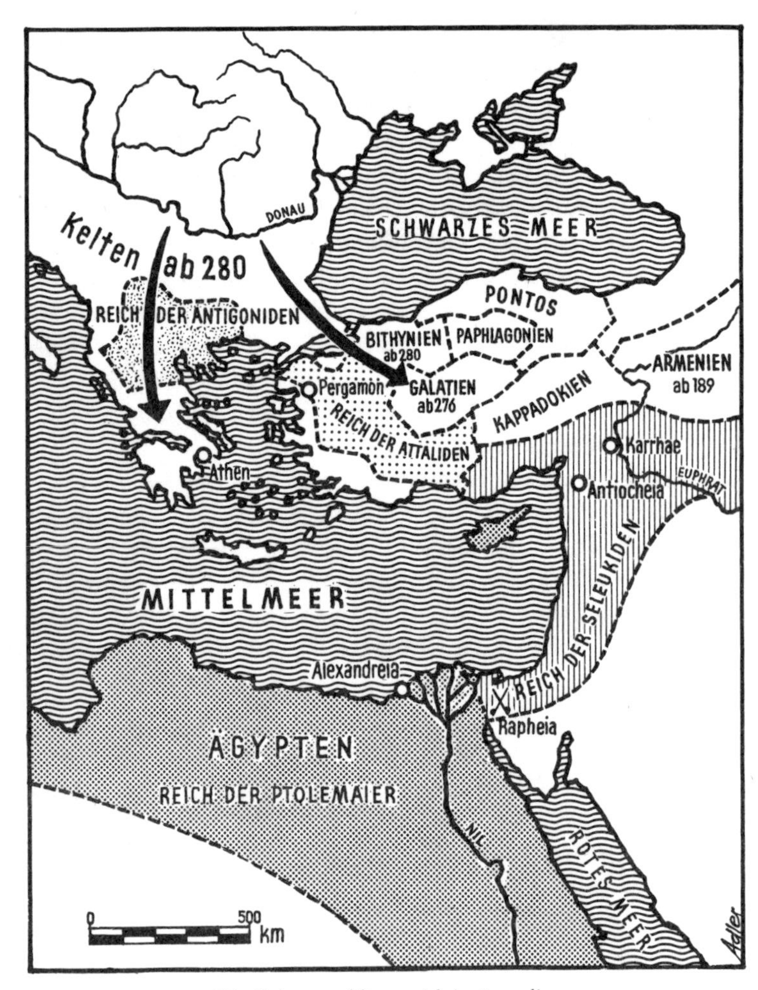

Die Galater etablieren sich in Anatolien

Barbaren, die sich Griechen nannten

Durch knirschenden Altschnee quälten sich an einem Vorfrühlingstag des Jahres 335 v. Chr. Tausende von bewaffneten Männern zu jenem flachen Einschnitt im Kamm des Balkangebirges empor, der heute den bulgarischen Namen Šipčenski prohod, Schipka-Paß, trägt. Ihr Anblick dürfte in der kahlen, kargen Berglandschaft nicht besonders ungewöhnlich gewirkt haben. Im Laufe der Jahrhunderte waren immer wieder Heerhaufen und wandernde Stämme über den wichtigsten Verbindungsweg zwischen dem fruchtbaren Tal der Mariza und den Donauniederungen gezogen, und alle hatten mehr oder weniger so ausgesehen wie dieser.

Eingehüllt in bunte Mäntel, die Köpfe unter flachen Eisenhauben verborgen, bewaffnet mit überlangen Lanzen und runden Schilden, folgten hochgewachsene, langhaarige, bärtige Männer Einheitsführern, die ihnen allenfalls eine bessere Bewaffnung, glänzendere Brustpanzer oder kunstvoller gearbeitete Helme voraus hatten. An ihrer Spitze aber ritt ein einundzwanzigjähriger Jüngling, der schon wenig später im Namen des Hellenentums ganz Asien den Krieg erklären sollte und der heute als eine der strahlendsten Verkörperungen griechischen Wesens und griechischer Kultur gilt: Alexander von Makedonien.

Indessen, der junge König war Hellene eher durch Erziehung als von Geblüt. Das Volk, dem er vorstand und das ihn hervorgebracht hatte, erschien seinen südlichen Nachbarn als eine Föderation halbzivilisierter Bergstämme. Ihre Männer scharten sich in treuer Gefolgschaft um eingeborene Fürsten und pflegten einen Lebensstil, der zwar an jenen der homerischen Helden erinnerte, aber damals schon fast als barbarisch galt. Sie schätzten wilde Saufgelage, bei denen – was jeden Griechen entsetzen mußte – der Wein pur, also ohne Zugabe von Wasser, getrunken wurde. Sie liebten es, lauthals mit ihren Taten zu prahlen, Freunde zu tödlichen Zweikämpfen herauszufordern, den Gegner zu beschimpfen, Heldengesängen in endlosen Variationen zu lauschen und warfen wohl – wenn die in Pella, einem ihrer Königssitze, gefundenen Kieselmosaiken ein zutreffendes Bild von ihnen skizzieren – in der Hitze des Kampfes oder der Jagd gelegentlich die Kleider ab, um nackt unter wehenden

Umhängen zu pirschen und zu kämpfen. Auch Alexander ist so dargestellt.
Wenn die Makedonen sich dennoch als Griechen empfanden, dann nur, weil ihre Herrscher ihnen einredeten, sie gehörten diesem Volk an. Rein äußerlich, aber auch in ihrer Lebensart, dürften sie sich jedoch von den Stämmen, die im nördlichen Balkan hausten, weit weniger unterschieden haben als von jenen, die sie zu verteidigen vorgaben. Wahrscheinlich sind sie deshalb auch so gut mit Barbarenvölkern fertig geworden.
Als von den Hängen des Schipka-Passes steingefüllte Karren auf sie herunterrasselten, erschraken sie keineswegs so sehr wie bei ähnlichen Gelegenheiten die Römer, sondern wichen ihnen kaltblütig aus oder ließen sie, unter ihren Schilden zusammengekrümmt, über sich hinwegrollen. Wenn sie aus dem Hinterhalt angegriffen wurden, zogen sie sich so lange zurück, bis Bogenschützen und Schleuderer die Feinde aus dem Gebüsch herausgetrieben hatten und sie ihnen auf offenem Feld preisgegeben waren. Und als sich die Triballer – einer der Stämme, gegen die sie ausgezogen waren – auf eine Insel in der Donau zurückzogen, ruderten Stoßtrupps nachts hinüber und überfielen sie im Schlaf.
Dann, zu gewitzt, um den entwichenen Reitern in die rumänische Tiefebene hinein zu folgen, pflanzten sie am Ufer des Flusses ihre Feldzeichen auf und ließen die Nachricht aussprengen, ein makedonischer Fürst sei bis zur äußersten Nordgrenze der den Griechen vertrauten Welt vorgedrungen und gedenke, sie zu halten. Die Botschaft muß sensationell gewirkt haben.

Ein Kelte verblüfft den Makedonenkönig

Aus allen Himmelsrichtungen kamen die Führer barbarischer Stämme herbeigeeilt, um den jungen Mann zu sehen, der sie in ihrem eigenen Revier herausforderte. Einer traf auch vom Oberlauf der Donau her ein und ging, freilich namenlos, durch diesen Besuch in die Geschichte ein. Alexander hat ihn wahrscheinlich mit besonderer Neugier empfangen.
Als Kenner Herodots wußte er ja, daß die Donau »im Lande der Kelten entspringt«. Der Mann mußte also einem Volk angehören,

von dem er zumindest gerüchteweise bereits gehört hatte und mit dem seine westlichsten Untertanen, die an der albanischen Küste hausten, schon lange Kontakt hatten. Außerdem: Alexanders Vater war – was kaum einer seiner Biographen zu erwähnen vergißt – mit einem keltischen Dolch ermordet worden. Nun sollte er einen der Leute kennenlernen, die diese Waffen produzierten. Der Mann trat in sein Zelt.

Worüber der Makedone mit ihm redete, in welcher Sprache sie sich unterhielten, ist leider nicht überliefert. Nur Ptolemaios, ein Freund des jungen Königs, hat Bruchstücke ihrer Konversation für die Nachwelt aufgezeichnet. Alexander, so berichtet er etwa, fragte den Kelten, wovor sein Volk sich wohl am meisten ängstige, »in der Hoffnung natürlich, jener würde erwidern, daß er es sei«. Doch die Antwort fiel völlig anders aus als erwartet. Knapp erwiderte der Befragte, sie fürchteten nichts so sehr als die Vorstellung, »daß ihnen der Himmel auf den Kopf fallen könne«.

Seine Worte müssen die im Zelt versammelten Offiziere tiefer beeindruckt haben, als es uns heute verständlich ist. Was war denn schon so bemerkenswert an dieser Szene? Ein Barbar scheint auf eine Konversationsfloskel unhöfisch reagiert zu haben, hatte sich rhetorisch in die Brust geworfen, man könnte fast sagen, nach dem Motto: Dumme Frage, dumme Antwort.

Aber offensichtlich wird diese Betrachtungsweise der Lage von damals nicht gerecht. Ptolemaios konnte sich an die Keltenantwort noch erinnern, als er, über dreißig Jahre später und längst schon König von Ägypten, eine Lebensbeschreibung seines toten Königs diktierte. Aristoteles, Alexanders Lehrer, hat aus ihr gefolgert, die Kelten müßten ein Volk von unbedachter Tollkühnheit sein. Moderne Wissenschaftler haben die rätselhafte Antwort so lange hin und her gewendet, bis ihnen klargeworden war, daß dieses scheinbare Aperçu ein Lebensgefühl umriß, welches auch anderen Völkern von ähnlicher Seelenstruktur eigen war, den achaiischen Griechen etwa, also den Helden Homers, oder den Turkvölkern aus der Gegend um den Baikal-See. Und das wiederum läßt fast vermuten, der Kelte habe doch etwas ausgesprochen, was für ihn ungeheuer wichtig war und was deshalb auch in dem Führer des halbzivilisierten Makedonenhaufens eine Saite zum Schwingen brachte. Eine verwandte Saite?

Alexander, das dürfen wir vermuten, scheint der Vorfall stark berührt zu haben. Der junge Herrscher, der schon im Begriffe war, die halbe Welt zu erobern, erfuhr am Beginn seiner Karriere, daß es Menschen gab, die keine reale Grenze respektierten und nur dem Fatum das Recht zuerkannten, sie zu zügeln. In der Situation, in der er sich befand, muß das fast wie ein Omen auf ihn gewirkt haben.
Andererseits freilich haben er und sein Heer die Kelten wohl ebenso beeindruckt. Sie, die damals frei und kaum gehindert durch halb Europa zogen und nahmen, was ihnen gefiel, wagten sich erst runde sechzig Jahre nach dem Treffen an der Donau über das Balkangebirge hinweg nach Griechenland hinein.

Weiße Jungfrauen schlagen ein Barbarenheer

Um das Jahr 280 v.Chr., so schreibt Polybios, habe »die Tyche«, die Schicksalsgöttin, »eine gleichsam pestartig ansteckende Kriegswut über alle Gallier kommen lassen«.
Das von Alexander geschaffene Weltreich begann damals gerade wieder zu zerfallen. Am Nil regierte Ptolemaios, der Chronist der Keltenszene im Donaulager, den Rest des Imperiums hatte – nach Überwindung anderer Konkurrenten aus dem ehemaligen makedonischen Führungskorps – Seleukos an sich gerissen, auch er ein ehemaliger Gefährte und Freund des jung verblichenen Königs.
Im Bett gestorben ist von diesen beiden Diadochen nur der neue Pharao. Seleukos dagegen wurde von Ptolemaios' Sohn, der sich Keraunos, der »Donnerkeil«, nannte, ermordet, als er gerade noch Makedonien gewonnen hatte. Damit war der von seiner Stiefmutter aus Ägypten hinausgeekelte Prinz König im Stammland Alexanders geworden, einem Staat, der sich immerhin von der Donau bis zur Ägäis erstreckte. Viel Zeit, seinen Besitz zu genießen, blieb jedoch auch ihm nicht.
Wenige Monate nach der geglückten Usurpation tauchten eben dort, wo sein Vater als junger Offizier gegen barbarische Völker aus dem Norden gekämpft hatte, an der Donau ein wandernder Keltenhaufe auf und drang – vermutlich über den Schipka-Paß – in Makedonien ein. Sein Führer soll Bolgios (oder Belgios) geheißen haben, seine Fahne war, wie in Italien, der Schrecken.

Keraunos, der nicht nur ein skrupelloser Politiker, sondern auch ein guter Feldherr war, stellte das barbarische Heer – man weiß nicht genau, wo –, kämpfte tapfer und fiel. Die Kelten zogen daraufhin noch eine Zeitlang plündernd im Land umher und verschwanden schließlich mit ihrer Beute wieder in der blauen Ferne, aus der sie gekommen waren.
Aber Bolgios hatte nur einen Vortrupp angeführt. Die Trümmer der von ihm niedergebrannten Häuser waren noch nicht weggeräumt, da erschien schon das nächste, diesmal stärkere Keltenaufgebot. Befehligt wurde es von einem Häuptling, der genauso hieß, wie der finstere Held der römischen Frühgeschichte: Brennus.
Von ihm behauptet Diodorus, er habe einhundertfünfzigtausend Fußsoldaten, zehntausend Reiter und zweitausend Bagagewagen mit sich geführt. Doch dürfte sein Heer in Wirklichkeit kaum mehr als dreißigtausend Mann stark gewesen sein.
Immerhin reichte auch diese Menge aus, ihm freie Bahn bis in das Herz Griechenlands zu verschaffen. Eine ätolische Streitmacht, die sein Heer rund hundertfünfzig Kilometer nordöstlich von Athen an den Thermopylen aufzuhalten versuchte, fegte er hinweg. Ein Streifkorps unter seiner Führung machte sich auf den Weg nach Delphi, um den Platz zu plündern, der den Hellenen als die Mitte der Welt galt.
Natürlich brach, wie immer, wenn die Kelten irgendwo erschienen, eine wilde Panik aus. Die Verwalter des griechischen Zentralheiligtums wandten sich an die Pythia und fragten, ob sie ihre Frauen und Kinder samt den Tempelschätzen in die nächstgelegene befestigte Stadt verlegen sollten. Wie üblich erhielten sie eine ziemlich rätselhafte, aber tröstliche Antwort. Alle Weihegaben, so verkündete »rasenden Mundes« die auf dem dreibeinigen Stuhl sich windende Priesterin, sollten belassen werden, wo sie seien. Den heiligen Anlagen drohe keine Gefahr, der Gott Apollo und die »weißen Jungfrauen« würden sie beschützen.
Dummerweise wußte niemand, wer oder was diese Mädchen seien. Man einigte sich deshalb in aller Eile auf die Deutung, damit könnten nur die jungfräulichen Göttinnen Athene und Artemis gemeint sein, die beide in Delphi verehrt wurden.
Daß das jedoch ein Irrtum war, sollte sich bald herausstellen. Nir-

gendwo stiegen Himmlische vom Olymp, statt dessen begann es zu schneien, aber das erwies sich durchaus als so etwas wie eine Hilfe von oben.
Brennus, der kurz zuvor in einem Tempel noch laut darüber gelacht hatte, daß die Griechen offenbar an Götter in menschlicher Gestalt glaubten, wurde unweit des Orakelsitzes, am Fuß des Parnassos, während eines Schneesturms überfallen und – wahrscheinlich im Spätherbst des Jahres 279 v. Chr. – vernichtend geschlagen. Seine siegreichen Gegner aber glaubten daraufhin zu begreifen, daß die Floskel »weiße Jungfrauen« nichts anderes gewesen sein könne als ein poetischer Name für die Flocken, die der Wind den keltischen Kriegern ins Gesicht gejagt hatte. Eine immerhin plausible Interpretation, wie man zugeben muß.
Brennus selbst dürfte sie nicht mehr sonderlich interessiert haben. Er war in der Schlacht am Parnaß derart schwer verwundet worden, daß er seine letzten Anordnungen auf dem Sterbelager treffen mußte. Alle Verwundeten, so empfahl er Acichorius, dem nächsten in der Rangfolge, sollten erschlagen, die mitgeführten Troßwagen verbrannt werden. Nur ein von allem Ballast befreites Heer habe jetzt noch die Chance davonzukommen.
»Dann nahm er«, wie Diodorus weiß, »noch einmal einen tiefen Trunk ungemischten Weines und brachte sich um.« Acichorius aber, nachdem er Brennus begraben hatte, erschlug mehrere tausend seiner verletzten oder halberfrorenen Leute und zog mit dem Rest auf dem gleichen Weg zurück, auf dem er gekommen war. Die Donau freilich soll er nicht mehr erreicht haben, »wie überhaupt kein einziger von ihnen wieder nach Hause kam«.
Dem zweiten Brennus war es also keineswegs vergönnt gewesen, mit einem neuen »vae victis« auch den griechischen Anekdotenschatz zu ergänzen. Dennoch blieb sein Vorstoß nicht ohne Auswirkungen auf die hellenische Politik. Alexanders Nachfolgern war plötzlich vor Augen geführt worden, daß jenseits der makedonischen Nordgrenze Völker lebten, die ihren Staaten mindestens ebenso gefährlich werden konnten wie der eigene Ehrgeiz. Antigonos Gonatas, der Nachfolger des Usurpators Keraunos, einigte sich deshalb mit Antiochos, dem Sohn des vom »Donnerkeil« ermordeten Seleukos, auf eine klare Gebiets- und Interessenabgrenzung.

Er selbst sollte Makedonien behalten und verteidigen. Antiochos wollte sich, jenseits der Dardanellen und des Bosporus, nur noch um seinen kleinasiatischen, syrischen und persischen Besitz kümmern. Beide aber verpflichteten sich dazu, ein wachsames Auge auf alle Barbarenvölker gerichtet zu halten.
Indessen, der Plan ließ sich nicht verwirklichen. Da der Seleukide zu schwach war, um ein Staatengebilde zusammenzuhalten, das vom Marmarameer bis zum Indus reichte, brachen auf seinem Gebiet schon bald neue Machtkämpfe aus, die die Kelten ein drittes Mal ins Land lockten.

Die geheimnisvollen Wanderstämme

Über die drei gallischen Stämme, die ein Jahr nach der Niederlage des Brennus am Westufer der Dardanellen erschienen, ist viel gerätselt worden. Man kennt zwar ihre Namen, weiß aber mit dieser Information kaum etwas anzufangen. Selbst Strabo, der berühmteste Geograph des Altertums, stellt mehr oder weniger achselzuckend fest, sie hätten sich als Tolistoager, Trokmer und Tektosagen bezeichnet, doch könne er kaum mit letzter Sicherheit angeben, woher sie kamen. Immerhin glaubte er jedoch herausgefunden zu haben, daß die Letztgenannten, also die Tektosagen, aus der Gegend um das heutige Toulouse stammten. Außerdem zitierte er ein Gerücht, demzufolge sie schon an dem Zug nach Delphi beteiligt gewesen seien. Ob das aber auch für die beiden anderen, die Tolistoager und die Trokmer, galt, läßt er offen, wie er ebenfalls nicht zu sagen vermag, woher die Prausaner gekommen waren, das Volk, dem der zweite Brennus angehört haben soll.
Festzustehen scheint für diesen gewissenhaften Forscher nur, daß es nach 280 v. Chr. bei den Volcae, einem Stammesverband, dem auch die Tektosagen angehörten, zu Machtkämpfen gekommen war und daß in deren Verlauf eine größere Anzahl von Männern und Frauen aus dem Land getrieben wurde. Ihnen hätten sich dann Abenteurer aus anderen keltischen Völkern angeschlossen und seien mit den Exilierten gemeinsam in Richtung Griechenland gezogen.
Worum es aber bei diesen Auseinandersetzungen im Tal der Garonne gegangen ist, ob es Parteienzwiste waren, ein dynastischer

Streit, oder ob das Land einfach übervölkert war, weiß niemand. Strabo scheint das letztere anzunehmen.
Genaugenommen läßt sich deshalb nur konstatieren, daß die Tektosagen nach ihrem Auszug aus der angestammten Heimat im Dunkel der Geheimnisse verschwanden, die über den keltischen Revieren lagen, und erst wieder im Lichtkegel der mediterranen Zivilisation auftauchten, als sie sich noch zwei weitere Stämme angegliedert hatten oder von ihnen aufgenommen worden waren. Zu dieser Zeit standen sie schon auf makedonischem Gebiet.
Die makedonischen Kriegsherren waren inzwischen einigermaßen mit der keltischen Kampfesweise vertraut. Sie konnten ihre Erfahrungen in Strategie umsetzen und taten es mit der ihnen eigenen Gerissenheit. Antigonos Gonatas überraschte die Eindringlinge zu einer Zeit, in der offensichtlich auch ihre Kampfeslust eingeschlafen war: bei Nacht. Er lockte sie in ein für ihn günstiges Gelände und brachte ihnen bei Lysimacheia auf der Halbinsel Gallipoli eine Niederlage bei, die seinen nicht eben guten Ruf derartig aufpolierte, daß die Makedonen ihn nun endgültig als ihren König akzeptierten.
Die keltischen Überlebenden des Nachtgefechtes aber schlugen sich bis zum Eingang der Dardanellen durch und setzten nach Troja über. Dort gerieten sie sofort in die Netze eines anderen ehrgeizigen Kleinfürsten.

Keltische Figuren auf hellenistischem Brett

Nikomedes, ein aristokratischer Glücksritter aus dem am Bosporus gelegenen Bithynien, gehörte zu den vielen, die wie eine Meute von Hunden am Riesenleichnam des alexandrinischen Reiches herumzerrten. Da er jedoch nicht stark genug war, sich ohne die Hilfe mächtiger Verbündeter durchzusetzen, bot er den Keltenfürsten an, sie sollten für ihn gegen Antiochos, den Seleukiden, kämpfen, der noch immer die Vorherrschaft über ganz Asien und Kleinasien beanspruchte.
Die drei Stämme, die sich kein besseres Entree in eine ihnen unbekannte Welt hätten wünschen können, nahmen natürlich an. Im Auftrag des Bithyniers zogen sie daraufhin zwei Jahre lang kreuz und quer durch die Westprovinzen der heutigen Türkei. Dabei

scheinen sie alle Schreckensgerüchte bestätigt zu haben, die ihrem Volk seit dem Marsch auf Delphi vorauseilten. Sie sengten, plünderten, mordeten und müssen ganze Weinkeller leergetrunken haben. Erst 275 v. Chr. – Pyrrhos hatte gerade fast ganz Sizilien erobert – fühlte der mächtige, aber vielbeschäftigte Antiochos sich stark genug, ihnen entgegenzutreten. Eigens der Kelten wegen ließ er aus Indien sechzehn Elefanten kommen und jagte ihnen damit einen derartigen Schrecken ein, daß sie schon beim ersten Treffen auseinanderstoben. Völlig vernichten konnte jedoch auch er sie nicht, was Nikomedes, der inzwischen am Ziel seiner Wünsche angelangt war, fast so unangenehm sein mußte wie ihm selbst.

Der Bithynier hatte die Barbaren engagiert. Sie hatten ihm die Bewegungsfreiheit verschafft, die er brauchte, um seinen eigenen Staat absichern zu können – nun erhob sich plötzlich die Frage: Wohin sollte der Mohr geschickt werden, den man nicht mehr brauchte? Um zu verhindern, daß sie sich mit Sold- oder anderen Forderungen an ihn selbst wandten, aktivierte er darum geschickt die Sehnsüchte, die die drei Stämme zu ihrer Wanderung bewogen hatten. Er bot ihnen Siedlungsraum im östlich von seinen Staatsgrenzen gelegenen Teil Anatoliens an, der Gegend um das heutige Ankara. Dieser Schachzug versprach doppelten Gewinn. Einmal wurde er die gebetenen Gäste los, zum anderen aber schuf er sich auf diese Weise einen Pufferstaat gegen die wilden phrygischen Völker. Außerdem: Das offerierte Land gehörte ihm überhaupt nicht.

Er dürfte denn auch hörbar aufgeatmet haben, als die Kelten den Handel perfekt machten, indem sie dorthin vordrangen und ein Gemeinwesen gründeten, welches fortan als Galatia, das Land der Galatai, also der Kelten, im antiken Weltbild figurierte.

Das Keltenproblem insgesamt freilich war damit für Kleinasien noch keineswegs gelöst. Buntgekleidete Räuber mit gipsgehärtetem Haar fielen auch künftig vom Donautal aus in die Gefilde links und rechts vom Bosporus ein, störten den Seeverkehr auf der Verbindungslinie zwischen Schwarzem Meer und Ägäis und ließen sich immer wieder nur durch hohe Tribute besänftigen. Diese Zahlungen hat allerdings wiederum nicht Nikomedes geleistet, sondern vor allem die reiche Stadt Byzantion, das heutige Istanbul, deren Lebensader der Bosporus war.

Um diese Zeit gab es längst auch schon ein zweites keltisches Staatswesen, das sich in der Gegend um Adrianopel (Edirne) ausbreitete, das sogenannte Reich von Tylis. Ein dritter Gallierstamm schließlich, die Skordisker, hatte sich in eben jenen Jahren westlich der makedonischen Grenzen angesiedelt und dort die Stadt Singidunum gegründet, die inzwischen Belgrad heißt.

Die Gründung von Griechisch-Gallien

Betrachtet man alle diese Bewegungen und Siedlungsaktionen aus der Vogelperspektive, die sich für einen um mehr als zweitausend Jahre von ihnen entfernten Beobachter zwangsläufig ergibt, dann fügen sie sich zu einem Bild zusammen, das Strabo noch nicht hatte überblicken können.

Der Geograph aus Amaseia (heute Amasya) in Anatolien mußte die Trokmer, Tolistoager, Tyler und Skordisker als unerklärbare Phänomene hinnehmen. Er konnte weder angeben, aus welchen Ländern sie stammten, noch welches ihre Motive waren. Wir sind inzwischen ein bißchen besser informiert.

Archäologen haben ermittelt, daß Kelten nicht nur in Deutschland, Frankreich, der Schweiz und Oberitalien saßen, sondern auch in Ungarn und Rumänien. Das aber berechtigt zu der Vermutung, die meisten Stämme, die auf die Balkanhalbinsel vorgestoßen waren, seien von jenseits der Donau gekommen und alle Teilnehmer einer einzigen Wanderung gewesen. Innerhalb weniger Jahre machten sie sich bemerkbar, kurz nacheinander gründeten sie ihre verschiedenen Städte und Staaten. Es dürfte ein Vorgang gewesen sein, ähnlich dem, der hundertzwanzig Jahre zuvor die Insubrer, Bojer, Cenomanen und ihre Nachbarvölker nach Italien gebracht hatte. Und fast scheint er auch die naive Vermutung von Polybios zu bestätigen, von Zeit zu Zeit hätte die Gallier eine pestartige Kriegswut befallen.

Tatsächlich muß sie in Intervallen eine Unruhe überkommen haben, die sich auf vielfältige Art äußerte. Ganze Kontingente schnauzbärtiger Landsknechte ließen sich dann von zahlungskräftigen Kriegsherren anheuern. Pyrrhos etwa hat sich ihrer ebenso bedient wie seine Rivalen. Endlich scharten Führer wie Bolgios oder Brennus

junge erblose Bauernsöhne um sich und gingen auf Jagd nach Beute, gefolgt von jenen größeren Haufen, die nicht nur kämpfen und plündern, sondern auch siedeln wollten. (Daß das auch andere Gründe hatte, wird sich noch zeigen.)
Immerhin dürfte für die drei Stämme zum Teil gegolten haben, was sich auf Anhieb vermuten läßt. Sie waren ja so kopfstark, daß sie nach mehreren blutigen Schlachten und nach zweijährigem, sicher nicht verlustlosem Marodieren noch Leute genug hatten, um einen eigenen Staat zu gründen.
Die begründete Theorie aber, Tektosagen, Trokmer und Tolistoager hätten in Galatia oder Gallo-Graecia, wie es auch genannt wurde, wahrscheinlich nur die Oberschicht gestellt, schwächt diese These kaum ab. Auch die Herrschaft über unterworfene Völker verschleißt beträchtliche Kraft. Dabei hatten sie ihr neues Gemeinwesen erstaunlich gut durchorganisiert.

Unter Eichen tagte das Gericht

Jeder der drei Stämme, die in Anatolien heimisch geworden waren, bevölkerte, wie Strabo berichtet, eine eigene Provinz. Die Trokmer saßen im Ostteil Galatiens, die Tolistoager im Westen, die Tektosagen im Zentrum.
Verwaltungsmäßig waren diese Provinzen in jeweils vier Bereiche aufgeteilt. An deren Spitze stand ein Führer, den unser Gewährsmann als Tetrarchen (wörtlich Vierfürst) bezeichnet. Ihm wiederum seien ein Richter, ein Militärgouverneur und zwei rangniedrigere Kommandeure beigeordnet gewesen. Verantwortlich aber waren diese Stäbe einem dreihundertköpfigen Senat, der den ganzen Stamm repräsentierte und regelmäßig in einem sogenannten »Drunemeton« zusammentrat.
Die Frage, was man sich unter diesen Ratsplätzen vorzustellen habe, hat Philologen und Historiker lange beschäftigt. Inzwischen glauben sie es zu wissen. Ihre Antwort präsentiert sich als Lösung eines Silbenrätsels.
Ein Nemeton war im keltischen Frankreich wie auch in Britannien jener umfriedete, heilige Platz, der etwa dem »temenos«, der Urform des griechischen Tempels, entsprach. Dort wurde den Göttern geopfert, dort regierten die Priester.

Schwieriger war es herauszufinden, was die Vorsilbe Dru bedeutet. Schon Plinius hat sich mit dieser Frage beschäftigt. Schließlich schlug er vor, man solle einfach annehmen, daß sie sich von »drus«, dem griechischen Namen der Eiche, herleite. Dieser Ansicht haben sich inzwischen auch seine modernen Kollegen angeschlossen. Sie taten es jedoch keineswegs deshalb, weil ihnen selbst nichts Besseres eingefallen wäre, sondern weil sie wissen, daß das Keltische ebenso wie das Griechische eine indogermanische Sprache ist, weil beide aus derselben Wurzel gewachsen sind. Im keltischen Irland hieß die Eiche »daur«. Sogar einem Laien fällt auf, daß dieses Wort dem griechischen gleicht wie ein entfernter Vetter dem anderen.
Das Drunemeton war also eine von Eichen überragte Kultstätte, ein heiliger Hain – und ein schattiger Aufenthaltsort. Heilig aber scheint demnach auch das galatische Parlament gewesen zu sein. Das ist schon deshalb verständlich, weil es unter anderem als oberster Strafgerichtshof des Landes fungierte und weil Recht fast immer im Namen einer höheren Gewalt gesprochen wird, sei es Gott, König oder Volk.
Die niedere wie die zivile Gerichtsbarkeit dagegen lag in den Händen der Tetrarchen und der ihnen beigeordneten Richter. Im Drunemeton wurden nur Kapitalverbrecher abgeurteilt. All dies spricht für ein Rechts- und Staatsbewußtsein, welches man den blonden Barbaren kaum zugetraut hatte. Vor inneren Unruhen hat es die Keltenföderation dennoch nicht bewahrt.

Paulus predigt den Kopfjägern

»Zu meiner Zeit«, schreibt Strabo, »lag die Regierungsgewalt in den Händen dreier Könige, dann waren es nur noch zwei, dann einer.« Machtkämpfe also und dynastische Zwiste auch in Griechisch-Gallien. Aber die drei Stämme wuchsen zu einem zentral gelenkten Gemeinwesen zusammen.
Welches seine Hauptstadt war, berichtet Strabo nicht. Er erwähnt lediglich eine Reihe befestigter Garnisonsstädte, in denen die Tetrarchen residierten. Die mächtigste davon sei Ankyra (Ankara) gewesen, was durchaus wahrscheinlich klingt. Auf dem mächtigen Felskegel, der die türkische Hauptstadt überragt, erhebt sich noch

heute eine Zitadelle. Wer dort oben steht, hat einen weiten Blick über das in der Sommerhitze dorrende Hochland Anatoliens. Dieser Felskegel ist ein beherrschender Punkt und war es schon immer – das galt auch für das alte Ankara, dessen Überreste, unweit des heutigen, von Studenten entdeckt worden sind.

Etwas ausführlicher als zur Hauptstadtfrage äußert sich der Geograph aus Amascia über das religiöse Zentrum des Landes. Er vermutete es in Pessinus, dürfte damit aber nicht ganz ins Schwarze treffen: Diese Tempelstadt war keine keltische Schöpfung, sondern eine uralte Hochburg des Kultes um Kybele und ihren Liebhaber Attys. Noch den Römern galt sie später als eine der heiligsten Stätten ihres Imperiums. Wenn aber Kelten dort regierten, müssen sie zuvor gewaltsam eingedrungen sein, und zwar weniger deshalb, weil ihnen am heiligen schwarzen Stein der Göttin so viel gelegen sein konnte, sondern darum, weil die Tempelherren von Pessinus bei den kleinasiatischen Völkern großes Ansehen genossen. Das ließ sich allemal politisch auswerten.

Die Galater selbst haben die »Große Mutter« zwar unter ihrem Pessinunter Namen Agdistis verehrt, scheinen im übrigen aber ihren eigenen Göttern ebenso treu geblieben zu sein wie ihrer Sprache. Noch im dritten Jahrhundert nach Christus war sie nicht völlig ausgelöscht, noch damals wurde in jener Gegend ein gallischer Gott als Zeus Bussurigios angebetet.

Wer aber ihren Lebensstil nur ein bißchen kennt, ist versucht, selbst aus dem Neuen Testament herauszulesen, daß die Kelten sich auch sonst kaum verändert hatten, seit sie von ihrer Heimat weggezogen waren. Im Galaterbrief warnt sie der Apostel Paulus nicht nur vor Götzendienst, Zauberei und Eifersucht, sondern ebenso dringlich vor »Haß, Totschlag, Saufen, Fressen und dergleichen«. Über keltische Unstetigkeit klagte er: »Ihr wart so schön im Lauf. Wer hat euch gehindert, der Wahrheit zu folgen?«

Die christlichen Gemeinden im Bannkreis der Drunemetons gehörten mit zu den ältesten, die der wortgewaltige Missionar auf seinen Reisen durch Kleinasien gegründet hatte. Ob es jedoch Zufall war, daß gerade der Brief, den er ihnen später schrieb, ein Hohelied auf die spirituelle Freiheit ist, oder ob er auch damit nur einem anderen keltischen Verständnis dessen, was Freiheit ist, entgegenwirken

wollte, wissen wir nicht. Jedenfalls weist der Apostel nachdrücklich darauf hin, daß die Frucht des Geistes »Liebe, Freude, Friede, Langmut, Milde, Güte, Treue, Sanftmut, Enthaltsamkeit« sei, daß der Christ nicht prahle und andere herausfordere. Endlich postuliert er: »Gott läßt seiner nicht spotten, denn was der Mensch sät, das wird er auch ernten.«
Das Sendschreiben des Paulus an die Galater ist das wohl humanste aller Dokumente zur keltischen Geschichte, das wir kennen: ein Aufruf zur Sanftmut, gerichtet an ein Volk, das es gewohnt war, nur dem Schwert zu vertrauen.

Ein Defraudant gründet einen Staat

Wer annimmt, die Galater hätten in ihrem anatolischen Refugium ein friedliches Hirten- und Bauerndasein geführt, bukolische Jahresläufe unterbrochen von Feiern in rauschenden Eichenhainen der schätzt nicht nur sie falsch ein, sondern auch die Zeit und das Land, in denen sie lebten. Rings um sie herum blühten Staaten empor, die auf nicht viel mehr als Waffengewalt und einen starken Willen gegründet waren oder auf blankes Kapital. Und da sollten ausgerechnet die keltischen Krieger ihre geflammten Lanzenblätter zu Pflugscharen umschmieden lassen?
Pergamon zum Beispiel, das Fürstentum, das an ihre südliche Grenze stieß, war das Produkt einer Geldunterschlagung großen Stils. Sein Gründer, der Eunuch Philetairos, ehemaliger Kassenverwalter des Diadochen Lysimachos, hatte diesen verlassen, als ihn das Glück verließ, und sich auf die Seite seines Rivalen Seleukos geschlagen, ohne jedoch den ihm anvertrauten Staatsschatz seinem eigentlichen Besitzer zurückzugeben oder ihn dem neuen Herrn als Morgengabe zu überreichen. Statt dessen benutzte er die Millionen dazu, sich einen eigenen Staat zusammenzuschachern.
Er ging dabei sehr planvoll und gerissen zu Werke. Mit riesigen Spenden erkaufte er sich zunächst das Wohlwollen seiner Nachbarstädte, erwarb dann mit opulenten Weihegaben an die wichtigen griechischen Tempel den Ruf eines großzügigen, gottesfürchtigen Mäzens und schaffte sich, nachdem seine Position solchermaßen abgesichert war, ein Söldnerheer an. Dessen Generale erhielten den

Befehl, die Grenzen Pergamons in kleinen, fast unauffälligen Aktionen nach allen Seiten hin Zug um Zug zu erweitern, eine Aufgabe, der sie mit wachsendem Geschick nachkamen.
Als Philetairos, fünfzehn Jahre vor dem Erscheinen der drei Keltenstämme in Kleinasien, endlich starb, war er zwar immer noch nicht König – den Mut, sich völlig vom seleukidischen Hof loszusagen, hatte er nie aufgebracht –, aber er hinterließ seinem Neffen Eumenes eine solide Basis für kühnere Ausflüge in die große Politik. Eumenes war ganz der Mann, diese Chancen wahrzunehmen.
Er schlug Antiochos, den Nachfolger des Seleukos, in einer Schlacht bei Sardes, was ihn zum mächtigsten Mann in Kleinasien machte, und fuhr dann systematisch damit fort, seinen Besitz zu vergrößern. Er gründete neue Städte, verstärkte sein Heer und zehrte bei alledem immer noch vom Inhalt der wohlgefüllten Kasse, die ihm sein Onkel hinterlassen hatte. Im übrigen war das unterschlagene Geld auch seine wichtigste Waffe im Kampf gegen die Kelten.
Das mittlerweile in Galatien ansässig gewordene Kriegervolk betrachtete nämlich das Reich von Pergamon als eine goldene Milchkuh, die sich unter Zuhilfenahme von Schwert und Lanze beliebig melken ließ. Und mit den blondmähnigen Barbaren wurde selbst Eumenes nicht fertig. Um sie von seinen Grenzen fernzuhalten, mußte er deshalb zahlen, zahlen, zahlen.
Der Ruf, den sich die drei Stämme bei diesen Erpressungsaktionen erwarben, war allmählich nahezu sprichwörtlich schlecht geworden. Sie müssen den Kleinasiaten als eine Art Gottesgeißel erschienen sein, als ein Stachel im Fleisch, der unerträglich schmerzte. Ihre Anwesenheit provozierte nicht nur Haß und Furcht, sondern auch die Sehnsucht nach einem Erlöser, der die zivilisierte Welt von dieser Plage befreien würde. Jeder Kriegsherr, dem es gelungen wäre, ihnen eine Schlappe beizubringen, hätte sicher sein können, enthusiastisch gefeiert zu werden.
Attalos I., Eumenes' Neffe und Nachfolger, war derjenige, dem solcher Ruhm zuteil werden sollte. Ihm gelang es um das Jahr 230 v. Chr., einen Keltenhaufen abzufangen, der bis in die Nähe der Stadt Pergamon vorgedrungen war, und ihn zurückzuschlagen. Mit ziemlicher Sicherheit war dieses Gefecht jedoch keine Vernichtungsschlacht. Es hat weder ein Ende der Galaterüberfälle bewirkt

noch deren Gemeinwesen in seinen Grundfesten erschüttert. Trotzdem ist es bejubelt und verherrlicht worden wie kaum ein anderer Sieg hellenistischer Heere.

Riesendenkmal für einen kleinen Krieg

Im Athenaheiligtum von Pergamon ließ Attalos nach seinem Sieg jene Statuen von sterbenden und sich tötenden Galliern aufstellen, die nur in römischen Kopien auf uns gekommen sind und die dennoch eine späte Nachwelt weitaus mehr faszinierten als manches originale und bessere Bildwerk aus jener Zeit. Lord Byron war von dem galatischen Krieger, der, in Erwartung des Todes, den Oberkörper noch aufgerichtet, den Kopf schon gesenkt, am Boden liegt, zutiefst berührt. Die Kunsthistoriker dagegen klassifizieren ihn oft als eher zweitrangig. Doch verhehlen sie nicht, daß dieser Krieger ebenso wie ein Leidensgenosse, der seine Frau schon getötet hat und nun sich selbst das Schwert in die Brust stößt, eine menschliche Tragödie auf ungemein realistische und humane Weise dokumentiert.

Eben dieser »human touch« ist denn auch das eigentlich Erstaunliche an den »Gallier«statuen von Pergamon. Die Künstler, die sie schufen, hatten ja sicherlich keinen Grund, die Kelten zu lieben oder auch nur zu schätzen. Dennoch scheinen sie in ihnen ein zwar barbarisches, aber großes Volk gesehen zu haben und nicht etwa blutgierige Ungeheuer. »Vom keltischen Geist«, schreibt der britische Historiker William Tarn, »haben sie mehr erfaßt, als es Schriftstellern je gelungen ist.« Das freilich setzt voraus, daß sie mit diesem »Geist«, der für uns etwas schwer zu definieren ist, zumindest gut vertraut waren, und läßt den weiteren Schluß zu, die Galater hätten bei ihren Nachbarvölkern nicht nur Schrecken, sondern auch eine gewisse Bewunderung hervorgerufen.

Worauf sich diese Bewunderung allerdings gründete, läßt sich heute kaum noch erraten. Möglich, daß es ihre imponierende Erscheinung war, die die kleinasiatischen Griechen beeindruckte, möglich, daß sie für überzivilisierte Städter schon ein bißchen die Traumrolle des »edlen Wilden« verkörperten. Denkbar ist aber durchaus auch, daß sie in einer Zeit, die vom kältesten politischen Kalkül bestimmt war, einfach deswegen respektiert wurden, weil sie bei sämtlichen Machtkämpfen auf dem Boden der heutigen Türkei so aktiv mitwirkten.

Der sterbende Gallier: ein Mensch wie du und ich

Den pergamenischen Herrschern traten die Galater weiterhin in wechselnden Koalitionen entgegen, mal auf der Seite eines der Seleukiden, mal auf der der Bithynier. Dennoch vermochten sie den Aufstieg – des um eine unterschlagene Kasse herum entstandenen Staates – zur stärksten Macht in Kleinasien nicht zu verhindern. 166 v. Chr. wurden sie von Eumenes II. zum ersten Mal vernichtend geschlagen. Und auch gegen ihren Nachbarn im Osten, das ständig mächtiger werdende iranische Reich von Pontos, konnten sie sich nur schwer behaupten; sie mußten sich an Niederlagen und Hoheitsverluste gewöhnen, wurden zu Vasallendiensten gepreßt und gewaltsamen Hellenisierungsversuchen unterworfen. Endgültig gezähmt worden sind sie jedoch erst von den Römern, welche nach 188 v. Chr. die kleinasiatischen Fürstentümer ihrem Imperium einverleibten. Pergamon war ihnen von seinem letzten König Attalos III. testamentarisch übereignet worden. Galatia bekam den Status einer halb autonomen Provinz.

Heute erinnern an seine Existenz nur noch ein Stadtteil von Istanbul, der nach dem Haus eines dort lebenden, offensichtlich sehr einflußreichen Kelten »Galata« genannt wurde, außerdem eben die berühmten Statuen im Thermenmuseum und im Kapitolinischen Museum zu Rom, die sie so lebendig darstellen.

Als ich, von einem Wärter des letzteren Hauses mißtrauisch beobachtet, einmal den Versuch unternahm, dem »sterbenden Gallier« direkt in die Augen zu blicken – man muß sich dazu fast auf den Boden legen –, war ich so verblüfft wie selten bei der Konfrontation mit einem Kunstwerk. Was da auf mich heruntersah, war ja durchaus nicht das »edle Antlitz«, das ihm immer nachgerühmt wird, sondern im Gegenteil ein so alltägliches Gesicht, daß sein Träger kaum aufgefallen wäre, wenn er es durch eine unserer Straßen getragen hätte. Struppiges Haar, niedere Stirn, etwas knollige Nase, darunter einer jener keltischen Schnauzbärte, die inzwischen längst wieder

große Mode sind. Der Mund ist halb geöffnet, alle Gesichtszüge sind erstarrt im Ausdruck weniger des Schmerzes als vielmehr eines schmerzlichen Nichtverstehens.
Das hätte, so dachte ich damals, ein junger Arbeiter sein können, der an persönlichen Problemen verzweifelt, einer, mit dem ich schon Bier getrunken hatte an irgendeiner Theke, ein sympathischer, nicht sonderlich komplizierter Bursche, dem man gerne geholfen hätte, den man sich als Freund vorstellen konnte, der zuverlässig wirkte, keineswegs jedoch ein der Raserei fähiger Krieger, von dem sich vorstellen ließ, daß er in wildem Furor einen Gegner angehen würde, ein Mensch vielmehr, fast möchte ich sagen: wie du und ich.
Es war meine direkteste und auch persönlichste Begegnung mit einem Kelten. Als ich das Museum verlassen hatte, sah ich, von dem Erlebnis noch gefangen, Dutzende seinesgleichen durch die Straßen schlendern: amerikanische Hippies in verwaschenen T-shirts und verblaßten Jeans, jugendliche Vagabunden aus aller Herren Ländern, blondmähnig, schnauzbärtig, wie drinnen die Statue, verwegen und verträumt zugleich. Und ich dachte, ein zweites Mal verblüfft: Sie sind ja noch immer unter uns!

Kapitel IV

Vier Griechen entdecken Gallien

»Wer die gemeinsame Geschichte der Menschheit schreibt,
dem sollten billigerweise alle Menschen großen Dank wissen,
weil er seine Ehre und Mühe dareinsetzt,
durch eigene Mühe und Arbeit dem allgemeinen Nutzen zu dienen.
Durch sein Geschichtswerk nämlich teilt er den Lesern
die schönste Erfahrung mit und lehrt so, was wahrhaft nützt,
ohne daß der Belehrte darum erst Gefahr zu bestehen hat.«
Diodorus Siculus »Historische Bibliothek«

»Ich werde aber teils das beschreiben,
was ich selbst von Land und Meer auf Reisen kennenlernte,
teils, was ich jenen glaubte,
die davon geredet oder geschrieben haben.«
Strabo »Erdbeschreibung«

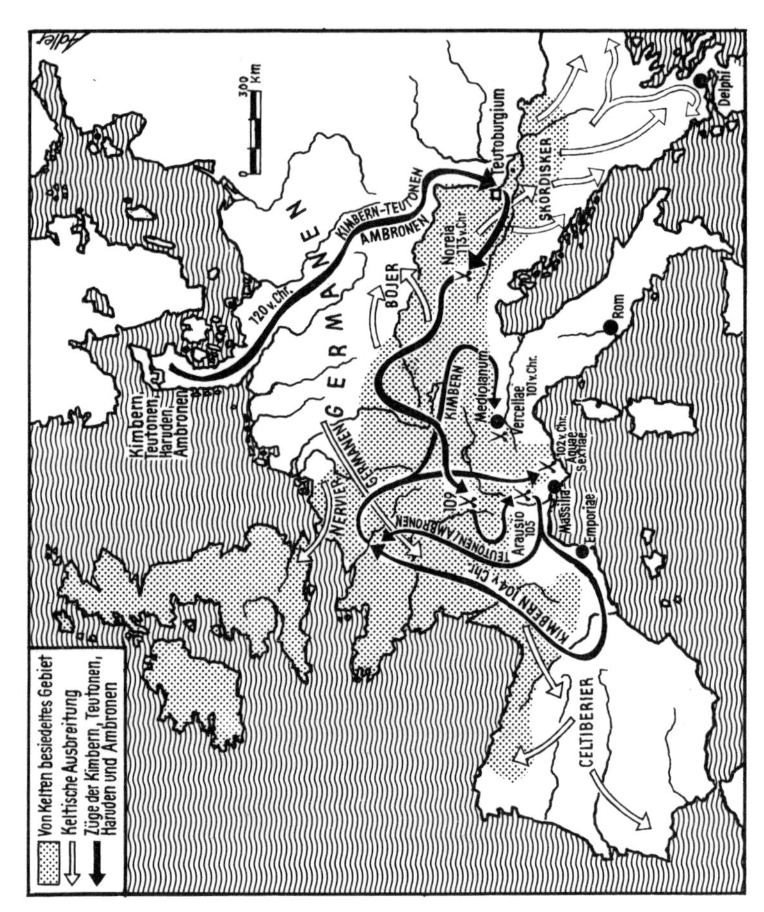

Der Zug der Kimbern

Zeittafel:

Polybios, Sohn des Lykortas aus Megalopolis	
Um 200 v. Chr.	geboren
170 v. Chr.	Hipparch des Achaiischen Bundes
167 v. Chr.	Nach Rom »geladen«. Gewinnt dort Scipio Aemilianus zum Freund.
146 v. Chr.	Teilnahme an der Eroberung Karthagos. Danach Rückkehr nach Achaia. Beginnt mit der Arbeit an seinem Geschichtswerk, reist, forscht, betätigt sich auch politisch.
Um 118 v. Chr.	gestorben.
Poseidonios	
Um 135 v. Chr.	in Apameia geboren. Begibt sich als junger Mann nach Rhodos und wird dort Schüler des Stoikers Panaitios. Nach dessen Wegzug von der Insel gründet er eine eigene Akademie.
Um 105 v. Chr.	Beginn ausgedehnter Reisen nach Spanien, Südgallien, Italien, Sizilien. Beschäftigt sich auch mit den Kelten und beschreibt sie.
Nach 101 v. Chr.	also nach dem Ende der Kriege gegen die Kimbern und Teutonen, unternimmt er eine seiner letzten Reisen, um zu erfahren, welchem Volk diese Stämme angehören.
70 v. Chr.	Sein Geschichtswerk beginnt zu erscheinen.
51 v. Chr.	Auf einer allerletzten Reise nach Rom stirbt er.
Strabo	
64/63 v. Chr.	in Amaseia (Anatolien) als Sohn einer vornehmen Familie geboren.

29 v. Chr.	Beginn ausgedehnter Studien- und Vergnügungsreisen in Kleinasien, nach Griechenland und Äthiopien.
27 v. Chr.	Nimmt die Arbeit an seinen »Historischen Kommentaren« auf, die er
18 n. Chr.	durch die »Geographischen Kommentare« ergänzt.
Nach 26 n. Chr.	gestorben.

Diodorus Siculus

Geburtsdatum unbekannt. Lebte im 1. Jahrhundert vor Christus. Arbeitete dreißig Jahre lang an einer Universalgeschichte, der er den Titel »Historische Bibliothek« gab und die er aus verschiedenen Quellen zusammenstellte.

Ein Dialektiker auf den Spuren der Kelten

Irgendwann zwischen 146 und 133 v. Chr. bereitete sich in einem arkadischen Landhaus ein rüstiger älterer Herr von etwas autoritärem Wesen darauf vor, seinem Schreibsklaven ein Buch zu diktieren. Es sollte ein »pragmatisch schilderndes« Geschichtswerk werden, geeignet, »dem Wissensdurstigen zu vermitteln, wie die (Schicksalsgöttin) Tyche dem gesamten politischen Geschehen in der Welt die Richtung auf einen bestimmten Punkt hin gegeben« habe – auf die Weltherrschaft Roms.

Der ehrgeizige Autor war jener Polybios, auf dessen Arbeiten wir immer noch angewiesen sind, wenn wir die Frühgeschichte der Tiberrepublik rekonstruieren wollen, und sei es nur deshalb, weil er ihren Aufstieg zur Weltmacht in sozusagen vorderster Front teilweise miterlebte. An der Wiege scheint ihm das freilich niemand gesungen zu haben.

Als er, gegen 200 v. Chr., im rund hundert Kilometer südlich von Korinth gelegenen Megalopolis das Licht der Welt erblickte, deutete alles darauf hin, daß er, wie es der Familientradition entsprach, eines Tages an prominenter Stelle die Geschicke seiner Heimatstadt mitbestimmen würde. Von Kindesbeinen an erzog man ihn zum Politiker, einem Beruf, in dem er dann wirklich bereits als Dreißigjähriger Erfolg hatte. Er wurde Hipparch, also Reiterführer, des Achaiischen Bundes, jener Föderation, in der sich Megalopolis und einige andere Städte Südgriechenlands gegen die Spartaner und ihre Verbündeten zusammengeschlossen hatten. Doch war dieses Amt mit hohen Risiken verbunden.

Die Römer, schon lange damit beschäftigt, hellenische Gemeinwesen erst gegeneinander auszuspielen, dann zu erobern, zerschlugen endlich auch die Vereinigung, der Megalopolis angehörte. Dann führten sie ihre Repräsentanten als Gefangene an den Tiber, unter ihnen Polybios.

Den jungen Staatsmann hätte dieser ziemlich brutale Eingriff in sein Leben eigentlich zum Römerfeind machen müssen. Gerade das wurde er jedoch nicht. Mit einer geistigen Volte, um die ihn jeder dialektisch geschulte moderne Intellektuelle hätte beneiden können, überwand er vielmehr alle denkbaren Ressentiments und schlug

sich, ebenso elegant wie konsequent, auf die Seite seiner neuen Herren.
Als geistiger Sprungstab diente ihm dabei der stark abstrahierte Begriff der Tyche. Ihrem Walten schrieb er alles zu, was ihm widerfahren war, wobei er ihr gleichzeitig unterstellte, sie sei damals bestrebt gewesen, Rom eben zur Herrin der Welt zu machen. Das heißt: Er zwang sich dazu, sein eigenes Schicksal als Resultat eines geschichtsnotwendigen Prozesses zu begreifen und damit diejenigen zu rechtfertigen, die ihn in Geiselhaft genommen hatten. Auf entsprechende Thesen baute er später sein ganzes Geschichtswerk auf.
Ob ihm bei solcher Argumentation freilich selbst immer ganz wohl war, ist keineswegs ausgemacht. An vielen Stellen unterbricht er seine Darlegungen durch polemische Ausfälle gegen all jene, die anderer Meinung waren. Auch verwahrt er sich gegen die Vermutung, er schreibe – was man ihm möglicherweise vorgeworfen hat – um eines persönlichen Vorteils willen.
Indessen läßt sich, mit etwas gutem Willen, seine teilweise geradezu nach Propaganda klingende Rechtfertigung der senatorischen Politik natürlich auch als ein Zeugnis der Dankbarkeit interpretieren. Es ist ihm ja nicht schlecht ergangen in Rom. Als Erzieher fand er Zugang zu den besten Häusern der Tiberstadt. Er gewann die Freundschaft des jungen Scipio Aemilianus, der 146 v. Chr. Karthago erobern sollte, und hat ihn auf vielen seiner wichtigen Kriegszüge begleitet.
Trotzdem bestritt er sein Geschichtswerk nicht nur mit eigenen Tagebuchnotizen. Was vor seiner Zeit geschehen war oder was er nicht aus eigenem Miterleben kannte, suchte er auf Reisen oder in Bibliotheken zu ergründen. Das war schon deshalb unumgänglich, weil es auch zu seinen Absichten gehörte, die Geschichte der Mittelmeerwelt von dem Zeitpunkt an fortzuschreiben, an dem sein älterer Kollege, der sizilische Grieche Timaios von Tauromenion (Taormina), aufgehört hatte zu berichten, dem Jahr 264 v. Chr. Und das wiederum zwang ihn, erst einmal jenes Volk zu beschreiben, das den Römern damals ebenso große Sorgen bereitete wie der gerade eben ausbrechende Erste Punische Krieg: die Kelten.
Hier wird Polybios denn auch für uns interessant. So starr nämlich das System ist, in das er die Geschichte hineinpreßt, so bestreitbar

viele seiner Argumente sein mögen, so zweifelhaft selbst seine persönliche Integrität erscheint, an Gründlichkeit hat er es nie mangeln lassen. Er negierte souverän, was an wirren Gerüchten über das Volk in der Po-Ebene umlief, fuhr vielmehr hin und montierte dann – wahrscheinlich auch aus Augenzeugenberichten – jenes farbige Bild über keltische Kriegsbräuche zusammen, das auch rund zweitausend Jahre nach Erscheinen seines Buches noch zu faszinieren vermag. Zu der Zeit aber, da es auf den Markt kam, muß es, eben auch der Gallierkapitel wegen, geradezu sensationell gewirkt haben. Über die gelbmähnigen Räuber hatte man ja bis dahin wohl gestaunt, gerätselt und geflucht, aber man hatte kaum etwas Konkretes über sie gewußt. Das sollte sich nun grundlegend ändern. Antike Wissenschaftler erarbeiteten, von Polybios ausgehend, die erste authentische Keltenbeschreibung, die wir haben.

Der Geistesfürst von Rhodos

Für die meisten mediterranen Chronisten der letzten vorchristlichen Jahrhunderte waren die Galatai einfach ein gegebenes Phänomen gewesen. Xenophon etwa, jener Schüler des Sokrates, der später über seine persischen Abenteuer in der »Anabasis« berichtete, erwähnt eher beiläufig, daß sie schon neunzig Jahre vor dem Einfall des zweiten Brennus als Söldner am Krieg der Athener und Spartaner gegen Theben teilgenommen hätten. Plato nahm sie in eine Liste jener Stämme auf, die zur Trunksucht neigten. Der Rest seiner gebildeten Landsleute aber gab sich mit einem Weltbild zufrieden, in dem, neben den zivilisierten Staaten des Mittelmeerraumes und den Orientalen, eben auch drei große barbarische Völkerschaften figurierten: die Skythen irgendwo im Nordosten, die Iberer im fernen und die Kelten im näheren Westen.
Jenseits dieser Reviere, und das hieß bereits, in einem nebelhaften Nirgendwo, sollten dann nur noch die Hyperboräer hausen, eine Rasse, die so unbekannt war, daß man als Grenzen ihrer Heimat allein den Boreas, den Nordwind, anzugeben vermochte.
Diese verschwommene Zeichnung nahm selbst nach Alexanders Vorstoß zum Indus keine schärferen Konturen an. Man wußte nun zwar auch vom Hindukusch, von Turkestan, von der arabischen

Halbinsel und vom Persischen Golf, das heutige Deutschland jedoch, das Innere Frankreichs, die Britischen Inseln und alles, was nördlich davon liegt, blieben nach wie vor im Dunkel. Den Bericht über eine Reise, die Pytheas von Massilia, einen Zeitgenossen Alexanders, bis nach Mittelnorwegen geführt hatte, nahmen nur wenige Wissenschaftler ernst, obwohl sein Bericht ihr Weltbild beträchtlich hätte ergänzen können.

So blieb es einem jüngeren Zeitgenossen des Polybios vorbehalten, etliche der weißen Flecken auf der griechischen Landkarte Westeuropas auszufüllen. Er war ein Mann von völlig anderem Zuschnitt als der zuweilen verkrampft und trocken wirkende Geschichtserklärer aus Megalopolis. Poseidonios, geboren im Jahr 135 v. Chr., stammte aus Apameia in West-Syrien. Seiner Zeit galt er als einer der bedeutendsten Philosophen aus der Schule des Stoikers Panaitios von Rhodos. Doch war er in Wirklichkeit weniger ein Fach- als vielmehr ein Universalgelehrter von ungeheurer Wissensbreite. Vulkanische Vorgänge interessierten ihn ebenso sehr wie meteorologische Erscheinungen, vergessene Mythen nicht weniger als völkerkundliche Daten.

In Rhodos, einer der glänzendsten und mächtigsten Städte der hellenistischen Welt, stand er auf dem Höhepunkt seines Lebens einer von ihm gegründeten Akademie vor. Er war Mitglied des Magistrats, regierte als Geistesfürst in sonnenwarmen Wandelhallen, umgeben von einem Schwarm diensteifriger Bewunderer und andächtig lauschender Schüler.

Zu dieser Zeit hat er selbst weniger geforscht und kritisch gearbeitet. Er hat vielmehr Wissen, das ihm von allen Seiten her zuströmte, geordnet, durchdrungen, kommentiert, ausgewertet, dies freilich auf brillante Weise. Entschloß er sich aber einmal dazu, den Objekten seines Interesses persönlich auf den Leib zu rücken, dann erwies er sich auch darin als Meister.

In Gades (Cadiz) studierte er, auf einer seiner vielen Reisen, das für die Griechen so erstaunliche Phänomen der Gezeiten und brachte es mit den Mondphasen in Zusammenhang. In Marseille trug er mehr Fakten über die Kelten zusammen als selbst Polybios, an dessen Arbeit er anknüpfte. Leider ist uns so gut wie alles, was er veröffentlicht hat, verlorengegangen. Doch lassen sich die Ergebnisse seiner Recherchen aus den Arbeiten späterer Autoren herausschälen, von denen glücklicherweise viele bei ihm abgeschrieben haben. Strabo und Diodorus Siculus gelten unter ihnen als die bedeutendsten, aber auch Caesar verdankt Poseidonios noch weitaus mehr als seinen eigenen Beobachtungen. Deshalb sind es im wesentlichen diese drei, an die wir uns halten müssen, wenn wir aus erster und zweiter Hand erfahren wollen, was die Griechen von ihren Zeitgenossen, den Kelten, wußten und wie sie über sie dachten.

Herakles und das Keltenmädchen

Natürlich darf man von den Nachfolgern des rhodischen Akademievorstandes keine systematische Beschreibung des Volkes, das aus dem Dunkel kam, erwarten. Dazu waren sowohl Diodorus als auch Strabo noch zu sehr auf Berichte angewiesen, deren Authentizität sie nicht immer nachprüfen konnten. Sie mußten sich darauf beschränken, aus möglichst vielen Details ein möglichst facettenreiches Bild zusammenzufügen, und es dem Leser überlassen, was er daraus folgern wollte.

Das heißt nun freilich keineswegs, daß sie völlig unkritisch jedes auf dem Markt gehandelte Gerücht übernommen hätten, im Gegenteil. Nach Maßstäben, die wir nicht kennen, müssen sie die Spreu vom Weizen derart sorgfältig getrennt haben, daß moderne Gelehrte das Grundmuster ihrer Schilderung heute noch als einigermaßen zutreffend anerkennen. Poseidonios vor allem dürfte weitaus weniger naiv gewesen sein als etwa der anekdotenfreudige Herodot, und auch Strabo hat sich, ohne deswegen ein schlechter Erzähler gewesen zu sein, stets äußerster Nüchternheit befleißigt. Allein Diodorus bringt gelegentlich noch die Unbefangenheit auf, auch in den überreichen Schatz der Mythen und Legenden tief hineinzugreifen und das, was ihm unverständlich blieb, mit eigenen Begriffen zu erklären. Vor allem aber hat er es wie viele Zeitgenossen geliebt, seine Geschichten dort beginnen zu lassen, wo das menschliche Leben immer seinen Anfang nimmt: im Bett.

So glaubt er etwa von den Kelten zu wissen, daß sie allesamt als Nachkommen des Herakles zu gelten hätten. Der keulenschwingende Heros, so sein Bericht, sei auf einer der vielen Reisen, die er unternahm, auch nach Frankreich gekommen, habe dort Alesia gegründet, die spätere Hauptstadt der gallischen Mandubier, und sich dabei in eine besonders wohlgebaute Königstochter verliebt, eine Prinzessin, die bis dahin alle Bewerber um ihre Gunst kühl hätte abblitzen lassen. Bei ihm jedoch machte sie die erste Ausnahme.

Der Fremde, schreibt Diodorus, beeindruckte das Mädchen »durch seine Tapferkeit und körperliche Überlegenheit derart, daß sie sich, nicht ohne vorher ihre Eltern um Erlaubnis gefragt zu haben, seinen Umarmungen mit Wollust hingab. Frucht dieser Vereinigung war dann ein kleiner Heraklide, der den Namen Galates erhielt und alle Jungen seines Stammes an Witz wie auch an Kraft bei weitem übertraf. Nachdem er später den Thron seines Großvaters eingenommen hatte, unterwarf er sich einen beträchtlichen Teil des benachbarten Landes und vollbrachte große Heldentaten. Dies wiederum machte ihn so berühmt, daß er sich entschloß, alle seine Untertanen nach dem eigenen Namen Galatai oder Galli zu nennen. Von diesen nun leitet sich der Name ganz Galliens ab.«

Wie man sieht, eine einfache und doch deliziöse Erklärung für die Entstehung eines Völkernamens. Sie dürfte damals sehr nahegelegen haben. Die Griechen glaubten ja unter anderem hartnäckig, ihr geliebter Halbgott und Schlangentöter sei aus dem hohen Norden zu ihnen gekommen. Dort habe er ein Volk zurückgelassen, das ihm später nachfolgte und sich selbst in Hellas niederließ: die Herakliden, die auch Dorer genannt wurden.

Heute wissen wir, daß das alles nicht einmal so falsch ist. Die dorischen Stämme, die nach 1200 v. Chr. das mykenische Griechenland besiedelten, waren tatsächlich ein nördliches Volk und hatten mit den Kelten weitaus mehr gemein als ihre späten Nachfahren, zu denen auch Diodorus gehörte. Ebensosehr glichen sie freilich auch denjenigen, die sie vertrieben oder unterjochten, den von Homer besungenen Königen und Helden des frühen Hellas.

Die moderne Keltenforschung zieht deshalb aus dieser Verwandtschaft dreier Völker längst schon Schlüsse, die denen des Diodorus ziemlich ähnlich sind, wenn sie natürlich auch auf dessen mythologische Verbrämung verzichtet.

Strabo dagegen hat von der Heraklesgeschichte nicht besonders viel

gehalten. Er konstatiert nüchtern, ein Volk, das in der Gegend um das heutige Narbonne hauste, sei von seinen Nachbarn, den griechischen Bürgern der Stadt Massilia, Keltai genannt worden, und dieser Name habe sich auf den massiliotischen Handelswegen über die Welt verbreitet.
Wir erfahren von den beiden Autoren also nichts wissenschaftlich Haltbares über die Herkunft der Bezeichnung Keltai, Keltoi, Galatai oder Galli und müssen uns aus diesem Grund mit der Vermutung heutiger Philologen begnügen, die den ersten der vier Begriffe unter anderem mit dem altnorwegischen »hildr«, der Krieg, in Verbindung bringen. Kelten hätte demnach bedeutet: die Krieger. Erwiesen ist jedoch auch das keineswegs.

Kelten, Jünger des Pythagoras

Beim Wort nehmen können wir Diodorus wahrscheinlich dort, wo er das gallische Land beschreibt und das Leben derer, die darin hausten.
Mit spürbarem Entsetzen schildert der sonnengewohnte Sizilier verregnete Herbste und schneereiche Winter. Vor allem aber staunt er darüber, daß sich auf den Flüssen jener Gegend Eisdecken bildeten, die stark genug seien, ganze Armeen zu tragen. Von den Stämmen, die unter solchen, für ihn unmöglichen Umständen existieren mußten, gibt er an, sie seien bis zu zweihunderttausend Menschen stark gewesen. Die meisten hätten westlich, andere aber auch östlich des Rheins gelebt. Doch war die Welt für ihn an den Ufern dieses Flusses zu Ende. Was sich jenseits der Vogesen zusammenbrauen mochte, wußte er nicht.
Mit größerem Behagen wendet er sich deshalb dem Lieblingsthema aller antiken Keltographen zu, der Trunksucht dieser Völker. So gierig, schreibt er, seien sie auf den Rebensaft gewesen, daß römische Kaufleute ihnen im Getränkehandel geradezu unglaubliche Summen abnehmen konnten. »Als Gegenwert für einen Krug Wein erhielten sie einen Sklaven, ein einziger Schluck brachte ihnen einen Diener ein.« Und natürlich schütteten sich die so Geprellten das Getränk dann »ungemischt« in den Schlund.
Genauso verfuhren sie aber auch mit einem Gebräu, »das aus Gerste

hergestellt wird, und mit dem Wasser, mit dem vorher die Honigwaben ausgewaschen worden waren«. Der Satz macht deutlich, daß dem Sohn des weinreichen Südens Met so fremd war wie ein obergäriges Helles mit dünnem Schaum. Dafür mutet ihn eine andere ihrer Sitten auf seltsame Weise vertraut an.

Mitten im schönsten Erzählfluß unterbricht Diodorus sich selbst und zitiert unvermutet einen Vers aus dem siebten Gesang der »Ilias«: »Aber den Ajax ehrt' er mit langem Rückenstücke.«

Die Beschreibungen keltischer Festmähler, die er in seinem Arbeitszimmer studierte, müssen ihn plötzlich an die homerischen Helden erinnert haben. Im Lager vor Troja pflegten sich ja die Krieger gelegentlich um einen geschlachteten Stier zu versammeln und seine Stücke am Spieß zu braten. »Nachdem sie aber ruhten vom Werk und das Mahl sich bereitet, schmausten sie und nicht mangelt' ihr Herz der gemeinsamen Speise.«

Ähnlich verfuhren die Kelten. »Sie hocken«, schreibt Diodorus, »nicht auf Liegen (wie die Griechen und Römer seiner Zeit), sondern auf dem Boden, wobei sie Wolfs- oder Hundefelle als Kissen benutzen ... Nahebei sind die Feuerstellen, angefüllt mit (Holz-)Kohle und wohlbestellt mit Kesseln und Bratspießen voll großer Fleischstücke. Tapfere Krieger belohnen sie mit den ausgesuchtesten Stükken« – dem Rückenteil zum Beispiel, das auch Agamemnon einst dem Ajax serviert hatte, nachdem er von seinem Zweikampf mit Hektor zurückgekommen war.

Es spricht für den Scharfblick unseres Gewährsmannes, daß ihm diese Übereinstimmung zwischen achaiischen und keltischen Tischsitten ins Auge fiel. Von ihm einen Kommentar dazu zu erwarten, hieße jedoch erneut, ihn überfordern. Er konnte kaum wissen, daß das gemeinsame Mahl unter Männern bei vielen indogermanischen Völkern geradezu die Bedeutung eines Rituals hatte, in dem sich das Gefühl einer Zusammengehörigkeit nicht weniger manifestierte als an manchen deutschen Stammtischen. Und es gehörte durchaus zu den dabei geübten Bräuchen, daß der beste Mann das beste Stück Fleisch erhielt, ein Privileg, welches er im alten Irland notfalls mit dem Schwert verteidigen mußte.

Im übrigen war den Kelten das Festmahl auch ein willkommener Anlaß, Rivalitäten auszutragen. »Während des Essens benutzten sie

jeden noch so trivialen Vorwand, um Streitgespräche zu entfesseln und einander zum Zweikampf herauszufordern. Ihr Leben gilt ihnen dabei nichts, denn« – nun kommt die abenteuerlichste These, die Diodorus aufstellt – »unter ihnen ist noch der Glaube des Pythagoras an die Unsterblichkeit der Seele und an eine spätere Wiedergeburt lebendig. Konsequenterweise, so wird uns berichtet, werfen sie deshalb auch Briefe auf die Scheiterhaufen, auf denen ihre Toten verbrannt werden, als ob diese (im Jenseits) sie lesen könnten.« Eine fürwahr seltsame Mitteilung, doch aus den Fingern gesogen hat sie Diodorus wiederum nicht. Den Griechen, die über das, was nach dem Tod geschehen mag, kaum je intensiv spekuliert haben, war offenbar bekannt, daß keltische Völker dies sehr wohl getan hatten. Da aber zu den wenigen der großen hellenischen Philosophen, die ein Leben im Jenseits oder eine Wiedergeburt für möglich hielten, gerade auch der stark vom Orient her beeinflußte Pythagoras gehörte, mußten sie annehmen, sein Glaube sei mit dem der blonden Barbaren verwandt gewesen, oder diese hätten ihn von ihm übernommen. Und weil es nur logisch zu sein schien, daß ein Mann, der wußte, daß er nach seinem Ableben irgendwann auf die Erde zurückkehren oder in irgendwelche ewigen Jagdgründe eingehen würde, den Tod kaum zu fürchten hatte, erklärten sie sich daraus auch die ungeheure Lebensverachtung der Kelten.
Sympathisch oder bewundernswert fand Diodorus sie deswegen trotzdem nicht. Und auch Strabo schüttelt sich geradezu, wenn er über ihre anderen Blutrituale berichtet.

Menschenopfer in allen Variationen

Am scheußlichsten erschien den griechischen Historiographen die keltische Sitte der Kopfjägerei. Poseidonios sei, so berichtet der Mann aus Amaseia, einmal fast krank geworden, als er auf einer Reise keltische Krieger mit ganzen Kränzen abgeschlagener Feindeshäupter im Zaumzeug dahersprengen sah. »Später, nachdem er mit solchen Szenen vertraut geworden war, konnte er sie jedoch ruhig ertragen.«
Ein Forschungsreisender braucht starke Nerven, der rhodische Stoiker muß sie gehabt haben. Vielleicht besänftigte ihn aber auch

das Wissen, daß selbst Generäle zivilisierter Völker, wie etwa der Ägypter, toten Gegnern Arme, Beine, Hoden oder Köpfe abschneiden ließen – aus statistischen Gründen. Ein Feldherr wollte nach der Schlacht wissen, wie groß seine »Strecke« war. Da erschien es einfacher, gesammelte Häupter zu zählen als weit über das Feld verstreute Leichen.

Überhaupt dürfte die grausame Sitte ebenso wie das Sammeln von Jagdtrophäen ihren Ursprung darin haben, daß von einem Mann gelegentlich verlangt wurde, er möge sein Krieger- beziehungsweise Jägerlatein durch greifbare Beweise absichern. Die Kelten allerdings haben aus diesem Brauch ebenso einen (noch näher zu untersuchenden) Kult gemacht wie später die nordamerikanischen Indianer aus einem anderen – nachdem weiße Kolonisten sie das Skalpieren gelehrt hatten.

Gemartert dagegen wurde im alten Gallien nicht, zumindest nicht am Pfahl. »Doch pflegen seine Bewohner«, so Diodorus, »einen ganz besonders erstaunlichen und unglaublichen Brauch, wenn sie über Angelegenheiten von großer Bedeutung Aufschluß erhalten wollen. In solchen Fällen nämlich weihen sie ein menschliches Wesen dem Tode, stoßen ihm oberhalb des Magens einen Dolch in den Bauch und ziehen sowohl aus den Todeszuckungen des Opfers als auch dem Sprudeln seines Blutes Schlüsse auf kommende Ereignisse. Darin haben sie seit uralter Zeit eine große Übung.«

Strabo bestätigt diese Angabe, weicht allerdings in einem Detail von Diodorus ab. Bei ihm wird das Opfer durch einen Stich in den Rükken getötet. Beide Autoren scheinen hier wieder von Poseidonios zu zehren, der solche Rituale im keltischen Hinterland von Marseille beobachtet haben mag.

Auch eine andere Angabe über die spezielle Weise, in der die Gallier Menschen zu schlachten pflegten, stammt wahrscheinlich von ihm, denn sie taucht ebenfalls in den Schriften der meisten seiner Plagiatoren bis hin zu Caesar auf. Strabo beschreibt sie so: »Sie errichten einen gigantischen Koloß aus Holz und Stroh« – man muß ihn sich wohl als eine riesige, korbähnlich geflochtene Figur vorstellen –, »sperren da hinein Vieh, wilde Tiere sowie menschliche Wesen und setzen das ganze Ding in Brand.« Diodorus berichtet dasselbe in kürzeren Worten.

Sowohl der Sizilier als auch der Anatolier aber sind sich darüber einig, daß alle diese Menschenopfer Ausdruck weniger der Grausamkeit als einer ihnen unverständlichen Religiosität seien. Um dies zu betonen, unterstreichen sie immer wieder, selbst die blutigsten dieser Rituale seien von weisen Männern überwacht worden, den sogenannten Druiden.

Faszinierend: die Druiden

Von keinem Detail, das Poseidonios und seine Nachfolger übermitteln, dürfte ihr Leserpublikum stärker beeindruckt gewesen sein als von der Schilderung keltischer Gottesdienste. Mit Berichten über die barbarischen Sitten barbarischer Völker waren ihre Zeitgenossen genauso übersättigt wie wir mit Katastrophenmeldungen aus aller Welt. Menschenopfer wurden auch in Karthago dargebracht, Kopfjäger gab es nicht nur in Gallien. Wer sich am heimischen Herd behaglich gruseln wollte, der hatte dazu Material genug.

Anders war es dagegen mit Informationen aus dem Bereich des Übersinnlichen. Sie befriedigten nicht nur die Neugier, sondern auch das Gemüt, boten Spekulationsmodelle, die sich vielleicht auf eigene Nöte anwenden ließen und möglicherweise sogar eine Antwort auf die ständig bohrende Frage nach dem Sinn des Lebens gaben.

Es schien ja durchaus denkbar, daß die Wahrheit, die man in den eigenen Tempeln kaum noch vermutete, irgendwo anders zu Hause war, daß fremde Völker, wie wild sie auch immer sein mochten, sich einen direkteren Zugang zu den Göttern erhalten hatten als die Angehörigen einer überzivilisierten Gesellschaft.

Die mittelmeerische Welt war längst derart komplex geworden, daß kaum noch einer zu erkennen vermochte, welchen inneren Gesetzen sie gehorchte, und viele das Gefühl hatten, sie sei überhaupt aus den Fugen. Das führte unter anderem dazu, daß die Vertreter und Propagandisten geheimnisvoller orientalischer Kulte sich Vermögen verdienten. Da aber der Westen mindestens ebenso geheimnisvoll war wie der Osten, schnappte man selbst nach Hinweisen wie jenem des Diodorus, auf mögliche Parallelen zwischen pythagoräischer Mystik und keltischem Glauben. Es ist sogar denkbar, daß der Autor selbst sie aus entsprechenden Gründen in seinen Text hineingearbeitet hat.

Noch mehr gilt das wahrscheinlich von dem, was er über die Druiden berichtet. Überraschenderweise nennt er sie nämlich nicht bei ihrem keltischen Namen, sondern bezeichnet sie als »Philosophen« und schreibt ihnen erstaunliche Fähigkeiten zu. »Erfahren in göttlichen Dingen« seien sie gewesen, fähig, »gleichsam die Sprache der Überirdischen zu sprechen«. In Kriegen hätten sie sich gelegentlich zwischen die aufmarschierten feindlichen Haufen gestellt und sie vom Kampf abgehalten. Das habe dann so gewirkt, »als ob sie wilde Tiere bannten«. Dann schließt er ab: »Auf solche Weise beugt sich selbst bei den finstersten Barbaren die Leidenschaft der Weisheit, und Ares läßt sich von den Musen bezwingen.«

Mit geringerem romantischem Pathos und etwas ausführlicher behandelt Strabo dieses Thema. Er ist es auch, der den Namen »Druide« ins Gespräch bringt, ohne jedoch die Stellung derjenigen, die ihn trugen, genauer zu definieren. Statt dessen begnügt er sich mit der Feststellung, sie seien von den keltischen Völkern mit ganz besonderen Ehren bedacht worden, ebenso wie die »Barden«, die Sänger, und die »Vates«, die Wahrsager. Wären aber die letzteren eine Art Naturphilosophen – wohl deshalb, weil sie erklärten, was ist und sein wird –, so müsse man die Druiden Moralphilosophen nennen, Männer also, die sittliche Maßstäbe setzten und vertraten. »Sie gelten«, schreibt der Anatolier, »als die gerechtesten aller Menschen, weshalb man sie bei privaten wie bei öffentlichen Auseinandersetzungen zu Schiedsrichtern beruft. Früher entschieden sie auch über Krieg oder Frieden und über Mordfälle.« Außerdem gehörten sie zu denjenigen, die die Lehre von der »Unzerstörbarkeit der menschlichen Seele und des gesamten Universums« verträten. Trotzdem gäben sie zu, daß die Welt früher oder später doch von Wasser und Feuer vernichtet werden würde.

Dies alles, obzwar in eher nüchternem Reportageton vorgebracht, muß die Phantasie der Leser enorm beflügelt haben. Es klang ja auch halb wie ein Märchen, halb wie eine utopische Erzählung. Ein Gemeinwesen, das sich von Philosophen lenken und leiten ließ, hatte schon Plato konzipiert. Daß nun ein barbarischer Stamm es verwirklicht haben sollte, war eine geradezu herzerwärmende Vorstel-

lung. Dies um so mehr, als die keltische Gesellschaftsordnung offensichtlich auch noch auf der Basis einer ungemein tröstlichen Lehre errichtet worden war.
Poseidonios und seine Epigonen hatten also nicht nur Aufklärungsarbeit geleistet, sondern auch einen veritablen neuen Mythos in die Welt gesetzt, einen Mythos übrigens, der bis in unsere Zeit hinein nur wenig an Faszination verloren hat. Übertriebene Vorstellungen von der Weisheit der Druiden erhielten sich sowohl auf deutschem und französischem als auch auf britischem Boden in ungezählten Sagen und Sekten. In der ganzen Geschichte der Keltenforschung kommt ihnen – wie sich noch erweisen wird – fast so etwas wie eine Schlüsselrolle zu.
Was aber ihre Amtsbezeichnung anbetrifft, so glaubt man inzwischen zu wissen, daß sie, wie Drunemeton, von dem griechischen Wort »drus« (also Eiche) und dem indogermanischen »wid«, Wissen, abgeleitet werden könne, was freilich den auf Anhieb unsinnig klingenden Titel »Eichenkundige« ergäbe. Doch läßt er auf alle Fälle den Schluß zu, sie seien es gewesen, die bei den Versammlungen in heiligen Hainen zwischen Galatia und Frankreich das letzte Richterwort sprachen. In allen den Verklärungen, die ihnen eine spätere Literatur zuteil werden ließ, wandeln sie ohnehin ausschließlich unter rauschenden Blätterdächern. Im alten Gallien ergingen sich da freilich auch noch andere, weniger ehrwürdige Gestalten.

Mann liebt Mann in Gallien

»Die keltischen Frauen«, schreibt Diodorus, »sind nicht nur ebenso hochgewachsen wie ihre Männer, sondern auch genauso mutig ... Aber obwohl sie Anmut besitzen, wollen die Männer nichts mit ihnen zu tun haben. Sie gieren vielmehr nach der Umarmung eigener Geschlechtsgenossen, liegen auf Tierhäuten und wälzen sich herum, einen Liebhaber an jeder Seite. Besonders erstaunlich ist es dabei, daß sie auf Würde und Anstand nicht den geringsten Wert legen, sondern anderen ohne weiteres ihren Körper anbieten. Das gilt auch keineswegs als besonders schändlich, im Gegenteil, wenn einer, dem sie sich genähert haben, sie abweist, sind sie beleidigt.«
Strabo bestätigt diese homosexuellen Praktiken mit dem knappen

Hinweis, die jungen Männer in Gallien seien »schamlos großzügig mit ihrem knabenhaften Charme«, während Athenäus, ein anderer der Autoren, die sich aus dem reichen Wissensschatz des Poseidonios bedienten, ebenfalls erzählt, die Kelten schliefen gewöhnlich mit zwei Gefährten in einem Bett – und das nicht etwa deshalb, weil die Winter bei ihnen so besonders kalt waren.

Deshalb liegt auch die Vermutung nahe, wir hätten es hier mit einer Kriegergesellschaft zu tun, die stark männerbündisch geprägt war. Junge Leute lebten, sobald sie alt genug waren, Waffen zu tragen, fast nur noch mit ihren Geschlechtsgenossen zusammen, lernten Reiten, Fechten, Jagen, Saufen, hatten sich im Feld zu bewähren, wurden geehrt beim Gelage (oder auch nicht) und betrachteten ihresgleichen allein als den für sie passenden Umgang. Daß dabei die latent homoerotische Komponente vieler Männerfreundschaften stark genug betont wurde, um in reine Homosexualität umschlagen zu können, ist nicht einmal unverständlich. Dem Mann wurde der Mann zum Objekt seiner Bewunderung und Zuneigung, dem Gefährten der Gefährte, dem Wagenfahrer der Wagenlenker, dem Kämpfer der Speerträger. So liebte auch Achilles den Patroklos und Alexander der Große Hephaistion. Und natürlich provozierten solche Verhältnisse, wo kein Tabu sie beschnitt, einen Kult des männlichen Körpers.

Die Kelten, schreibt Strabo, »bemühten sich, nicht fett oder schmerbäuchig zu werden, und bestraften jeden Jüngling, dessen Gürtelmaß den gesetzten Standard überschritt«. Außerdem, so ergänzt Diodorus, »behängen sie sich mit Armbändern aller Art und tragen um den Hals einen schweren Ring aus solidem Gold«. Das letztere waren die berühmten keltischen »Torques«, von denen inzwischen jedes Vorgeschichtsmuseum, das etwas auf sich hält, einige vorzuweisen hat. Auch die Gallierstatuen aus Pergamon tragen sie: massive Ringe, reich ornamentiert und vorne mit einer fingerbreiten Öffnung versehen. Ich habe mich immer gefragt, wie man sie denn wohl anlegen konnte. Um über den Kopf gestreift zu werden, sind sie zu eng, und aufbiegen lassen sie sich auch nicht. Wurden sie den jungen Leuten etwa um den Hals geschmiedet?

Strabo und Diodorus haben über dieses Problem nicht länger nachgedacht. Sie begnügen sich damit, ein flüchtiges Bild von wohlgewachsenen Burschen und Männern zu skizzieren, die hahnenhaft eitel und herausgeputzt jene Aufgaben zu vernachlässigen schienen, die einem guten Hahn doch vor allem zugemutet werden.

Die Insel der keltischen Bacchantinnen

Natürlich fragt man sich angesichts dieser so gar nicht naturkindlich wirkenden Bräuche, was denn die Frauen in der keltischen Männergesellschaft jener Zeit für eine Rolle gespielt hätten. Aber leider bietet keiner der griechischen Autoren dazu eine umfassende Antwort an – was schon den ersten Rückschluß erlaubt.

Die hellenischen Forscher scheinen zu den Bereichen, in welchen sich der weibliche Teil der Bevölkerung bewegte, nicht zugelassen worden zu sein, weil sie entweder als sakrosankt galten oder als privat. Das läßt weiter vermuten, die Frauen seien eben auf die drei klassischen »K« beschränkt gewesen, auf Küche, Kemenate und Kinder.

Kraft geltender Moralgesetze war das Bett für sie weniger eine Stätte der Lust als vielmehr der ehelichen Pflicht. Sie empfingen und gebaren, genossen dafür aber Respekt und hohen gesellschaftlichen Rang.

Unter anderem geht das aus Diodorus' Bemerkung hervor, sie gälten als ebenso mutig (und vielleicht auch ebenso hochfahrend) wie ihre Männer. Es läßt sich aber auch aus der Liebesgeschichte zwischen Herakles und der späteren Mutter des Galates herauslesen, die, auch wenn sie reine Erfindung ist, doch keltische Verhaltensweisen widerspiegelt. Ihre Heldin hatte Reserve gewahrt, bis der starke Fremde erschien. Dann besprach sie mit ihren Eltern, aber sicherlich auch mit ihm, was weiterhin geschehen solle. Das muß zu einer Heirat geführt haben. Erst nach ihrem Abschluß genoß sie in seinen Armen, was andere Jungmänner ihresgleichen vorbehielten. Der mythische Namensgeber aller Gallier war sicherlich ein legitimes Kind.

Trotzdem dürften nicht alle Frauen nur Gefangene in Haushalt und Kinderstube gewesen sein. So wie die Männer ihre männlichen, nutzten einige von ihnen auch ihre weiblichen Chancen einigermaßen ungebunden aus. Dummerweise ist der Abschnitt, in dem

Strabo dies andeutet, noch weniger eindeutig als alles, was er sonst über die Frauen berichtet.

Auf einer Insel im »Okeanos«, vermutlich also im Atlantik, so sagt er, hätten Keltinnen gelebt, die dem Dionysos huldigten. In einer Art Orden zusammengeschlossen, übten sie mystische Praktiken und unterwürfen sich geheimnisvollen Initiationsriten. »Kein Mann aber setzt jemals seinen Fuß auf dieses Eiland. Die Frauen selbst dagegen fahren gelegentlich weg, haben Geschlechtsverkehr mit Männern und kehren daraufhin wieder zurück. Zu ihren Bräuchen gehört es, wie Poseidonios berichtet, daß sie einmal im Jahr, an einem einzigen Tag, das Dach ihres Tempels ab- und wieder neudecken. Jede Frau trägt ihren Teil des dazu benötigten Materials herbei, diejenige aber, die es fallen läßt, wird von den anderen auf der Stelle in Stücke gerissen. Mit dem Schrei ›Ev-ah‹ tragen sie die Teile ihres Körpers dann um den Tempel herum und hören damit nicht auf, ehe ihre Raserei abklingt. Und immer, so Poseidonios, geschieht es, daß eine von ihnen die Frau stolpern läßt, der es bestimmt ist, ein solches Schicksal zu erleiden.«

Der Anatolier trägt diese Geschichte vor, ohne Kommentar und Wertung, auch ohne spürbare Gemütsbewegung. Das dürfte sich daraus erklären, daß solche Riten für ihn nichts Außergewöhnliches waren. In der Tat hatte es ja auch in Griechenland ekstatische Bacchanalien gegeben, bei denen menschliche Wesen zerrissen wurden. Der Schrei ›Ev-ah‹ war das Halleluja der Mänaden, der Gefährtinnen des Dionysos. Wie es aber zu erklären sei, daß der hellenische Gott des Rausches auch auf einer Atlantikinsel, fern vom Mittelmeer, verehrt wurde, erörtert er wahrscheinlich deshalb nicht, weil man auch von Dionysos zu wissen glaubte, er sei im Norden gewesen oder sogar von dorther zu den Griechen gekommen.

Uns allerdings bleibt die Frage, ob die Kelten wirklich auch Kulte gekannt hatten, die den Bacchanalien entsprachen. Die Antwort, Strabo sei hier eben einem wilden Gerücht aufgesessen, wäre zumindest vorschnell. Er hat, wie man inzwischen weiß, das gallische Volk im allgemeinen recht präzise und unvoreingenommen beschrieben. Und weil das so ist, wird es sich kaum vermeiden lassen, dieses Thema in anderem Zusammenhang noch einmal aufzugreifen.

Auch die keltischen Frauen haben ein Anrecht darauf, später noch umfassender gewürdigt zu werden, als die Epigonen des rhodischen Gelehrten es taten. Sie waren nämlich nicht nur keusche Jungfrauen und brave Hausmütterchen, sondern durchaus auch fähig, in der comédie humaine ihres Volkes die ihnen zukommenden Starrollen zu besetzen; es gab Julias unter ihnen, Medeas, Kriemhilden und Xanthippen. Dabei fiel es kaum ins Gewicht, daß die Bühnen, auf denen sie agierten, nach allem, was wir bisher wissen, bestenfalls für Bauernkomödien geeignet zu sein schienen.

Kreditnachweis auf bloßer Haut

Wer sich einen ungefähren Eindruck von gallischen Dörfern verschaffen will, ist wahrscheinlich nicht völlig falsch beraten, wenn er eines der bunten französischen Comic-Hefte aufschlägt, in denen die Abenteuer des kleinwüchsigen Keltenkraftkerls Asterix und seiner Freunde beschrieben werden. Ihre Autoren scheinen zumindest Strabo gründlich gelesen zu haben. Wie er skizzieren sie, wenn auch cum grano salis, eine bunte bäuerliche Idylle.

Zwischen großen, teilweise von »Kuppeldächern« überragten Häusern »aus Brettern, Weidengeflecht und reichlich Stroh« rannten halbwilde Schweine herum. »Borstentiere, die so außergewöhnlich groß, frech und schnell sind, daß sie einem, der nicht an sie gewöhnt ist, durchaus Schwierigkeiten bereiten, aber auch einen Wolf in die Flucht schlagen können.«

Überhaupt scheinen Schweinekoteletts und Hammelkeulen schon das Lieblingsfleisch der Original-Asterixe gewesen zu sein. Von beiden Haustierarten jedenfalls gab es bei ihnen genug, »um einen Überfluß an Wollröcken (den sogenannten ›Sagi‹) wie auch an Salzfleisch zu gewährleisten.« Das Gepökelte exportierten die Bewohner Galliens sogar in großen Mengen bis nach Italien, wie sie sich überhaupt als Leute von ausgeprägt kapitalistischem Sinn erwiesen.

Sie hingen am Gold, wuschen es aus den Flüssen ihres Landes und horteten es in Tempeln, die auch bei ihnen als Vorläufer der Banken fungiert zu haben scheinen, weil sie, weniger durch Gesetz als durch Aberglauben, vor Einbruch geschützt waren. Wer jedoch flüssig bleiben und gleichzeitig als kreditwürdig gelten wollte, trug sein Vermögen auf der Haut in Form von Ringen, Ketten »und sogar Korseletts aus solidem Edelmetall«. Die Torques waren demnach nicht nur Ausdruck männlicher Eitelkeit, sondern auch das, was die Wirtschaftshistoriker »Schmuckgeld« nennen und als eine der Urformen unserer modernen Zahlungsmittel, sogar der Scheckkarte, gelten lassen.

Die Epigonen des Poseidonios aber schlossen aus dem, was sie da auf schwellenden Muskeln glänzen sahen, daß die Kelten ein ziemlich reiches Volk sein müßten, wie man überhaupt aus ihren Schilderungen den Eindruck gewinnt, sie hätten unter durchaus behaglichen Umständen existiert.

Ob indes alle ihre Schätze einigermaßen gerecht verteilt waren, ist eine andere Frage. Die keltische Gesellschaft, auch das deuten die Griechen an, war aristokratisch strukturiert. Eine kleine Schicht von Etablierten dürfte über den weitaus größten Teil des Volksvermögens, also auch des Grundbesitzes, verfügt haben. Alle übrigen waren in verschiedenen Graden von ihnen abhängig. Freie und halbfreie Bauern leisteten, je nach Rang und Stand, Gefolgschaftsdienste und Abgaben, wofür ihnen als Äquivalent Schutz des Besitzes oder auch nur der Existenz gewährt wurde. Das hieß umgekehrt: Wer in dieser Ordnung lebte, war darauf angewiesen, von einem Adeligen als Gefolgsmann anerkannt zu werden, wie auch dessen Macht wiederum daraus resultierte, daß er möglichst viele Anhänger um sich scharen und sie bei sich halten konnte – sowohl durch Zwang als auch durch Großzügigkeit und Gerechtigkeit. Die eigentliche Hoheitsgewalt ruhte letztlich auf den Spitzen der Schwerter und einer durch sie begründeten Tradition. An der Basis dieser Pyramide gab es Sklaven – freilich nur wenige, wie Diodorus sagt, weil sie entweder verkauft oder bei den Blutritualen geopfert wurden –, an der Spitze Häuptlinge, die gelegentlich beweisen mußten, daß sie ihre Privilegien zu Recht genossen. Die große Mittelschicht der Gefolgsleute aber scheint außerdem auch noch gewisse demokratische Rechte gehabt zu haben.

Vor seiner Zeit, berichtet Strabo, seien die Stammesführer auf jährlichen Volksversammlungen gewählt worden. Doch hätte es auch noch später Zusammenkünfte gegeben, auf denen nach genau festgelegten Regeln debattiert und beraten wurde. »Wenn etwa einer einen Diskussionsredner unterbrach, wurde er vom Ratsdiener zur Ordnung gerufen. Gehorchte er dieser Aufforderung nicht, dann schnitt ihm jener ein Stück von seinem Mantel ab und wiederholte dies im Zweifelsfall so oft, bis das ›Sagum‹ nicht mehr zu gebrauchen war.« Freilich, so fügt der Anatolier dann hinzu, sei dies ein Brauch, den andere barbarische Völker ebenfalls so oder so ähnlich übten. Er will damit wohl sagen, daß die keltische Gesellschaftsordnung einem weitverbreiteten Grundmuster entsprochen habe. Damit hätte er auch sicherlich recht, wenn da nicht eben die Druiden, die »Vates« und die Barden gewesen wären, eine Klasse von Wissenden, die, ohne allesamt Priester im herkömmlichen Sinn gewesen zu sein, auf eine schwer definierbare Weise neben der keltischen Kriegergesellschaft her lebten. Sie dienten den Stämmen und Sippen zwar als Richter, Propheten, Deuter, Wahrsager und eine Art von kollektivem Gedächtnis, waren aber an deren Verhaltensregeln kaum gebunden. Inmitten von Zwisten, Rivalitäten und Fehden scheinen sie repräsentiert zu haben, was allen gemeinsam war, eine Essenz, die vielleicht das »Keltentum« ausmachte, was immer man darunter verstehen mag.

Edle Wilde oder nur Barbaren?

Der rhodische Akademiegründer Poseidonios, der im dreiundzwanzigsten Band seines verlorengegangenen, zweiundfünfzig Bände umfassenden Geschichtswerkes über das Volk referierte, das sich, politisch gesehen, als ein so lästiger Splitter im Auge Apolls erwies, dürfte – trotz allem, was wir ihm an Informationen verdanken – wohl kaum die Autorität sein, von der wir eine schlüssige Antwort auf die Frage erwarten können, wie »tümlich« die Kelten nun eigentlich gewesen sind. (Weshalb wir später auch auf sie zurückkommen und die Druiden gründlicher betrachten müssen.) Einmal nämlich waren sie, trotz all ihrer Andersartigkeit, doch ein Teil der Welt, in der auch er lebte, und standen ihm deshalb beträchtlich näher als uns. Das erklärt zum Beispiel, weshalb er viele ihrer Sitten einfach beschreibt, ohne sie zu deuten.

Zum andern aber diente ihm das gallische Volk einfach auch als De-

monstrationsobjekt. Poseidonios war ja in erster Linie Anhänger, Vertreter und Interpret einer bestimmten philosophischen Haltung, der stoischen, und er suchte, wie Athenäus bemerkt, »seine (Forschungs)arbeit mit seiner Überzeugung in Übereinstimmung zu bringen«. Durch das Studium barbarischer oder halbzivilisierter Völker wollte er herausfinden, wie die Menschheit in jenem Urzustand gewesen sei, der ihm als Idealzustand galt. So wurden auch die Kelten zu einer der Stufen, über die der homo sapiens aus dem Goldenen Zeitalter, dem Paradies der Griechen, herausgestiegen war, in jene Welt hinein, die er, wie jeder kritische Zeitgenosse fast jeder Epoche, für äußerst korrekturbedürftig hielt.
Trotzdem hat er die Gallier nicht, wie viele spätere Gelehrte aus der Schule von Alexandria, zu edlen Wilden hochstilisiert. Bei aller vorhandenen Neigung zur Romantik blieb er, wie auch Strabo, doch ein Mann, der Tatsachen respektierte, auch wenn diese nicht in seine Wunschvorstellungen paßten. Stuart Piggott, ein souveräner Kenner der europäischen Frühgeschichte, nennt ihn deshalb einen »harten Primitivisten mit weichem Kern«, im Gegensatz zu den späteren »weichen« Vorläufern Rousseaus, für welche die Leute aus dem Nordwesten nur noch eine Art nobler und unverdorbener Rothäute waren, so nobel in der Tat, daß sie ihnen selbst die Kopfjägerei verziehen.
Das aber heißt: Die Skizze, die Poseidonios und seine Epigonen entwarfen, ist sicherlich kein gestochen scharfes Foto von den Kelten, wie sie wirklich gewesen sind, sondern nur das Bild, das ihre Zeit sich von ihnen zu machen vermochte. Die Fakten, die diese Forscher zusammentrugen, waren möglicherweise nicht alle, die sie hätten bekommen können, aber doch jene, die sie bewältigen konnten. Mit ihrer Präsentation haben sie einen der Schleier gelüftet, die über diesem Volke hängen, und uns eine vage Vorstellung von dem ermöglicht, was damals in den heutigen Kerngebieten Westeuropas geschah.
Zu der Zeit freilich, in der sie lebten, hatte das Wissen, das in den Archiven von Rhodos gespeichert war, durchaus auch einen aktuell politischen, sogar strategischen Wert.

Wenn sie von Westen kommen, müssen es Kelten sein

Im Jahre 113 v. Chr. – Poseidonios war gerade zweiundzwanzig Jahre alt geworden – wurde Rom wieder einmal von der Nachricht aufgeschreckt, an der nordöstlichen Grenze Italiens seien neue, riesige Barbarenhorden aufgetaucht.

Die ersten Meldungen dieser Art müssen aus dem Gebiet der Skordisker gekommen sein, dem heutigen Serbien und Kroatien also. Die nächsten stammten aus dem kärtnerisch-salzburgischen Raum, einer Region, in der illyrische Noriker und tauriskische Kelten zusammen lebten. Beide Völker standen auf recht gutem Fuß mit den Römern und scheinen sie sogar um Hilfe gegen die Eindringlinge gebeten zu haben.

Die römische Großmacht, die immer noch zusammenzuckte, wenn von blonden, blauäugigen Riesen aus dem nördlichen Irgendwo die Rede war, nahm alle diese Botschaften tödlich ernst und sandte dem unbekannten Wandervolk sofort ein Heer entgegen. Bei Noreia, der südlich des heutigen Klagenfurt gelegenen norischen Hauptstadt, traf es mit ihm zusammen. Es wurde ein Fiasko.

Die fremden Haufen, deren Kopfzahl Plutarch mit dreihunderttausend bezifferte, waren wie die Krieger des ersten Brennus »von unwiderstehlichem Mut und Tatendrang. Im Kampf stürmten sie, gleich dem Feuer, mit solcher Gewalt und Schnelligkeit vor, daß niemand ihrem Angriff standhalten konnte.« Das konsularische Heer unter Papirius Carbo wurde völlig vernichtet, und in Rom brach wieder einmal Panik aus. Man sprach vom »zweiten Keltensturm« und glaubte zu wissen, was als nächstes geschehen würde. Alle diese barbarischen Völker hatten ja bekanntlich nur eines im Sinn: Sie wollten die Hauptstadt am Tiber erobern.

Doch die Eindringlinge unternahmen nichts dergleichen. Statt nach Süden vorzudringen, marschierten sie am nördlichen Alpenrand entlang gen Westen und verschwanden für vier volle Jahre fast vollständig aus dem Blickfeld der Römer. Erst 109 v. Chr. tauchten sie wieder auf, diesmal in der Provence, die sich Rom eben erst einverleibt hatte. Dort wiederholte sich, was bei Noreia geschehen war. Zwei kleinere senatorische Heere wurden vernichtend geschlagen, einem dritten, größeren, erging es nicht besser. Bei Arausio, dem

heutigen Orange, triumphierten dann zum viertenmal die hochgewachsenen Berserker.
Um diese Zeit war Poseidonios bereits ein aufgehender Stern am akademischen Himmel Griechenlands und möglicherweise, wie andere Gelehrte auch, damit beschäftigt, alles zusammenzutragen, was sich über das neue Wandervolk in Erfahrung bringen ließ.
Ihren Namen scheint man damals bereits gekannt zu haben. Artemidoros von Ephesos, einer der führenden Ethnographen und Geographen jener Zeit, glaubte auch schon angeben zu können, wie man sie einzuordnen habe. Es war ja nicht schwer. Da die »Kimbern« – so hießen sie – offensichtlich aus ungefähr nordwestlicher Richtung in den Alpenraum vorgestoßen waren, mußten sie Kelten sein.
Ein anderer, uns unbekannter Gelehrter, den Plutarch zitiert, präzisierte diese Angabe dann noch auf herkömmliche Weise. Ihm scheint aufgefallen zu sein, daß sie bei ihrem Zug die Grenze zwischen Nordwest und Nordost zumindest überschritten gehabt hatten, woraus er folgerte, man müsse sie füglich als Keltoskythen bezeichnen, denn der Nordosten war ja der Bereich der Skythen.
Aus diesen mageren Fakten aber wurde die Theorie entwickelt, es handele sich bei den Eindringlingen um jene Kimmerier, die ursprünglich am Schwarzen und Asowschen Meer gehaust hatten, dann, im achten Jahrhundert v. Chr., von den Skythen vertrieben wurden und nach Kleinasien überwechselten – freilich nicht alle. Ein kleiner Teil von ihnen sei damals nach Norden gezogen, habe sich auf dem Chersoneus Cimbrica, dem heutigen Jütland, festgesetzt und sei von dort aus endlich wieder gen Süden marschiert.
Dieser Wissensstand war noch gültig, als Rom, nach der Niederlage von Arausio, seinem besten Soldaten zum zweitenmal die Konsulatswürde übertrug, dem Haudegen Gaius Marius.
Der zweiundfünfzigjährige General, Militär bis auf die Knochen, krempelte die römischen Streitkräfte vollkommen um. Aus einem Milizheer machte er eine Berufsarmee, die sich in erster Linie aus landlosen Proletariern rekrutierte. Die völlig von ihm abhängigen armen Teufel aber drillte er, wie kaum je ein Exerziermeister vor ihm seine Leute geschliffen hat. Vollbepackt mit Schanzgerät und Proviant hielt er sie, das berichtet Plutarch, »zu starken Märschen an und zwang sie, ihre Speisen mit eigener Hand zuzubereiten«.

Auch bestand er darauf, daß jeder Mann bei jedem Appell sich selbst wie auch seine Waffen gewienert, geputzt, gewaschen präsentieren konnte.
Zum Glück für ihn brauchte er in der Zeit, in der er diese Kommißorgien feierte, nicht gegen die Kimbern anzutreten. Diese nämlich hatten sich nach ihrem letzten Sieg wiederum keineswegs gegen Italien gewandt, sondern waren, scheinbar ziellos, durch halb Gallien und Nordwestspanien gewandert.
Erst 102 v. Chr. tauchten sie erneut im römischen Grenzbereich auf, und zwar in der südlichen Provence. Marius zog ihnen mit seinen gründlich reorganisierten Legionen sofort entgegen. An der unteren Rhône errichtete er ein stark befestigtes Lager mit eigenem Zufahrtskanal, der das versandete Flußdelta für Proviantschiffe passierbar machte.

Ein unbekanntes Volk mit bekannten Zügen

Aber nicht nur die Militärs, auch die Forscher, Spione und Beobachter waren seit der Schlacht bei Arausio ungemein fleißig gewesen. Sie wußten jetzt schon, daß die Römer es keineswegs nur mit einem, sondern mit insgesamt drei Völkern zu tun hatten: den Kimbern, den Teutonen und den Ambronen. Gleich schrecklich waren sie alle.
Marius, der in Südfrankreich nur auf die beiden letzteren der drei Stämme stieß, verbot seinen Soldaten denn auch strikt, ihr stark befestigtes Lager zu verlassen. Statt dessen ließ er sie, so Plutarch, »der Reihe nach auf den Wall treten, befahl ihnen, sich umzusehen, und gewöhnte sie dadurch daran, die Gestalt der Feinde, sowie ihr gräßliches und wildes Geschrei auszuhalten«.
Erst als die Teutonen und Ambronen, dieses Hinhaltens müde, in Richtung auf die Alpen abzogen, folgte ihnen der römische General in sorgfältig abgesicherten Märschen nach. Und nicht vor Aquae Sextiae, dem heutigen Aix-en-Provence, stellte er sich ihnen – zu der nach diesem Ort benannten berühmten Schlacht.
Als sie vorüber war, bedeckten so viele tote Barbaren den Boden, daß die von ihren Leichnamen gedüngte Erde »im nächsten Frühjahr eine unglaubliche Menge von Früchten trug«. Trotzdem wurde der

römische Sieg in der Hauptstadt nur mit bangem Herzen gefeiert. Die Kimbern, der dritte Stamm des Wandervolkes, war nämlich inzwischen nach Oberitalien vorgedrungen und erwartete dort ein römisches Heer. Marius kam.

Bei Vercellae (Vercelli in Piemont) forderte ihn im Frühjahr 101 v. Chr. der Führer des Stammes, der den ausgesprochen keltischen Namen Boiorix (wörtlich: König der Bojer) trug, nach bekannter Praxis erst zum Zweikampf und – als der Römer dieses ablehnte – zur Schlacht heraus. Sie wurde, wie ein sportlicher Wettkampf, regelrecht verabredet. Heute figuriert sie in jedem Schulbuch für Geschichte als der andere große Sieg der Römer in dieser Auseinandersetzung. Die Kimbern ließen sich buchstäblich abschlachten. Als ihr schlimmster Feind, die Hitze, sie derart entkräftet hatte, daß sie kaum noch stehen konnten, banden sie sich mit Ketten aneinander und erwarteten so den Tod. Wer aber dennoch in die Wagenburg floh, wurde von den dort verbliebenen Frauen umgebracht, »auch wenn es ihre Männer, ihre Väter oder ihre Brüder waren. Mit eigenen Händen erdrosselten sie dann ihre kleinen Kinder, warfen sie unter die Räder der Karren oder vor die Füße der Zugtiere. Dann töteten sie sich selbst.« Plutarch nannte es »einen höchst tragischen Anblick« und fuhr fort: »Das gemeine Volk aber erklärte Marius nach diesem Sieg zum dritten Erbauer Roms (nach Romulus und Furius Camillus), weil er eine Gefahr abgewandt hatte, die man für nicht geringer hielt als die von den Kelten.«

Der letzte Vergleich läßt aufmerken. Die Kimbern so gefährlich wie die Kelten? Eben hatte Plutarch doch noch gesagt, sie hätten selbst diesem Volk angehört. Waren sie nun auf einmal doch keine? Und wenn nicht, war dann der berüchtigte Furor, den der Dichter Lukian später als »furor teutonicus« in die Literatur einführte, auch noch anderswo zu finden als nur bei jenen Stämmen, die einstmals Rom zerstört hatten? Wenn ja, bei welchen?

Der griechische Platonverehrer hat diese Widersprüche weder bemerkt, noch ist er ihnen nachgegangen. Sein älterer Zeitgenosse, der Stoiker Poseidonios, dagegen hat sie immerhin unter die Lupe genommen.

Germanen, die keltischsten aller Kelten?

Wer heute unter den Stichworten Teutonen, Kimbern oder Ambronen in einem Lexikon nachschlägt, wird zu allen die lakonische Erklärung finden: »germanischer Stamm aus Jütland«. Der Syrer, der in Rhodos lebte und zur Zeit der Schlacht von Vercellae schon als Kapazität unter den Wissenden galt, kommt zu einem etwas komplizierteren Ergebnis.

Er unternahm nach dem großen Triumph des Marius seine oft erwähnte Reise nach Massilia und Spanien, in der Hoffnung eigentlich, Informationen über die drei Stämme zu gewinnen. Vor allem wollte er herausfinden, ob sie nun keltisch waren oder nicht. Genauer: Er suchte wohl nach dem Beweis dafür, daß sie in das herkömmliche Schema paßten: Nordosten skythisch, Nordwesten gallisch.

Zwangsläufig brachte er dies mit nach Hause: Die Kimbern, aus dem Norden gekommen, seien im Süden erst bei den Skordiskern, dann bei den Tauriskern aufgetaucht. Darauf hätten sie das Gebiet der ebenfalls keltischen Helvetier heimgesucht und sie, »ein an Gold reiches, aber friedliebendes Volk«, immerhin so beeindruckt, daß drei ihrer Stämme mit ihnen weitergezogen seien, darunter die Teutonen.

Daraus nun könnte man schließen, die letzteren müßten ebenfalls wirklich Kelten gewesen sein. Trotzdem bezeichnet Poseidonios' getreuer Interpret Strabo sie (wie auch die Kimbern) nicht als solche, sondern als Germanen – einen Begriff benutzend, der vor jener Reise nach Massalia in der akademischen Welt Griechenlands wahrscheinlich noch unbekannt war. Der Anatolier erklärt ihn denn auch.

Die Germanen, so sagt er, seien ein Volk, das östlich des Rheins lebte. Von den linksrheinischen Kelten unterschieden sie sich dadurch, daß sie »noch größer, noch wilder und noch blonder seien« als jene. Sonst aber glichen sie ihnen in jeder Hinsicht. »Und so denke ich mir denn«, schließt er ab, »daß sie von den (in Gallien lebenden) Römern deswegen ›Germani‹ genannt wurden, weil diese damit ausdrücken wollten, daß sie die ›genuinen‹, die eigentlichen Kelten seien. Germani heißt nämlich in ihrer Sprache ›echt‹ im Sinne von originär«.

Fazit also: Die Teutonen und Kimbern waren Germanen, die Germanen aber nicht nur ein Element des großen keltischen Völkerkomplexes, der dem skythischen gegenüberstand, sondern sogar dessen eigentlicher Kern. Sie waren die keltischsten aller Kelten ...
Eine gewiß überraschende These, an der seither viel herumgerätselt worden ist. Fragt sich nur, wie sie zustande kam. Falsche Informationen? Mißverstandene Aussagen gallischer Interviewpartner? Man könnte sich mit solchen Mußmaßungen zufriedengeben, wenn der ganze damit zusammenhängende Problemkreis nicht tatsächlich verworrener wäre, als selbst die moderne Wissenschaft es sich lange Zeit eingestehen wollte.
Denn wie ist es nun wirklich zu erklären, daß ein kimbrischer, also germanischer König Boiorix hieß? Oder: Welche Schlüsse lassen sich, bei Berücksichtigung all dessen, was man weiß, aus einer Episode ziehen, die Plutarch mit seinem Bericht über die Schlacht bei Aquae Sextiae übermittelt? Er erzählt nämlich, die Ambronen hätten, während sie das Heer des Marius angriffen, ihren eigenen Stammesnamen als Schlachtruf benutzt. Als aber die Ligurer, Hilfstruppen auf römischer Seite, »jenes Geschrei hörten und verstanden, schrien sie ebenfalls diesen ihre alte Benennung entgegen; denn die Ligurer nennen sich selbst ihrer Herkunft nach Ambronen«.
Man sieht daran zumindest, daß sich das Thema in vielen Variationen darbietet. Aber welche liefert den Schlüssel zum ganzen? Wer war was? Ligurer Ambronen, Ambronen Germanen, Germanen Kelten?
Bei dem Versuch, dies alles aufzuhellen, vermögen uns die antiken Autoren allein nicht weiterzuhelfen. Sie haben ihr Bild von den Völkern im keltischen, skythischen, keltoskythischen Ungefähr entworfen und dabei geleistet, was ihnen zu leisten möglich war.
Jetzt muß es sich zeigen, wie weit unsere zeitgenössischen, aufgeklärteren, besser gerüsteten Forscher diesen rohen Entwurf vervollständigen und korrigieren können. Heerscharen von Experten und Amateuren haben sich daran versucht. Von den Theorien aber, die sie dabei auf den Markt warfen, muten viele nicht weniger abenteuerlich an als jene, die auf den Universalgelehrten in Rhodos und seine Nachfolger zurückgehen.

Kapitel V

Es begann an der Wolga

»Kelten, griech. Keltoi, auch Galatai, latein. Celtai und Galli, französ. Celtes, indogerm. Volk . . .«
Großer Brockhaus, 1955

»Die indogermanischen ›Vagabunden‹ waren fürchterlich, ruhelos und räuberisch.«
Marija Gimbutas
»Die Indoeuropäer: Archäologische Probleme«

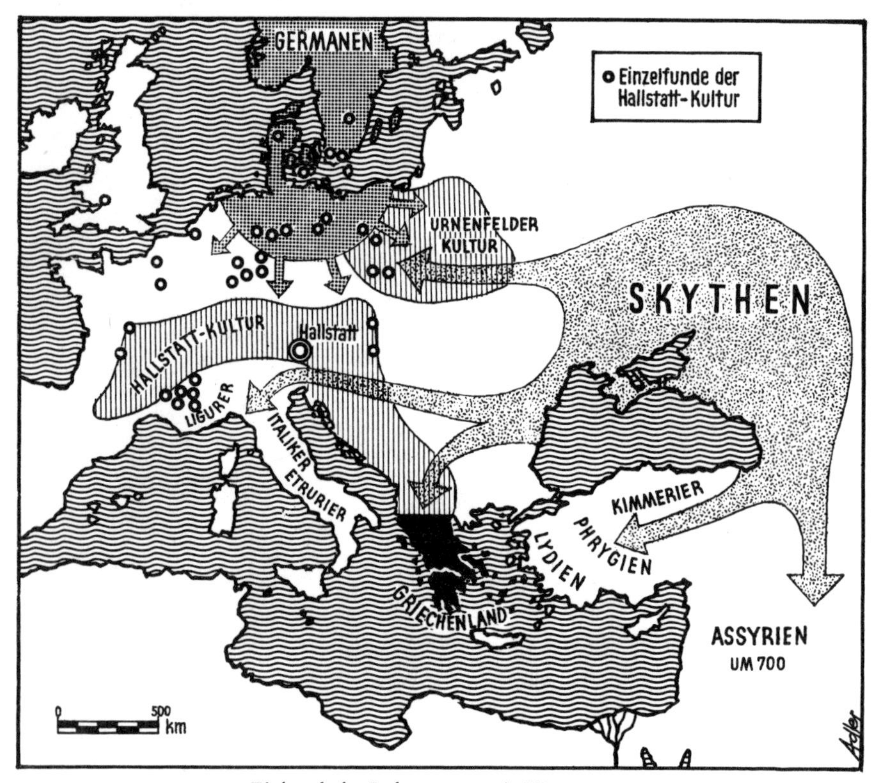

Einbruch der Indogermanen in Westeuropa

Zeittafel:

Um 3000 v. Chr.:	Asiatische Steppenvölker zähmen das Pferd. Zu ihnen gehören die Kurganleute.
2400–2300 v. Chr.:	Kurganleute brechen in das Kaukasusgebiet ein und stoßen zum Schwarzen Meer vor. Dort entsteht eine Mischkultur mit indogermanischen Merkmalen.
Um 2200 v. Chr.:	Die indogermanischen Hethiter besiedeln Anatolien. Gleichzeitig tauchen Indogermanen in Griechenland auf.
Um 1800 v. Chr.:	Entstehung der Aunjetitzer Kultur, aus der die späteren Italiker, Veneter, Illyrer und die Kelten hervorgehen.

Beweglichkeit war alles

Von einem Volk, das so ruhelos durch ganz Europa zog, wie die Kelten es getan haben, kann man eigentlich kaum annehmen, es sei sehr erdverbunden gewesen.

Bäuerliche Menschen reißen sich nur schwer vom Boden los, treiben ihre wohlgenährten Herden nicht ohne Not auf staubige Wanderwege, die zu Gott weiß welch dürren Weiden führen mögen. Sie lieben das Vertraute, die geregelte Abfolge von Saat und Ernte, sind es gewohnt, langfristig zu planen, in Generationen zu denken. All das setzt kalkulierbare Größen voraus, vertraute Lebensumstände, eine Welt, eingefriedet von bekannten Horizonten. Abenteurer müssen anders gebaut sein.

Wer in kritischen Situationen bereit ist, einem Gerücht von Paradiesen jenseits der Hügel zu folgen oder, sei es auch aus Not, seine ganze Existenz auf eine vage Hoffnung gründet, hat Vagabundenblut in den Adern und einen nomadischen Zug in seinem Charakter. Außerdem pflegt er Besitz als etwas zu begreifen, das sich rasch mobilisieren läßt. Das macht ihn zusätzlich zum Spekulanten, der sein Kapital dorthin befördert, wo es die höchsten Erträge bringt.

Die Kelten scheinen zeitweise in solchen Begriffen gedacht zu haben. Der erste Brennus suchte in Rom die Reichtümer, die sich auf heimischen Äckern nicht erwirtschaften ließen. Ein – wenn Strabo richtig vermutet – interner Zwist brachte die Tektosagen auf die Beine, und auch von den Kriegern des zweiten Brennus vermag man sich nicht vorzustellen, daß sie lieber im Abendsonnenschein vor ihrer Hütte gesessen hätten.

Doch ist Wanderlust nur eine Sache, die Fähigkeit, ihr nachzugehen, eine andere. Tausende von Menschen in Marsch zu setzen, erfordert die Fähigkeit zur Organisation und technische Mittel. Zumindest stabile Fahrzeuge müssen vorhanden sein, Zugtiere, Zelte, mobiles Inventar, Hirten, die große Herden zusammenhalten können, und Wagenlenker oder Reiter, die, weit voraussprengend, die Tagesroute sichern. Das ganze mitgeführte Volk muß in der Lage sein, solches Zigeunerleben zu bestehen.

Weil dies aber bei den Kelten offensichtlich der Fall war, liegt der Verdacht nahe, sie seien – zumindest in einem frühen Stadium ihrer

Entwicklung – Nomaden gewesen und hätten erst später, in Gegenden, die ihnen behagten, zu einer gewissen Seßhaftigkeit gefunden. Freilich scheint es ihnen selbst dort nicht gleich gelungen zu sein, wirklich landsässig zu werden. Polybios, wie auch Poseidonios und seine Nachfolger, berichten ja, daß ihre Hütten kaum mehr als notdürftig eingerichtete Unterkünfte gewesen seien und daß sie immer danach getrachtet hätten, ihren Besitz in beweglichen Gütern anzulegen, nicht so sehr in Immobilien.

Ein weiterer Punkt schließlich, der für diese Vermutung spricht: Sie waren exzellente Reiter und Streitwagenfahrer. Ihre Kavallerie hat den Römern stets größeren Schrecken eingejagt als ihre Fußtruppe. Wichtiger Bestandteil keltischer Taktik war der mit Geschrei vorgetragene Angriff berittener Speerwerfer und der eingeplante rasche Rückzug. Ihrem hitzigen Temperament entsprach eine Vorliebe für höchste Beweglichkeit: schnelle Attacken, schnelle Siege – fixe Tat, leichte Beute. Reitervölker haben immer so gedacht und gehandelt. Sucht man deshalb, von diesen Überlegungen ausgehend, einen Punkt, an dem die Geschichte der Kelten begonnen haben könnte, dann muß man wohl bis in die Zeiten zurückgehen, in denen das Pferd zum erstenmal eine für Menschen wichtige Rolle zu spielen begann. Um ganz genau zu sein, müßte man sogar nach dem ersten Jäger fragen, der einen leichtfüßigen Tarpan einfing, den Urahn der meisten unserer heutigen Pferderassen, und ihn nicht tötete, sondern zähmte. Spätestens, als das gelungen war, begann sich nämlich für einen großen Teil der Menschheit die Welt beträchtlich zu ändern.

Die einen entdeckten, daß man mit Pferdekraft vor leichtgebauten Wagen das Land nicht nur schneller, sondern auch mit erheblich größerem Genuß durchmessen konnte als auf schwerfälligen Ochsenkarren. Die anderen stellten fest, daß ihr Leben gefährlicher geworden war. Sie wurden überfallen und ausgeplündert von Horden, welche, eben erst aufgetaucht, im nächsten Moment schon wieder verschwunden waren und nichts zurückließen als rauchende Trümmer und leere Koppeln. Pferdebesitzer begannen, sich als Herren über den Raum zu empfinden, sahen Distanzen zusammenschrumpfen, fingen an, Geschwindigkeit zu lieben und die Ferne als eine Herausforderung zu betrachten. Entsprechend veränderte sich

ihre Mentalität. Wohnsitze wurden zu Startplätzen für immer neue Beutezüge, die in wenigen Tagen mehr einbringen konnten als die mühselige Arbeit ganzer Jahre.
Und als es ihnen schließlich auch noch klargeworden war, daß dieser mühelose Gewinn sich langfristig sichern ließ, wenn man die Überfallenen für immer unterjochte, begann die Geschichte der großen Heere und der großen Herren. Kriegerkasten bildeten sich heraus und beanspruchten die Adelswürde, Verhaltensweisen wurden entwickelt, die wir in ihrer höchsten Verfeinerung als ritterlich bezeichnen.
Doch dürfte auch der erste Profit, der jemals gemacht wurde, aus einem Überfall gestammt haben. Noch die mykenischen Griechen kannten nur Geschäfte, bei denen, solange sie friedlich abgewickelt wurden, Güter gleichen Wertes gegeneinander ausgetauscht wurden. Nach Gewinn strebten sie allein im Krieg. Davon freilich wußten die späteren Gallier schon nichts mehr, sie waren bereits gute Handelsleute im konventionellen Sinn. Trotzdem haben sie auch weiterhin eine gewisse Reitermentalität gepflegt: Kämpfen, Prahlen, Saufen, leichtes, schnelles Leben. Die Partie, die heute verspielt wurde, kann morgen noch gewonnen werden. In der Zwischenzeit kreist der Humpen, und der Met tropft aus dem Schnurrbart. Die Welt ist riesengroß. Irgendwo wird man sein Glück machen oder eingescharrt werden. Hunnen, Panduren, Husaren, Cowboys – und eben die Kelten – waren sich in dieser Hinsicht alle ähnlich. Das Pferd hatte sie zu dem gemacht, was sie waren.
Indessen, das Pferd ist bereits um 3000 v. Chr. von der Jagdbeute zum Opfer- und zum Haustier avanciert. Schon um diese Zeit nach den Vorfahren des Brennus zu suchen, hieße die Möglichkeiten der Geschichtsforschung überfordern. Man muß sich deshalb mit einem späteren Zeitpunkt zufriedengeben. Fragt sich nur, wer ihn ausfindig machen kann. Die Archäologen etwa?

Knochen reden nicht

Gewiß, die Vorgeschichtsforscher sind heute erstaunlicher Dinge fähig. Sie können, wie der französische Prähistoriker Jean-Jacques Hatt schreibt, »Hunderte oder Tausende von Jahren später die Geste eines Handwerkers bei seiner Arbeit oder die eines Gläubigen vor seinem Gott wiederfinden«. Aus Topfscherben, Geweberesten, Farb-, ja sogar Duftspuren restituieren sie die Milieus, in denen mittelsteinzeitliche Jäger gelebt haben. Sie riechen quasi mit den Nasen längst zu Staub zerfallener Menschen und fühlen mit deren Haut. Eines jedoch vermögen sie keineswegs: Sie können die Zungen dieser Toten nicht mehr lösen. Es ist ihr schwerstes Handikap.

Völker sind ja in erster Linie Sprachgemeinschaften. Als den ersten Kelten müßte man eigentlich jenen Mann bezeichnen, der seiner Frau zum erstenmal auf keltisch einen »guten Morgen« wünschte. Weil aber einem ausgegrabenen Oberschenkelknochen nicht zu entlocken ist, in welchem Dialekt sein ehemaliger Besitzer sprach, wirken die Ergebnisse archäologischer Forschungen oft so abstrakt. Die Ausgräber berichten selten über Völker, meist nur über »Kulturen«. Sie sprechen von Kugelamphoren-, Trichterbecher-, Streitaxt- oder Urnengräberleuten, lassen es jedoch offen, ob diejenigen, die solche Geräte herstellten, durch mehr als eine gemeinsame Vorliebe für bestimmte Gebrauchsgüterformen, Waffen, Begräbnisriten miteinander verbunden waren, ob sie sich etwa in einem allen gemeinsamen Idiom unterhalten konnten. Dies geschieht aus gutem Grund. Auch ein Archäologe der fernen Zukunft irrte ja gröblich, wenn er aus dem globalen Vorkommen riesiger Mengen von Coca-Cola-Flaschen auf das Vorherrschen einer einheitlichen Weltsprache in unseren Tagen schlösse.

So gleichen die Topfscherbenanalysen der Prähistoriker Fingerabdrücken, zu denen das Signalement des Täters fehlt: Herkunft, Volkszugehörigkeit, besondere Kennzeichen. Auch den Geburtsort der Kelten können sie nicht nennen. Wer nach ihm sucht, muß bei den Sprachforschern anklopfen, was freilich ebenfalls keine Gewähr für rasche Information bietet.

Die Linguisten haben zwar das Keltische, eine längst ausgestorbene Sprache, inzwischen vollkommen rekonstruiert, aber dieses Retortenprodukt, entwickelt aus Orts- und Personennamen, aus wenigen ins Lateinische eingegangenen keltischen Worten sowie aus Dialekten wie dem Bretonischen, dem irischen Gälisch, dem walisischen Kymrisch, dem Kornischen, das in Cornwall, und dem Manx, das auf der Insel Man gesprochen wird, ergänzt nur unser Wissen. Die

Frage, wann das Idiom zum erstenmal auftauchte, bleibt offen. Um sie beantworten zu können, bedürfte es eigentlich der Kenntnis jener Sprache, aus der sich die der späteren Gallier entwickelt hat, so wie etwa das Spanische und das Italienische aus dem Lateinischen. Man müßte wissen, auf welche Weise sich die Vorfahren der Kelten untereinander verständigten.
Dazu immerhin gibt es eine wissenschaftlich fundierte Auskunft. Aus alten Flußnamen läßt sich schließen, daß um die Mitte des zweiten vorchristlichen Jahrtausends in dem ganzen Raum zwischen Ostsee und Alpen, den Britischen Inseln und Ungarn ein einheitliches Idiom vorherrschte. Der Indogermanist Hans Krahe bezeichnet es als die »alteuropäische Sprache« und vermutet weiter, es habe sich um 1000 v. Chr. aufzulösen begonnen, sei dann zerfallen in Einzelsprachen wie das Italische, die Vorform des Lateins, das Germanische, Slawische, Baltische und eben das Keltische.
Seine Überlegungen liefern also einen ersten Anhaltspunkt dafür, daß die Geschichte, von der Polybios ein spätes Kapitel beschrieb, irgendwann zu Beginn des ersten vorchristlichen Jahrtausends begonnen haben muß.
Heißt das nun aber auch, daß die Menschen, die das frühere »Alteuropäisch« sprachen, mit jenen Kriegern identisch waren, welche das Pferd zu zähmen vermochten und auf der Basis dieses Erfolges ein neues aristokratisch strukturiertes Gesellschaftssystem aufbauten? Wer korrekt sein will, muß erwidern: Sie dürften zumindest deren Nachfolger gewesen sein. Das Pferd jedoch haben sie kaum in West- oder Mitteleuropa vorgefunden. Sie brachten es wahrscheinlich aus jener Gegend mit, in der das Huftier sich entwickelt hatte, nämlich aus der Steppe.
Krahe fügt dem hinzu:
Diese Alteuropäer waren Indogermanen.
Um also endgültig zu erfahren, wie ein Volk entstand, in dessen Leben Hengste und Stuten eine so wichtige Rolle spielten, ein Volk überdies mit nomadischen Zügen, mit gelegentlichem Hang zu raschen Ortswechseln und einer Vorliebe für mobile Vermögensgüter, ist es notwendig, auch nach der Herkunft eben der Indogermanen zu fragen. Dabei muß man sich wiederum in erster Linie an die Sprachforscher halten, denn der fragliche Begriff ist ausschließlich

ihre Erfindung. Seit nunmehr fast zwei Jahrhunderten versuchen sie, ihn zu konkretisieren. Begonnen haben ihre Schwierigkeiten gegen Ende des achtzehnten Jahrhunderts in Indien.

Wiederbelebung einer Sprache, die es vielleicht gar nicht gab

Sir William Jones (1746–94), seit 1783 Richter am obersten Gerichtshof in Kalkutta, gehörte zu jenen glücklichen Staatsbeamten, die ihre Freizeit sinnvoll zu nutzen wissen. Sein Hobby war die vergleichende Sprachforschung. Sie verhalf ihm zu einer verblüffenden Erkenntnis.

Sanskrit, so stellte er fest, die alte indische Hochsprache, ist mit den frühen europäischen Sprachen enger verwandt, als man es bis dahin für möglich gehalten hatte.

König, um dafür das erste von zwei simplen Beispielen zu nennen, heißt auf altindisch »raj«, auf lateinisch »rex«, auf keltisch »rix«. Feuer im Sanskrit »agni«, im Lateinischen »ignis«. Jeder Laie vermag zu erkennen, daß diese Wörter eine gemeinsame Wurzel haben.

Daß er aber mit seinen Arbeiten einem neuen Wissenschaftszweig zum Entstehen verhelfen und darüber hinaus einen Gelehrtendisput entfesseln sollte, der bis in unsere Tage hinein andauert, konnte Sir William zu seiner Zeit noch nicht ahnen. Tatsächlich ist jedoch genau das geschehen. Der fragliche Wissenschaftszweig ist die Indogermanistik, benannt nach dem östlichsten und dem westlichsten Volk, dem das Interesse seiner Vertreter gilt. Der Streit, ausgefochten auf ungezählten Buchseiten und auf internationalen Kongressen, geht letztlich immer darum, ob es einmal eine Sprache gab, aus der alle die miteinander verwandten Idiome sich entwickelt haben, ob jemals ein Volk existierte, das sie benutzte, und wo es wohl gelebt haben könnte. Im Register der Linguisten werden diese drei Komplexe unter den Stichworten »Ursprache«, »Urvolk« und »Urheimat« geführt.

Und natürlich sind die Wissenschaftler seit Sir Williams Tagen ein bißchen weiter gekommen. Sie wissen etwa, daß nicht weniger als elf Grundidiome sich auf ähnliche Weise nahestehen wie das Lateinische und das Sanskrit. Zu ihnen gehören das Tocharische (es wurde von einem verschollenen russischen Steppenvolk gesprochen), das Indo-Iranische, das Hethitische, Armenische, Slawische, Baltische, Griechische, Illyrische, Italische, Germanische und Keltische. Aus ihnen wiederum haben sich nahezu fünfzig moderne Idiome entwickelt, vom Russischen über das Serbo-Kroatische bis zum Norwegischen.

Ihre Wurzel, die Ursprache also, ist von den Forschern ebenfalls rekonstruiert worden, ohne daß man weiß, ob sie jemals benutzt worden war. Die Ergebnisse, zu denen sie kamen, sind trotzdem interessant.

So meinen sie etwa, daß »Pferd« auf ur-indogermanisch »ekuos« geheißen habe und das Vieh »peku«. Daraus wiederum ziehen sie den naheliegenden Schluß, jenes von ihnen für einmal existent gehaltene Volk habe beide Tierarten gekannt, gehalten und gezüchtet und müsse also wohl ein Hirtenvolk gewesen sein.

Sie sind sogar noch genauer. Das erste Stück peku, das jemals auf indogermanischen Weiden graste, war, so sagen sie, ein Schaf. Dies ergebe sich aus einer Gleichung, in der als bekannte Größen das lateinische Wort »pecus«, das altindische »pásu« und das griechische »pekos« figurieren. Pecus wie pásu heißt nämlich Vieh, pekos dagegen Fell, alle drei aber sind offensichtlich miteinander verwandt. Wenn man nun noch – so ihr weiterer Gedankengang – berücksichtigte, daß »pectere« auf lateinisch kämmen und »pektein« (griechisch) scheren bedeutet, dann ergebe sich, daß das ur-indogermanische Urvieh seinen Haltern nicht nur Fleisch und Milch lieferte, sondern auch Felle trug, die gekämmt und geschoren werden mußten, was eben nur auf Schafe zutreffe. Außerdem lege es die Vermutung nahe, die Wolltiere hätten ihren Namen später auch für anderes Vieh hergegeben.

Ist man den Forschern soweit gefolgt, dann fällt es schwer, auch noch andere Argumente in Betracht zu ziehen, mit denen diese Rekonstruktionsversuche als purer Nonsens abgetan werden sollen. Das ändert jedoch nichts daran, daß sie ebenso heftig verfochten werden wie die These, das Urvolk habe es gegeben. Und der Streit darüber ist noch keineswegs ausgestanden.

Sein Andauern scheint sich zum Teil aus dem Mißbrauch zu erklären, der lange Zeit mit dem Begriff Indogermanen getrieben wurde.

Wer waren die Indogermanen?

Als um die Mitte des letzten Jahrhunderts die Kunde von einem möglichen »Urvolk« in die Öffentlichkeit gedrungen war, stürzten sich ungezählte Publizisten auf das Thema und versuchten, es zum Ersatz-Mythos zu machen, was nicht einmal unverständlich war. Es sah ja so aus, als ließe sich von dieser frühen Sprachgemeinschaft her das ganze Weltbild neu ordnen. Welch gewaltige Kraft mußten Stämme besessen haben, deren Nachkommen sowohl in Indien als auch auf Island lebten, wenn sie den ganzen dazwischenliegenden riesigen Raum durchmessen konnten! Die Art, wie man sich dieses neuen Idols bemächtigte, war freilich recht dubios.
Von nationalem Ehrgeiz gepackte Wissenschaftler addierten, was ihnen edel erschien an Griechen, Indern, Persern, Germanen, warfen Kyros und Achilles, Vercingetorix und Arminius, Caesar und Leif Erikson in einen Topf, um daraus einen Übermenschen hervorzuzaubern, der die Weisheit indischer Brahmanen und den Mut Alexanders des Großen mit den jeweils besten Kollektiveigenschaften ihrer eigenen Landsleute in sich vereinigte. Und natürlich war jeder von ihnen bemüht, die Heimat des »Urvolkes« möglichst in der Nähe seiner eigenen zu finden.
Polen versteiften sich darauf, daß die Indogermanen, wenn schon nicht aus ihrem Land, dann wenigstens aus der benachbarten Ukraine gekommen seien. Bulgaren verschwendeten große Mühe auf den Nachweis, der Balkan wäre ihre Wiege, während Deutsche postulierten, die peku-Treiber und ekuos-Besitzer müßten so gewesen sein wie die von Tacitus beschriebenen Germanen: einfach, heroisch und ungemein begabt. Außerdem begannen viele von ihnen, die Begriffe »Indogermanen« und »Arier« durcheinanderzuwerfen, bis endlich der letzte Name ausschließlich für den persisch-indischen Zweig der Sprachengemeinschaft reserviert wurde.
Da aber das akademische Deutschland einer der wichtigsten Schauplätze der indogermanistischen Forschung war, erlangte die hier aufgestellte sogenannte »Nordthese« ein größeres Gewicht als alle anderen. Ihr zufolge soll das Urvolk aus dem Ostseeraum einschließlich Südrußland gekommen sein und von dort seine Angehörigen bis ins fernste Asien geschickt haben.

Noch in den zwanziger und dreißiger Jahren wurde diese Theorie mit derartigem Nachdruck vertreten, daß vermögende Inder sich veranlaßt sahen, nach Pommern und Südschweden zu fahren, um die »Urheimat« ihrer Vorfahren kennenzulernen. Während des Dritten Reiches aber galt sie fast als Glaubenssatz. Einer ihrer Vertreter legte denn auch zu jener Zeit seine Arbeitsergebnisse in einem Buch nieder, das den bezeichnenden Titel »Indogermanisches Bekenntnis« trug.

Und natürlich präsentierten sich selbst solche Konfessionen mit entsprechender »wissenschaftlicher« Untermauerung. Um zu beweisen, was man glauben wollte, war ein umfangreicher Apparat installiert worden. Er schloß die Rassenkunde ebenso mit ein wie das, was man »linguistische Paläontologie« nannte – Geschichte des Tier- und Pflanzenreiches als Hilfslehre der Sprachwissenschaft. Ihr berühmtestes Produkt ist das »Buchenargument«. Es sieht so aus: Der Baum mit dem wissenschaftlichen Namen »fagus« muß, da es in vielen ihrer Sprachen einen Namen für ihn gibt (auf keltisch hieß er »bagos«), vielen indogermanischen Völkern bekannt gewesen sein. Daraus nun, so die Anhänger der linguistischen Paläontologie, lasse sich schließen, daß die Ur-Indogermanen in einer Gegend zu Hause waren, in der die Buche vorkam. Die aber muß westlich der Linie Königsberg–Odessa gesucht werden, denn östlich davon will das Hartholzgewächs, mangels der notwendigen Bodenfeuchtigkeit, nicht gedeihen. Ergo: Die Ur-Indogermanen waren Mitteleuropäer.

Heute wird diese Überlegung kaum noch ernstgenommen. Der Indogermanist Heinz Kronasser etwa weist spöttisch darauf hin, daß man mit solchen Methoden auch zu dem Schluß kommen könne, die Slawen stammten aus einem Land, in dem Elefanten vorkommen. In nicht weniger als elf slawischen Sprachen – das sind nahezu alle – gibt es nämlich das Wort »slon«, das eben jenes Rüsseltier bezeichnet.

Dennoch waren es nicht nur methodische Fehler, welche die Nordthese schließlich in Verruf brachten – sie gehören bei einer derart auf Hypothesen angewiesenen Wissenschaft wie der Indogermanistik ohnehin zum Geschäftsrisiko –, sondern es war der ideologische Qualm, mit dem sie beweihräuchert worden war. Besonders die hemmungslose Gleichsetzung von Indogermanen und nordischer Edelrasse hat viele kritische Gelehrte derart verstimmt, daß sie auf das gesamte Urvolkproblem allergisch zu reagieren begannen.

Für alle gilt das jedoch, wie gesagt, keineswegs. Zeitgenössische Gelehrte sind vielmehr auf fast parallelen Gedankenwegen inzwischen zu dem Ergebnis gekommen: Ein Volk, das indogermanisch sprach, dessen Angehörige demnach als Vorfahren der Kelten wie auch der Inder, Armenier und Römer gelten müßten, habe es durchaus gegeben. Nur, es hauste keineswegs an den Küsten der Ostsee.

Sie hausten am Rand des Urals

Um die »Urheimat« zu finden, muß man den Pferdespuren folgen, aber nicht nur ihnen. Alfons Nehring, ein prominenter deutscher Indogermanist, meint, die Wiege des gesuchten Volkes könne nur in einem Landstrich gestanden haben, von dem aus die vielen Völker, die indogermanische Sprachen gebrauchten, nach allen Himmelsrichtungen hin aufbrechen konnten, zum Balkan, zur Ostsee, zum Hindukusch.

Diese simpel anmutende Überlegung ergänzt er durch den Hinweis, das Ur-Indogermanische weise Komponenten auch aus anderen Sprachfamilien auf, etwa dem Uralischen und dem Kaukasisch-Mediterranen, das im vorgriechischen Hellas wie auch in Anatolien gesprochen wurde.

Daraus ergibt sich als nächster Schluß: Der gesuchte zentrale Ort könne nicht allzuweit vom Ural und von Westsibirien entfernt gewesen sein, müsse andererseits aber auch den Kaukasus berührt haben. Insgesamt ist das ein ziemlich eindeutiger Koordinatenschnittpunkt.

Wer jetzt eine Karte zur Hand nimmt, vermag zu finden, worauf ihn der Würzburger Professor hinweist. Er wird feststellen: Die Gegend, die alle seine Bedingungen erfüllt, kann nur an der unteren Wolga gelegen haben. Von hier aus erstreckt sich flaches Land sowohl nach Osten als auch nach Westen. Es ist nicht allzuweit zum persischen Hochland, das die Arier besiedelten, und auch kein allzulanger Weg in die heutige Türkei, die von dem ältesten indogermanischen Kulturvolk, den Hethitern, besetzt wurde. Auch die Route nach West- und Südeuropa wird vor dem Balkangebirge und den Karpaten, von keinem unüberwindlichen Hindernis verstellt. Für Menschen, die an der Wolgamündung hausten, war die Welt nach allen Seiten hin offen, und zwar so weit, daß sie – einige Unternehmungslust vorausgesetzt – geradezu hinausgesogen werden mußten.

Akzeptiert man aber diese These, dann füllt sich auch der bisher so abstrakte Entwurf von einem Urvolk plötzlich mit Leben. Da erwiesen scheint, daß seine Angehörigen ekuos, das Pferd, und peku, zumindest Schafe, kannten, werden tatsächlich nomadische oder halbnomadische Hirten mit schon bäuerlichen Zügen vorstellbar, die in der Steppe hausten. Von ihnen mögen sich einige später durchaus nach Westen vorgeschoben haben. Sie durchquerten die endlose ukrainische Ebene, ließen die sanften Hügel Weißrußlands hinter sich und erreichten Ostsee wie Mittelmeer. Vor allem stießen sie auch auf die Mündung der Donau, deren Tal als breite Straße bis zum Eisernen Tor und, nach dessen Überwindung, ins Herz Europas führt.

Zu diesen Märschen dürfte sie in erster Linie ihre Beweglichkeit befähigt haben. Was sie besaßen, führten sie auf Pferderücken neben sich her und machten damit allen, auf die sie trafen, klar, daß bewegliches Kapital dem unbeweglichen beträchtlich überlegen ist.

Bleibt also nur noch offen, wann diese herdentreibenden Stämme ihren Stammsitz verließen, und warum sie es taten.

Das Paradies lag schon immer im Westen

Zur Frage nach der Zeit führt Alfons Nehring aus, im Ur-Indogermanischen habe es nur einen einzigen Metallnamen gegeben, den für Kupfer. Das bedeute, daß die, die Urindogermanisch sprachen, noch zusammen gewesen sein müßten, als Menschen das erste von ihnen verwertbare Erz entdeckten, und daß sie sich schon in Einzelvölker aufgelöst hatten, als man ein paar Jahrhunderte später die härtere Bronze herzustellen verstand.

Des Professors Kombination verweist uns also in die Jungsteinzeit. Handwerker, welche imstande waren, aus Kupfer einfache Gebrauchsgegenstände zu schmieden, gab es in Europa seit etwa 2200 v. Chr.

Das Pferd als Argument einsetzend, kommt Nehrings Kollege Wilhelm Brandenstein zu einem ähnlichen Ergebnis. Als ekuos domestiziert wurde, muß, so folgert er, das Urvolk noch bestanden haben. Gegen 2000 v. Chr. jedoch dürfte es schon begonnen haben zu zerfallen, denn um diese Zeit tauchen die ersten Hethiter in Anatolien auf.

Grosso modo also: Gegen Ende des dritten vorchristlichen Jahrtausends haben Verbände des an der unteren Wolga hausenden Steppenvolkes ihre Rosse aufgezäumt, ihre Herden und Familien zusammengetrieben und sind aufgebrochen, um sich irgendwo anders eine neue Heimat zu suchen. Warum sie das taten, läßt sich etwas leichter erraten. Hier genügen ein paar einfache Überlegungen und ein zweiter Blick auf die Karte.

Der westlichste Vorsprung Eurasiens ist ja, im Vergleich zu den Gebieten östlich der Karpaten, ein wahres Paradies. Niedere Mittelgebirgszüge teilen das Land in kleine, überschaubare Reviere auf und verhindern sowohl das Entstehen von Zyklonen als auch von anderen atmosphärischen Katastrophen. Eine Vielzahl von Flüssen bewässert eine Vielzahl von Tälern. Die Meere, von denen die europäische Halbinsel auf drei Seiten umspült wird, sorgen für ein gemäßigtes Klima. Es gibt – von Ausnahmejahren abgesehen – weder sibirische Winter noch glühendheiße Steppensommer. Der Boden ist überwiegend fruchtbar, die Wälder sind reich an Holz und an Wild.

Kein Wunder also, daß Menschen aus dem Osten in dieses Land schon einsickerten, kaum daß die Eiszeitgletscher sich aus ihm zurückgezogen hatten. Aber auch noch zweitausend Jahre später, zur Zeit der indogermanischen Wanderungen, war Westeuropa ein lokkendes Ziel, zumal auch das Klima in diesen Breiten damals beträchtlich milder war als heute.

Weil das aber so gewesen ist, scheint es fast überflüssig zu vermuten, jähe Klimaveränderungen hätten das Urvolk aus der Urheimat vertrieben, obwohl für die Zeit zwischen 2300 und 2000 v. Chr. tatsächlich eine lange Reihe extrem heißer Sommer nachgewiesen ist. Statt dessen mag ein wachsender Bevölkerungsdruck durchaus oder

zusätzlich genügt haben, die ersten Nomadenstämme in Marsch zu setzen. Als die Zurückgebliebenen dann erfuhren, welcher Reichtum ihrer im Westen harrte, könnten die Schleusen aufgebrochen sein.
Indessen, die Betonung liegt noch immer auf »könnten«. Was die genannten Indogermanisten präsentieren, ist ja nur Hypothese, alle greifbaren Beweise fehlen. Die aber können letztlich doch nur von den Archäologen erbracht werden. Man müßte ihnen deshalb sagen: Grabt mal an der Wolgamündung und seht nach, ob die Linguisten recht haben! Tatsächlich ist das längst geschehen.

Die Sowjets waren zu langsam

In Moskau fragte ich Vadim Michailowitsch Mason, einen international renommierten sowjetischen Archäologen, was er von der »Wolgathese« deutscher Linguisten halte. Seine Antwort war denkbar knapp und präzise. Für ihn und seine Kollegen, so sagte er, stehe es längst außer Zweifel, daß die »Urindogermania« am unteren Lauf des bei Kosakenchören so beliebten Flusses gelegen haben müsse. Und er fügte hinzu, diese Einsicht hätten in seinem Land Prähistoriker und Sprachwissenschaftler gemeinsam gewonnen. »Die einen skizzierten die Marschroute, der die anderen mit dem Spaten in der Hand folgten.«
Trotz dieser, wie es scheint, wohlkoordinierten Zusammenarbeit zwischen den Vertretern zweier Wissenschaften kommt jedoch die bisher umfassendste Antwort zum Thema Urheimat nicht aus der UdSSR, sondern aus den USA. Dort wagte sich die aus dem Baltikum stammende Archäologin Marija Gimbutas schon 1963 an eine, zunächst kurzgefaßte Gesamtgeschichte der Indogermanen und brachte sie, zum Ärger ihrer sowjetischen Kollegen, heraus, noch ehe diese eine ähnliche Arbeit vorlegen konnten. Was aber Frau Gimbutas sagt, bestätigt die Vermutungen von Nehring, Brandenstein und anderen nahezu bis ins Detail. Gleichzeitig ergänzt sie ihre Skizzen durch Einzelergebnisse, von denen jene noch nichts wissen konnten.
So berichtet sie etwa von einer »Kultur«, die im dritten vorchristlichen Jahrtausend nördlich des »Pontos Euxeinos«, des Schwarzen

Meeres, geblüht hatte und von ihr deshalb die »nordpontische« genannt wird.

Deren Träger müssen Bauern gewesen sein. Sie lebten in kleinen und größeren Dörfern an den Ufern von Dnjepr, Don und Donez, züchteten Großvieh, Schweine und Hunde, scheinen aber keine Pferde gekannt zu haben. Frauen und Männer schmückten sich mit Halsketten aus Eberzähnen, aus Muscheln und Karneolen. Gelegentlich trugen sie auch schon Kupferarmreife und -ringe. Wenn sie gestorben waren, wurden sie in Sammelgräbern beigesetzt und lagen dort, lang ausgestreckt, auf einer Schicht von leuchtendrotem Ocker, bemalte Krüge mit flachem Boden neben sich. Südöstlich von ihnen, auf beiden Seiten des Kaukasus, existierte eine zweite Kultur von etwas anderem Gepräge. Die Menschen, die sie geschaffen hatten, hausten in hochgelegenen Gebirgsdörfern und mögen Viehzüchter gewesen sein, die auch Ackerbau betrieben. Im Gegensatz zu den Nordpontiern konnten sie schon Wagen herstellen. Außerdem fand man in ihren Dörfern Streitäxte und kugelförmige Zepterspitzen aus poliertem Stein.

Sowjetische Forscher ordnen diese Bergbewohner einer »spätsteinzeitlichen transkaukasischen Kultur« zu. Frau Gimbutas fand für sie die schlagkräftigere Bezeichnung »Transkaukasische Kupferzeitkultur«, denn dieses Metall war ihnen ebenfalls schon bekannt.

Interessanter aber als Nordpontier und Transkaukasier mutet eine dritte Gruppe an. Sie lebte, zur gleichen Zeit wie jene, eben dort, wo die Linguisten die Heimat der Ur-Indogermanen vermuten: im Raum zwischen der unteren Wolga, dem Kaspischen Meer, dem Aralsee und dem oberen Jenissei – also in der Steppe.

Ihre Angehörigen waren graziler gebaut als die untersetzten ukrainischen Bauern und hatten schmalere, längere Schädel. Ursprünglich müssen sie Jäger gewesen sein, später legten sie sich Vieh zu, und endlich domestizierten sie auch das Pferd, was ihre Beweglichkeit und ihre Gefährlichkeit erhöhte.

Marija Gimbutas hat ihnen trotzdem einen sehr friedlich klingenden Namen gegeben. Nach den hügelüberwölbten Einzelgräbern, in denen sie Tote mit angezogenen Beinen, ockerüberstreut, beisetzten, nannte sie ihre Welt die der »Eurasischen Kurgankultur«, abgeleitet von dem russischen Wort »Kurgan«, der Hügel.

Die sowjetischen Forscher, die statt dessen die schwerfälligere Bezeichnung »Drjewnija Jama«, Altes Grab, gewählt hatten, sahen sich publizistisch wieder einmal übertroffen. Kurgan blieb schon deshalb haften, weil das Hügelgrab als eines der charakteristischen Merkmale früh-indogermanischer Kultur in Europa gilt.
Heißt das nun aber, daß die Jägernomaden aus Kasachstan das lange gesuchte Urvolk repräsentierten? Ihre Entdecker sagen ja, freilich mit Vorbehalt.

Zwischenspiel am Kaukasus

Die Kurganleute scheinen nicht direkt aus ihrer Heimat aufgebrochen zu sein, um den fernen Westen und Osten zu erobern. Fürs erste boten sich den Pferdehaltern nähergelegene Ziele an. Zwischen 2400 und 2300 v. Chr. fielen sie in das Gebiet der Nordpontier, etwas später in das der Transkaukasier ein. Beide Aktionen, vor allem aber die letzte, haben sie beträchtlich verändert.
Die Gebirgsbewohner, auf die sie trafen, waren ja längst kein Volk von Wilden mehr. Sie hatten Kontakt zu den großen Zivilisationen des Euphrattals, kannten Sumer wie Akkad und dürften davon profitiert haben. Ihre kulturellen Errungenschaften, wie gering sie immer gewesen sein mögen, kamen nun den Kurganleuten zugute. Aus mitgebrachten und vorgefundenen Elementen entwickelte sich ein neuer, reicherer Lebensstil und möglicherweise auch die »Ursprache«.
Archäologen entdeckten bei Maikop und Zarskaja im Kubanbecken Königsgräber, die phantastisch ausgestattet waren mit Gold, Silber, Keramik, Hammeräxten aus Halbedelsteinen, Stier- und Löwenstatuen, Perlen aus Türkis sowie Dolchen und Lanzenspitzen aus Kupfer, reinen Zierwaffen also. Sie ordneten der neuen Mischkultur die Streitaxt als Kennzeichen zu, daneben Töpfe, die mit Schnurabdrükken verziert waren, und stellten fest, daß sich der Einfluß dieser Kultur bis ins nördliche Zentralanatolien bemerkbar machte.
Damit rückt schon das erste historische, durch schriftliche Dokumente bezeugte indogermanische Einzelvolk in greifbare Nähe: die Hethiter. Sie drangen ja, wie schon erwähnt, gegen 2000 v. Chr. in die heutige Türkei ein und gründeten dort, rund vierhundert Jahre

später, eines der mächtigsten Reiche des Altertums. Auf dem Höhepunkt seiner Geschichte reichte es bis weit nach Syrien hinein.
Die Fähigkeit, Staaten zu errichten und zu verwalten, können die Steppenkrieger jedoch ebenfalls nicht in ihrem Stammrevier erworben haben. Das lernten sie vermutlich wiederum erst im transkaukasischen Gebiet, wo sie ihre aristokratische Ordnung an einem etwas höher entwickelten Volk erproben mußten.
Auch ihre militärischen Fähigkeiten mögen sie dort weiter vervollkommnet haben, denn die Bergbewohner scheinen, wie sie selbst, keiner sehr friedlichen Rasse angehört zu haben. Zur gleichen Zeit, zu der die Vorfahren der Hethiter aufbrachen, verließen die vermutlich in Armenien ansässigen Churri ihre Heimat und schufen in Mesopotamien verschiedene Staatswesen, welche von Streitwagenheeren beherrscht wurden. Ein halbes Jahrtausend später folgten ihnen die Kassiten, eroberten Babylon und behielten es fast vierhundert Jahre lang.
Von beiden Völkern vermuten einige Wissenschaftler, sie seien, obwohl selbst nicht indogermanisch, bereits von indogermanischen Häuptlingen angeführt worden. Jedenfalls hat sie vor allem ein straff aristokratisch strukturiertes Gesellschaftssystem ausgezeichnet.
Alle diese Fakten nun lassen die Vermutung zu, an den Hängen des Kaukasus, in der heutigen Sowjetrepublik Grusien, sowie im benachbarten Aserbeidschan und in Armenien sei ein Kriegervolk herangewachsen, das eines Tages in der Lage war, auch den weiten Marsch nach Westeuropa zu bewältigen, nicht nur militärisch, auch organisatorisch. Organisation war damals schon notwendig.

Böhmen, Urheimat der Keltenahnen?

Die Indogermanen – man kann ihnen diesen Namen von nun an zugestehen – sind keineswegs als ungeordneter, wilder Haufen in ihre neuen Lebensräume eingefallen, auch nicht in kleinen, verstreuten Einzelgruppen. Marija Gimbutas vermutet vielmehr, daß es sich um eine planmäßige und wohlvorbereitete Landnahme gehandelt habe. Anders nämlich ließe sich kaum erklären, daß ansässige Kulturen plötzlich zu bestehen aufhörten und sich dem Lebensstil ihrer neuen Herren fast vollkommen anpaßten. Der aber muß ihnen aufge-

zwungen worden sein von Regenten, die stark genug waren, sich auch politisch durchzusetzen. Marodierenden Räubern pflegt dergleichen in der Regel ja nicht zu gelingen.
Für die Zeit nach 2000 v. Chr. lassen sich Elemente der Hügelgrab-Streitaxt-Schnurkeramik-Kultur auf dem Balkan nachweisen. Dann tauchen die Steppenvölker an der mittleren Donau auf, bewegen sich weiter nach Westen und erreichen endlich sogar Dänemark, Südnorwegen, Schweden und die Britischen Inseln. Allein Frankreich bleibt ihnen versperrt. Dort dominieren die sogenannten Glockenbecherleute, die offenbar in der Lage sind, sie abzuweisen. Die älteren europäischen Kulturen aber geben nun das Mutterrecht auf und nehmen das indogermanische Vaterrecht an, verzichten auf ihre erdorientierten Fruchtbarkeitskulte und wenden sich statt dessen Sonnengöttern zu, denen, wie in der Steppe, Pferde- und Stieropfer dargebracht werden. Überdies gewöhnen sie sich daran, ihre Toten unter Kurgans, also Grabhügeln oder Tumuli, wie die Archäologen sagen, zu beerdigen.
Gleichzeitig beeinflussen jedoch auch sie die Eindringlinge aus dem Osten. Jede Gruppe der Invasorenmacht nimmt etwas von der Eigenart der Gebiete an, die sie ausgesucht hat. Darüber zerbricht allmählich die ehemalige Gemeinschaft. Einzelvölker beginnen sich abzuzeichnen. Im mittleren Ostseeraum wachsen so vermutlich die ersten Proto-Germanen heran, östlich von ihnen die Balten, in der nordkarpatischen Region die Slawen, im leerer gewordenen pontisch-kaukasischen Gebiet die Kimmerer und Skythen, zwei Völker, von denen das letztere später die keltische Kultur entscheidend beeinflussen sollte. Deren Träger selbst lassen sich fürs erste noch nicht ausmachen.
Das mag daran liegen, daß die Stämme, aus denen sie hervorgingen, sich einen Siedlungsraum ausgesucht hatten, der so zentral lag, daß ständige neue Zuwanderungen und wechselnde Einflüsse von allen Seiten her die Ausprägung verschiedener spezifischer Einzelvölker noch lange Zeit verhinderten. Sie saßen in Böhmen und in der Lausitz, einem alten Drehpunkt der europäischen Geschichte. Hier muß schon zu jener Zeit ein ständiges Kommen und Gehen geherrscht haben, eine Unruhe, die sich nicht allein aus der Kreuzweglage der ganzen Region erklärt. Die böhmischen und mitteldeutschen Ge-

birge sind oder waren ja reich an Erzen. Es gab Gold, Silber und, was noch weitaus entscheidender zu Buche schlug, Kupfer, sogar Zinn, die Ausgangsmaterialien also für Bronze, jenen Werkstoff, welcher der nun beginnenden Epoche seinen Namen gab. Derlei war natürlich heiß begehrt, nicht nur von friedlichen Kaufleuten und Handwerkern, sondern auch von Kriegsherren, die ihre Rohstoffversorgung sichern wollten.

Wer im Geburtsland der Kelten saß, mußte also in der Lage sein zu verteidigen, was er besaß. Andererseits hatte er auch die Chance, beträchtliche Schätze anzusammeln. Den ehemaligen Steppenbewohnern scheint das letztere durchaus gelungen zu sein.

In Böhmen begründeten sie eine der reichsten Kulturen der europäischen Frühgeschichte. Sie wird, nach einem Fundort unweit Prags, die Kultur von Aunjetitz genannt, überspannte ganz Mitteldeutschland, den größeren Teil der heutigen Tschechoslowakei sowie Niederösterreich und stand in Kontakt mit der Glockenbecherkultur, die vom Mittelrhein bis ins nahe Niederbayern hinüberreichte. Andere Funde lassen erkennen, daß Aunjetitzer Produkte selbst in mittelmeerischen Regionen und an der Ostsee vertrieben wurden. In Jütland tauschte man sie ein gegen das wohl begehrteste Schmuckmaterial jener Zeit: Bernstein (die samländischen Fundorte für das versteinerte Harz wurden erst später entdeckt).

Charakteristisch für die böhmisch-mitteldeutsche Kultur aber waren bis zur mittleren Bronzezeit, die in Europa um 1500 v. Chr. beginnt, immer noch die Kurgans, die Hügelgräber. Erst gegen 1300 v. Chr. wich dieses archäologische Erkennungszeichen unter dem Druck katastrophaler Ereignisse einem anderen, weniger markanten. Die Lausitzer und die Aunjetitzer begannen damals, ihre Toten zu verbrennen, deren Asche in Gefäßen zu bergen und diese auf Friedhöfen beizusetzen. Man spricht jetzt von der Urnenfelderkultur.

Und die Einäscherung blieb eine Sitte, der auch noch eine ganze Reihe anderer, späterer Völker anhing, so etwa die Italiker, die Veneter und die Illyrer. Das wiederum läßt vermuten, der Raum, in dem die Urnenfelderkultur sich herausbildete, sei die Wiege eben jener drei Sprachgemeinschaften gewesen, vielleicht auch noch einer vierten und fünften, nämlich der der Phryger und Armenier, die um

1200 v. Chr. Anatolien besiedelten. Solange sie aber noch zusammen waren, dürften alle, gemeinsam mit ihren Nachbarn, jenes Idiom gesprochen haben, das sich aus dem Ur-Indogermanischen entwickelt hat und das Hans Krahe in seinem Deutungsversuch die alteuropäische Sprache nennt. In Flußnamen wie Albina = Elbe, Regana = Regen, Visara = Weser, Aventia (Schweiz), Arante (Frankreich), Arga (Litauen) sei es, so sagt er, den Linguisten erhalten geblieben. Seinen Vokalreichtum bewahrt vor allem das Latein.

Eine Zwischenbilanz, hier gezogen, ergibt damit folgendes Bild: Fünfhundert Jahre später, nachdem die Indogermanen Rußland verlassen hatten, war in Europa und Asien eine Reihe neuer Kulturen entstanden, von jener der arischen Inder über das hethitische Reich und die mykenischen, von Homer besungenen Fürstentümer Griechenlands bis zu der von Aunjetitz. Alle wiesen ähnliche Züge auf. Ihre Bauern zogen Einzelhöfe geschlossenen Dörfern vor und legten größeres Gewicht auf Viehzucht als auf Ackerbau. Ihre Herren pflegten einen höfischen Lebensstil mit Krieg, Jagd und ausgedehnten Festlichkeiten. Ihre Priester opferten Sonnengöttern. Ihre Krieger kannten die Streitaxt und den zwei- oder vierrädrigen Kampfwagen. Sie waren also noch keine Reiter, dürften deren Mentalität jedoch besessen haben, entwickelt aus nomadischem Erbe und einem von Aristokraten gepflegten Gefolgschaftsdenken.

Aber obwohl all das auch für die Vorfahren der Kelten charakteristisch war, wäre es voreilig, dieses Volk schon vor 1500 v. Chr. ausfindig machen zu wollen oder auch nur nach Protokelten zu suchen. In Böhmen und der Lausitz war der Zersplitterungsprozeß dazu nicht weit genug fortgeschritten. Die späteren Kopfjäger der europäischen Frühgeschichte lebten in einer indogermanischen Gemeinschaft, deren einzelne Gruppen sich noch keine gesonderte Physiognomie zugelegt hatten und dies auch noch lange danach nicht taten.

Man kann indessen sagen, daß mit dem Eintreffen der östlichen Stämme die Geschichte Europas begann. Ein Volk, ruheloser, tatkräftiger, rücksichtsloser als die meisten anderen, von denen wir wissen, hatte die Basis gewonnen, von der aus es den größten Teil der Welt erobern sollte.

Nachkommen der Indogermanen errichteten das Weltreich Alexan-

ders des Großen, das römische Imperium, das britische Empire, das spanische Kolonialreich, besiedelten Nord- und Südamerika, durchdrangen von Rußland aus ganz Sibirien, kolonisierten Afrika und schufen die meisten der wenigen Staaten, die heute über den Reichtum der Erde verfügen.
Moses, Christus und Mohammed dagegen kamen aus einer anderen Welt. Nur Prinz Siddharta, genannt der Buddha, hätte seine Ahnenreihe vielleicht bis zu irgendeinem Kurganhäuptling zurückführen können.

Sind wir also alle Russen?

Ich fragte Vadim Mason, den sowjetischen Archäologen, unter welchen Aspekten er seine Arbeit betrachte. Doch das spartanisch eingerichtete Büro im Moskauer Gebäude der Sowjetischen Akademie der Wissenschaften war kaum der richtige Ort für spekulative Betrachtungen. Auch schien Mason nicht der Mann, sie anzustellen.
»Wissen Sie«, sagte er nüchtern, »wir wagen es kaum, aus unseren Funden allzu weitreichende Schlüsse zu ziehen oder gar von einer oder drei bei uns aufgefundenen Kulturen her die Weltgeschichte neu zu ordnen. Die romantische Periode in der Archäologie ist zu Ende gegangen. Sogar von ›Kulturen‹ spreche ich nicht mehr gern. Menschen, die so oder so gelebt haben, ja, aber das ist alles.«
Ich mußte lächeln, denn Masons Assistent hatte kurz zuvor erzählt, sein Chef sei gerade im Begriff, eine neue »Kultur« zu entdecken, die möglicherweise die Herkunft der Parther erklären könne. Statt nach ihr fragte ich jedoch: »Darin stimmen Sie den Linguisten aber zu, daß die Leute, die aus dem kaspischen Raum kamen, tatsächlich Vorfahren der Griechen, Römer, Germanen und Kelten waren?«
»Ja«, erwiderte er, »den Punkt haben wir ja bereits geklärt.«
»Dann sind wir, ihre Nachfahren, also alle Russen?«
Nun lächelte er.
»Man könnte es so formulieren.« Doch wie entschuldigend fügte er sofort hinzu: »Aber man muß natürlich nicht.«
Vadim Michailowitsch Mason war nicht nur höflich, er hatte auch recht. Kurganleute mögen die Ur-Indogermanen repräsentiert haben. Doch waren selbst sie nur ein Volk, das in einer langen Vorge-

schichte aus Zusammenschlüssen anderer Völker hervorgegangen sein muß. Wo aber sind diese hergekommen?
Mythenforscher wissen seit langem, daß Sagen und Märchen aus so weit voneinander entfernt liegenden Räumen wie dem polynesischen und dem nordgermanischen verblüffend ähnliche Elemente aufweisen. Sie schließen daraus, daß Menschen und Kulturen aller Zeitalter sich schon immer gegenseitig beeinflußt haben und daß schon sehr frühzeitig ausgedehnte Wanderungen stattfanden, vom Pazifik zum Atlantik und umgekehrt. Ob wir uns aber jemals bis in diese Epochen zurücktasten können, ist ungewiß.
So markiert auch das Steppenvolk von der unteren Wolga nur einen willkürlich festgelegten Punkt im Ablauf der Geschichte, den wir als Anfang einer bestimmten Entwicklung betrachten. Wollte man bis zum Beginn dieses Beginns zurückgehen, müßte man nach jenem Ort und jenem Zeitraum suchen, von denen aus sich der Mensch über die Erdoberfläche verbreitet hat. Das wären dann Geburtsort und -datum aller Völker und aller Sprachen, wäre so etwas wie ein Garten Eden – auch der der Kelten.
Aber Paradiese, wo liegen die? Selbst das fruchtbare, grüne, wohlbewässerte Westeuropa, das den Nomaden aus der Steppe so verlokkend erschienen war, hielt nicht alles, was es versprochen hatte. Nach einem knappen Jahrtausend erfuhren deren Nachfahren, daß man im Schutz der Mittelgebirge und der hohen Wälder vor Naturkatastrophen so wenig sicher war wie an der Wolgamündung.

Kapitel VI

Als Atlantis unterging

»Viele und mannigfache Vernichtungen der Menschen haben stattgefunden und werden stattfinden, die bedeutendsten durch Feuer und Wasser, andere, geringere, durch tausend andere Zufälle.«

Plato »Timaios«

»Alle großen Ereignisse der Geschichte sind nicht eigentlich von Völkern ausgeführt worden, sondern haben Völker erst hervorgerufen.«

Oswald Spengler
»Der Untergang des Abendlandes«

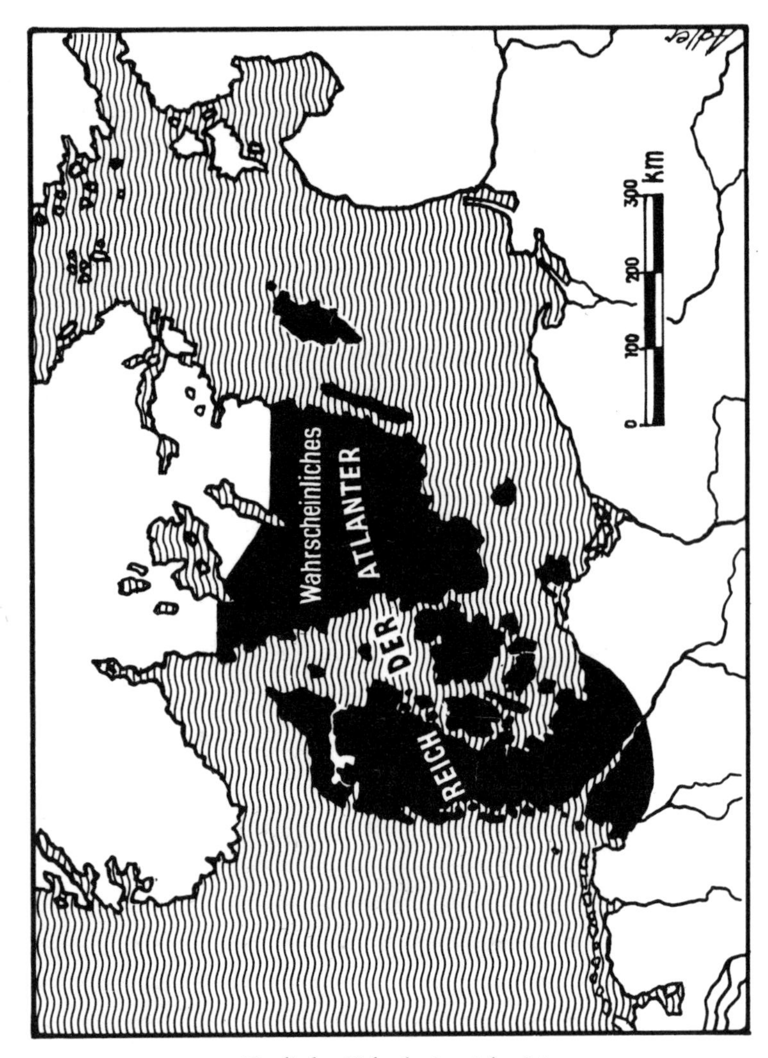

Nordischer Kulturkreis – Atlantis?

Zeittafel:

5000 v. Chr.:	Beginn einer Zeit der langen Sommer und milden Winter, vermutlich in der ganzen Welt.
Um 4000 v. Chr.:	Entstehung der ersten Großsteingräber in den Ländern am Atlantik.
Um 1500 v. Chr.:	Blütezeit der bronzezeitlichen Kulturen an der Westküste des europäischen Kontinents und an den Südküsten Englands und Irlands.
Um 1300 v. Chr.:	Das Klimaoptimum erreicht einen katastrophalen Höhepunkt: weltweite Hitzeperiode.
Nach 1250 v. Chr.:	Vulkanausbrüche im Sinai, auf Island und Sizilien. Erdbeben, seismisch bedingte Sturmkatastrophen. Ein Teil des heutigen Schleswig-Holsteins versinkt im Meer. Die Ägypter, die die Juden verfolgen, ertrinken im Roten Meer. Beginn der mitteleuropäischen Wanderung.
1220 v. Chr.:	Ausbruch des Theravulkans bei Santorin.
Um 1200 v. Chr.:	Ende der Dürreperiode.
Nach 1197 v. Chr.:	»Seevölker« greifen Ägypten an.
Um 1150 v. Chr.:	Dorer etablieren sich auf dem Peloponnes.

Schreckliches Ende eines langen Sommers

In der zweiten Hälfte des dreizehnten vorchristlichen Jahrhunderts brach über die Alte Welt eine Serie von Naturkatastrophen herein, wie sie seither nicht wieder registriert worden ist. Es begann damit, daß der Grundwasserspiegel bis zu sieben Metern absank, daß Quellen versiegten, Flüsse versickerten, Moore aufhörten zu wachsen.

Vorausgegangen war dieser Trockenzeit ein mehrtausendjähriges Klimaoptimum mit milden Wintern und langen Sommern. Freilich hatten auch sie schon gelegentlich zu langen Dürreperioden geführt, so etwa vor dem Auszug der Kurganleute aus dem kaspischen Raum. Im allgemeinen jedoch dürfte es seit etwa 5000 v. Chr. in Europa lediglich wärmer gewesen sein als irgendwann vorher oder nachher während der letzten zwölftausend Jahre. Wein wuchs bis hinauf nach Südnorwegen, über ganz Skandinavien lag der Schatten riesiger Laubmischwälder, Gletscher gab es nur noch im äußersten Norden. Dann erreichte das Optimum einen gefährlichen Höhepunkt. Erinnerungen daran leben wahrscheinlich in der griechischen Sage von Phaeton fort. Der sterbliche Sohn des Helios hatte sich von seinem Vater die Erlaubnis erbettelt, den Sonnenwagen einmal über das Firmament fahren zu dürfen. Er bewältigte es nicht. Unfähig, das schwere Fahrzeug zu beherrschen, schleuderten ihn seine vier Flügelrosse durch das ganze Universum, bald zu den Sternen empor, bald zur Erde hinab. Dort unten entfesselte er die Hölle. Das glühende Gefährt setzte Städte und Wälder in Brand, ließ Saaten verkohlen, soll die Mohren schwarz gesengt haben. Sogar das Meer schrumpfte zusammen, und große Seen verdunsteten. Phaeton selbst kam ums Leben.

In seinen »Metamorphosen«, einer Geschichte der Welt von ihren Anfängen bis zu Augustus, schildert der römische Dichter Ovid dasselbe Ereignis auf weniger allegorische Weise. Er behauptet, nicht nur Rhein, Donau, Po und Rhône seien damals ausgetrocknet, sondern auch Nil, Euphrat, Don und Ganges, skizziert also eine globale Katastrophe. Was seine Angaben zu bestätigen scheint, ist etwa die Tatsache, daß Libyen bis dahin von Savannen bedeckt war, danach jedoch zur Wüste wurde.

Herodot aber erzählt, in Anatolien hätte zu jener Zeit eine Hungersnot geherrscht, die den lydischen König Atys zwang, die Hälfte seines Volkes als überflüssige Esser ins »Land der Ombriker« (Umbrer) abzuschieben, also nach Italien.
Auch das ist korrekt berichtet. Althistoriker, wie der Wiener Fritz Schachermeyer, wiesen nach, daß zwischen 1300 und 1200 v. Chr. kleinasiatische Völker in Umbrien ansässig wurden. Doch war ihre Emigration lediglich eine von den vielen Wanderungen, welche der jäh erreichte Höhepunkt des Klimaoptimums auslösen sollte, die Dürre nur Vorspiel einer weltweiten Tragödie.
Erdbeben von unerhörter Gewalt setzten darin weit dramatischere Akzente. Sie wurden im ganzen mittelmeerischen Raum registriert und wiederum von Ovid besungen. »Überall birst«, so heißt es in der zweiten seiner zweihundertfünfzig Verwandlungsgeschichten, »der Grund. In den Tartarus dringt durch die Spalten Helle des Tages und erschreckt mit der Gattin den König der Tiefe.«
Ein ägyptischer Augenzeuge registrierte nüchterner: »Alle Ortschaften sind zerschlagen ... Groß und klein sagt: ich wünschte, ich wäre tot ... Die Residenz ist in einer Minute zusammengestürzt.«
Archäologisch läßt sich das ebenfalls nachweisen. An Tempeln im Niltal, die aus der Zeit vor 1200 v. Chr. stammen, sind deutliche Verwüstungsspuren zu erkennen. In Chattusa, der ehemaligen Hauptstadt des hethitischen Reiches, wurde ein entsprechender »Katastrophenhorizont« ermittelt.
Dann folgte der zweite Höhepunkt. An einem Frühlingstag des Jahres 1220 v. Chr. brach vor der Kykladeninsel Thera (Santorin) ein unterseeischer Vulkan aus und vernichtete Dörfer, Vieh und Menschen in einem Umkreis, der sicherlich das nahe Kreta und den Peloponnes mit einschloß, wahrscheinlich aber selbst die rund zweihundert Kilometer entfernte kleinasiatische Küste. Einige Jahre zuvor sollen auch der Ätna sowie feuerspeiende Berge im Sinai und auf Island tätig geworden sein. Die Erdkugel, so scheint es, durchlitt eine ihrer großen sporadischen Kontraktionen. Deren unmittelbare Folgeerscheinungen waren furchtbar.
Seismische Meereswellen, wie sie immer nach großen Beben oder Eruptionen auftreten, bewirkten, daß die See sich von den Küsten zurückzog und selbst das Wasser der Flüsse mit hinaussaugte. Eine

tödliche Stille trat ein. Bis dann die aufgetürmte Flut zurückbrandete und – eine haushohe, brüllende Wand wie aus grünem Glas – erbarmungslos zerschlug, was sich ihr an den Stränden entgegenstellte.
Der »Atlantisforscher« Jürgen Spanuth, der in einer Arbeit alle diese Fakten zusammenstellte, erklärte mit ihnen auch den Untergang der ägyptischen Krieger, die Moses' flüchtende Scharen bis ins Rote Meer verfolgten. Eben hatte sich der Sund noch so wasserleer dargeboten, daß die Kinder Israels nahezu trockenen Fußes sein anderes Ufer erreichen konnten. Gleich darauf schoß die tosende Flutwelle zurück »und bedeckte die Wagen und Reiter des ganzen Heeres« (2. Mos. 14,28). Das geschah ebenfalls um das Jahr 1250 v. Chr., und es war immer noch nicht das Ende.
Auf den Höhepunkt des Klimaoptimums folgte der Absturz in eine fast ebenso katastrophale Periode der verregneten Sommer und der kalten Winter. Überall am Mittelmeerrand schwemmten Wolkenbrüche die ausgedörrte Erde zu Tal, Bäche und Flüsse wuschen den Schlamm dann ins Meer. Was zurückblieb, waren, wie es in Platons »Kritias« heißt, »nur die Knochen des erkrankten Leibes ... der hagere Körper des Landes«.
Wer einmal in Griechenland war, wird dieses Bild zutreffend finden, doch paßte es auch auf Anatolien oder Syrien, von der nordafrikanischen Küste zu schweigen. Und Klimaforscher wie Geologen bestätigen wiederum, was der hellenische Philosoph einen fiktiven Gesprächspartner berichten läßt. Vor der großen Dürre war das südliche Ende der Balkanhalbinsel »mit fettem Boden bedeckt, und die Höhen bekränzten dichte Wälder«. Danach: nackter Fels, dürftige Krume, die das Wasser nicht festhalten kann, verdorrtes Gras und trockene Täler.
In Mittel- und Nordeuropa aber wurde es nach der großen Hitze rauher. Die Gletscher wuchsen wieder, wodurch der Meeresspiegel absank, die Rebe zog sich aus Skandinavien zurück, eine Epoche, welche der schwedische Prähistoriker Eric Graf Oxenstierna die »lichtumflossene Bronzezeit« genannt hat, ging zu Ende.
Nördlich der Alpen ist es nie wieder so warm geworden wie vor 1200 v. Chr. Die Menschen, welche sich an das angenehme Klima gewöhnt hatten, müssen geglaubt haben, die Tore eines Paradieses würden vor ihnen zugeschlagen. Mit diesem Garten Eden aber gin-

gen hochentwickelte Kulturen dahin, die jenen von Mykene oder dem minoischen Kreta möglicherweise ebenbürtig waren – was freilich die Wissenschaft erst zögernd zu formulieren wagt.

So könnte es gewesen sein

Das Mißtrauen der Fachgelehrten gegenüber allen Versuchen, das auszudeuten, was in der zweiten Hälfte des vorchristlichen dreizehnten Jahrhunderts tatsächlich geschehen sein mag, ist begründet. Zu heterogen sind die Faktensplitter, aus denen derartige Beschreibungen zusammengestückelt werden, zu großzügig muß mit dem Kitt der Spekulation verbunden werden, was keineswegs immer nahtlos aneinander paßt. Vor akademischen Gremien könnte denn auch niemand bestehen, der etwa die Zeit des Klimaumschwunges so abschildert, wie ich es getan habe – was der Autor, auf den ich mich vor allem bezog, auch bereits schmerzlich erfahren mußte. Um Jürgen Spanuth und seine Arbeiten tobt seit Jahren ein erbitterter Streit, der beiden daran beteiligten Parteien bisher nichts weiter eingetragen hat als Blessuren. Einige Fachwissenschaftler, die ihn widerlegen wollten, mußten sich sagen lassen, sie hätten dabei selbst zu unsachlich argumentiert. An dem Pastor dagegen – Spanuth ist ja ein sogenannter »Laienforscher« – könnte der Vorwurf hängenbleiben, er lasse sich manchmal dazu hinreißen, Abschnitte der Vorgeschichte so zu interpretieren, daß sie möglichst fugenlos in seine Atlantis-Theorie (von ihr wird noch die Rede sein) hineinpassen. Indessen haben sich solcher Praktiken auch schon andere bedient, darunter sogar namhafte Experten. Maßvoll angewandt, ist diese Methode ja nicht einmal illegitim. Sie gleicht dem Versuch, ein Puzzlespiel, das partout nicht aufgehen will, einfach von einer völlig anderen als der gewohnten Ecke her anzupacken. Gelingt er – um so besser für den, der ihn unternahm! Schlägt er aber fehl, dann sollte man seinen Urheber nicht gleich steinigen, sondern das, was er zustande brachte, als eines der vielen Denkmodelle würdigen, die im Lauf der Jahre aus den verschiedensten Anlässen aufgestellt und wieder verworfen wurden. Selbst von den nutzlosen unter ihnen gehören viele zu jenen falschen Antworten, die erst einmal gegeben werden mußten, damit man hinterher erkennen konnte, warum sie

falsch waren. Bei dem Versuch nun, darzustellen, was in der End-Bronzezeit möglicherweise geschehen ist, bietet es sich schon deshalb an, einige solcher – nennen wir sie, Versuchsanordnungen – zu verwenden, weil sich die vorliegenden gesicherten Fakten längst zu kaum noch überblickbaren Bergen getürmt haben. Wer sie aufarbeiten wollte, hätte, ohne garantierte Aussicht auf ein lückenloses, klar überblickbares Endergebnis, ein volles Leben daran zu wenden. Da bieten sich Hypothesen als Spitzhacken an. Mit ihnen kann man immerhin Probestollen in das Gebirge hineinschlagen, hoffend, eine unerwartete Einsicht werde die Arbeit lohnen. Freilich muß, wer dies tut, in Kauf nehmen, daß er auch eine ganze Menge taubes Gestein zutage fördern wird.
Ich habe auch im folgenden gelegentlich mit solchen Spitzhacken gearbeitet, benutzte Arbeiten, deren Verfasser ihre Überlegungen plausibel begründen, aber keineswegs immer restlos beweisen können. Was dabei bestenfalls zustande kommen konnte, ist ein Bild, das mit der Legende zu versehen wäre: ›So könnte es gewesen sein.‹ Wenn es anders war, wird sich das dann vielleicht – eines Tages erweisen.

War Abraham der erste Megalithenerbauer?

Eine der klassischen Thesen der Geschichtsforschung beruht auf der lateinischen Redewendung »ex oriente lux«. Sie besagt bildlich, im Nahen Osten oder in Ägypten sei die Sonne der Zivilisation aufgegangen und habe dann allmählich auch die düsteren nordwestlichen Gefilde zu überstrahlen begonnen. Ausgangspunkt für diese Anschauung ist in erster Linie der Umstand, daß von den ältesten Kulturzeugnissen, die wir besitzen, fast alle aus dem Sand des Nil- und Euphrattales gegraben wurden. Heute, so scheint es, beginnt diese Vorstellung an Überzeugungskraft zu verlieren, mit ihr aber auch eine ganze Reihe anderer ehrwürdiger Theorien.
So hatte man bisher etwa angenommen, die uralte »Dolmenstraße«, die sich entlang dem Mittelmeer, der spanischen und französischen Atlantikküste bis nach England hinzieht und einen Seitenarm vom Rhônedelta zur Bretagne schickt, sei der Weg gewesen, auf dem Waren, Mythen und Ideen aus dem mediterranen Bereich ins nördliche

Europa gelangten. Seefahrer, Händler und Missionare von ägyptischer, helladischer, kretischer oder gar phönizischer Herkunft hätten entlang diesen Routen jene teilweise gewaltigen, aus Felsblöcken zusammengefügten Grabmäler und Kultanlagen errichtet, die späteren Generationen so viele Anknüpfungspunkte für phantastische Spekulationen boten, aber auch den Stoff, aus dem die Märchen und die Heldensagen sind.

In der Tat spricht für diese Annahme, daß die ältesten der Megalithbauten niemals mehr als hundertfünfzig Kilometer vom Meer entfernt sind und daß sie, obzwar völlig unterschiedlich geformt, sowohl in Libyen, Korsika, Malta, Sardinien als auch in Mikronesien und auf der Osterinsel heilige Plätze oder Versammlungsstätten markieren. Hat nicht, fragt deshalb der französische Ethnologe J. A. Mauduit, schon Stammvater Jakob zu Bethel einen Stein aufgerichtet, um seinen Gott zu ehren (1. Mos. 35, 14)? Und muß man daraus nicht folgern, daß sich von Palästina aus die Sitte, Felsen in die Erde zu rammen oder zu Riesenmalen zusammenzufügen, nach Osten und Westen hin über die Erde verbreitet hat?

Es ist gewiß eine griffige These. Einwenden läßt sich gegen sie jedoch, daß es für Menschen aller Rassen und Völker wohl immer das nächstliegende und einfachste war, Steine senkrecht zu stellen, wenn sie irgendeinem Glauben Ausdruck geben wollten. Außerdem gleichen sich die verschiedenen Megalithbaustile so wenig und erfüllen so vielfältige Zwecke, daß man aus ihnen kaum auf eine allen zugrunde liegende Uridee schließen kann. Die Nuraghen auf Sardinien sind klobige Wehrtürme und Fluchtburgen, die aufgerichteten Felssteine, die man Menhire nennt, wohl das frühe Äquivalent von Statuen; die Dolmen sind Totenbehausungen und die vorgeschichtlichen Steinbauten auf den Marianen-Inseln im Pazifik so etwas Ähnliches wie Tempel. Endlich aber – und das spricht gegen die Möglichkeit, daß wenigstens alle megalithischen Großgräber sich vom Osten her über Europa verbreitet haben – ist nicht recht einzusehen, warum Mittelmeervölker die gefährliche Route um Kap Finisterre und durch die Biscaya gewählt haben sollten, wenn sie in den Nordwesten gelangen wollten. Glaubhafter klingt es da schon, daß sie den bequemeren Landweg vom Rhônedelta her eingeschlagen hätten. Aber sie sollen ja auch gesegelt sein.

Weil indessen alle diese Widersprüche so offen zutage liegen, bietet es sich geradezu an, den Standpunkt zu wechseln und die Lage einmal vom Norden her zu überblicken. Dabei drängt sich dann die Überlegung auf, daß atlantische Küstenbewohner, die an die rauhe See gewöhnt waren und mit ihr fertig werden mußten, viel eher in der Lage gewesen sein könnten, einen Schiffstyp zu entwickeln, welcher für derart riskante Reisen geeignet war. Tatsächlich gibt es ja, wenn auch erst aus der frühen Bronzezeit (1800–1500 v. Chr.), südschwedische Felszeichnungen (in Bohuslän gefunden) von Fahrzeugen, die an beiden Enden hochgezogene Steven hatten, niedrig, langgezogen und schnittig waren und aussehen wie eine frühe Variante der späteren extrem hochseetüchtigen Wikingerdrachen. Auch die Phönizier besaßen ähnliche Boote, sie freilich erst seit etwa 1100 v. Chr.

Die Steinanlagen im Mittelmeerraum und an der Atlantikküste sind aber weitaus älter als die ersten Hochseesegler der Ur-Libanesen. Von den 1169 Menhiren, die bei Ménec nahe dem bretonischen Badeort Carnac in scheinbar endlos langen Reihungen auf der dürren Heide stehen – es sieht aus, als ob Riesenkinder sich einige komplizierte Slalomkurse abgesteckt hätten –, vermutet man, sie seien zwischen 3500 und 2500 v. Chr. aufgerichtet worden. Und das Prachtstück aller Megalithmonumente, die Anlage von Stonehenge im südenglischen Wiltshire, war sicherlich lange vor 1400 v. Chr. fertiggestellt.

Wären es also mediterrane Völker gewesen, die diese Bauten errichteten oder Eingesessene dazu inspirierten, so hätten sie schon zu einer Zeit das Tor von Gibraltar durchfahren haben müssen, als es im Mittelmeerraum bestenfalls eine Art Flößerei gab, Fahrten auf flachbödigen Kähnen in Sichtweite der Küsten. Kamen die Impulse aber nicht von ihnen, dann kann man annehmen, schon während der Steinzeit habe sich am Atlantik eine archaische Hochkultur herausgebildet, deren Träger all dies aus Eigenem schufen und sich auch mit ihren Mitteln den Weg ins Mittelmeer erschlossen.

Die Wissenschaft, wie gesagt, schlägt sich mit der Möglichkeit, daß es auch so gewesen sein könne, schon lange herum, aber erst 1971 hat einer ihrer Vertreter sie klipp und klar für die wahrscheinlichere erklärt. Die Prähistoriker, so schrieb damals der britische Archäo-

loge Colin Renfrew, »haben die Originalität und schöpferische Kraft der vorgeschichtlichen Europäer weit unterschätzt«.
Er stützte seine als Sensation bewertete Aussage vor allem auf die Arbeiten zweier amerikanischer Gelehrter, die ihrerseits nachgewiesen hatten, daß das wichtigste Zeitmeßinstrument der Vorgeschichtsforscher, die sogenannte »Atomuhr«, falsche Ergebnisse liefere.

Die Atomuhr ging falsch

Der Urzeit-Chronometer ist 1949 von einem ebenfalls aus den USA stammenden Chemiker entwickelt worden. Charles F. Libby war aufgefallen, daß alle Pflanzen und Tiere, auch Menschen, während ihres Lebens nicht nur normalen Kohlenstoff (C 12) in ihren Körperzellen speichern, sondern ebenso radioaktives Karbon (C 14), wie es durch kosmische Strahlungen in der Atmosphäre entsteht. Sobald sie gestorben sind, beginnt das C 14 zu zerfallen – jeweils die Hälfte der vorhandenen Menge in 5600 Jahren –, das C 12 dagegen bleibt erhalten. Und weil das so ist, läßt sich aus dem Verhältnis zwischen normalem Karbon und Radiokarbon in jedem ausgegrabenen Knochen, Holzstück, Saatkorn einigermaßen exakt auf dessen Alter schließen, sowie auf das der Erdschichten, in denen sie gefunden wurden.
Libbys Methode, weltweit bewundert, war im vergangenen Vierteljahrhundert zu so etwas wie dem absoluten Eichmaß der Archäologen avanciert. Es wurde von ihnen um so lieber benutzt, als es alle ihre bisher mit umständlicheren Methoden ermittelten Daten mehr oder weniger zu bestätigen schien. Dennoch hatte das ganze Verfahren einen schwachen Punkt. Sein Erfinder war von der Annahme ausgegangen, die Atmosphäre habe zu allen Zeiten eine gleich hohe Menge an C 14 enthalten. Dies war jedoch nicht der Fall.
Der Chemiker Charles Wesley Ferguson von der ›University of Arizona‹ konnte, als er die Altersringe viertausendjähriger amerikanischer Riesenbäume untersuchte, feststellen: Vor 1500 v. Chr. dürfte der Radiokarbongehalt der Luft wesentlich geringer gewesen sein als danach.
Daraus wiederum ergab sich, daß alle Relikte aus jener Zeit älter sein

müssen, als Libbys Atomuhr angibt, denn sie geht ja von einer größeren Menge des zerfallenden Materials aus, als sie sich tatsächlich angesammelt haben kann. Hans E. Suess, ein Kollege Fergusons, rechnete aus, um wieviel die Atomuhr irrt. Sein Ergebnis: um bis zu 700 Jahren. Eine Fundschicht, die von ihr in das Jahr 1800 v. Chr. verwiesen wird, stammt also in Wirklichkeit aus dem Jahr 2500 v. Chr.

Wendet man die so verbesserte Meßtechnik nun auf die atlantischen Megalithbauten an, dann zeigt sich, daß die älteren von ihnen keineswegs erst zu einer Zeit errichtet wurden, als in Ägypten soeben staatliches Bewußtsein erwachte, sondern lange vorher. Und die Säulen von Stonehenge standen bereits auf den Wiesen von Wiltshire, als die mykenischen Griechen noch nicht einmal den Grundstein zu ihrer später so reichen Kultur gelegt hatten. Die Achaier können also, wie man lange annahm, den Stil der Anlage auf gar keinen Fall geprägt haben. Und Colin Renfrew hatte vollauf recht, wenn er die Entdeckung der beiden Amerikaner als Auslöser einer »Revolution« bezeichnete, welche der Theorie von einer ost-westlichen Ausbreitung der Kultur den Garaus mache. Sie verändert ein ganzes Weltbild.

Anstelle eines Westeuropa, das als dunkler, barbarischer Urwald im Schlagschatten der strahlenden östlichen Kulturzentren lag, wird eine Epoche vorstellbar, die zumindest zwei Zivilisationspole hatte, einen am östlichen Mittelmeer und einen anderen im atlantischen Norden. Beide blühten auf unter dem strahlenden Himmel, der seit 5000 v. Chr. die ganze Alte Welt überspannte. Am Atlantik hatten Völker verschiedener Herkunft ihre Megalith-Kultur entwickelt, hatten Dolmen gebaut, Menhire aufgerichtet und vielleicht sogar – wie der deutsche Ethnologe Kurt von Boeckmann bereits 1924 annahm – einen Weg ins Mittelmeer sowie, via Palästina und Mesopotamien, Anschluß an die Kulturen des Persischen Golfes gefunden, die ihrerseits wieder in Kontakt mit den pazifischen standen. Jede dieser Gemeinschaften übernahm von ihren Vorgängern deren Errungenschaften und entwickelte sie mit eigenen Mitteln weiter. Zuletzt taten dies die Indogermanen. Welches Erbe gerade ihnen zufiel, verdeutlicht der Astronom Gerald S. Hawkins von der Harvard-Universität. Er wies nach – und ließ das Ergebnis durch Computer

überprüfen –, daß Stonehenge nichts anderes gewesen sei als ein »steinzeitliches Rechenzentrum«, mit dessen Hilfe Sonnen- und Mondfinsternisse präzise vorausgesagt werden konnten, und zwar für einen Zeitraum von dreihundert Jahren.
Solche Kenntnis der Vorgänge am Himmel, weitergegeben von Generation zu Generation, muß auch Navigatoren zugute gekommen sein, die auf schlanken Kielbooten, von England, von der Bretagne, von Jütland aus, die Gewässer vor ihren Küsten erkundeten. Dabei können sie sehr wohl nach Gibraltar gekommen sein, vielleicht sogar bis zu den Kanarischen Inseln, wo man Schiffszeichnungen fand, die jenen von Bohuslän gleichen. Und wenn das so war, dann haben auch die Ägypter von ihnen gewußt.
Tatsächlich zitiert ja Plato in seinem »Kritias« einen angeblich aus Archiven des Nilstaates stammenden Bericht, in dem von Menschen die Rede ist, die an einem Meer wohnten, welches »das Atlantische hieß«. Deren Könige hätten viele »dort gelegene Inseln« beherrscht und später ihre Macht »über die innerhalb der Säulen des Herakles nach uns zu Wohnenden bis nach Ägypten und Tyrrhenien hin« ausgeweitet. Hauptstadt dieses nordischen Gemeinwesens sei Atlantis gewesen.
Daß der hellenische Philosoph nur fabelte, glaubt heute kaum einer seiner Deuter mehr. Über die Frage jedoch, wo die sagenhafte Stadt gelegen haben könne, gehen ihre Meinungen weit auseinander. Sie wird bei Kreta gesucht, bei Cadiz, auf den Kanaren oder gar in der Mitte des Atlantiks. Jürgen Spanuth dagegen sagt: sie lag in der Deutschen Bucht bei Helgoland. Und von allen den vielen Atlantis-Theorien ist seine die bei weitem bestbelegte, Produkt einer lebenslangen Forschungsarbeit. Sollte sie zutreffen, dann ist die Beschreibung jenes untergegangenen Reiches, die Plato übermittelt, auch die ausführlichste, die wir von den bronzezeitlichen Erben der Megalithbauer im Raum zwischen Westfrankreich, Südengland und Norddeutschland-Dänemark haben, denn diese Völker sind, laut Spanuth, mit den Atlantern identisch. Der hellenische Philosoph entwirft von ihnen ein außerordentlich eindrucksvolles Bild.

Tempelfassaden aus geschmolzenem Bernstein

Künstliche Häfen hätten sie gehabt, die Atlanter, einen Königssitz, dessen Mauer mit »glänzendem Oreichalkos« überzogen war, was geschmolzener Bernstein gewesen sein könnte, ein straffgeordnetes Heerwesen, »zehntausend Streitwagen«, darunter »Zweigespanne ohne Wagenstuhl, welche einen leichtbeschildeten Streiter und nächst ihm den Lenker der beiden Pferde trugen«, sowie eine riesige Flotte. In ihren Kulten hätten Stieropfer und Feuerzeremonien eine Rolle gespielt. Der Festtagsornat ihrer Könige war »ein sehr schönes dunkelblaues Gewand«, ihr Land aber sei derart fruchtbar gewesen, daß sie jährlich zwei Ernten einbringen konnten, eine vom Winterregen befeuchtet, eine durch künstliche Bewässerung ermöglicht. Sie ritten auch bereits und besaßen auf ihrer größten Insel eine Rennbahn, »deren Breite ein Stadion (192 Meter) betrug«. Vor allem aber sollen ihre öffentlichen Gebäude von Gold, Silber und »Oreichalkos« geradezu gestrotzt haben. Golden waren ihre Götterstatuen, golden ihre Ahnenbilder und Opferschalen, silbern schimmerten die Mauern ihrer Tempel.

Wenn dies alles auf Augenzeugenberichten beruht, muß – seemännische Fabulierlust in Rechnung gestellt – Atlantis ein hochzivilisiertes, reiches und mächtiges Gemeinwesen gewesen sein. Unmöglich ist das, wie gesagt, keineswegs.

Die Vorgeschichtsforschung hat längst ermittelt, daß etwa in Südengland, Schleswig-Holstein und Jütland während der Bronzezeit Fürsten gelebt haben, die über beträchtliche Schätze verfügten. Sie bezogen Gold aus Irland, Silber aus Spanien, fanden Bernstein vor ihren eigenen Küsten, besaßen Schmucknadeln aus Mitteldeutschland, Gefäße aus Griechenland, Fayenceperlen aus Ägypten und dürften einen Teil dieser Einfuhren mit dem Zinn bezahlt haben, das innerhalb ihres Herrschaftsbereiches in größeren Mengen vorkam als irgendwo sonst, nämlich in Cornwall. Dabei mag es ihnen immer noch nicht auf Profitmaximierung angekommen sein, sondern einfach auf »Geschenke«, aber die konnte man eben nur erhalten, wenn man etwas Gleichwertiges für sie bot.

Daß ihr Land so ungeheuer fruchtbar war, wie Platos Gewährsmann behauptet, ist – wenn man das damals herrschende Klima in Betracht zieht – auch nicht so unwahrscheinlich. Pferdegezogene Wagen hatten die Vorfahren der »Atlanter« schon aus der Steppe mitgebracht. Und die Beobachtung schließlich, diese Fahrzeuge seien – wie später jene der Kelten – mit mindestens zwei Mann besetzt gewesen, läßt den unbekannten Augenzeugen nur noch glaubwürdiger erscheinen. Im alten Griechenland waren sie meistens nur für einen Mann gedacht.

Ebenfalls keine Erfindung braucht die Rennbahn zu sein, von der die Rede ist. Nahe Stonehenge gibt es den sogenannten »Cursus«, eine Wallanlage, die jeden, der sie sieht, sofort an eine Galoppstrecke denken läßt, auch wenn die Ausgräber – die ja immer die Neigung haben, alles, was ihnen nicht einleuchtet, zur Kultstätte zu erklären – sie für eine Prozessionsstraße halten. Der Cursus ist etwa zwei Kilometer lang, hundert Meter breit und hat die Form einer schmalen Ellipse.

Weiter ist es durchaus möglich, daß die Pferdeliebhaber dieser Gemeinwesen nicht nur in leichten Wagen um die Bahn rasten, sondern auch schon ritten. Rosse, die stark genug waren, einen Mann über längere Strecken zu tragen, haben sich ja nach Ansicht der Hippologen unter anderem aus Kreuzungen zwischen den Nachkommen des leichten Steppentarpans und schwereren Kaltblutschlägen ergeben, wie sie westlich der Weichsel heimisch waren. Der erste Kavallerist könnte sich also sowohl auf irgendeiner norddeutschen Weide als auch anderswo in den Sattel geschwungen haben.

Im übrigen war das Pferd den Nachkommen nomadischer Völker ebenso heilig wie der Stier. Poseidon, den die Atlanter laut Kritias in ihren Tempeln verehrten, hatte man sich ursprünglich in Gestalt eines Rosses vorgestellt. Davon kündet noch die Geschichte von dem trojanischen Pferd, das in Wirklichkeit ein Standbild für den späteren Beherrscher der Meere gewesen sein dürfte. Homer verstand das schon nicht mehr ganz. Und auch das Feuer war für die meisten indogermanischen Völker ein göttliches Phänomen, ebenso wie die Sonne, von der es zu stammen schien.

Auf welche Weise sie sich den Himmlischen näherten, ist freilich schwerer zu erkunden. Doch mögen ihre Priester durchaus »sehr schöne dunkelblaue Gewänder« getragen haben. Der Stand der Webkunst war in der Bronzezeit erstaunlich hoch, und die Technik

des Färbens beherrschten ihre Textilproduzenten ebenfalls. Man hat in dänischen Moorgräbern sowohl Reste wallender Umhänge als auch hemdartiger Oberkleider und sogar einen »Minirock« gefunden. Er war aus herabhängenden Schnüren gefertigt.
Fügt man diese wenigen Details zusammen, dann ergibt sich das Bild einer Gemeinschaft, die ob ihres Reichtums, des Luxus, in dem zumindest ihre Oberen lebten, ihrer Farbigkeit, ihres Lebensstils einen Fremden stark beeindrucken mußte. Von den Archäologen, die in dem Raum gruben, den sie bewohnt haben soll, wagte denn auch einer, der Engländer J. F. S. Stone, die Vermutung, sie sei zumindest »ein barbarisches Abbild dessen gewesen, was in den Gedichten Homers beschrieben wird«. Doch könnte man, Platos Bericht heranziehend und ihn ernst nehmend, auch sagen: sie war kein Abbild, war schon gar nicht barbarisch und hat umgekehrt die Achaier stärker beeinflußt als diese sie.
Die agonale Haltung etwa (von »agon«, griechisch: Wettkampf), die ihre Deuter an den Griechen so sehr bewundern, mag sich ebensogut wie auf dem Peloponnes weiter nördlich entwickelt haben, auf den Rennbahnen der »Atlanter«. Lust an Spiel, Sport und dem eigenen Körper braucht nicht als ein Wesensmerkmal auf südliche Völker beschränkt zu werden, wenn man weiß, daß es in der warmen Zeit vor dem großen Klimasturz auch in heute nebligeren Gefilden möglich war, sich den größten Teil des Jahres über nackt oder leichtbekleidet im Freien zu tummeln.
Und natürlich muß das auch für die damaligen Bewohner Böhmens und Mitteldeutschlands gegolten haben. Sie unterhielten ohnehin, das ist erwiesen, rege Verbindungen zu dem in sich geschlossenen nördlichen Kulturkreis der Bronzezeit.
Als dieser dann unter der Wucht von Erdbeben und dem Anprall seismischer Meereswogen zusammenbrach, wurden sie freilich in die dadurch ausgelöste Katastrophe mit hineingezogen. Es war für alle eine Zeit blutiger Unruhen und tiefgreifender Veränderungen – ausgelöst durch den Untergang dessen, was Atlantis gewesen sein könnte.

Die Götterdämmerung war ein Seebeben

Erderschütterungen hätten das nördliche Reich zerstört, erzählt Platos fiktiver Gesprächspartner Kritias, das Meer habe sie überflutet und dann am Katastrophenort eine »undurchdringliche, schlammige Untiefe« gebildet.
Heute glaubt man zu wissen, worauf er anspielt. In den Bebenzeiten des dreizehnten vorschristlichen Jahrhunderts, gegen Ende der mittleren Bronzezeit, wurde auch ein breiter, fruchtbarer Marschenstreifen, welcher der Westküste Schleswig-Holsteins vorgelagert war, völlig vernichtet. Der Kieler Geologe von Maack hat errechnet, daß, ausgelöst möglicherweise von den isländischen und anderen Erderschütterungen, achtzehn Meter hohe Wellen herangebrandet sein müssen, eine Flut, »die an Höhe und Größe ihrer Zerstörung jede geschichtlich bekannte bei weitem übertroffen hat«.
Sein Kollege Wildvang stellte schon zu Beginn dieses Jahrhunderts bei Bohrungen fest: »Durchweg sind (in dem versunkenen Landstreifen) die Kronen gestürzter Bäume nach Osten gerichtet, wodurch die Annahme, die Katastrophe sei durch einen aus westlicher Richtung hervorbrechenden Sturm verursacht worden, ihre Bestätigung finden mag.«
Auf den Marschen aber, die auch das heutige Helgoland mit der Küste verbanden, hat, laut Spanuth, die Stadt Atlantis gelegen. In der Edda, so meint er weiter, werde eine Erinnerung an den Kataklysmus, der sie vernichtete, festgehalten und von diesen Versen beschworen: »Es steigt zum Himmel / im Sturm das Meer / und stürzt aufs Land / die Luft verdorrt / Schneesturm kommt dann / und scharfer Wind / dann ist das Ende den Asen gesetzt.«
Mit den »Asen« könnten die reichen Bronzezeitfürsten gemeint gewesen sein. Einen großen Teil ihres fetten Bodens, der zwei Jahresernten hergegeben hatte, bedeckte nun das Meer. Der Himmel füllte sich mit Wolken, die Temperatur sank. Was blieb jenen, die diese »Götterdämmerung« überlebt hatten, anderes übrig, als frierend nach Gefilden zu streben, in welchen noch die Wärme herrschte, an die sie gewöhnt waren?
So setzten sie ihre hörnergeschmückten Helme auf, griffen zu Lan-

zen, von denen viele die geflammten Blätter hatten, die Diodorus später auch bei den Kelten entdeckte, gürteten das »gemeingermanische Griffzungenschwert«, eine der schönsten Waffen, die je geschmiedet wurde, und zogen mit ihrer Streitmacht nach Süden. Alle Völker, auf deren Gebiete sie zumarschierten, bereiteten sich auf das Schlimmste vor.

Sie nannten sich Teuta

Die von der Aunjetitzer Kultur mitgeprägten Bewohner Ungarns zogen starke Palisadenwälle um ihre Dörfer. In Griechenland wurden vorhandene Festungswälle hastig ausgebessert oder verstärkt. Selbst die kretischen Herrscher stellten Streitwagenschwadronen auf, obwohl sie bisher geglaubt hatten, den Schutz der Insel allein ihrer starken Kriegsflotte anvertrauen zu können.

Genützt hat dies jedoch in keinem Fall. Die Auswandererscharen zogen elbe- und oderaufwärts, stießen mit einem Teil ihrer Kräfte bis zu den Alpen und nach Italien vor und schickten einen anderen durch Böhmen in die ungarische Tiefebene. Hätte es zu dieser Zeit schon eine politische Landkarte Europas gegeben, sie hätte nach diesen Ereignissen neu gezeichnet werden müssen.

Diejenigen Stämme, welche die Apenninenhalbinsel erreichten, ließen sich dort nieder und wuchsen zum Volk der Umbrer heran. Seine Angehörigen benutzten eine indogermanische Sprache und scheinen sich ursprünglich Ambronen genannt zu haben. Das mag den Zwischenfall in der Schlacht von Aquae Sextiae erklären, den Plutarch, die Umbrer wohl mit den Ligurern verwechselnd, mitteilt. Aber auch Teutonen oder Teutanen hat es damals in Campanien gegeben, was ebenfalls nicht mehr verblüffen kann, wenn man erfährt, daß das Wort »teuta« in vielen alteuropäischen Sprachen vorkam. Die Kelten hatten einen Gott, der Teutates hieß, die frühen Iren kannten den Begriff »túath«. Beides, teuta wie túath, bedeutete nichts anderes als die Leute, das Volk. Aus dieser Wurzel hat sich später die Nationalbezeichnung »deutsch« entwickelt.

Dieselbe große Bewegung, welche die frühen Teutonen und die Umbrer nach Mittelitalien brachte, mag auch die Veneter nach Oberitalien, die mit ihnen verwandten Vorfahren der Illyrer nach

Jugoslawien und deren Vettern, die Phryger und Proto-Armenier, nach Anatolien verschlagen haben. Weiter kann man annehmen, die gesamte Aunjetitzer Kultur, der sie ja alle angehört hatten, sei von dem Völkersturm in Mitleidenschaft gezogen worden. Und da auch die Illyrer Personennamen wie Teuticus, Teutomus oder einfach Teuta kannten, liegt als abschließende Vermutung nahe, es sei der gleiche Schoß gewesen, aus dem dies alles gekrochen kam: der indogermanisch-alteuropäische. Die Flüchtlinge stießen sogar, von Ungarn aus, über das Balkangebirge nach Griechenland vor.
All das muß nach jenem Jahr 1220 v. Chr., in dem der Theravulkan ausbrach, geschehen sein. Den Eindringlingen aus dem Norden bot sich nämlich kaum eine Gelegenheit, ihre Belagerungskunst an den Burgen der Mykener zu erproben, weil diese schon vorher in Trümmer gesunken oder in Brand geraten waren, möglicherweise durch eben jenes Naturereignis.
Da aber überdies das Land durch die anhaltende Dürre zu ausgelaugt war, um größeren Menschenmengen Nahrung zu bieten, zogen die Zuwanderer einfach hindurch, setzten nach Anatolien über und bedrohten die dort bestehenden Reiche, vor allem das hethitische. Gleichzeitig dürften sie auch Seefahrzeuge gebaut und fernere Küsten angesteuert haben. Ein König aus Ugarit in Syrien schrieb damals an seinen zyprischen Kollegen: »Schiffe der Feinde hat man auf dem Meer gesehen. Sei also auf der Hut!«
Die Tontafel, in die diese Botschaft geritzt wurde, konnte schon nicht mehr abgesandt werden. Die Fremden hatten Anatolien durchzogen und Ugarit zerstört. Sie näherten sich den Grenzen Ägyptens.
Damit traten sie aus dem Dunkel der Vorgeschichte, dem Forschungsfeld der Archäologie und ihrer Hilfswissenschaften, zum ersten Mal in das Licht der geschriebenen Geschichte. Ägyptische Chronisten verbuchten sie als »die Seevölker.«

Ramses und die Krieger mit dem starrenden Haar

Wer die Horden gewesen sind, die während der Regierungszeit Ramses' III., also zwischen 1197 und 1165 v. Chr., das von ihm beherrschte Ägypten angriffen, war lange umstritten und ist es noch heute. Koordiniert man aber alle die Daten, die jenes Ereignis betreffen, dann muß man zu dem Schluß kommen, es hänge mit dem zusammen, was die Vorgeschichtler als »mitteleuropäische Wanderungen am Ende des dreizehnten vorchristlichen Jahrhunderts« bezeichnen, mit der durch den Klimasturz ausgelösten Völkerbewegung also.

Menschen aus allen Siedlungsräumen zwischen Nordsee und Ägäis waren damals aufgestört, durcheinandergewirbelt und von den Nordleuten in Richtung Süden mitgerissen worden. Unter ihnen mögen sich Vorfahren der späteren Kelten ebenso befunden haben wie mykenische und mykenisierte kretische Adelige samt ihren Gefolgsleuten; daneben Umbrer und Teutanen, die auch in Italien keine Ruhe fanden.

Und wenn dieser buntscheckige Haufe den Ägyptern wie ein einziges Volk erschien, dann deshalb, weil er ja aus Gebieten kam, welche überwiegend von einer in ihren Grundzügen einheitlichen Kultur geprägt waren. Krahes allerdings nicht unumstrittene Arbeiten heranziehend, könnte man sogar vermuten, daß die meisten Mitglieder des »Seevölkerzuges« eine einzige Sprache benutzten, eben die alteuropäische, und daß sie gleiche Sitten hatten.

Die Ägypter jedenfalls stellen sie auf den Wänden des Ammontempels von Medinet Habu als Krieger dar, die, ohne Ausnahme, so etwas wie eine gewaltige Bürstenfrisur trugen. Das können Büsche auf extrem flachen Helmen gewesen sein, aber auch, was wahrscheinlicher ist, Haare, die emporgekämmt und dann von Haarnetzen gehalten oder mit Gipswasser gehärtet worden waren. Der Pharao ließ sich dennoch nicht von dem seltsamen Aufputz verblüffen. »Ich richtete«, übermittelt er der Nachwelt, »meine Grenzen ein ... ich habe die Flußmündungen vorbereitet, wie einen starken Wall mit Kriegsschiffen ... voll bemannt vom Bug bis zum Heck mit tapferen Kriegern.« Dann schlug er die Angreifer in zwei Landschlachten und in einem Seegefecht. Das war 1195 v. Chr.

Welchem Ereignis er die Invasion zu verdanken gehabt hatte, scheint er im übrigen sehr wohl gewußt zu haben. Die Texte auf den Wänden von Medinet Habu halten fest, daß die Heimatländer der Eindringlinge »vom Sturme ausgerissen und fortgeweht« worden seien.

Nun war ihr Versuch gescheitert, im warmen Nilland Ersatz dafür zu finden. Was sich von den »Seevölkern« retten konnte, führte fortan ein unstetes Dasein vor den Küsten Palästinas, Syriens und Zyperns. Größeren Kontingenten gelang es, in dem Land, dem um 1250 v. Chr. auch der Flüchtlingstreck von Moses zugestrebt war, den Städtebund der Philister zu gründen, während wieder andere sich im Libanon mit den Kanaanäern zusammentaten und diesen beim Aufbau ihres, des phönizischen, Handelsimperiums halfen. Schiffe, wie man sie für ein derartiges Unternehmen benötigte, konnten sie ja besser bauen als irgendeines der am Mittelmeer ansässigen Völker.

In den Ländern aber, die sie durchwandert hatten, begann sich allmählich neues Leben zu regen.

Rauhes Klima, rauhe Sitten

Die Herren von Mykene scheinen einen Teil ihrer zerstörten Stadt wieder aufgebaut zu haben. Die Kultur, der sie angehörten, überlebte den Seevölkereinbruch um rund hundert Jahre. Erst dann kamen neue Erobererscharen, die Dorer, Nachzügler der großen mitteleuropäischen Wanderung, und brachten zu Ende, was die älteren nicht versucht hatten. Sie besetzten den Peloponnes.

Das kollektive Gedächtnis und Unterbewußtsein der Griechen, ihr Mythos, bewertet das Ereignis positiv. Daraus schöpfend, sagt Thukydides, es seien die Herakliden gewesen, die in das Land einfielen, Nachkommen des großen und geliebten hellenischen Nationalheros Herakles, von dem sich ja immer das Gerücht gehalten hatte, daß er, wie auch Apollo und Dionysos, gelegentlich nach Norden reiste und da etwa den ersten Kelten gezeugt hätte. Andererseits entdeckten Griechen ihren Schlangenwürger später auch bei den Phöniziern. War er also mit den Nachkommen der Seevölker aus dem Libanon zurückgekehrt? Oder war er ursprünglich nur einer der indogermanischen Götter gewesen? Von seinem Vater Zeus und von Poseidon nimmt man das ja ebenfalls an.

So dunkel die Mythen auch sein mögen, man muß sie als verblassende Erinnerungen an eine Vergangenheit begreifen, die Achaier, Dorer, Seevölker und viele andere miteinander gemeinsam hatten.

Auf jeden Fall sind sie der letzte Rest jener alteuropäischen Kultur, deren Anfänge bis in die Steinzeit zurückreichen, und der Wurzelboden neuer Zivilisationen.

In Griechenland erblühte aus ihr die hellenische Klassik. Sie wurde getragen von dem »agonalen« Menschen, der es liebte, in Sportarenen seine Kräfte und im Streitgespräch seinen Witz zu erproben. An den Rändern dieser Wiege des Abendlandes aber, in den Klüften des Balkans, in den makedonischen Wäldern, hielten sich Stämme, die diese Entwicklung nur so langsam mitmachten, daß sie noch zu Zeiten Alexanders des Großen wie die achaiischen Helden lebten, die Homer schildert. Sie tranken ungemischten Wein, begeisterten sich an Bardengesängen und waren in Gefolgschaften organisiert.

Das gilt auch von jenen, die am Seevölkerweg noch weiter nördlich zurückgeblieben waren, etwa von den restlichen Bewohnern Böhmens. Diese Menschen mußten sich einem rauher gewordenen Klima anpassen, vertauschten den kniefreien Rock ihrer Vorfahren aus der mittleren Bronzezeit mit Hosen und Jacken, färbten aber nach wie vor ihre Umhänge bunt. Auch behielten sie den Hörnerhelm und die starrende Frisur bei, auf welche die Dorer, unter dem Einfluß mediterraner Zivilisationen, allmählich zu verzichten begannen. Wenn sie jedoch in Hitze gerieten, warfen sie immer noch alles ab, was ihre Bewegungsfreiheit behinderte, und stürmten nackt auf den Wettkampfplatz oder in die Schlacht.

Sozusagen im Windschatten der großen mitteleuropäischen Wanderungen auf den durch die Klimakatastrophe verwüsteten Fluren Westeuropas bahnten sich Entwicklungen an, die zu jüngeren Kulturen führten. Deren Begründer mußten freilich nahezu noch einmal bei Null beginnen, mußten zumindest ihr überliefertes Erbe gründlich veränderten Umständen anpassen.

Kapitel VII

Die Geburt eines keltischen Europas

»Trotzdem wissen wir von der Aufkunft der Kelten immer noch herzlich wenig. Sicher ist nur, daß sie nicht zugewandert, sondern aus einem noch nicht genau zu analysierenden biologischen und kulturellen Schmelzprozeß hervorgegangen sind.«
Rudolf Pörtner »Bevor die Römer kamen«

»Oder soll man die Kelten verurteilen,
weil sie den massilischen Stock
tauschweise nach Gallien trugen –
damit würde man ja jeden zeitlichen Verlauf
und die gesamte Kulturausbreitung verdammen.«
Gottfried Benn »Außenminister«

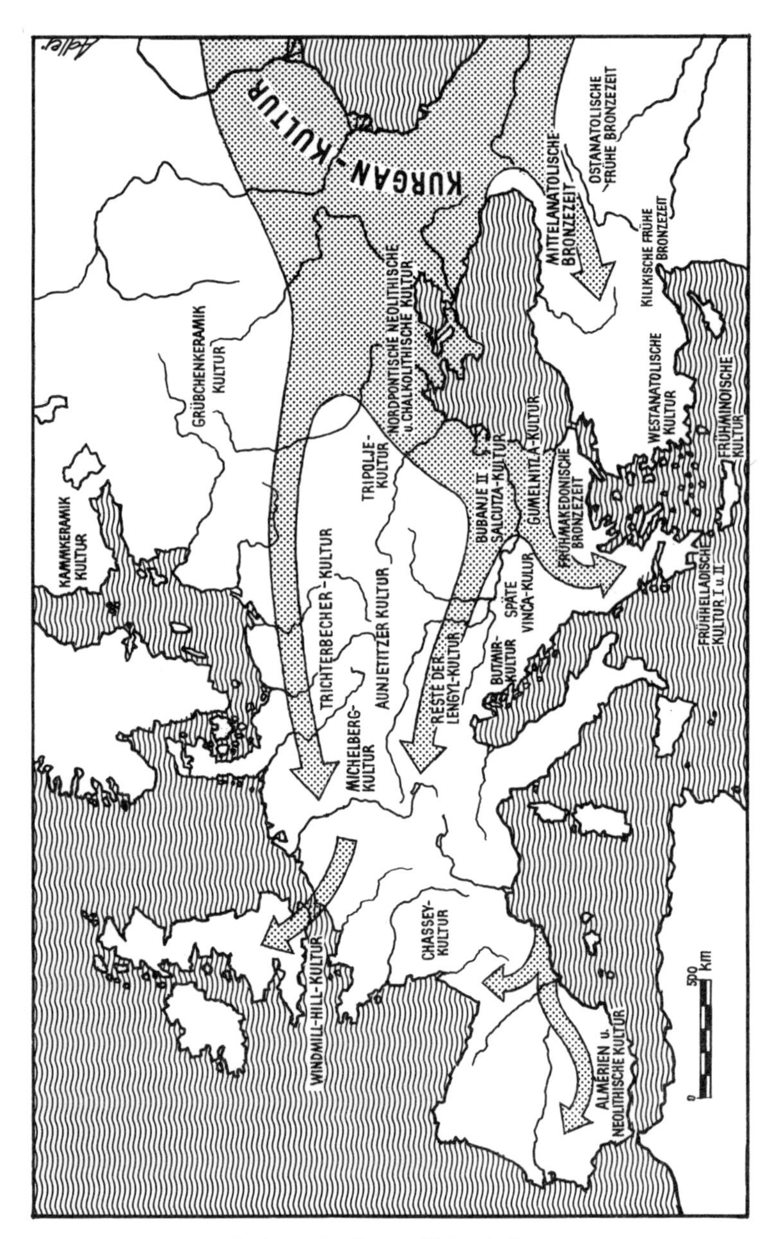

Ausbreitung der Kurgan-Kultur in Europa

Zeittafel:

900 v. Chr.:	Etrusker siedeln sich in Italien an.
800 v. Chr.:	Skythen stoßen nach Westeuropa vor.
700 v. Chr.:	Beginn der Hallstattzeit.
600 v. Chr.:	Zwischen der oberen Donau und der südfranzösischen Mittelmeerküste entsteht ein dichtes Handelsnetz.
520 v. Chr.:	Ausbruch neuer Unruhen an der oberen Donau. In deren Folge wird das ganze Rhônetal verheert. Man kann nun von Kelten sprechen. Die ersten ihrer Stämme dringen auch nach Oberitalien vor.
450 v. Chr.:	Ende der Hallstattzeit.

Statt Kies fand er Leichen

Das Bild enthält nur ganz wenige Farben. Nahezu schwarz die Fläche des Sees, weiß ein paar dünne Nebelschwaden, graublau im Gegenlicht das Dachsteinmassiv. Davor als Schattenriß ein Boot: gerader Rumpf, emporgewölbter Bug, am Heck ein aufrechtstehender Mann.

Durch den Morgendunst gleitet eine Plätte über den Hallstätter See. Sie wird getrieben und gelenkt mit einem einzigen, langen Ruder, erinnert gleichzeitig an Einbaum und venezianische Gondel, scheint eine Kreuzung zwischen beiden zu sein oder ein Fahrzeug, das die Entwicklung vom ausgehöhlten Stamm zum elegantesten aller Wassergefährte nicht ganz mitgemacht hat.

Wenig später hat sich der Nebel verflüchtigt, ist die Plätte, die hier »Fuhr« heißt, verschwunden. Das Bild wird farbiger, wodurch es an Atmosphäre verliert. Häuser treten zutage, gelbe, weiße, holzverschalte, alle dicht zusammengedrängt, fast ineinandergeschachtelt. Ein Kirchturm mit barocker Haube. Nach der lyrischen Komposition von vorhin nun auf einmal ein fast derbes Szenarium.

Hallstatt im oberösterreichischen Salzkammergut liegt eingezwängt zwischen der Steilwand seines Hausberges und dem See. Über den Dächern hängt der sprühende Strahl eines Wasserfalls. Der wenige Boden, den die Siedlung beansprucht, ist vollgesogen mit Geschichte.

Ihr Friedhof vermittelt davon einen ersten Eindruck. Neben den Eyssl von Eysselsberg, die der österreichischen Monarchie im Ersten Weltkrieg einen Admiralstabsarzt gestellt haben, ruhen hier ein Bäckermeister, der Leopold de Pretis hieß, Bauern, Fischer, Gastwirte mit Namen wie Schoisswohl, Gamsjäger, Mistlberger, Schopfhauser, Höll und die »Salinencassiersgattin« Josefine Reisenbichler – nicht alle freilich bis zum Jüngsten Gericht.

Wer kein Erbbegräbnis hat, wird nach fünfzehn Jahren wieder ausgegraben. Sein Schädel, sorgfältig mit Namen, Geburts- und Sterbedatum versehen, gelegentlich mit Kreuzen oder Blumen bemalt, kommt ins Beinhaus. Seine Knochen enden, ungekennzeichnet, ebenfalls dort. Die jüngste Insassin dieser wahrhaft letzten Wohnung, die ich entdecken konnte, war Josefa Kugler, gestorben 1952.

Man erzählte mir, daß Verwandte mancher Verstorbenen gelegentlich noch vorbeikämen. Sie sagten dann: »Da liegt die Oma.«
Doch so berühmt der Dorffriedhof auch geworden ist, so beliebt bei Touristen, die Marktgemeinde hat an Totenäckern weitaus Eindrucksvolleres zu bieten, auch wenn es weniger fotogen ist.
Auf einem steilen Wiesenhang hoch über dem Ort entdeckte im Jahr 1846 ein Bergwerksinspektor namens Johann Georg Ramsauer das Gräberfeld, das Hallstatt zum Taufpaten einer ganzen Epoche der europäischen Frühgeschichte machen sollte. Ausgezogen, ein abbauwürdiges Kieslager zu finden, war der Salinenangestellte auf zwei Skelette, ein bronzenes Schmuckband und eine Urne gestoßen. Später entdeckte er die Überreste von noch weiteren sieben Toten samt Grabbeigaben. Und glücklicherweise war Ramsauer weder schreckhaft noch abergläubisch, noch ein Ignorant, sondern vielmehr ein ebenso aufgeklärter wie gewissenhafter Beamter.
Er meldete nach Wien, was er gefunden hatte, erhielt – ein zweiter Glücksfall – vom Kustos der Kaiserlich-königlichen Münzen- und Antiquitätensammlung die Mittel, die es ihm erlaubten, seine Grabungen fortzusetzen, und tat eben dies.
In einem einzigen Sommer fand er nochmals achtundfünfzig Gräber. Neunzehn Jahre später waren es bereits neunhundertdreiundneunzig und insgesamt über sechstausend Fundgegenstände. Das schien, schätzt Vorgeschichtsexperte Rudolf Pörtner, »genug, ein ganzes Museum mit Nadeln, Broschen, Gürteln, Halsbändern, Ohrgehängen, Dolchen, Speerspitzen, Beilen, bronzenen Kesseln und irdenen Vasen, Schalen und Schüsseln zu füllen«. Vor allem aber rief es einflußreiche Amateure auf den Plan.
1907 ließ die Großherzogin Maria von Mecklenburg den Boden in der Nähe von Ramsauers Fundort durchwühlen, fand mühelos, was ihr Herz begehren mochte, und schleppte es weg. Später wurde die Ausbeute der »Campagne« in New York versteigert. Andere »Enthusiasten« taten es der Dame nach. Doch harren auch heute noch über vierhundert Begräbnisstätten ihrer Aufschließung.
Im übrigen konnte die Bedeutung, die Hallstatt fast schlagartig gewonnen hatte, durch derlei Betriebsunfälle nicht mehr gemindert werden. Die aus seinen Gräbern geborgenen Funde repräsentieren eine in sich geschlossene, große europäische Kultur, welche bis zur

Mitte des neunzehnten Jahrhunderts so gut wie unbekannt gewesen war.
Konsequenterweise nennt man denn auch nach dem Marktflecken zwischen Steilwand und See inzwischen eine ganze Epoche der europäischen Frühgeschichte »die Hallstattzeit«. Sie beginnt um 700 und endet gegen 450 v. Chr.
Daß aber derart viele Funde ausgerechnet in einem scheinbar so abgelegenen Alpenwinkel gemacht wurden, daß gerade Hallstatt Brennpunkt einer ganzen Kultur gewesen sein soll, ist weder Zufall noch eine an ihm orientierte These. Beides erklärt sich zum Teil aus der Tatsache, daß der Hausberg des Ortes einige der reichsten Salzvorkommen Europas birgt.

Blühender Handel mit weißem Gold

Nicht seiner landschaftlichen Schönheit, sondern des weißen Minerals wegen wurde das Salzkammergut schon vor rund viertausendfünfhundert Jahren, in der jüngeren Steinzeit, besiedelt.
Während seine ersten Bewohner das Salz noch aus Quellen gewannen, dürfte es in der späteren Bronzezeit, nahe den heutigen Minen, bereits regelrechte Salinen gegeben haben. Einige Knappen, die im April 1734 eingestürzte Stollen ausräumten, bekamen es auf grausige Weise bestätigt. Sie fanden im Geröll einen, wie es die Chronik festhält, »natürlichen Körper von einem toten Menschen ... selbiger in das Gebirge völlig verwachsen (war), doch sieht man von seinem Rock etliche Fleck', wie auch Schuh' an dessen Füßen«.
Leider ist diese von der Sole mumifizierte Leiche nicht erhalten geblieben. Später gemachte Funde bestätigen aber, daß Menschen, die mit bronzenen Pickeln bewaffnet waren, bereits um 1200 v. Chr. auf gekerbten Bäumen in die Tiefe stiegen, um das Haselgebirge – eine Gesteinsschicht aus Ton, Gips und Steinsalz – abzubauen. Und mit Sicherheit haben sie auf diese Weise nicht nur ihren eigenen Bedarf gedeckt, sondern das gewonnene Endprodukt – es dürfte ein graues Pulver gewesen sein – auch bereits an andere vertrieben.
Salz war und ist ein lebensnotwendiger Stoff. Wer darüber verfügt, kann so reich werden, als ob er Goldgruben besäße. Das macht es zu einem der ältesten Handelsgüter der Welt, zur Grundlage früher

Kaufmannsimperien und noch heute – gerade auch im Salzkammergut – zur Quelle riesiger Vermögen.
Freilich, wer handeln will, muß über gute Verkehrsverbindungen verfügen. Ein Gebirge, so sollte man meinen, bietet dafür nicht eben die günstigsten Voraussetzungen. Tatsächlich gibt es jedoch von Hallstatt aus einen alten Weg, der, über die Tauern hinweg, nach Kärnten führt, und einen zweiten entlang der Traun ins Donautal. Überdies wurden die Alpen schon in vorgeschichtlicher Zeit von mindestens zwei großen Handelsstraßen gekreuzt. Sie verbanden die Bernstein-Fundstätten Norddeutschlands, die Kupfer- und Zinngruben Mitteldeutschlands und Böhmens mit der Adriaküste. An diese Strecken mögen die Salzgräber Anschluß gefunden haben, und sicherlich kam auf ihnen das zurück, was sie für ihre Ware erlösten und später zum Teil den Toten mitgaben.
Sie waren also nicht nur Besitzer einer unschätzbaren Rohstoffquelle, sie saßen auch in einem relativ verkehrsgünstigen Winkel. Bessere Voraussetzungen für ein blühendes Wirtschaftsleben sind kaum denkbar. Fragt sich also, wie die Menschen beschaffen waren, die diese oekonomischen Möglichkeiten offensichtlich in vollem Umfang genutzt haben.
Eine Antwort darauf fällt schwer. Über die Hallstattkultur weiß man viel, über die, die sie geschaffen hatten, fast gar nichts. Nach ihnen forschen, heißt Skelette interviewen.

Kurgans nicht mehr rationell genug

In Gmunden am Traunsee, also unweit des Salzdorfes, wurde 1948 ein Hügelgräberfeld untersucht, das zwischen 1500 und 1400 v. Chr. belegt worden sein muß. Unter großen, sorgfältig geschichteten Steinhaufen, die nur eine dünne Rasenschicht bedeckte, waren jeweils einzelne Tote beigesetzt worden. Sie lagen mit angezogenen Beinen, das Gesicht nach Osten gewandt, auf ihrer linken Seite und verfügten über alles, was man auf einer langen Reise benötigen mag: bronzene Dolche, Beile, Gewandnadeln, Messer.
Am Hang des Hallberges, dort, wo Ramsauer zum erstenmal gegraben hatte, ist von solchem Aufwand keine Rede mehr. Die hier gefundenen Skelette waren zwar immer noch reichlich mit Beigaben

versehen, lagen aber nicht mehr alle in Einzelgräbern, sondern gelegentlich auch zu mehreren zusammen, wenn sie nicht überhaupt verbrannt worden waren.
Daraus läßt sich schließen, daß die frühesten bronzezeitlichen Siedler im Salzkammergut zu einem der Stämme gehörten, die mit den Indogermanen nach Westeuropa gekommen waren und dort den Kurgan eingeführt hatten. Der jedoch kam später wieder außer Gebrauch. Statt dessen ging man zur »rationelleren« Leichenverbrennung über. Der Grund: neue, durch die mitteleuropäischen Wanderungen entwurzelte Völker waren in den Alpenraum eingeströmt und wurden dort zu Nutznießern einer Kultur, die sich auf ähnliche Weise entwickelt hatte wie zuvor jene von Aunjetitz. Sie brachten die Urnenbestattung mit, darüber hinaus jedoch nicht allzuviel anderes. An ihrem Zufluchtsort mußten sie sich erst wieder mit neuen Kräften aufladen, mußten auch neue Impulse empfangen, ehe sie darangehen konnten, die Umwelt nach ihren Vorstellungen zu gestalten und dabei selbst Gestalt zu gewinnen.
Überspitzt könnte man sagen: sie waren zu dieser Zeit niemand, waren nur Flüchtlinge, sie sollten erst jemand werden. Indessen gibt es auch Prähistoriker, die, von völlig anderen Überlegungen ausgehend, jene Urnengräberleute bereits die ersten Kelten nennen. Vor allem Franzosen beanspruchen für ihr gallisches Stammvolk einen ebenso tiefen Raum wie viele Deutschtümler für die Germanen. Forscher dagegen, die keinen Grund sehen, die Vorfahren von Brennus in geschlossener Formation schon aus der Urzeit heranrükken zu lassen, gestehen ihnen als Geburtsjahr äußerstenfalls 600 v. Chr. zu.
Man könnte nun natürlich zwischen beiden Angaben das Mittel ziehen und sich damit bescheiden, daß sie eben irgendwann zwischen 1300 und 600 v. Chr. auch in Hallstatt zum erstenmal aufgetreten seien, aber das hieße ja, sich der Möglichkeit begeben, dem fraglichen Datum um noch ein paar Jahrhunderte näher zu kommen. Indes wird man auch dabei nie den Punkt erreichen, an dem geschah, was Friedrich Morton, der gründlichste Beschreiber der Hallstätter archäologischen Szene, lakonisch so darstellt: »Auf einmal kamen die Kelten daher.«
Kein Volk entspringt der Geschichte, wie weiland Athene dem

Haupt des Zeus, voll ausgerüstet mit Sprache, Sitten und nationaler Kultur. Da wirken noch andere Umstände mit – im vorliegenden Fall auch Ereignisse, die außerhalb des Alpenraumes stattfanden. Daß die Kelten an der Weiterentwicklung jener nach dem Salzort benannten Kultur beteiligt waren, steht indessen außer Frage. Daß die Urnengräberleute ihre Vorfahren sind, ist ebenfalls unbestritten. Doch benötigten gerade sie noch eine große Menge neuen, fremden Kulturgutes, ehe daraus und damit etwas geschaffen werden konnte, das sozusagen ihren persönlichen Stempel trägt. Was ihnen von jenseits der Alpen, etwa aus dem seit 900 v. Chr. etruskischen Italien zufloß, gehört gewiß zu diesem Material, ebenso ihr bronzezeitliches Erbe. Aber alles das war nur ein Teil des Ganzen. Noch fehlt etwa ein ganzes Bündel von Anregungen, Stilelementen und auch technischen Neuerungen, die sie nur aus dem Osten bezogen haben können, von jenem Raum, in dem auch das »Urvolk« einst gelebt hatte.

Die Kopfjäger aus der Steppe

Am Kaspischen Meer war, möglicherweise schon seit 1800 v. Chr., das dritte der drei großen Barbarenvölker herangewachsen, zu denen die Griechen auch Kelten und Iberer zählten: die Skythen. (Archäologisch faßbar werden sie freilich erst um 700 v. Chr.)

Von ihnen erzählt Herodot eine Geschichte, die vertraut anmutet. »Jeder«, so der Urahn aller Reiseschriftsteller, »schneidet einem Feind den Kopf ab und nimmt ihn mit nach Hause. Dort spießt er ihn auf eine lange Holzstange und stellt sie so auf, daß der Kopf weit über das Haus, meist über den Rauchfang, hinausragt. Sie behaupten, daß er nun als Wächter des ganzen Hauses über diesem schwebe . . . Mit den Köpfen nicht aller, sondern der ärgsten Feinde aber machen sie folgendes: Nachdem einer alles, was unterhalb der Augenbrauen liegt, abgesägt hat, reinigt er den Kopf gründlich. Wenn er arm ist, spannt er nur Rindsleder herum und verwendet ihn so. Wenn er aber reich ist, so spannt er zwar auch Rindsleder darüber, an der Innenseite jedoch vergoldet er ihn und gebraucht ihn so als Trinkgefäß . . . Wenn nun . . . Gastfreunde zu ihm kommen, dann bringt er diese Köpfe herbei und erzählt, wie ihm diese . . .

Krieg erklärt haben und wie er selbst Herr über sie geworden ist.« Von wieder anderen berichtet der Grieche, daß sie ihre Opfer regelrecht skalpiert und sich aus den so gewonnenen Häuten Handtücher gemacht oder ganze Gewänder genäht hätten. Er weiß noch mehr. Die Angehörigen eines Nachbarvolkes seien allesamt Zauberer gewesen und hätten sich jedes Jahr für ein paar Tage in Wölfe verwandelt. Ein drittes hätte sich aus Menschenfressern zusammengesetzt.
Was man inzwischen über die Skythen erfahren konnte, reicht aus, den antiken Berichterstatter von dem Vorwurf zu reinigen, er hätte nur Schauergerüchte zusammengetragen. Zumindest zwei seiner Meldungen haben einen wahren Kern.
Die Steppennomaden glaubten wirklich, ihre Ahnen seien Tiere gewesen. Deshalb trugen sie deren Abbilder als Totems oder Wappen mit sich herum und krönten ihre Herrscher mit Hauben in Form von Bären-, Stier- oder anderen Köpfen. Einer, der sich für den Nachfahren von Wölfen hielt, mag dabei auch den aufgesperrten Rachen des Urhundes über den Kopf gestülpt bekommen und sich dann als eine Art Werwolf gefühlt haben.
Außerdem, das betrifft Herodots andere Angabe, ließen sich die Skythen und ihre Nachbarvölker von Schamanen leiten. »Schramana« aber, das Sanskrit-Wort für solche Priester, bedeutet: der Zauberer.
Das dritte Detail endlich, welches der Grieche nennt, die Kopfjägerei, mag nur der als Kuriosum abtun, der noch nicht weiß, daß die Skythen zu den Geburtshelfern der keltischen Kultur gezählt werden müssen.

Die Skythen waren bessere Reiter

Was man mit einiger Sicherheit von dem Steppenvolk sagen kann, ist dies: Gegen 1100 v. Chr. muß es sich von der kaspischen Senke – manche meinen auch vom Iran her – bis zum Dnjepr vorgeschoben haben. Zwischen 800 und 700 v. Chr. vertrieb es die ihm benachbarten Kimmerer und jagte sie entlang dem Ostufer des Schwarzen Meeres nach Kleinasien. Danach machten sich die Skythen auf den alten Weg, der nach Westeuropa führt. Ihre Vorhuten erreichten Schlesien, die Niederlausitz, Ungarn, vielleicht auch Bayern.

In allen diesen Regionen müssen sie auf die Urnenfelderleute gestoßen sein, ob im Guten, ob im Bösen, weiß niemand. Doch scheinen sie das ansässige Volk beeindruckt und beeinflußt zu haben. Möglicherweise haben sich ihm einige ihrer Häuptlinge auch als Herrscher aufgezwungen. Auf jeden Fall hat der Kontakt durchaus positive Wirkungen gezeitigt.

Die Skythen waren ja durchaus keine Wilden. Ausgräber bescheinigen ihnen ein hochentwickeltes Kunsthandwerk, eine straffe politische Organisation, fortgeschrittene Reittechnik und die Fähigkeit, gewaltige Kurgans zu bauen.

Eines dieser »alten« oder auch »dicken Gräber«, wie die sowjetischen Archäologen sie nennen, wurde 1971 bei Ordshonikidse am unteren Dnjepr aufgeschlossen. Es war weder das erste, das man in der Ukraine fand, noch das größte, aber es reichte aus, seine Entdekker zu beeindrucken.

Fünfzehntausend Kubikmeter Erde mußten die Archäologen abfahren, um an das eigentliche Haupt- und ein kleineres Nebengrab heranzukommen. Rund um das erstere waren sechs Pferde und drei Pferdeknechte beigesetzt. In der steinernen Kammer selbst ruhte ein Häuptling oder Fürst. Seine Untertanen hatten ihn mit einem goldenen Brustschmuck versehen, der zwei Dutzend winziger gegossener Tierfiguren aufweist, jede einzelne davon vollkommen ausgeformt.

In der kleineren Kammer lag das Skelett einer Frau und eines Jungen. Das Kind trug in der Hand ein großes Armband, sein Gewand war über und über mit Goldplättchen besät, die größten davon wiederum in Tierform. Die Frau hatte unter anderem ein Lackkästchen bei sich, einen bronzenen Spiegel mit Silbergriff und – das verblüffte die Archäologen am meisten – ein Gefäß aus zart rosa gefärbtem Glas. Freilich waren davon nur Splitter übriggeblieben. Nun fragt man sich, wo es hergekommen sein kann. Aus dem Iran, aus Mesopotamien, von Phönizien? Glaswaren galten selbst im klassischen Hellas noch als Kostbarkeiten.

Abgesehen davon bestätigten die Funde von Ordshonikidse, was man bereits seit längerem über die Skythen wußte, daß sie es liebten, aus Tierfiguren kunstvolle Ornamente zu komponieren, daß sie Waffen und Gewänder mit goldenen oder auch bronzenen Hirschen, Steinböcken, Löwen, Stieren schmückten, daß sie große Viehzüchter und Pferdeliebhaber waren, daß sie Ärmelröcke und Hosen trugen. Ein Teppich, der im Eis des Altaigebirges zwei Jahrtausende unbeschadet überstanden hat, läßt außerdem erkennen, daß sie sich die buntgemusterten Umhänge über die Schulter warfen, daß sie sich Schnurrbärte wachsen ließen und ihr Kopfhaar senkrecht emporkämmten.

Aus alledem könnte man dreierlei schließen: einmal, die Steppenbewohner seien ein Volk gewesen, das ähnliche Sitten hatte wie die Ur-Indogermanen und möglicherweise mit ihnen verwandt war; zum anderen, daß vieles, was uns an den Alteuropäern keltisch erscheint, übernommene skythische Eigentümlichkeiten sind – der Schnurrbart etwa, die Kopfjägerei; und endlich, daß die Eindringlinge aus dem Osten den Nachfahren früherer Nomadenstämme wieder Gebräuche nahebrachten, die sie lange Zeit bewahrt hatten, die aber dann bei ihnen halb und halb in Vergessenheit geraten waren. Altes Erbe wurde aufgefrischt.

Doch ist auch dies nur Spekulation. Erwiesen scheint allein, daß die skythische Ornamentalkunst den späteren keltischen Schmuckstil stark beeinflußt hat. Und sicher ist, daß die Ostleute den Westlern ein völlig neues Pferdegefühl vermittelten: Sie bescherten den Tieren Trensen mit zweiteiliger Gebißstange und beweglichen Seitenknebeln, was das Reiten enorm erleichtert haben muß. Außerdem bereiteten sie der Leichenverbrennung ein Ende, indem sie statt dessen wieder das Einzelgrab einführten.

Was aber am wichtigsten zu sein scheint: Sie förderten eine Aristokratie, deren Angehörige es als ihr Vorrecht ansahen, beritten daherzukommen.

Auch das hatte es, auf Streitwagenbasis, bei den alteuropäischen Völkern schon seit der Einwanderung der Indogermanen gegeben, aber nun, nach dem skythischen Einfall, traten solche Züge entsprechend abgewandelt wieder zutage, verbunden mit entsprechender politischer Aktivität.

In Frankreich waren gegen 700 v. Chr. die regionalen Kulturen der Urnenfelderleute schmählich verkümmert. Kurz darauf erscheint eine neue, jüngere, farbige, die sich so rasch vom Osten her über das nördliche Westeuropa verbreitet, daß man annimmt, diese skythisierte Aristokratie habe sie vorangetragen – oder eben, wie gesagt, skythische Häuptlinge selbst beziehungsweise deren Nachfahren.

Die Ligurer, ein vergessenes Volk

Die Invasion aus dem Donauraum, Schlesien, der Niederlausitz spielte sich in zwei großen Etappen ab. Zwischen 900 und 700 v. Chr. tauchten erste Wanderstämme in Frankreich auf und stießen dort auch mit einem Volk zusammen, von dem man so gut wie gar nichts weiß, den Ligurern. Sie scheinen Bauern gewesen zu sein, klein gewachsen, sehr muskulös und im Kampf so gefährlich, daß selbst die hochgewachsenen Blonden lange zögerten, ehe sie mit ihnen handgemein wurden. Auf dem Höhepunkt ihrer Geschichte müssen sie sich im Westen bis zum Atlantik hin ausgebreitet haben, im Süden bis nach Italien, wo ja immer noch ein schmaler Küstenstreifen am Golf von Genua nach ihnen benannt ist. Nach der großen mitteleuropäischen Wanderung wurden diejenigen ihrer Stämme, die in der Romagna hausten, von den indogermanischen Sabinern vertrieben. Andere erfreuten sich achthundert Jahre später in der Provence noch eines beträchtlichen Wohlstands.

Ihre Siedlungen, mit Vorliebe auf Anhöhen errichtet, wiesen Häuser auf, deren Wände aus Steinen mörtellos zusammengefügt und von innen mit einem Gemisch aus Lehm und gehäckseltem Stroh verschmiert worden waren. Bei Le Pègue, am Unterlauf der Rhône, hat man solch ein Hügelnest ausgegraben. Es illustriert einen entscheidenden Abschnitt der ligurischen Geschichte und macht gleichzeitig deutlich, was die Eindringlinge aus dem Osten diesem alten Volk vor allem verdanken: den Kontakt mit griechischen Händlern und deren Kultur.

In den Resten der quadratischen Steinhütten fanden sich attische Töpferwaren, aber auch einheimische Keramiken, die den hellenischen Stil imitieren oder abwandeln.

Das läßt erkennen, daß griechische Seefahrer, die während des siebten vorchristlichen Jahrhunderts, vor allem von der kleinasiatischen Stadt Phokaia aus, einen Weg zu den Kupferminen Spaniens suchten, auch rege Handelsverbindungen mit den südfranzösischen Ligurern aufgenommen hatten. Um 600 v. Chr. gründeten sie östlich

der Rhônemündung das heutige Marseille. Einige Jahrzehnte vorher war bei Istre, am Rande des Rhônedeltas, bereits die Siedlung Mastramele entstanden. Beide Stationen dienten dem nämlichen Zweck. Sie sollten das Ende der uralten Straße kontrollieren, auf der, von der Bretagne her, britannisches Zinn zum Mittelmeer transportiert wurde.
Am Geschäft mit diesem wichtigen Rohstoff haben auch die Ligurer verdient. Nun versuchten Neuankömmlinge, ebenfalls davon zu profitieren. Das dürfte durchaus friedlich begonnen haben.
Am Fuß der Hügelsiedlung von Le Pègue entstand eine kleine Siedlung von nicht-ligurischem Gepräge, ein Handelsposten, eine Faktorei, ausgestreckter Fühler der stärkeren Macht, die sich weiter nördlich bereits zu etablieren begann. Und sicherlich war er nicht der einzige.
Seit der Mitte des sechsten vorchristlichen Jahrhunderts wurden die Verbindungen zwischen den griechischen Städten an der französischen Mittelmeerküste und dem Raum an der oberen Rhône und an der Donau dann immer enger geknüpft. Es entwickelte sich eine wirtschaftliche Aktivität, die erstaunliche Früchte tragen sollte. Marktorte entstanden, gewaltige Festungen, deren Herren oder Herrinnen nicht nur etruskische Bucchero-Vasen zu schätzen wußten, sondern auch griechische Metallarbeiten und nicht zuletzt natürlich die süßen, starken Weine der mediterranen Regionen.
Jean-Jacques Hatt traut ihnen sogar zu, daß sie bereits so etwas wie einen »europäischen Markt« geschaffen hatten, ein Mosaik von Zivilisationen, »welche unter sich sehr enge und auf den ersten Blick schwer erklärbare Beziehungen pflegten«.
Zwei dieser Potentaten vermögen wir uns mit etwas Phantasie noch vor Augen zu führen, die Fürstin von Vix und den Erbauer der Heuneburg.

Die Fürstin von Vix

Vix ist ein kleines Dorf nahe Châtillon-sur-Seine im französischen Departement Haute-Marne. Wer es sucht, braucht nicht nach einem Wegweiser zu spähen. Es genügt, eine Anhöhe ausfindig zu machen, die schon von weitem so aussieht, als könne sie einmal eine Burg getragen haben. Das ist nicht schwer. Wenige Kilometer nordwestlich von Châtillon ragt ein freistehender, langgezogener Hügel aus bachdurchflossenen Kuhweiden empor, so regelmäßig geformt, als sei er von Menschen aufgeschüttet worden. An seine Hänge schmiegt sich Vix. Seine Hochfläche ist, unter krüppeligem Gebüsch, plan wie das Deck eines Flugzeugträgers.

Daß auf diesem Mont Lassois einmal eine Burg gestanden habe, war den Bewohnern der Umgegend immer bewußt gewesen. Aber erst 1929 wurde das zu Sagen verschlüsselte Gerücht von Archäologen überprüft – und bestätigt. In einer zehnjährigen Kampagne holten sie über eine Million Keramikscherben aus dem Boden, Hunderte von Waffen und Schmuckstücken und als Spezialitäten: bearbeiteten Bernstein und Korallen.

Ausgewertet, ermöglichten ihre Funde dieses Fazit: den Mont Lassois hatte keine Burg gekrönt, sondern eine ganze Stadt. Diese wiederum war einerseits Handelszentrum gewesen mit Verbindungen bis nach Griechenland, andererseits auch ein Kontrollpunkt an dem Zinnweg von der Bretagne zum Mittelmeer.

Auf Booten wurde das wertvolle Metall seineaufwärts bis nach Vix gebracht, dort umgeladen und mit Tragtierkolonnen oder Ochsenwagenkarawanen über die Mittelgebirge der Côte-d'Or ins Saônetal transportiert. Erneut auf Schiffen verstaut, ging es dann nach Lyon und rhôneabwärts in die griechischen Küstenstädte. Wie sich die Herren von Vix an diesem Speditionsunternehmen beteiligten, ob nur als Zolleintreiber oder als Mitorganisatoren, ist unbekannt. Verdient jedenfalls haben sie nicht schlecht daran.

René Joffroy, der im Januar 1953 eines ihrer Gräber anschnitt, fand darin Schätze, wie sie jenseits der Alpen nur selten entdeckt werden. Ihr Prunkstück: ein 1,64 Meter hohes, 208 Kilogramm schweres Bronzegefäß, der größte bisher bekannte Flüssigkeitsbehälter des Altertums. Heute steht dieser »Große Krater« (griech.: Mischkrug) im Museum von Châtillon-sur-Seine. Ob man ihn nur eindrucksvoll oder gar schön nennen kann, ist freilich eine diskutierenswerte Frage. Er gleicht einem Spielzeug für Riesen oder für einen protzigen Millionär. Von den Henkeln grinsen Masken mit ausgestreckten Zungen herab. Seinen Rand ziert ein Zug griechischer Krieger zu Fuß und auf einachsigen Pferdewagen. Er stammt wahrscheinlich

aus Lakonien und ist makellos gearbeitet. Trotzdem werde ich den Verdacht nicht los, das ganze Stück sei ausschließlich für den Export in unterentwickelte Länder geschaffen worden, so wie in unseren Tagen die Autos mit vergoldetem Kühlergrill, die das Herz afrikanischer Machthaber erfreuen sollen.
Dabei gehörte der Krater, zumindest im Tode, keineswegs einem Mann. Das Grab, in dem Joffroy ihn fand, war über einer jungen Frau aufgeschüttet worden, deren persönlicher Schmuck durchaus angenehmen Geschmack bezeugt. Das halbmondförmige Diadem aus vierundzwanzigkarätigem solidem Gold, das sie trug, ist von so zeitlos-eleganter Form, daß es auch einem modernen Designer noch zur Ehre gereichen würde.
Darüber hinaus war die Dame mit allem versehen, was zu einem wohlgeführten Haushalt gehört, schwarzen attischen Tonschalen, griechischen Weinkrügen, etruskischen Kupferbecken und sogar einem vierräderigen Handwagen, zumindest den Rädern davon.
Über die Frage, wer sie gewesen sein könnte, haben sich verständlicherweise viele Prähistoriker die Köpfe zerbrochen. Die interessanteste Theorie, die dabei heraussprang, lautet: sie war nicht nur eine Fürstin, sondern auch eine Priesterin. Dafür spricht vor allem die Existenz des Riesenkruges.
Der Krater nämlich muß, trotz des beigegebenen Weinsiebers, nicht unbedingt zum Mischen benutzt worden sein – eine Praxis, der im nördlichen Europa ohnehin wenige Völker anhingen –, er könnte ebensogut auch als Auffangbecken für das Blut menschlicher Opfer gedient haben. Behauptet nicht Strabo, die Kimbern hätten ihren Gefangenen über heiligen Gefäßen die Kehlen durchgeschnitten? Berichten nicht die Berner Scholien (eine mittelalterliche textkritische Anmerkung zu den Schriften des griechischen Dichters Lukian) von keltischen Stämmen, die, Teutates zu Ehren, »Männer mit dem Kopf in ein Becken steckten, so daß sie darin ersticken mußten«? Das ist gewiß Spekulation, doch waren Sakralgefäße tatsächlich ein wichtiges Element barbarischer Kulte im alten Westeuropa.
Die andere Frage aber, ob man derlei brutale Praktiken oder deren Überwachung einer Frau zutrauen könne, provoziert bei Ethnologen und Kennern der Antike nur ein irritiertes Brauenzucken. Man denke an die Priesterinnen des Dionysos, die ihre Opfer zerrissen!

So ist es also durchaus möglich, daß auch die zarte Dame aus dem Grab von Vix ihren hohen gesellschaftlichen Rang nicht allein adeliger Herkunft verdankte, sondern ebenso einem finsteren Mysterium, in dem sie lebte. Auf dem Mont Lassois stehend, eine friedliche bäuerliche Landschaft zu Füßen, fällt es schwer, sich all dies vorzustellen. Dieser abgelegene Winkel soll einmal ein wichtiger Knotenpunkt des Handels gewesen sein? Hier soll sich Macht konzentriert und ein Reichtum angesammelt haben, der in düsteren Zeremonien gegen neidische Schicksalsmächte abgesichert werden mußte? Andererseits: Gold und Blut haben sich schon immer gut vertragen. Wir mögen uns dessen nicht mehr so bewußt sein, weil für unseren Wohlstand nur noch in scheinbar fernen Erdenwinkeln gestorben wird.

Ein Junkersitz an der Donau

Wer als erstes den Mont Lassois gesehen hat, wird mühelos auch sein deutsches Gegenstück aufspüren, die Heuneburg an der oberen Donau. Beide liegen in einer ähnlichen Flußlandschaft. Beide beherrschen ihre Umgebung in genau der gleichen Weise.

Freilich, der Hügel von Vix steht isoliert inmitten seiner Umgebung, ein rein geologisches Phänomen. Die Heuneburg dagegen sticht spitz aus einer niederen Bergkette heraus und wurde von Menschen geschaffen.

Was die Archäologen auf ihr zutage förderten, ist nicht so spektakulär wie der gigantische Krater, aber dennoch sensationell genug. In ihrer Umgebung waren zur selben Zeit, als die Bewohner des Mont Lassois das Zinngeschäft betrieben, also im sechsten und fünften vorchristlichen Jahrhundert, zwei andere große Befestigungen entstanden, fünf sogenannte »Viereckschanzen« – sie dienten kultischen Zwecken – und natürlich eine Reihe der unvermeidlichen Hügelgräber. Von allen diesen Anlagen ist jedoch die Heuneburg über dem kleinen Dorf Hundersingen die ungleich mächtigste und interessanteste.

Zehn Meter hohe Erdwälle schützten eine trapezförmige Innenfläche von etwa dreitausend Quadratmetern Größe. Ein Vorwerk aus Wällen und Gräben zur Donau hin sicherte sie zusätzlich ab.

Gebaut haben an dieser Anlage mehrere Generationen, die ersten schon zur Zeit der mitteleuropäischen Wanderung. Damals mag sie als Fluchtburg gedient haben. Vollendet wurde sie durch einen Architekten, der entweder selbst aus dem Mittelmeerraum stammte oder zumindest dort Erfahrungen gesammelt hatte.
Er bediente sich nämlich nicht ortsüblicher Baumaterialien, sondern versuchte, aus luftgetrockneten Lehmziegeln eine Mauer zu errichten, die in regelmäßigen Abständen von vorspringenden Bastionen unterbrochen wurde. Dergleichen Befestigungen findet man auch auf einigen Hügeln der Provence. Dort sind sie aus Natursteinen zusammengefügt und blieben erhalten. Die Ziegelmauer dagegen kann dem feuchteren deutschen Klima nicht allzu lange widerstanden haben, was ihr Erbauer möglicherweise voraussah. Er türmte sie nur an einer Seite des Burgtrapezes auf, an der nämlich, die am wenigsten gefährdet schien.
Solange sie aber stand, muß sie, eindrucksvoller noch als die Erdwälle von heute, das Donautal beherrscht haben, weniger Trutzburg als Behältnis einer Macht, die ebenfalls Handelswege kontrollierte und »weltweite« Beziehungen bündelte. Die Heuneburg könnte ein anderes Zentrum jenes »europäischen Marktes« gewesen sein, den Männer mit ausgeprägten politischen und händlerischen Instinkten während der mittleren Hallsteinzeit aufzubauen begannen. Wollte man einen von ihnen näher betrachten, müßte man sich einen Fürsten vorstellen, der seinen heimischen Besitz mit damals modernsten Mitteln zu sichern suchte, der gleichzeitig Fühler bis zu den ligurischen Handelsposten, den etruskischen Manufakturen, den griechischen Häfen ausgestreckt hatte und der möglicherweise seine Hausmacht einsetzte bei einem Spiel, in dem es um die Güter fortgeschrittener Industrien ging, daneben natürlich um Gold, um Rohmetalle, um Wein.
Das Leben auf seiner Burg scheint trotzdem nicht sehr glänzend gewesen zu sein, eher provinziell. Ihr Inneres glich einem kleinen Bauerndorf, mit Häusern für Gefolgschaftsleute und Bedienstete, mit ländlichen Bankettsälen und Trinkstuben, mit Ställen und Remisen. Sie war der Junkersitz, von dem man zu Unternehmungen kriegerischer oder kommerzieller Natur auszog, ähnlich wie später die Hohenzollern von ihrer nicht weit entfernten Stammburg am Rande der

Schwäbischen Alb. Man kam zurück als Geschlagener, um sich die Wunden zu lecken, oder hatte in der Ferne ein glänzenderes Domizil gefunden, in dem es leichtfiel, den dicken Ruß an den heimischen Herdbalken und die im Regen morastig gewordenen Trampelpfade zwischen Stall und Wohnhaus zu vergessen.

Zerstörung eines gutgehenden Geschäftes

Der Herr der Heuneburg wie auch die fürstliche Priesterin von Vix waren Repräsentanten einer Gesellschaft im Umbruch. Zu ihrer Zeit begannen Züge verschiedener Kulturen, bronzezeitliche, skythische, griechisch gefärbte, allmählich zusammenzufließen und sich zu einem neuen Muster zu ordnen: dem keltischen.

Scharfe Einschnitte gibt es in diesem Prozeß jedoch nicht. Man kann die Bewohner des Mont Lassois und die Krieger, die auf den Lehmziegelbastionen der Heuneburg Wache schoben, schon Kelten nennen, aber man kann es auch gerade noch vermeiden.

Was dafür spricht, ist die Tatsache, daß ihre Kultur bereits stark von Zügen geprägt ist, die man später auch bei den sozusagen akademisch beglaubigten Kelten feststellt. Dagegen spricht eigentlich nur die schwer zu bewältigende Vorstellung, ausgerechnet ein so kriegerisches Volk wie das ihre sei mit dem Aufbau eines Handelsnetzes in die Geschichte eingetreten. Von den Schnauzbartträgern im Waldteufel-Look durfte man füglich einen weniger friedlichen Eröffnungszug erwarten.

Tatsächlich haben sie ihn auch getan. Der »europäische Markt«, der mehr als zweihundert Jahre lang den Bewohnern des Donautals und Böhmens, der Alpen und Nordfrankreichs einen Reichtum beschert hatte, wie man ihn in diesen Gefilden seit der Bronzezeit kaum mehr kannte, wurde plötzlich zerschlagen von Stämmen, die das Geschäft nicht mehr als ihr Geschäft zu betrachten schienen. Gleichzeitig erschienen ihre Streitscharen zum erstenmal in Oberitalien.

Wodurch diese neuen Unruhen ausgelöst wurden, ist eine Frage, die wiederum nur mit Hypothesen beantwortet werden kann. Eine davon offeriert Livius.

Dann war die Zeit für Brennus reif

Zur Zeit des Königs Tarquinius Priscus, so berichtet der römische Historiograph, seien die Bituriger das führende Volk der Kelten gewesen. Ein Drittel Galliens habe ihnen gehört, und das Land sei so reich gewesen, daß sein König Ambigatus »meinte, er könne diese übergroße Volksmenge kaum regieren. Deshalb wollte er sein Reich von dem lästigen Überfluß befreien, außerdem war er schon sehr alt. Er ließ also bekanntgeben, daß er seine beiden Neffen Bellovesus und Sigovesus, recht unternehmungslustige junge Burschen, in die Länder schicken werde, die ihnen die Götter durch Vogelflug zur Heimat bestimmten. Sie sollten so viele Menschen mitnehmen, daß niemand ihren Einzug verhindern könne.«
Die Vögel flogen, die Priester deuteten. Sigovesus erhielt die deutschen Mittelgebirge zugeteilt, »dem Bellovesus aber beschieden die Götter einen viel günstigeren Weg, den nach Italien. Dieser sammelte nun alle Männer, die bei ihren Völkern entbehrlich waren: Bituriger, Arverner, Senonen, Häduer, Ambarrer, Carnuter, Aulerker, brach mit einem großen Heer zu Fuß und zu Pferd auf und erreichte das Tricastin« am Unterlauf der Rhône.
»Nun lagen (im Westen) die Alpen vor ihm«, genauer: die Haute Provence. Da ihnen dieses Gebirge aber zu unwirtlich erschien, verbündeten sie sich zunächst mit den aus Phokaia gekommenen Griechen, die gerade dabei waren, ihr Massalia, das spätere Marseille, zu gründen, und mit einem eingesessenen Stamm Konflikte hatten. Sie halfen diesen, zogen endlich, Hannibals Zug vorwegnehmend, doch über das zentrale europäische Hochgebirgsmassiv und lieferten, wiederum wie später die Karthager, am Ticinus (Tessinfluß) ihre erste Schlacht. Nur standen ihnen dabei keine Römer, sondern Etrusker gegenüber. Dann – sie hatten gesiegt – ließen sie sich eben dort nieder und gründeten Mediolanum (Mailand). Später sollen ihnen andere Stämme nachgefolgt sein. Das berichtet ja auch Polybios.
Indes, die Darstellung des Livius wird von den Archäologen nicht voll bestätigt. Marseille, so wenden sie ein, ist hundert Jahre vor dem Kelteneinfall gegründet worden, und Tarquinius Priscus, einer der sagenhaften Könige des frühen Roms, hat ebenfalls lange vor dieser Invasion gelebt, nämlich gegen Ende des siebten vorchristlichen

Jahrhunderts. Außerdem war der Herd der keltischen Unruhe nicht Frankreich gewesen, sondern die Gegend um die Heuneburg.
Dort begannen um 520 v. Chr. Dörfer in Brand aufzugehen, es wurden Wälle niedergerissen und verborgene Vorratsspeicher ausgeplündert. Von der oberen Donau aus breitete sich die Zerstörungswelle zum Rheintal hin aus, sprang nach Ostfrankreich über, erreichte das Rhônetal und schließlich Oberitalien. Das ganze Netz aus Marktplätzen und Handelsstraßen, das in den Jahrhunderten vorher entstanden war, wurde dabei zerrissen. Ligurer und Griechen rüsteten sich, wie vor ihnen andere durch die Wanderung bedrohte Potentaten, für einen Existenzkampf.
In Mastramele entstand eine gewaltige, kilometerlange Schutzmauer aus behauenen Steinquadern. Das kleine Dorf bei Le Pègue, das bereits auf einen Stützpunkt von Eindringlingen aus dem Norden herabschaute, wurde zerstört. Selbst in Marseille brachen Geschäfte und Verkehr zusammen. Die Etrusker aber, deren Land, laut Livius, ja eines der Ziele der Auswanderergruppen war, scheinen sich noch am ehesten der neuen Lage angepaßt zu haben. Sie verzichteten fast ein Jahrhundert lang auf jede wirtschaftliche Beziehung zu den Bewohnern der Provence und begannen, statt dessen ihre Waren über die Alpenpässe nach Deutschland, von dort aus via Rhein und Mosel nach Ostfrankreich zu dirigieren. Weinhändler vom Schlag jenes gehörnten Aruns aus Clusium mögen damals die Kelten als neue Direktabnehmer entdeckt haben.
Für die Anrainer des Golf du Lion (Strabo nannte ihn den »gallischen«) dagegen war es mit Geschäften größeren Umfangs für eben diese hundert Jahre vorbei. Die lanzenbewaffneten Krieger auf den von skythischen Trensen gebändigten Pferden hatten alles getan, um ihren späteren blutigen Ruf zu begründen. Das ganze Land, das sie durchzogen hatten, lag in Trümmern.
Die Hallstätter Kultur aber blühte auf.

Alp, ein keltisches Wort

Gräber auf dem Feld am Salzberg, die aus der Zeit nach dem großen Aufbruch stammen, enthalten wieder Gewandfibeln, eine Art geschmückter Sicherheitsnadeln, wie man sie aus der frühen und mitt-

leren Bronzezeit kennt. Viele von ihnen waren mit lose herabbaumelnden Klapperblechen versehen. Überhaupt ist eine plötzliche Vorliebe für allerlei Rasselinstrumente zu beobachten – eine skythische Mode vielleicht.
Die Schwerter jener Zeit aber müssen von Schmieden gefertigt worden sein, die den Bronzeguß perfekt, die Eisenverarbeitung jedoch noch nicht vollkommen beherrschten. So verschwendeten sie ihre Kunst vor allem an prächtige Schmuckgriffe aus Kupfer-Zinn-Legierung. Ein besonders schönes Exemplar ist mit einem mächtigen Elfenbeinknauf versehen, dessen rautenförmige Muster von eingelegten Bernsteinplättchen akzentuiert werden. Und noch immer scheint das Rind die ausschlaggebende Rolle im Wirtschaftsleben gespielt zu haben. Bei Hallstatt allein fanden sich fünf Darstellungen hörnertragender Nutztiere. Die schönste schmückt als Griff den Deckel eines Gefäßes aus Bronzeblech. Forscher vermuten, es habe demselben Zweck gedient wie – möglicherweise – der Krater von Vix.
Im übrigen waren die alt-alpinen Milch- und Fleischlieferanten mit ihren Nachfahren, den »glücklichen Kühen« von heute, kaum zu vergleichen. Sie standen dem Ur, einem der Väter des europäischen Rindes, noch ziemlich nahe, wurden aber bereits nach bestimmten Zuchtmerkmalen ausgewählt. Besonderen Wert legten ihre Halter auf eine weiße Blesse an der Stirn als Zielpunkt – so nimmt man an – für die kultische Waffe, mit der das Tier bei Opferritualen gefällt wurde.
Doch hat sie diese Praxis natürlich nicht davon abgehalten, ihre Herden auch auf profane Weise zu nutzen. Das Wort »alp«, das sowohl dem Namen für das europäische Zentralmassiv zugrunde liegt als auch, im Schweizerischen, die hochgelegenen Sommerweiden und Melkbetriebe bezeichnet, die in Bayern und Österreich Alm heißen, ist keltischen Ursprungs. Es ging ins Lateinische über und wurde später von dort zurückentlehnt. Ebenfalls schon aus jener Zeit soll die Sitte datieren, den ersten Mai feierlich zu begehen. Er markierte den Tag, an dem der Viehauftrieb begann.
Indessen, so wenig die mit Salz handelnden reichen Almbauern im mittleren Alpenraum von dem keltischen Aufbruch nach Oberitalien in Mitleidenschaft gezogen wurden, seine Nachwirkungen be-

kamen sie zu spüren. Durch den wachsenden Handel mit Etrurien wurde auch ihre Keltisierung weiter gefördert, denn die nun am Po und in Südtirol lebenden Krieger aus dem Donauraum waren ja dabei ihre unmittelbaren Partner. An Funden aus der Zeit um 500 v. Chr. läßt sich das deutlich ablesen.

Der Hallstätter Kulturraum bestand damals aus zwei großen Kreisen, einem westlichen, der immer deutlicher hervortretende keltische Züge aufweist, und einem östlichen, den die in Kärnten, im Adriawinkel und in Jugoslawien lebenden Illyrer wie auch deren Vettern, die Veneter, prägten. Nun erst begannen sich also die drei aus Böhmen stammenden Völker endgültig voneinander zu trennen. Auseinandergelebt haben sie sich deswegen jedoch keineswegs. Keltische Elemente finden sich in der illyrischen, illyrische Elemente in der keltischen Kunst.

Trotzdem müßte man Begriffe wie Kelten und Illyrer auch jetzt noch mit größter Vorsicht verwenden, wenn nicht um die Mitte des letzten vorchristlichen Jahrtausends das geschehen wäre, was die Experten, je nach Temperament, »Wunder« oder »rätselhaften Vorgang« nennen; die Entstehung einer neuen Kultur in diesem westlichen Hallstattkreis. Erst deren Existenz nämlich berechtigt uns dazu, nunmehr völlig unbefangen und ohne jede Einschränkung von »den Kelten« zu sprechen.

Die Linguisten, normalerweise wichtigste Sachverständige, wenn es darum geht, ein Volk gegen das andere abzugrenzen, bestätigen das auf ihre Weise. Die Krieger, so sagen sie, die Rom und Hellas erschreckten, hätten einer Gruppe von Stämmen angehört, welche verwandte Dialekte schon lange benutzten, aber erst gegen Ende des sechsten vorchristlichen Jahrhunderts hätten sie sich in einem größeren Verband zusammengefunden und damit die Ausprägung einer gemeinsamen Sprache gefördert.

Wenn sie recht haben – und das ist kaum zu bezweifeln –, dann bedeutet dies gleichzeitig auch, daß von diesem Zeitpunkt an alle Voraussetzungen erfüllt waren, welche die europäischen Philosophen des neunzehnten Jahrhunderts als Kriterien einer Nation betrachteten. Deutsche, wie etwa Herder und Fichte, hatten ja postuliert, ein Volk weise sich vor der Geschichte durch seine ihm eigene Kultur aus. Der Prozeß, aus dem sie hervorgehe, sei identisch mit dem seines eigenen Zusammenwachsens. Franzosen dagegen, unter ihnen Ernest Renan, vertreten den Standpunkt, die »Nation« sei ein »täglich sich wiederholendes Plebiszit«, zu ihr gehöre, wer sich zu ihr bekenne.

Ignoriert man nun die Widersprüche zwischen diesen zwei Theorien und betrachtet sie statt dessen als die beiden Hälften einer einzigen Gußform, dann lassen sich – zumindest hilfsweise – beide auf die Kelten anwenden. Ihre Teilstämme müssen irgendwann einmal beschlossen haben, sich zusammenzuschließen. Später besiegelten sie diesen Entschluß durch die Schaffung eben der neuen Kultur.

Es bleibt freilich immer noch die Frage offen, was sie zu dieser Entscheidung veranlaßt haben könnte. Darauf die Antwort suchen heißt weiterhin mit Vermutungen und dünnsten Indizien operieren.

Kapitel VIII

Kopfjäger mit bürgerlichen Zügen

»Denn es gibt für den Menschen außer der wirklichen numerischen Individualität unleugbar noch andere Abstufungen und Erweiterungen derselben, in der Familie, der Nation durch die verschiedenen Kreise größerer und kleinerer Stämme hindurch und dem ganzen Geschlecht.«

Wilhelm von Humboldt
»Betrachtungen über die bewegenden Ursachen der Weltgeschichte«

»Die ganze wirtschaftliche Entwicklung läßt sich darstellen als eine fortwährende Verringerung und Abtragung der Vorrechte der Geburt.«

Friedrich Ebert
»Antrittsrede des Reichspräsidenten«

ZEIT:	KULTURSTUFE:	VOLK:
Von x bis 4000 v. Chr.	Ältere Steinzeit	
4000-1800 v. Chr.	Jüngere Steinzeit	
Bronzezeit	Hockergrabkultur	Indo-germanen
	Hügelgrabkultur	
1000 v. Chr.	Ältere Urnenfelder-Kultur Jüngere Urnenfelder-Kultur	
Eiszeit: Hallstatt-zeit 500 v. Chr.	Hallstatt-Kultur	Entstehung von Kelten und Jllyrern
Eiszeit: la Tène-zeit 15 v. Chr.	la Tène-Kultur	Kelten

Tabelle zur Ur- und Frühgeschichte des Hallstätter Raumes

Zeittafel:

450 v. Chr.:	Beginn der Latène-Zeit.
460–430 v. Chr.:	In Griechenland: Phidias schafft den Zeus von Olympia und die Athena Parthenos.
443–429 v. Chr.:	In Griechenland: Perikleisches Zeitalter.
400 v. Chr.:	Kelteneinfall nach Italien.
399 v. Chr.:	In Griechenland: Sokrates wird zum Tod verurteilt.
333 v. Chr.:	In Anatolien: Alexander der Große schlägt die Perser bei Issos.
304 v. Chr.:	In Ägypten: Alexanders Feldherr Ptolemaios errichtet seine Herrschaft über das Nilland.
Um 300 v. Chr.:	In Rhodos: Errichtung des Koloß von Rhodos, eines der sieben Weltwunder.
295 v. Chr.:	Schlacht bei Sentinum.
230 v. Chr.:	Attalos I. besiegt die Galater im Tal des Kaïkos.
218 v. Chr.:	In Rom: Beginn des Zweiten Punischen Krieges.
Um 180 v. Chr.:	In Pergamon: Bau des großen Zeusaltares, eines der sieben Weltwunder.
175 v. Chr.:	Ende des römischen Kampfes gegen die oberitalienischen Kelten.
133 v. Chr.:	Kämpfe der iberischen Kelten gegen Rom.
61 v. Chr.:	Caesar bricht den letzten keltischen Widerstand in Spanien.
58–51 v. Chr.:	Caesar erobert Gallien.
Um 50 v. Chr.:	Ende der Latène-Zeit auf dem europäischen Kontinent.

Zerschlagung eines Feudalstaates

Ein fürstlicher Staatenlenker hat einem bürgerlichen zumindest dies voraus: er kann die Früchte seiner Lenden ins politische Kalkül ziehen und mit einer geschickt arrangierten Heirat größere Gebiete an sich bringen als jener mit einem Krieg. Das wurde auch in der Hallstattzeit schon praktiziert.

Archäologen stellten fest, daß damals in weit voneinander entfernten Gemeinwesen oft ein gleicher Stil vorherrschte. So bestehen verblüffende Übereinstimmungen zwischen Ausgrabungsgegenständen, die bei Mailhac in Südfrankreich sowie am Sitz eines bayerischen und eines spanischen Dynasten an den Tag kamen. Jean-Jacques Hatt erklärt sich das auf folgende Weise: Ein an der Donau lebender Regent hatte seinen Sohn einer Prinzessin in der Languedoc zum Mann gegeben. Dadurch band er deren Besitz an den seinen. Zu ihrem Erbe aber gehörte auch eine Herrschaft, die jenseits der Pyrenäen lag. Drei verschiedene Höfe gerieten also durch einen einzigen Schachzug in Kontakt miteinander. Sie koordinierten ihre Interessen, ihre Geschäfte, ihre Politik, bezogen Gerätschaften von denselben Lieferanten oder verzierten aus heraldischen Gründen ihre Waffen mit den gleichen Ornamenten. Das ist durchaus nicht ungewöhnlich.

Feudalherren haben ja stets weniger in der eigenen Nation als in der eigenen Sippe die Basis ihrer Macht gesehen und deshalb versucht, deren Mitglieder möglichst eng aneinander zu binden. Habsburger brachten auf diese Weise sogar ein vielsprachiges Weltreich zusammen. Die Zeit, in der ihr Haus groß wurde, läßt sich mit jener der Fürstin von Vix und der Junker von der Heuneburg durchaus vergleichen.

Jean-Jacques Hatts »europäischer Markt« war ein System von Kleinstaaten, ähnlich denen, die während des Mittelalters den Raum zwischen Ostsee und Mittelmeer in wechselseitiger Zusammenarbeit oder Konkurrenz beherrschten. Aber so wie diese feudalen Besitztümer in jahrhundertelangen Kämpfen zermahlen wurden, um endlich den moderneren Nationalstaaten Platz zu machen, so müssen auch die Hallstattreiche einer Bewegung zum Opfer gefallen sein, deren Träger nicht mehr gewillt waren, Einflußzonen zu respektieren, die irgendwelche Machthaber willkürlich geschaffen hatten. Tatsächlich würde ja der Sturm, der sie hinwegfegte, wie eine Serie von sinnlosen Bürgerkriegen erscheinen, wenn man ihn nicht – den Vergleich mit der jüngeren Geschichte Europas fortspinnend – als Produkt innerer Unruhe deutet, ihm vielleicht sogar revolutionären Charakter zubilligt.

Mit den Waren, die von Marseille aus nach Norden geschafft wurden, mögen neue Ideen ins Hinterland der Mittelmeerküste gedrungen sein, ein Gedankengut, über dessen Beschaffenheit zu spekulieren freilich sinnlos wäre. Immerhin könnte es jedoch ausgereicht haben, einer neuen Generation die eigenen Lebensumstände in unvorteilhaftem Licht erscheinen zu lassen. Daraus erwuchs Unbehagen, das dann eines Tages eben in Unruhe umschlug. Ältere Junker, die sich der geänderten Stimmung nicht anpassen konnten (oder wollten), wurden gestürzt. Jüngere Leute – das werden in den meisten Fällen Aristokraten gewesen sein – rissen die Macht an sich und etablierten sie in Bruderkämpfen. Ferner ist denkbar, daß bei diesen Auseinandersetzungen auch schon nationale, vielleicht sogar großkeltische Töne anklangen. Die Stämme aus Frankreich, Schwaben, Bayern und Böhmen hatten sich in der Zeit der Händlerfürsten kennengelernt und als Gemeinschaften von gleichen Sitten, Anschauungen, gleicher Lebensart und gleicher Sprache erfahren. Sie begriffen, daß sie einem einzigen großen Volk angehörten. Nun wollten sie ihm einen angemessenen Rahmen schaffen. Daß sie dabei der eigene Schwung gleich über die alten Grenzen hinaustrug, ist ebenfalls keineswegs verwunderlich. Auch jüngeren Völkern widerfuhr das ja noch, so den Franzosen nach der Großen Revolution oder den Deutschen nach ihren Einigungskämpfen.

Livius und Strabo bedienten sich, um diesen jähen keltischen Aufbruch zu erklären, hergebrachter mythischer Modelle. Sie vermochten sich nur Könige vorzustellen, die überflüssige Esser über die Grenzen schickten, rivalisierende Prinzen oder, wie Polybios, den unmotivierten Ausbruch einer krankhaften Kriegswut. Der Gedanke, die blonden Krieger, die in Oberitalien und später in Hellas erschienen, könnten auch Vertreter eines Volkes gewesen sein, das sich eben selbst entdeckt hatte und davon berauscht war, kam ihnen nicht. Trotzdem bietet er sich, wie gesagt, zur Deutung dieser Vorgänge an und gewinnt sogar noch an Wahrscheinlichkeit, wenn man auch die wirtschaftlichen Hintergründe der keltischen Unruhe des fünften vorchristlichen Jahrhunderts ins Auge faßt.

Revolution mit Hammer und Amboß

In den rußigen Hütten der Schmiede hatte damals eine technische Revolution stattgefunden. Während der letzten Hallstattjahre war die Eisenverarbeitung derart vorangekommen, daß die Prähistoriker mit dem Beginn dieser Epoche die europäische Bronzezeit zu Ende gehen lassen. Das graue Metall konnte nun so rationell aufbereitet werden, daß es sich lohnte, daraus nicht mehr nur teure Prestigewaffen herzustellen, sondern Geräte des täglichen Gebrauchs. Was die Hethiter schon um 1400 v. Chr. vermocht hatten, gelang jetzt auch den Handwerkern in den Alpen und an der Seine. Sie wußten, wie man ein glühendes Gußstück mit Öl oder Wasser schreckt, um es zu härten (noch beliebter war vielleicht, wie im arabischen Orient, Blut, weil es bei diesem Prozeß Phosphor abgibt), hatten herausbekommen, wie man Eisenstäbe zusammenschweißt und aus diesem Bündel zähe Klingen hämmert (später nannte man das Damaszieren) und wie man verschiedene Metalle tauschiert, also ineinanderfügt: Bronzestreifen wurden zu Tierfiguren oder anderen Mustern geformt und Eisenkörpern eingeprägt, in die vorher mit dem Stichel ein entsprechendes Negativbild gegraben worden war. (Im frühen Mittelalter ging den Europäern auch diese Technik verloren und wurde, wie das Damaszieren, später von Damaskus, vom Orient her, reimportiert.)

Gewichtiger als solche Kunstfertigkeit schlug freilich zu Buche, daß mit dem Eisenerz ein Rohstoff zur Verfügung stand, der fast überall vorkommt. Fünf Prozent der Erdrinde bestehen daraus, der Boden Westeuropas birgt davon noch heute etwa fünfundzwanzig Milliarden Tonnen.

Wer Eisen verarbeiten konnte, war nicht mehr angewiesen auf die langen Handelswege, über die britannisches oder slowakisches Zinn herangeschafft werden mußte. Das graue Metall bedrohte die Monopole der wenigen Häuser, die weitverzweigte Verbindungen kontrollierten. In den Schmieden entstanden ihnen einheimische

Konkurrenten. Das traf sie nicht nur auf den Märkten, sondern auch an einer anderen Stelle, an der sie kaum minder verwundbar waren. Unter anderem entstanden an den Ambossen Räderpflüge mit eisernen Scharen, die es erlaubten, auch schwere, aber fruchtbare Talböden zu beackern. Parallel geführte, tiefe Furchen fungierten als Entwässerungsgräben und führten überschüssige Feuchtigkeit ab. Damit waren die Zeiten vorbei, in denen Getreidebauern sich damit begnügen mußten, trockene, meist steinige Hang- oder Hochflächen zu kultivieren, und eine der ältesten Konfliktsituationen der Menschheit wurde wieder aktuell: der Streit zwischen Kain und Abel, zwischen Pflanzenzüchter und Viehhalter, zwischen Farmer und Cowboy.

Männer mit bodenbrechenden Werkzeugen besetzten die fetten Weiden und verwiesen die schweifenden Herdentreiber in jene dürren Gefilde, die früher ihr Revier gewesen waren. Das konnte schon deshalb nicht ohne Streit, Machtkämpfe und Aufstände vonstatten gehen, weil seit nomadischen Zeiten eben das Vieh das bewegliche Kapital, eine Säule aristokratischen Reichtums gewesen war.

Der Umgang mit ihm hatte händlerische Instinkte geschärft. Die großen Warenumschlagsplätze sind fast überall aus Rinder- und Pferdemärkten hervorgegangen, die Handelswege aus Pfaden, über die man Herden getrieben hatte. Wer aber beide beherrschte, konnte sich auch auf Kriegerscharen stützen, die unter abenteuerlustigen, beweglichen Hirten leicht zu rekrutieren waren. Diese Vormachtstellung wurde jetzt ebenfalls in Frage gestellt. Ein neu erstarkter Stand forderte einem älteren größere Rechte ab. Dabei war die wirtschaftliche Vernunft durchaus auf seiner Seite.

Die Eisengeräte ermöglichten nicht nur intensivere Feld-, sondern auch rationellere Viehwirtschaft. Mit preiswerten Sensen konnte Gras geschnitten und in Scheunen gespeichert werden. In vielen Gegenden erübrigte sich der Umzug von der Sommer- zur Winterweide. Rinder, die nicht ständig über längere Strecken getrieben werden mußten, setzten rascher Fleisch an; Kühe, in der Koppel oder im Stall gehalten, gaben reichlicher Milch; der Grund und Boden gewann dadurch einen größeren Wert; Dörfer wuchsen sich zu Städten aus; durchorganisierte Staaten wurden vorstellbar und hätten gegründet werden können, dies um so eher, als sich in der neuen

Gesellschaft nun auch einzelne Stände voneinander abzuheben begannen.
Neben den Berufskriegern gab es Bauern, Handwerker und Händler. Die Druiden bildeten so etwas wie eine Intellektuellenkaste, deren Angehörige fähig gewesen sein müßten, das Amt von Priestern, Richtern und Literaten zu übernehmen. Ob die Kelten diesen letzten Schritt auf ein größeres Gemeinwesen zu unternahmen, ist dennoch zweifelhaft. Fest steht nur, daß jüngere Führer sich aus den Trümmern der alten Macht neue Throne zimmerten, daß sie Städte bauten, Industrien gründeten und daß sie sich dabei wahrscheinlich auf ein Nationalgefühl (genauer eigentlich: ein Volksgefühl) stützen konnten, welches ihre Mitkämpfer inzwischen entwickelt hatten. Belegen läßt sich die Existenz dieses neuen Bewußtseins freilich allenfalls mit Hilfe der Überlegungen von Herder und Fichte. Akzeptiert man ihre umstrittene Formel, wo ein Volk ist, da ist auch eine Kultur, oder umgekehrt, von einer in sich geschlossenen Kultur kann man auf ein Volk schließen, das sie hervorbrachte, dann läßt sich auch sagen, die reiche Kunst der beginnenden Latène-Zeit dokumentiere das Vorhandensein eben der nunmehr entstandenen keltischen Nation.

Keltische Expressionisten

La Tène ist eine Untiefe am Nordende des Neuenburger Sees in der Schweiz. Aus ihr holte im Frühjahr 1858 der Amateurarchäologe Oberst Schwab an die zweitausend Fundgegenstände herauf, Schwerter, Speere, Fibeln, Werkzeuge. Viele von ihnen wiesen Verzierungen auf, wie sie den Forschern bis dahin noch kaum unter die Augen gekommen waren: stilisierte Ranken umschlangen nahezu naturalistische Tierfiguren.
Daß diese Ornamente keltischen Ursprungs waren, bezweifelte von Anfang an kaum einer, der sie untersuchte. Daß sie aber Dokumente einer noch unbekannten Kultur dieses Volkes seien, vermuteten erst wenige kühne Interpreten. Doch sie behielten recht.
Die zielbewußte Suche nach weiteren Gerätschaften im »Latène-Stil« erbrachte reiche Ausbeute in fast allen Winkeln des keltischen Lebensbereiches. Man stellte fest, daß er sich im Raum zwischen

Maas, Neckar und Main entwickelt und von dort her ziemlich rasch ausgebreitet hatte. Experten bezeichneten ihn bald als die erste bedeutende »künstlerische Eigenleistung nördlich der Alpen« (Pörtner) seit der Eiszeitkunst.

Die Epoche, in der er blühte, beginnt um 450 v. Chr. und geht (zumindest auf dem Kontinent) um 50 v. Chr. zu Ende. Sie markiert den Höhepunkt in der Geschichte der europäischen Kopfjäger. Wer sich mit ihr beschäftigt, wird seltsame Dinge erfahren.

»Griechisches Ornament«, schreibt Paul Jacobsthal, einer der bedeutendsten Interpreten des Latène-Stils, »entreißt der pflanzlichen Wirklichkeit ihr abstraktes Gesetz, ihre Idee. In den keltischen Schalen und Schildbeschlägen hingegen ist die organische Natur in einem ganz anderen Sinn gegenwärtig, hier ist Erinnerung an Schwellen im Frühling, an saftige Blüte – oder an Eingeweide.«

Jean-Jacques Hatt ergänzt: »Die Originalität der gallischen Kunst beruht einerseits auf ihrer Neigung zu graphischer Stilisierung, andererseits auf einem Expressionismus, welcher der Darstellung von Tieren, Menschen und Göttern einen phantastischen, bedrückenden Charakter verleiht. Diese Kunst ist genau der Gegenpol des griechisch-römischen Humanismus und Rationalismus.«

Sie unterscheidet sich freilich von der mediterranen Klassik auch noch in anderer Hinsicht. Während die Griechen im fünften und vierten vorchristlichen Jahrhundert ihre monumentalen Tempel mit zum Teil riesigen Statuen ausstatteten, während sie den gewaltigen Zeus von Olympia und die Athena Parthenos auf der Akropolis von Athen schufen, kaprizierten sich die Kelten auf kleine und kleinste Formate.

Götter- und Menschenbilder von Spannenlänge bis äußerstenfalls mittlerer Mannshöhe verließen die Werkstätten ihrer Künstler. Die Schmiede bedeckten winzige Flächen auf Töpfen, Schwertscheiden, Schmuckgegenständen mit einem Gewucher von Linien, Tierfiguren, Gesichtern. Dabei wurde keine Einzelheit nur aufgesetzt oder angedeutet, sondern ausziseliert bis ins nahezu Mikroskopische hinein.

Wenn sie sich dafür entschieden hatten, einen Zug von Kriegern über die Wände eines Bronzegefäßes marschieren zu lassen, dann zeichneten sie jeden von ihnen so detailliert, daß man erkennen konnte, ob sein Rock in Fransen auslief oder in einer geraden Naht. Masken von weniger als Daumennagelgröße auf besonders prächtigen Torques sind voll ausmodellierte Gesichter mit gewölbten Augenbrauen, Glotzaugen, Knollennase und sarkastisch herabgezogenen Mundwinkeln. Ihre Filigranarbeiten könnten auch von lupenbewaffneten Juwelieren nicht präziser gearbeitet worden sein. Vor allem aber schwelgten sie in immer neuen Rundungen, Bögen, geschwungenen Linien, komponierten jedes Motiv in allen nur vorstellbaren Variationen durch.

Auf die Wirkung großer, gegeneinander abgesetzter Flächen verließen sie sich dabei nur selten. Sie suchten vielmehr auszufüllen, was sich nur ausfüllen ließ, als ob sie Angst vor der Leere gehabt hätten, spannen alle Formen ein in üppiges Rankenwerk, gestatteten selbst dem Spiel von Licht und Schatten nur den Rahmen der Miniatur, scheinen nach innen gestrebt zu haben, in Höhlen, Mutterschoß, Bauch – zu den Eingeweiden, wie Jacobsthal es sieht.

Dennoch spricht alles, was sie schufen, durchaus auch die Sinne an. Viele ihrer Arbeiten schmeicheln dem Auge, wecken aber auch die Begierde, sie zu besitzen, und dies um so mehr, als man die meisten mühelos wegtragen könnte. Wieder andere sind wie Fenster, durch die man in die Welt der Kelten hineinzublicken glaubt. Sie erzählen Geschichten. So etwa der Kessel von Gundestrup und eine Schwertscheide, die im Gräberfeld von Hallstatt gefunden wurde.

Auf der Waffenhülle folgen Reiter in karierten Röcken einer Gruppe von Fußsoldaten und treten dabei ungerührt einen am Boden liegenden Gegner in den Staub. Zwei andere Gestalten in schreiend bunten Hosen und Röcken – die Farbe ist durch verschiedene Schraffuren angedeutet – halten ein Rad. Das könnte eine Winde sein, mit der Bergleute ihren Kollegen aus dem Schacht heraufholen, oder die Sonne – oder ein Symbol der Wiedergeburt. Von den Wänden des Kessels aber – er wurde 1880 in einem dänischen Torfmoor gefunden – blickt, in Silber getrieben, das ganze Pantheon der Kelten herab.

Ein Gott mit Hirschgeweih sitzt in der Stellung, die der Buddha seinen Jüngern für die Meditation empfahl – mit untergeschlagenen Beinen, rechter Fuß auf die linke Wade gestützt –, inmitten eines zoologischen Gartens voller Fabeltiere. In der einen Hand hält er

einen Halsring, in der anderen eine Schlange mit Widderkopf. Blumen sprießen um ihn herum, eine kleine Gestalt reitet auf einem Delphin durch die Luft. Der Sitzende soll Cernunnos sein, Herr der Unterwelt.
Ein anderes Bild zeigt Teutates. Schnurrbärtig, backenbärtig, kinnbärtig und über der Stirn sorgfältig gelockt – jedes einzelne Haar ist ausgeführt –, hält er mit beiden Händen Männer in trikotartiger Kleidung empor. Auf einem dritten beobachtet eine mächtige Figur, wie links von ihr ein Behelmter mit einem Ungeheuer kämpft und wie er, rechts, darüber triumphiert. Man glaubt, sie als eine Muttergottheit identifizieren zu können.
Im übrigen wimmelt es auf dem Innenrand der Kesselöffnung, dort, wo auch Cernunnos thront, von geflügelten, vogelköpfigen Vierfüßlern mit Adlerklauen, von Kreuzungen zwischen Pferd und Löwe, von Böcken mit Giraffenhals und grinsenden Schlangen. Sogar Elefanten kommen vor – sie tragen Rhinozerospanzer.
Die zärtlichste Szene zeigt ein zierliches Mädchen mit Hörnerhut. Es kauert neben dem Himmelsgott Taranis. Seine wohlgeformten Arme und Beine ragen aus einem enganliegenden Minikleid hervor, das aussieht, als sei es in der Boutique nebenan gekauft worden.
Die schaurigste schildert ein Opferritual von der Art, wie es auch die Priesterfürstin aus Vix zelebriert haben könnte. Ein Mann wird kopfüber in einen Kessel gestürzt. Finstere Krieger beobachten den Vorgang. Posaunenbläser, deren übermannshohe Instrumente in aufgerissenen Tierrachen enden, begleiten ihn musikalisch – eine Darstellung, die an die Visionen des Hieronymus Bosch erinnert. Jedem Griechen, der sie gesehen hätte, wäre wahrscheinlich das Blut in den Adern gefroren. Wir dagegen vermögen sie eher einzuordnen – irgendwo zwischen gotischen Wasserspeiern und surrealistischen Kompositionen von Max Ernst.
Der Keltenstil mutet zuweilen ohnehin verblüffend modern an. »Er antizipiert«, schreibt Jacobsthal, »Rhythmen und Formprinzipien, die erst Jahrhunderte später wiederkehren und zur Wirkung kommen.«

Entwickelt hat sich die Latène-Kunst ähnlich wie jede spätere auch. Klassische Perioden wechseln mit romantisch-barocken ab. Auf Zeiten, in denen klare Linien und nüchterne Motive dominierten, folgen wilde Ausbrüche formaler Experimentierlust. Zwischen 400 und 350 v. Chr. flossen auch noch einmal ausgeprägt skythische Elemente in die keltische Kunst ein. Während der nachfolgenden hundert Jahre jedoch herrschte eine eher klassizistische Neigung vor. Die Handwerker bezwangen ihre Lust, die Ornamente wuchern zu lassen, und leisteten sich auch gelegentlich leere Flächen zwischen den einzelnen Zierelementen. Das Ergebnis ist ein klarer, ruhiger Stil von hoher Eleganz.

Der Kessel von Gundestrup mutet im Vergleich mit den Arbeiten dieser Zeit fast archaisch und primitiv an, obwohl er aus der spätesten Latène-Periode stammen soll, den Jahren nach 120 v. Chr. Man könnte deshalb annehmen, daß seine Schöpfer, wie es auch moderne Künstler gelegentlich tun, einen älteren Stil aufgegriffen und imitiert, oder daß sie nicht mehr die Kraft gehabt hätten, neue Formen zu entwickeln. Doch ist es auch möglich, daß man Geschichten, wie das Silbergefäß sie erzählt, immer nur nach überlieferten Regeln abhandelte, daß der Versuch, die Dämonen zu bannen, eine sakrale Aufgabe war.

Das Gefäß selbst könnte ja durchaus auch zu den Geräten gehört haben, die bei den Opferritualen verwendet wurden. Groß genug ist es. Seine Höhe beträgt zweiundvierzig, seine Öffnungsweite neunundsechzig Zentimeter, es wiegt nahezu neun Kilogramm. Die Gestalten auf seinen Wänden aber scheinen einer eigenen Hölle der Kelten zu entstammen, ihrem kollektiven Unterbewußtsein. Und darin hausten noch ganz andere Wesen.

So fand man bei Roquepertuse in der Provence einen Januskopf, der – kahl, kalt und albinohaft weiß – wie durch den Verwesungsdunst eines Schindangers in das Licht starrt. Aus Noves, in derselben Region, stammt ein steinernes Tier, das, aufrechtstehend, seine Vorderpfoten auf die abgeschlagenen Köpfe zweier Männer stützt, während ihm der Arm eines dritten aus dem scheußlichen Rachen hängt.

Heute steht dieses Ungeheuer im Musée Lapidaire zu Avignon. Für ein Eintrittsgeld von zwei Franc kann es besichtigt werden, aber sein Anblick vermittelt nur einen schwachen Eindruck von den Alpträumen, denen es entstammen mag. Das ist zwar einerseits dem Nachtschlaf des Betrachters förderlich, andererseits deswegen unbefriedigend, weil die Schilderung solcher Mahre von den keltischen Künstlern besonders ernst genommen wurde und weil in ihnen – vielleicht – ein Schlüssel zu ihrem Wesen versteckt liegt.
Auf der Oberfläche, die sie uns zuwendet, ist die Latène-Kunst freilich schimmernd, brillant und technisch perfekt.

Sie waren geniale Techniker

Die Kelten jener Zeit haben die aus dem Mittelmeerraum stammenden Techniken vollständig übernommen und souverän weiterentwickelt. Sie konnten nicht nur tauschieren, sondern lange vor der Erfindung entsprechender Walzanlagen auch feinste Eisenbleche herstellen. Selbst den Weicheisenguß scheinen sie beherrscht zu haben – eine Kunst, von der man lange Zeit glaubte, sie sei erst gegen Ende des neunzehnten Jahrhunderts perfektioniert worden. Da Zinn für sie verhältnismäßig teuer war, erfanden sie eine Art von Messing, für das sie an Stelle des Zinks, das ihnen in reiner Form unbekannt war, das Mineral Zinkspat verwendeten. Kupferne Gegenstände vermochten sie zu verzinnen und – möglicherweise als erste in der Welt – mit Quecksilber zu versilbern, wie sie überhaupt dieses äußerst giftige Element mit der Sicherheit erfahrener Alchimisten gewannen und destillierten. Außerdem kochten sie Schmuckglas, farbiges wie weißes, und kannten das Emaille.
Ihre Web- und Färbetechnik muß ebenfalls hoch entwickelt gewesen sein. Männer trugen eng anliegende, offensichtlich gestrickte Hosen und Pullover, Frauen freizügige Kleider aus demselben Material. Die Buntheit ihrer Mäntel und Jacken, welche Diodorus so beeindruckte, wird auch von den Menschendarstellungen der Latène-Künstler bezeugt.
Die Tatsache aber, daß die bedeutendsten Werke, die sie hinterließen, nicht von Bildhauern und Architekten, sondern von Kunstschmieden geschaffen wurden, läßt den Schluß zu, sie hätten auch

nach der Einführung des intensiven Ackerbaus ihre Abneigung gegen alle Besitztümer, die binden und beschweren, beibehalten. Was ihnen gehörte, konnte jederzeit schnell und mühelos weggeschafft werden. Sie legten ihre Vermögen in beweglichen Gütern an, in kostbaren Gefäßen, Schmuckgegenständen, Waffen. Sie trauten dem Frieden nie, der ihnen gelegentlich beschert war, verharrten in der ständigen Aufbruchsbereitschaft des Nomaden auch jetzt noch, da sie schon längst in festen Städten saßen.
Und natürlich verwendeten sie besonders große Sorgfalt auf die Herstellung von Waffen. Ihre Prunkhelme könnte man sich eher auf dem Kopf von Pyrrhos oder Eumenes als auf dem eines namenlosen schnauzbärtigen Häuptlings vorstellen. Die Kettenpanzer keltischer Fürsten hätten, nach den steinernen Darstellungen zu schließen, die von ihnen erhalten sind, einen Vergleich mit den Eisenhemden des hohen Mittelalters durchaus nicht zu scheuen brauchen. Die Schwerter der Latène-Zeit jedoch sind Dokumente nicht nur eines hochentwickelten Sinns für schöne Form und Funktionalität, sondern auch wechselnder taktischer Konzepte.
Um 450 v. Chr. waren sie noch, wie in der Hallstatt-Zeit, verhältnismäßig kurz und spitz – größere Dolche, mit denen man zustach, wenn der Lanzenangriff im Handgemenge steckenblieb. Hundertfünfzig Jahre später konnte man, wie schon in der Bronzezeit, auch mit ihnen zuschlagen. In der Zeit der großen Schlachten um Oberitalien aber diente das Keltenschwert nur noch als Hiebwaffe. Es war am Ende abgerundet. Seine Träger scheinen sich damals auf die Wucht ihres ersten Ansturms verlassen zu haben, hieben vom Pferd aus auf den Gegner ein, oder vertrauten im Fußkampf auf ihre überlegene Körpergröße.
Wie sehr sich das später rächen sollte, beschreibt ja Polybios. Seine Feststellung dagegen, die Klingen der keltischen Waffen seien aus so schlechtem Material gewesen, daß sie sich nach dem ersten Hieb verbogen, erklärt sich daraus, daß in der Regel nur die Schneiden aus kostbarem Stahl bestanden, der Rest der Waffe aus minderem Metall. Die Anführer dagegen waren sicherlich besser ausgestattet. In Scheiden wie der von Hallstatt trug man keine billigen Schwerter auf den Kampfplatz. Auch Brennus dürfte einen reichverzierten Paradepallasch auf die römische Waagschale geworfen haben.

Ähnliches galt von den Schilden. Die schönsten erhaltenen Exemplare dieser Schutzwaffen waren – wie etwa der »Battersea shield« aus England – Meisterwerke der Schmiedekunst und auch groß genug, um einen Mann vom Knie bis zum Kinn zu decken. Sie hatten die Form von Rechtecken oder doppelten Trapezen und wiesen gelegentlich in der Mitte Rundungen und nierenförmige Einbuchtungen auf. Der gemeine Mann indessen dürfte sich äußerstenfalls mit einem lederbezogenen Brett geschützt haben und war gegenüber dem Legionär, der ein hohes, breites und gewölbtes »Scutum« römischer Bauart vor sich hertrug, natürlich unterlegen – zumal dann, wenn der Furor ihn leichtsinnig machte.
Überhaupt scheint ja der größte Fehler der Kelten darin bestanden zu haben, daß sie sich zu sehr darauf verließen, den anderen überlegen zu sein, und daß sie nie die schwere Arbeit auf sich nahmen, ihre Ressourcen planmäßig zu nutzen und zu organisieren. Leicht, geradezu spielerisch leicht fiel ihnen die Schaffung der Latène-Kultur. Sie erreichte binnen weniger als hundertfünfzig Jahren, also in etwa vier Generationen, ihre höchste Blüte. Gescheitert aber sind sie offensichtlich an dem Versuch, einen oder mehrere Großstaaten zu errichten (wenn sie ihn überhaupt jemals unternahmen).
In kleinem Rahmen jedoch konnten sie hier und dort durchaus verwirklichen, was ihnen im großen nie gelang.

Eine Stadt wie ein Termitenhaufen

Das alte Handelsnetz zwischen Rhône-Mündung und dem Raum nördlich der Alpen war schon zu Beginn des vierten vorchristlichen Jahrhunderts nahezu vollständig restauriert. Griechische Einflüsse begannen die in der späten Hallstatt-Zeit vorherrschenden etruskischen wieder zu überlagern. Marseille und seine Tochterstädte – etwa Nikaia, das heutige Nizza – wurden erneut zu einem wichtigen Orientierungspunkt für die in Frankreich und Süddeutschland lebenden Stämme. Die Kelten selbst drangen nun auch bis ans Mittelmeer vor und lernten es, in Städten zu wohnen, so auf dem Hügel von Nages.
Nages ist ein kleines provençalisches Nest, wenige Kilometer westlich von Nîmes – Häuser aus Bruchsteinen zusammengemauert, eine

kleine Bahnstation, gelassene Boulespieler im Schatten mächtiger Steineichen. Wer nach der Keltenstadt fragt, wird mit einer nachlässigen Kopfbewegung auf den Weg geschickt und findet sie auf einer riesigen Hochfläche oberhalb des Dorfes.
Der dort gebotene Anblick entschädigt freilich für den mühsamen Aufstieg. Mauern, zwei bis teilweise fünf Meter dick, aus unbehauenem Gestein mörtel- und makellos zusammengefügt, überragen wildwuchernde Macchia. Halbrunde massive Bastionen unterteilen sie. Dahinter und davor: ein labyrinthisches Gewirr kleiner, ineinandergeschachtelter Behausungen, von denen nur die Grundmauern erhalten sind. Gelegentlich läßt sich erkennen, daß ein Haus gegen das andere abgegrenzt ist, doch trennt sie oft nur ein schmaler, manchmal kaum schulterbreiter Durchgang. Man gewinnt den Eindruck, in den Trümmern eines riesigen Termitenhaufens zu stehen, der sich von beiden Seiten an die Befestigungsmauer schmiegt, so daß es schwer zu unterscheiden ist, was ›extra muros‹ und was ›intra muros‹ war.
Die Größe der Siedlung läßt sich mit dem bloßen Auge kaum abschätzen, das verhindert die Macchia. Archäologen haben nur einen winzigen Ausschnitt freigelegt, berichten aber, der Wall, der sie umgab, sei mehr als tausend Meter lang gewesen. Weshalb die Anlage hier oben entstand, läßt sich leicht erraten. Von ihren Mauern aus bietet sich ein weiter Blick über die Ebene, in der Nîmes liegt. Sie war gleichzeitig Burg, Auslug und Zufluchtsort. Im Kriegsfall konnte man mit allen Herden auf die Hochebene flüchten und sich dort monatelang aufhalten.
Eine keltische Gründung ist die Stadt oberhalb von Nages allerdings nicht. Sie dürfte von Ligurern geschaffen worden sein. Die hatten sich mit den Eindringlingen aus dem Norden erst herumgeschlagen, dann zusammengetan, schließlich vermischt. Am Ende der Latène-Zeit gehörte ihr Hügelnest dann zu den insgesamt vierundzwanzig Siedlungen, welche sich alle um Nîmes gruppierten. Das alte Nemausus war damals ein zentraler Ort der Volcae, jenes Stammesverbandes, dem, wie Strabo vermutet, auch die Tektosagen angehört hatten.

Von den Türbalken grinsten die Schädel

Die Reste von Entremont, einer anderen dieser Höhenstädte, für die sich der von Cäsar gebrauchte Name Oppidum eingebürgert hat, gestatten einen etwas tieferen Einblick in die Lebensumstände seiner Bewohner. Entremont liegt hoch über Aix-en-Provence und weist einen regelmäßigeren Grundriß auf als die uralte, immer wieder überbaute Termitenburg von Nages.

Seine Straßen stoßen teilweise rechtwinkelig aufeinander. Es gab unterirdische Abwässerkanäle, die durch die Befestigungsmauer ins Freie führten, ferner eine Bäckerei mit schöngemauertem Ziegelofen und eine rechteckige Tempelanlage. Doch sind auch hier die Wohnungen winzig klein, Räume, die das notwendige Lebensinventar bargen, aber keine Spur von »Wohngefühl« aufkommen ließen. Das Dasein muß sich überwiegend im Freien abgespielt haben, auf dem dreifach gestaffelten, mächtigen Außenwall (auch er aus Bruchsteinen, ohne Mörtel zusammengefügt) und unter schönen, alten Eichen, wie sie schon damals das Oppidum überschattet haben mögen. Daß es aber Kelten waren, die hier hausten, wird, wie in allen ihren Niederlassungen, durch die Schädel mit eingeschlagenen Nägeln bezeugt, die man in den Trümmern fand, durch die Wandnischen, aus denen sie herausgrinsten und die für die Aufnahme solcher Trophäen ausgehöhlten Türbalken.

Ein Fremder, der durch Entremont schlenderte, muß geglaubt haben, er befinde sich in einem bewohnten Beinhaus, oder, solange noch Fleisch an den Knochen hing, auf einer Richtstätte. Dabei war es ein Städtchen, vor dessen Häusern die Kinder spielten und die Frauen Wäsche aufhängten. Aber normale Phantasie scheitert ohnehin an dem Versuch, solche Details zu einem Bild zusammenzufügen. Ebenso schwer fällt es, sich vorzustellen, daß in einer derartigen Umgebung nüchterne Metallhandwerker die teilweise auf nichts als ästhetische Wirkung zielenden Gebilde der Latène-Kunst schaffen konnten. Trotzdem war es so. Das Schöne und das Schreckliche gingen fugenlos ineinander über. Für die benachbarten Griechen muß das schwer zu verstehen gewesen sein. Bei allem wirtschaftlichen Nutzen, den die Bewohner der Marseiller Region von ihnen hatten, waren die Keltoligurer doch recht schwierige Partner. Dies um so

mehr, als Oppida wie Entremont die Handelswege völlig beherrschten.
Wo aber Hellenen und Kelten engeren Kontakt miteinander hatten, entwickelten sich auch Städte von naivem Zauber und durchaus angenehmem Charakter, vor allem, wenn noch ein drittes Element hinzutrat, das iberische.

Die Iberer, etwas frivol

Bei Ensérune, nördlich von Narbonne, in der Languedoc, wurde eine Siedlung ausgegraben, deren Erbauer gegen Ende des fünften vorchristlichen Jahrhunderts griechische Bauprinzipien bewußt übernommen und mit ihren eigenen Mitteln zu realisieren versucht hatten. Sie imitierten den schachbrettförmigen Grundriß von Städten wie Milet oder Piräus und stützten das Dachgebälk ihrer Häuser durch Säulen, die den dorischen und ionischen nachempfunden waren – was indessen nicht heißen muß, daß sie darauf verzichtet hätten, auch daran ihre barbarischen Trophäen aufzuhängen.
Freilich, die keltischen Bewohner der Languedoc scheinen etwas anpassungsfreudiger gewesen zu sein als die rauhen Nachkommen nördlicher Invasoren und eingesessener Ligurer. Das lag daran, daß sie sich eben mit Iberern zusammengetan hatten, einem Volk, welches südlich wie nördlich der Pyrenäen lebte.
Strabo berichtet, sie seien stolz, hochfahrend und leicht entflammbar gewesen, andererseits aber auch musikalisch und etwas frivol – er schließt dies daraus, daß ihre Frauen beim Tanz die Männer an den Händen hielten. Wein tranken sie seltsamerweise nicht, dafür jedoch in großen Mengen Bier. Außerdem liebten sie es, gewaltige Gelage zu feiern, und waren geschickte Metallhandwerker. Auf der Pyrenäenhalbinsel, die des Gold- und Silberreichtums ihrer Berge wegen immer wieder fremde Völker angelockt hatte, müssen sie schon frühzeitig mit den Vertretern großer mittelmeerischer Kulturen in Berührung gekommen sein, vor allem mit Phöniziern. Und obwohl sie sich stets hartnäckig gegen Eindringlinge wehrten, kann der Kontakt mit ihnen nicht ohne Folgen geblieben sein. Sie wurden weltläufiger, geschickter, zivilisierter und dürften einen Teil ihrer Erfahrungen an die überaus lernbegierigen Kelten weitergegeben

haben. Dies prägte denn auch ihren gemeinsamen Schöpfungen einen Stempel auf, der sie von denen im alten ligurischen Raum unterschied. Freilich widerstanden auch dessen Bewohner auf die Dauer nicht dem Geist, der von Marseille und anderen griechischen Küstenstädten heraufwehte. Dafür gibt es ebenfalls Beispiele.

Kuren für Kelten und Griechen

Am Ende einer Schlucht, die sich bei Saint-Remy-de-Provence in die kahlen, sonnenglühenden Felsberge der Alpilles hineinzieht, unter Bäumen, die sich, an das Gestein klammernd, eine Quelle überschatten, an einem Ort also, der die Bezeichnung lieblich geradezu herausfordert, hatten Ligurer ein Heiligtum geschaffen, das wahrscheinlich den Wassergeistern gewidmet war. Später gesellten sich ihnen dann Kelten zu und verehrten dort ihren Cernunnos, der, wie auf dem Kessel von Gundestrup, im Buddhasitz dargestellt wurde. Noch später kamen auch Griechen, und da wurde aus der kleinen Tempelanlage erst ein Nymphaion, in dessen Bannkreis die Götter dreier Völker einander friedlich als Gleiche erkannten, später eine kleine Stadt, die sich von den rauhen Höhensiedlungen bei Nages und anderswo so unterschied wie eine Teerose von einer Heckenrose.

Weiße, stuckverkleidete Häuser säumten den schmalen Weg zur Quelle. Treppenanlagen zogen sich den Hang hinauf. Das Wasser, über dem die Geister woben, wurde abgeleitet in Kanäle und Bassins. Badeanlagen entstanden, säulenumgebene Höfe und auch eine Befestigungsanlage.

Glanon – so nannten die Hellenen diesen Ort – scheint ein Treffpunkt der Kauf- und Kontaktleute gewesen zu sein, ein Platz, an dem man zusammenkam, um unter dem Schutz der Götter zu verhandeln, sich kennenzulernen und gemeinsam zu kuren. Daß dabei die Griechen den Ton angaben und die Form bestimmten, ist sicher. Den Eingesessenen fiel die Rolle von Schülern zu, die gafften und lernten, von Wilden, die zu erfahren trachteten, wie und was man in den höher entwickelten Ländern dachte, welche Produkte, Manieren, Sitten dort en vogue waren, welche Stile vorherrschten. Gewinn dürfte davon die eine wie die andere Seite gehabt haben. Da

die Griechen zu schwach blieben, sich als Kolonialisten zu gebärden, mußten die Kelten nicht fürchten, von ihnen ausgebeutet zu werden, da beide in erster Linie auf langfristigen Handel bedacht waren, brauchten jene keine Angst zu haben, geringer Beute wegen erschlagen zu werden, obwohl das natürlich auch vorgekommen sein mag. Glanon jedenfalls entwickelte sich zur bezauberndsten Blüte am dünnen Strang einer griechisch-keltischen Kultur, die es in Ansätzen durchaus gab, die sich vielleicht hätte weiterentwickeln können, die dann aber frühzeitig abstarb.
Schon um 150 v. Chr. begannen sich italische Kaufleute in die Geschäfte der Hellenen einzumischen und sie allmählich von den südfranzösischen Märkten zu verdrängen. Handelshäuser wie das des Marcus Sestius oder des Decimus Aufidius – ihre Namen finden sich auf Stempeln erhalten gebliebener Weinamphoren –, lieferten Wein aus der Campagna und strichen dabei jene enormen Gewinne ein, die das Erstaunen der Poseidonios-Nachfolger erregten. Sie scheinen den Traubensaft ähnlich verwendet zu haben wie später amerikanische Pelzhändler das Feuerwasser bei Transaktionen mit Indianern. Außerdem waren sie wohl praktischer und robuster als ihre griechischen Konkurrenten.
Wahrscheinlich haben auch diese Italiker schon Glanon gekannt. Römisch geworden ist das Städtchen jedoch erst nach der Eroberung der Provence durch senatorische Truppen im zweiten vorchristlichen Jahrhundert. Von da ab hieß es Glanum.
Indessen war auf dem Höhepunkt der hellenisch-keltischen Zusammenarbeit die südfranzösische Region insgesamt nur ein winziger Teil des riesigen Raumes, den sich die Träger der Latène-Kultur mittlerweile erobert hatten. Auch weiter nördlich, an der Marne, der Donau, dem Main und in den Alpen lebten sie, nicht viel anders als unter dem strahlendsten Himmel Europas.

Von Caesar bewundert: die gallischen Mauern

Oppida, also stadtähnliche Anlagen mit Befestigungsmauern, gab es bald überall, wo Kelten sich niedergelassen hatten – sowohl in Jugoslawien als auch in Österreich, Böhmen, Süddeutschland und natürlich in Frankreich. Von einigen dieser Siedlungen kennt man sogar noch die Namen, weiß zumindest, daß sie mit Vorliebe auf »briga«, der Hügel, »dunum«, die Festung, »magus«, die Ebene, oder »nemeton«, der heilige Platz, endeten. So etwa Lugdunum, die Burg des Gottes Lug, das heutige Lyon (auch Loudon und Laon in Frankreich gehen auf diesen Namen zurück, ebenso Leiden in Holland und Liegnitz in Schlesien), ferner Namneton (Nantes), Noviomagus (Speyer), Cambodunum (Kempten) oder Boiodunum (Passau).

Allein im alten Gallien lassen sich über neunzig solcher Plätze nachweisen. Sie lagen, wie Nages und Entremont, überwiegend auf Hügeln, hatten sich aus älteren Fluchtburgen entwickelt, waren aber in der mittleren Latène-Zeit längst schon mehr als nur dies. Bibracte, im alten Burgund, das von allen keltischen Oppida am gründlichsten erforschte, liefert dafür einen eindrucksvollen Beleg.

Die Forscher, die 1867 auf dem Mont Beuvray bei Autun zu graben begannen und ihre Arbeit vier Jahre später abschlossen, legten ein Gemeinwesen frei, das nicht nur von einem fünf Kilometer langen Wall umgeben war, sondern auch eine Einteilung aufwies, welche noch moderne Stadtbewohner vertraut anmuten muß.

Es gab ein »Industriegelände«, von Handwerkern besiedelt, ein besseres Wohnviertel für reiche Leute und den Marktplatz, der in römischer Zeit mit einem Forum überbaut wurde. Freilich lag die gewerbliche Zone nicht, wie das heute üblich ist, in einem Außenbezirk, sie bildete vielmehr das eigentliche Herz der Siedlung. An einer Straße, die vom Haupttor zum Stadtzentrum führte, reihten sich Hütten von unterschiedlicher Form und Größe, Schmieden, Webereien, Sattlerwerkstätten samt, so muß man annehmen, den Läden, in denen ihre Erzeugnisse den Vorübergehenden angeboten wurden. Die ganze Anlage dürfte einem orientalischen Sukh geglichen haben. Auch in den Basaren wird ja gelegentlich noch zum Verkauf gereicht, was eben erst die Werkbank oder den Töpferofen verlassen hat.

Im Wohnviertel ging es ruhiger zu. Die Häuser waren auch hier recht einfache Konstruktionen, Fachwerkbauten auf Bruchsteinfundamenten, die Außenfronten mit Lehm verputzt, doch gab es, freilich wiederum erst in römischer Zeit, zumindest eine mächtige Villa mit Atrium und nicht weniger als dreißig Räumen.

Die Wälle aber hatte man in einer Technik errichtet, die so typisch keltisch ist wie der Schnauzbart und der Feindesschädel über der Tür. Ein dichtes Rahmenwerk aus Holzbalken wurde mit Felsbrokken ausgefüllt und an den Außenwänden durch unvermörtelte Steine so verkleidet, daß die Enden der quergelegten Stämme sichtbar blieben.

Caesar nannte diese Konstruktion den »murus gallicus« und meinte, sie biete deshalb viele Vorteile, »weil der Stein gegen das Feuer, das Holz gegen den Mauerbrecher Schutz gewährt. Da nämlich das Holzwerk durch Längsbalken von meistens vierzig Fuß im Inneren verbunden ist, kann es weder durchschlagen noch auseinandergerissen werden.«

In Deutschland wurde eine gigantische gallische Mauer bei Nonnweiler im Saarland gefunden, der sogenannte »Hunnenring« von Otzenhausen, daneben auch kleinere Anlagen, so bei Finsterlohr im Taubertal und auf der Heuneburg. Deren Bewohner hatten die mittelmeerische Lehmziegelbauweise später zugunsten der landschaftsgemäßeren Technik aufgegeben.

Allen diesen Anlagen indessen beginnt seit 1955 die jüngstentdeckte der keltischen Städte den Rang abzulaufen. Wie sie ursprünglich hieß, weiß niemand. Man benennt sie deshalb nach dem Siebentausend-Seelen-Dorf Manching nahe Ingolstadt. Dort hat sie einstmals geblüht.

Manching, Großstadt im Donaumoos

Wer München von einem Ende seiner Altstadt, vom Isar- bis zum Karlstor, durchwandert hat, wird zwar nicht erschöpft, aber dennoch einem Bier kaum abgeneigt sein. Im keltischen Manching wäre er erschöpft gewesen, denn Bayerns alte Hauptstadt hätte viermal in das Oppidum an der Donau hineingepaßt. Seine Ringmauer war über sieben Kilometer und damit fast doppelt so lang wie die des mittelalterlichen Nürnbergs. Es bedeckte eine Fläche von zirka vierhundert Hektar, dreimal soviel wie Bibracte.

Trotzdem dürfte es einem Besucher von heute kein ausgesprochenes City-Gefühl vermittelt haben. Er hätte seinen rund zweieinhalb Kilometer langen Streifzug auf einer großen Wiese begonnen, welche

innerhalb der Verteidigungsanlage grünte und sich als fünfhundert Meter breiter Gürtel um eine Wohn- und Industrieanlage zog. Die allerdings summte vor Aktivität.
Es gab Goldschmieden, Bronzegießereien, eisenverarbeitende Betriebe, Glasfabriken, Töpfereien, Handelshäuser. Die Bewohner des alten Manching stellten Hirschhorngriffe für Messer her, Ringe aus Saprolith, einem kohleähnlichen Material, faßten Bernstein, prägten Münzen aus Blaßgold, die sogenannten Regenbogenschüsselchen, die überall in Süddeutschland gefunden werden, fabrizierten Mühlsteine aus importiertem Porphyr oder Basalt und züchteten Schweine, Ziegen, Rinder, Hunde, Hühner sowie zwei Arten von Pferden, eine kleine Ponyrasse und eine größere, die auch bewaffnete Männer tragen konnte.
Das Eisenerz, das sie verarbeiteten, wurde im Donaumoos draußen vor den Toren der Stadt gefördert und dort auch verhüttet. Zur Weiterverarbeitung brachte man es dann nach Manching hinein. Bronze, Zinn, Gold, Silber und viele andere Materialien wurden importiert, das Saprolith, der Porphyr und der Basalt etwa aus Böhmen, der Bernstein aus Samland, der Wein, den sie in Tonamphoren aufbewahrten, aus Süditalien. Manching muß eine Handelszentrale gewesen sein, die mit den entferntesten Regionen Europas in Verbindung stand und sich an diesem Warenumschlag auch mit eigenen hochqualifizierten Erzeugnissen beteiligte.
Zu den schönsten Werkstücken, die man in seinem Boden entdeckte, gehört ein Jochaufsatz, durch den die Zügel eines Pferdegeschirrs geführt wurden. Er ist mit zwei Stier- und zwei Vogelköpfen geschmückt und makellos aus Bronze gegossen. Zu den erstaunlichsten Funden zählt ein Block aus purpurviolettem Rohglas, dessen Herstellung immerhin Kenntnisse voraussetzte, die während des Mittelalters von Byzantinern und Venezianern eifersüchtig gehütet wurden. Sie gehörten damals zum Schatz der orientalischen Geheimkünste – dabei hatten offensichtlich schon die Latène-Kelten buntes Glas erzeugt. Freilich, blasen konnten sie es noch nicht. Sie begnügten sich damit, aus dem zerbrechlichen Material Ringe zu gießen und diese mit Glasfäden in anderen Farben zu verzieren. Das muß ein begehrter Modeschmuck gewesen sein.
Im übrigen ist der Fundort Manching keineswegs ausgeschöpft. Es

wird die Archäologen noch Jahre beschäftigen, vielleicht Jahrzehnte, wenn man die Arbeit der Auswertung mitberücksichtigt. Was die Experten heute nach mehreren Grabungskampagnen bereits aussagen können, ist aber schon erstaunlich genug.
Sie halten den Platz für einen der Hauptorte, vielleicht die Hauptstadt des keltischen Stammes der Vindeliker, die in Bayern saßen, und vermuten, der Auftrag, ihn zu errichten, sei zu Beginn der Latène-Zeit von einem mächtigen Fürsten erteilt worden. Tatsächlich muß dieser Regent sogar sehr mächtig und mit sehr viel Weitblick begabt gewesen sein. Im Gegensatz zu den meisten anderen Oppidumgründern wählte er keine Anhöhe als Bauplatz, sondern eine leichte, überschwemmungsfreie Erhebung in der von Sümpfen durchzogenen Donauebene. Das hatte einen doppelten Vorteil. Einmal ließ sich von hier aus die uralte Handelsstraße kontrollieren, die von Ungarn heraufführte und sich bei Manching mit einer zweiten, nord-südlichen kreuzte. Zum anderen boten die Moore Schutz vor Angreifern.
Um seine Ziele zu erreichen, hatte er denn auch gewaltige Mittel eingesetzt. Ein Gehöft, das den Mauerbauern im Wege lag, wurde kurzerhand abgerissen, zwei Bäche und ein Fluß so zusammengefaßt und umgeleitet, daß sie den Wall als Burggraben teilweise umrundeten. Der drei Meter hohe Befestigungsring schließlich muß ganze Wälder verschlungen haben, Tonnen von Nägeln, Berge von Kalksteinen, eine immense Summe an Arbeitsstunden und, nicht nur bei Arbeitsunfällen, auch Menschenleben. Zumindest in einem Fall konnten die Archäologen das letztere nachweisen. Ein etwa sechsjähriges Kind wurde in die Fundamente der Anlage eingemauert – Opfer an die Götter.
Alle diese Details provozieren natürlich die Frage, wer dieser rücksichtslose Stadterbauer gewesen sein könnte. Welcher keltische Fürst war in der Lage, Tausende von Menschen für ein derart gewaltiges Werk und danach mindestens zehntausend Bürger für seine Gründung zu rekrutieren? Und wie muß der Mann beschaffen gewesen sein, der später von hier aus seine den Kontinent überspannenden Geschäfte betrieb und sogar eigene Münzen schlug?
Eine Antwort darauf dürften wir wohl niemals bekommen. Die Stadt, so bedeutend sie auch war, wird von keinem der klassischen

Autoren erwähnt. Selbst ihre Zerstörung in der Zeit um 15 n. Chr. war den römischen Feldherren weder eine Notiz noch eine Anmerkung auf einem Triumphbogen wert. Wir wissen nicht einmal, wer sie eroberte, können nur aus zerspaltenen Schädeln schließen, daß sie ein gewaltsames Ende fand. Und wenn auf dem Grund und Boden, der sie deckt, nicht zweimal, nämlich 1936 und 1955, ein Militärflughafen installiert worden wäre, dann wüßten wir vielleicht bis heute noch nicht, daß an der Donau einst ein Oppidum von dieser Größe existierte.

Beim Bau der ersten Anlage hatten die Archäologen nur wenige Zufallsfunde gemacht, aber als dann die Bundeswehr anrückte, um das alte Luftwaffengelände ihren Zwecken anzupassen, gelang es ihnen, mit einer Großkampagne den Planierraupen zuvorzukommen und zu retten, was noch zu retten war: das Bild einer großen keltischen Stadt. Seither finden sich fast jedes zweite Jahr Ausgräber der Frankfurter Römisch-Germanischen Kommission in Manching ein, um ihre bereits gewonnenen Kenntnisse zu vertiefen – während über ihnen die Kriegsmaschinen mit infernalischem Heulen in den Himmel stoßen.

Es gab auch schon Fabriken

Die interessanteste Information, die wir den Manching-Ausgräbern verdanken, ist die, daß sich in der Latène-Zeit tatsächlich Fürstentümer herausgebildet hatten, deren Herren die Praktiken ihrer Vorgänger aus der Hallstatt-Epoche offensichtlich wieder übten, wenn auch auf einer höheren Entwicklungsstufe.

In der Stadt im Donaumoos fand sich, abseits der Handwerkerviertel, ein Areal, das nicht von kleinen und kleinsten Häusern übersät war, sondern statt dessen aus großen Hofanlagen mit ungewöhnlich langen Häusern bestand. Fast alle dieser Hallen sind nur sechs Meter breit, aber dafür zwischen fünfunddreißig und achtzig Metern lang. Einige davon waren im Inneren in kleinere Zwischenräume aufgeteilt.

Natürlich fragt man sich, welchem Zweck solch unwirtliche Konstruktionen gedient haben könnten. Als Wohnanlagen schienen sie wenig geeignet, und die keltischen Gefolgschaftshäuser, die man anderswo, etwa auf dem Goldberg bei Nördlingen, vorfand, waren keine solch schmalen Schläuche gewesen. Blieben also nur drei Möglichkeiten übrig: Ställe für größere Kavallerieeinheiten, Kasernen oder – Fabriken. Die letztere Annahme erwies sich als die wahrscheinlichere. In zweien der Hofanlagen mit ihren Langhäusern – sehr viel mehr sind bis heute noch nicht ausgegraben – fanden sich derart große Mengen von Schlacken, Werkzeugen und Eisenabfällen, daß sich der Eindruck verdichten mußte, hier hätten nicht einzelne, sondern ganze Gruppen von Schmieden zusammen gearbeitet, hätten das Material aus den Gußöfen im Moor serienmäßig zu Barren verarbeitet und daraus Werkzeuge gefertigt. Daneben scheint es wenigstens eine große und ähnlich organisierte Zimmerei und eine weitere Anlage gegeben zu haben, in der auch Stoffe und Leder verarbeitet wurden, eine Kleiderfabrik also, eine Großsattlerei oder vielleicht auch eine Produktionsanlage für Schuhe.

All das mag ein bißchen abenteuerlich klingen – aber nur auf Anhieb. Fabriken – genauer: Manufakturen – sind ja der logische Endpunkt einer Entwicklung, die damit begonnen hatte, daß sich auf der Basis von Eisen ein Handwerkerstand herausbildete, der nicht mehr in erster Linie Luxusprodukte für einen kleinen Kreis reicher Abnehmer fertigte, sondern Mengenerzeugnisse für viele, weniger zahlungskräftige Kunden. Wo Pioniere neuer wirtschaftlicher Prozesse ihre Existenz auf billige Fertigung abstellen, wird sich bald auch die Erkenntnis durchsetzen, daß man noch rationeller produzieren kann, wenn einer dem anderen zuarbeitet und dabei jeweils nur die wenigen Arbeitsvorgänge bewältigt, die er am besten beherrscht. Das haben im neunzehnten Jahrhundert die Begründer der modernen Serienfertigung wie Samuel Colt und Henry Ford erkannt, das wußten zur Latène-Zeit auch schon die Griechen. »Hier«, so beschrieb im vierten vorchristlichen Jahrhundert der Historiker Xenophon die zu seiner Zeit praktizierte Arbeitsteilung, »lebt einer nur vom Nähen der Schuhe, dort ein anderer lediglich vom Zuschneiden . . . Je einfacher die Fertigung, um so besser gelingt sie auch.«

Und was den Hellenen einsichtig war, dürften die Kelten ebenfalls begriffen und praktiziert haben. An technischer Begabung und Sinn für Realität hat es ihnen ja durchaus nicht gefehlt. Das wußte man sogar am Mittelmeer.

Das von den Schnauzbärten erfundene Faß verdrängte jenseits der Alpen die tönernen Weinkrüge. Ihre zwei- und vierräderigen Wagen gehörten mit zu den technisch perfektesten und elegantesten Fahrzeugen, die damals wahrscheinlich gebaut wurden, und die Geräte des täglichen Gebrauchs, die sie fabrizierten, sahen sich im ganzen riesigen Raum zwischen Karpaten und Atlantik derart ähnlich, daß man schon aus ihnen schließen kann, es habe in den Oppida Großwerkstätten gegeben, die nach ziemlich einheitlichen Normen Äxte, Töpfe, Hacken und Hämmer herstellten.
Wo sie aber Bodenschätze ausbeuteten, geschah auch dies keineswegs in Kleinbetrieben. Unweit von Manching, bei Karlskron, kam eine Verhüttungsanlage ans Licht, die zweiundsechzig Schmelzstellen aufwies, wovon allerdings kaum mehr als jeweils vielleicht ein Dutzend gleichzeitig im Dunkel geglüht haben dürften. Die primitiven Rennfeuer jener Zeit waren nicht lange zu benutzen. Kleinere Schmelzöfen scheint ohnehin fast jede der keltischen Städte gehabt zu haben, denn überall, wo sie einst blühten, fand man Schlackenhalden und Reste rohen Gußmaterials.
Entsprechend gilt das auch für Salz. Alle die deutschen und österreichischen Plätze, in deren Namen die Silbe »hall« vorkommt, Hallein etwa, Schwäbisch Hall oder eben Hallstatt, waren irgendwann einmal von Kelten bewohnt. »Hal« ist ihr Name für das weiße Mineral. Und natürlich haben sie es ebenfalls in großem und größtem Maßstab aufbereitet. Bei Bad Nauheim, so stellten die Archäologen fest, stand auf einem Gelände von zwei Kilometern Breite und mehreren hundert Metern Länge ein Sudofen neben dem anderen. Rings um sie herum lagerten Tongefäße mit einem Fassungsvermögen von bis zu zweihundertfünfzig Litern. Darin wurde die Sole aufbewahrt. Hatte sie den notwendigen Konzentrationsgrad erreicht, dann füllte man den Inhalt der Großbehälter in kleinere Krüge um und schob diese in die Öfen. Was darin zurückblieb, war endlich ein Salzkuchen, der sich mühelos stapeln und transportieren ließ, nachdem die Sudgefäße vorher zerschlagen worden waren. Das alles macht deutlich, wie gut die Kelten – nicht nur in Manching – Wirtschaft zu organisieren vermochten, und läßt insgesamt den Schluß zu, ihre Re-

viere seien auf dem Höhepunkt der Latène-Zeit von emsigem kommerziellem Treiben erfüllt gewesen. An den ›muri gallici‹ brach sich nicht nur das Gröhlen wilder Kriegerhaufen sondern ebenso das Hämmern der Schmiede, das Klappern der Webstühle und das Kreischen der Schleifsteine. Aus den Umbrüchen des fünften vorchristlichen Jahrhunderts war eine Gesellschaft hervorgegangen, in der sich kriegerische Züge mit höchst bürgerlichen mischten.

Die keltischen Kapitalisten

Die Nachfolger der Hallstatt-Fürsten scheinen nicht nur Repräsentanten einer neuen Gesellschaftsschicht gewesen zu sein, sondern auch Anhänger einer fortgeschritteneren Wirtschaftsform. Sie schufen eine Industrie, deren Erzeugnisse mit den alten Handelsmethoden nicht mehr auf den Markt gebracht werden konnten. Die Produkte, an denen die Herren des »europäischen Marktes« verdient hatten, waren Kapital in höchst konzentrierter Form gewesen: Gold, Silber, Bernstein, Luxuserzeugnisse aus etruskischen und griechischen Werkstätten, selbst für Zinn und Bronze gilt das noch. Einige wenige Wagenladungen voll derartiger Güter hatten, sicher ans Ziel gebracht, riesige Gewinne abgeworfen.
Mit Massenartikeln dagegen hatte man anders umzugehen. Sie können nicht in einsamen spektakulären Zügen von einem Ort zum anderen gebracht werden, sondern müssen, um Rendite zu erbringen, einem wohlfunktionierenden Handelsnetz anvertraut werden, innerhalb dessen sie auf rationelle Weise und in ständigem Fluß ihre Absatzorte erreichen. Das wiederum setzt nicht nur sichere Straßen voraus sondern auch eine Reihe von Unternehmen, die die Spedition professionell betreiben. Einzelunternehmer, wie etwa der Herr der Heuneburg es war, hätten mit dem begrenzten Apparat, der ihnen zur Verfügung stand, nicht gleichzeitig Fabriken betreiben und deren Produkte kontinuierlich den Verbrauchern in aller Herren Länder zuleiten können. Ihre Nachfolger konnten es sehr wohl. Auf einem Markt wie jenem der Latène-Zeit arbeiteten Spezialisten mit Spezialisten zusammen, was auch soziale Folgen hatte. Kleinere Unternehmer erhielten die Chance, sich mit ihren begrenzten Kenntnissen, Fähigkeiten und Möglichkeiten in das Geschäft der

Großen einzuschalten und daran zu verdienen. Eine Art Bürgertum muß sich tatsächlich herausgebildet haben. In Manching ist das einigermaßen nachzuweisen. Es gab dort einerseits die großen Fabrikhöfe, daneben aber, um die Ost-Westachse der Stadt gruppiert, die Hütten und Häuser der kleineren Handwerker, die möglicherweise veredelnde Feinarbeit leisteten, oder eben nur jene Erzeugnisse in den gesamten Produktions- und Verteilungsapparat einspeisten, deren Herstellung in großem Rahmen sich nicht lohnte: Zangen, Feilen, Bohrer (etwa für die Manufakturarbeiter), aber auch Maßschuhe oder Prunkwaffen.

In welchem Verhältnis die Kleinen zu den Großen standen, ob sie ihnen als Leibeigene dienten, ihnen noch auf Grund alter Gefolgschaftsbindungen unterstanden, oder ob sie nur so von ihnen abhängig waren, wie eben jeder Zulieferer von seinem Abnehmer, das weiß man natürlich nicht. Doch lassen Berichte aus dem Gallien des letzten vorchristlichen Jahrhunderts den Schluß zu, daß beides richtig ist. Einerseits gab es Sklaven, andererseits Bürger, die jenen im Umsturz hochgekommenen Herren durchaus einen beträchtlichen Freiheitsspielraum abgerungen hatten. Gesetze des Kapitalismus mögen deshalb in der latènezeitlichen Gesellschaft eine zumindest begrenzte Geltung besessen haben. Reichtum, damit auch Macht und Einfluß, war konzentrierbar geworden in wenigen Taschen. Die keltischen »Statere«, geschmückt mit stark abstrahierten Symbolen und unterteilbar bis zu einem Vierundzwanzigstel ihres Wertes, verknüpften alle Märkte zwischen Donau und Seine auf höchst praktikable Weise mit dem mediterranen Weltmarkt.

Der keltischen Mentalität scheinen diese Verhältnisse sehr entgegengekommen zu sein. Nach Reichtum in handlicher Form hatten die Schnauzbartträger schon immer gestrebt. Römer wie Griechen sagten ihnen nach, daß sie am Gelde gehangen hätten und geradezu leidenschaftliche Geschäftemacher gewesen seien. Wie sich diese Haltung jedoch auf Bestrebungen politischer Führer auswirkte, die größere, straff organisierte Staaten schaffen wollten, ist eine andere Frage. Hochentwickeltes Konkurrenzdenken und die Lust am privaten Profit vertragen sich ja selten mit kühler Staatsräson. Tatsächlich scheint beides zu den Ursachen dafür gehört zu haben, daß das in der Latène-Zeit entstandene Volk sich in kleine und kleinste

Gruppen aufsplitterte, von denen viele wahrscheinlich wirtschaftliche Einheiten waren.
Geschadet hat dies alles den Kelten nicht, solange sie ungestört hinter dem Schutzwall der Alpen hausten und stark genug waren, immer wieder ihre plündernden Horden in die zivilisierten Staaten des Mittelmeerraumes zu schicken. Als später jedoch Rom seine eigene Macht auf stabile Fundamente gestellt hatte und nun seinerseits daranging, in die Gebiete vorzustoßen, aus denen ihnen so schreckliche Gegner erstanden waren, zeigte es sich, daß dieses körperlich große, zahlenmäßig starke und auch kriegstüchtige Volk den Legionen nichts weiter entgegensetzen konnte als ein bißchen Mut. Und das war zu wenig. Es hätte organisierter Macht bedurft, die Armeen der römischen Kaiser abzuwehren. Wie sich noch zeigen wird, mangelte es jedoch im entscheidenden Moment gerade daran. Ein Überblick über die Latène-Zeit hinterläßt deshalb einen insgesamt etwas zwiespältigen Eindruck.

Hin- und hergerissen zwischen Asien und Europa

Aus revolutionsähnlichen Wirren war eine Kultur hervorgegangen, deren Träger sich in nahezu einem Anlauf über den größten Teil Europas ausbreiteten. Kelten saßen um 300 v. Chr. in Frankreich, Spanien, der Schweiz, Süd- und Mitteldeutschland, Böhmen, Ungarn, Nordjugoslawien, Rumänien, Bulgarien, England und Irland. Sie gaben (vermutlich) dem Rhein seinen Namen, dem Main (bei ihnen hieß er Moin), dem Neckar, der Lahn, der Ruhr, der Lippe, der Isar, dem Inn und der Tauber (die sie Dubra nannten, was einfach Gewässer bedeutet). Allein ganz Süddeutschland müssen sie so dicht besiedelt haben, daß es fast schwerfällt, in Württemberg oder Bayern eine größere Gemarkung zu finden, die nicht ihre »Keltenschanze« aufweist. Aus diesen Gefilden aber stießen sie auch noch vor nach Rom, nach Delphi, nach Kleinasien. Jene jungen Herren, die ihre Vorgänger abgehalftert hatten, schienen im Begriff zu sein, fast aus dem Stand heraus sich nahezu unseren ganzen Kontinent zu unterwerfen, was, wenn diese Bewegung von einem Willen gelenkt worden wäre, eines der größten Imperien der europäischen Geschichte ergeben hätte.

Doch dann verebbte der Sturm, versiegte die Kraft der jähen Anstürme, und übrig blieb eine Reihe von bürgerlich angehauchten Industriellen, die offensichtlich weder die politische Integrationsfähigkeit der alten Hallstattfürsten hatten, noch die solch brillanter Heerführer wie Brennus und Aneroëstes. Eine Art Geldaristokratie trat an die Stelle des alten Adels. Sie muß sich im Hinterland gebildet haben, als – merkwürdige Vorstellung – die letzten Insubrer, Bojer und Gaesaten in Oberitalien noch mit den Römern kämpften. Nüchternes Kommerzdenken hier und nackter Furor dort, das waren zwei Seiten einer Medaille.
Dieselbe Zwiespältigkeit prägt auch die Kunst der Latène-Zeit. Unter ihrer glänzenden Oberfläche lauern Kräfte, Ängste und Vorstellungen, die selten bewältigt, meist nur beschworen sind. Die Schöpfer der Torques und der Opferkessel, der reichgeschmückten Helme und der kunstvollen Schwertscheiden standen ihren Göttern nicht so unabhängig gegenüber wie die Griechen, sie waren ihnen ausgeliefert.
Doch wen dürfte das wundern? Das christliche Abendland hat fast zweitausend Jahre gebraucht, um nur die schlimmsten seiner Ängste in gläserne Begriffe einzusargen. Den Kelten stand nicht einmal ein Viertel dieser Zeit zur Verfügung. Sie blieben ihren barbarischen Wurzeln zu nahe und konnten erst sublimieren, was sie bedrängte, als sie schon längst von anderen Völkern unterjocht waren. Da allerdings blühten dann aus ihren alten Mythen einige der schönsten europäischen Dichtungen.
In der Latène-Zeit hätten sie, um diesen Grad später Reife zu erlangen, freilich auch noch die Spannung zwischen zwei mächtigen geistigen Polen überwinden müssen. Am Mittelmeer standen sie in Verbindung mit der rational geprägten griechischen Kultur. An der Ostgrenze ihres Lebensbereiches kamen sie immer wieder in Kontakt mit Völkern, die, wie etwa die Skythen, auch alte asiatische Traditionen verkörperten. Beide haben sie beeinflußt, Schamanen dort, sophistisch geschulte Weltleute hier.
Ein Produkt dieser Zerrissenheit scheinen selbst die Druiden gewesen zu sein. Sie hatten nicht nur Einflüsse vom Osten wie vom Westen her zu bewältigen und auszubalancieren, sie mußten auch die Integrationskraft liefern, an der es den Fürsten mangelte. Daß sie

In Hallstatt gefunden: Prunkdolch aus dem 6. vorchristlichen Jahrhundert

Produkt keltischer Alpträume: das Ungeheuer von Noves

Von Teutates verdrängt: Dispater, ein keltischer Kronos (gallo-römische Darstellung)

Oben: Keltisches Stieropfer (gallo-römisch)

Unten: Eine wahrhaft letzte Wohnstätte: das Beinhaus von Hallstatt

Keltisches zeitgemäß: Werbung mit Druiden in Frankreich

Oben: Glanum: Keltisch-römisches Idyll in der Provence

Unten: Sterbender Gallier

Oben: Wie Slalomkurse für Riesenkinder: Menhire bei Carnac (Bretagne)

Unten: Der Januskopf von Roquepertuse

Oben: Im Oppidum von Nages

Unten: Aus Bruchsteinen makellos gefügt: der Wall von Entremont

Oben: Der Silberkessel von Gundestrup

Unten: Details vom Silberkessel von Gundestrup

Oben: Nischen zur Schädelaufbewahrung in Entremont

Unten: Der Hügel von Vix

Oben: Keltische Münze

Unten: Ein Junkersitz am Rande der Schwäbischen Alb: die Heuneburg (Rekonstruktion)

Oben: Blick von den Wällen der Heuneburg

Unten: Ogam-Steine in Irland: Sie enlasteten nicht das Gedächtnis der Filid

Oben: Irische Atlantikküste, Ziel der Anachoreten

Unten: Zentrum einer Kultur: der See von Hallstatt

Von Steuereintreibern ausgequetscht: ein gallischer Colon

Die Kevin-Kirche in Gendalough

Das West-Kreuz von Monasterboice (Co Lough)

eine solche Ersatzrolle spielten und damit gewaltige geistige Energien auf ihre Sphäre konzentrierten, verleiht dem Bild, das wir uns von den Kelten machen, eine weitere für sie charakteristische Dimension, diesmal allerdings eine irreale. Da aber diese von den griechischen Keltographen nur flüchtig gestreift worden ist, erweist es sich als unumgänglich, die geheimnisvollen »Eichenkundigen« noch einmal, diesmal etwas schärfer, ins Auge zu fassen.

Kapitel IX

Die Verwalter des Todes

»Wladimir:	Was sagen sie?
Estragon:	Sie reden über ihr Leben.
Wladimir:	Gelebt zu haben ist nicht genug für sie.
Estragon:	Sie müssen darüber reden.
Wladimir:	Tot zu sein ist nicht genug für sie.
Estragon:	Es genügt keineswegs.«

Samuel Beckett »Warten auf Godot«

»Zweifellos wird jede Kultur, sichtbar oder unsichtbar, umgetrieben von dem, was sie über den Tod denkt.«

André Malraux »Anti-Memoiren«

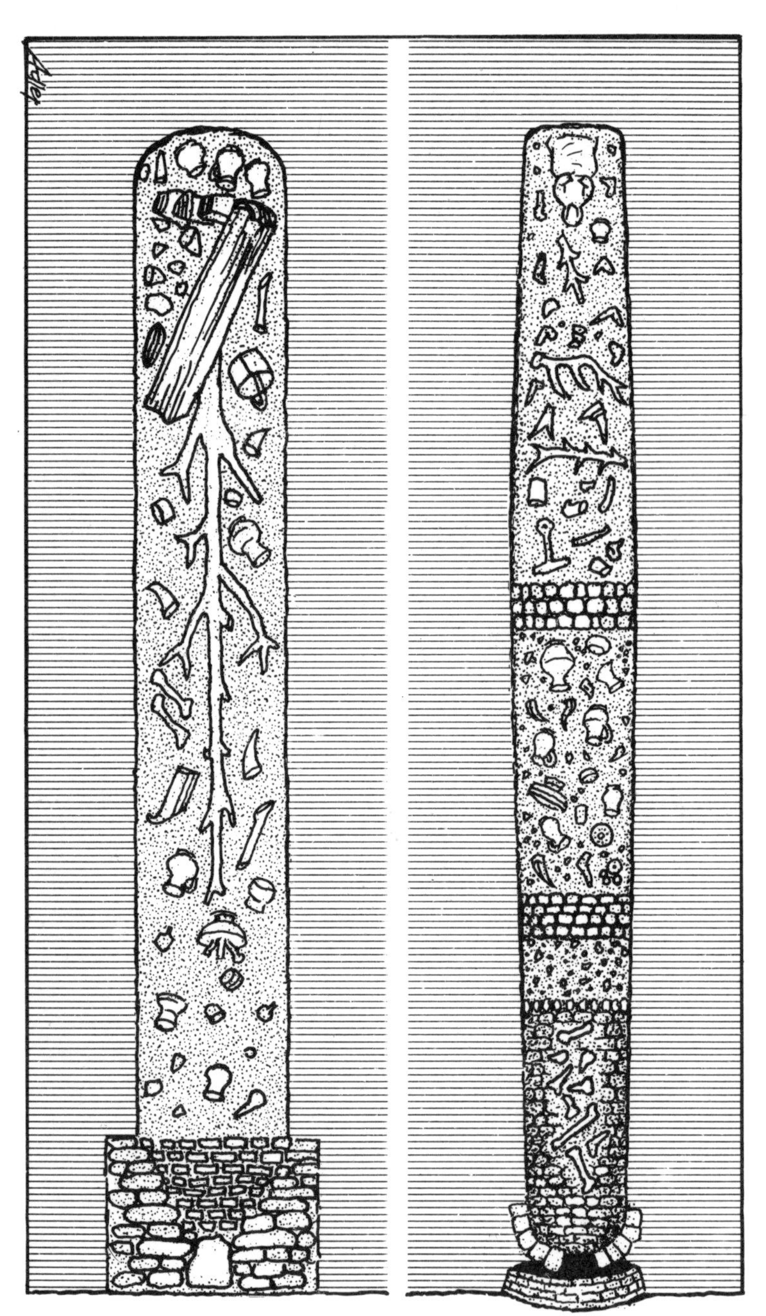

Querschnitt durch zwei Ritualschächte in der Vendée

Ein Druide namens Winston Churchill

Der Vorhang öffnet sich. Wir blicken in den »heiligen Hain der Druiden«. In seiner Mitte steht die »Eiche mit der Irminsäule. An deren Fuß befindet sich ein Druidenstein, der als Altar dient. Waldbedeckte Hügel ringsum. Es ist Nacht. Ferne Feuer leuchten durch die Büsche.« Die Szenerie, wenn sie gut gemalt ist, könnte eindrucksvoller kaum sein. Wie erwartet, beginnt sie sich nun auch zu beleben. »Unter feierlichen Klängen ziehen die Gallier ein. Ihnen folgt der Zug der Druiden.«
Orovist, deren Oberhaupt (Baß), beginnt zu singen: »Steig auf den Hügel, Druidenschar / späh durch die dunklen Zweige, / ob sich im klaren Silberschein / der neue Mond bald zeige. / Zeigt sich am Firmamente / dann sein verjüngtes Antlitz, / erschallt im Druidenhaine / dreimal das heil'ge Erz!«
Diese Ankündigung entlockt dem Chor die Frage: »Bricht Norma dann den Mistelzweig im heil'gen Haine?«
Orovist bestätigt es feierlich. Und schon in der übernächsten Szene bemächtigt sich seine Tochter (Sopran) tatsächlich des schmarotzerischen Gewächses, das in Deutschland auch Hexenbesen, Donnerbesen, Kreuzholz, Alpranke oder Heil aller Schäden heißt, mit Hilfe einer goldenen Sichel. Nach der Arie, die sie dazu vorträgt, brauchen gefeierte Diven auf Da-capo-Rufe nur selten zu warten.
Heute ist die Oper »Norma« von den Spielplänen der großen Häuser verschwunden. Das ist schade um die Musik, weniger schade um einige der kulturhistorischen Informationen, die sie vermittelt. Vincenzo Bellini, der das Werk 1831 zur Uraufführung an die Mailänder Scala lieferte, wußte wahrscheinlich über Kelten und Druiden nicht viel mehr als das, was er dem Konversationslexikon hatte entnehmen können, aber er erkannte ein gängiges Libretto, wenn er es las. So griff er denn auch zu, als Felice Romani ihm die Geschichte der tragischen Liebe zwischen einer britannischen Priestertochter und einem römischen Besatzungsoffizier vorlegte, tat es um so lieber, als der Autor sein Werk mit all den Zutaten garniert hatte, die ein nach »Romantik« dürstendes Publikum zu erwarten pflegte: Eiche, Mond, keltisches Sarastros und sogar die germanische Irminsul aus Westfalen. Er hatte völlig richtig spekuliert.

»Norma« wurde ein Riesenerfolg, vor allem in England, wo einheimische Bühnenbildner den geheimnisvollen Hain durch ein Stonehenge-Modell ersetzten. Glaubte doch jedermann auf der Insel zu wissen, daß dessen mächtige Säulen von Druiden errichtet worden waren.

Überhaupt hatte der gebildete Opern-, Sachbuch- und Romankonsument des neunzehnten Jahrhunderts eine ziemlich genaue Vorstellung von den weißbärtigen Priestern der Kelten. Schon ihre Erwähnung löste leise Schauer aus. Sie waren die Verkörperung einer in die Vergangenheit zurückverlegten Utopie.

Reiche Snobs ließen sich damals Mini-Megalith-Anlagen in die Gärten ihrer Landhäuser stellen. Einer von ihnen, Sir Rowland Hill, beschäftigte sogar einen Angestellten, der, als Druide verkleidet, geheimnisvoll aufzutauchen hatte, wenn Gäste sein Privat-Stonehenge bewunderten.

Wieder andere nahmen die Sache ernster. Sie gründeten Druidenorden, ernannten sich selbst zu deren Vorstehern und riefen Geheimreligionen ins Leben, deren etliche noch heute ihre Anhänger haben. Dabei warfen sie alles zusammen, was ihnen keltisch und archaisch genug erschien, um ihre Sekten ins rechte Dunkel zu setzen: Mondanbetung und Sonnwendfeiern, den heiligen Gral, Teufelsbeschwörung, phallische Kulte. Einige dieser Schöpfungen erwiesen sich sogar als exportfähig.

In Deutschland wurde 1872 eine Druidenvereinigung gegründet, die damals schon hundertjährigen britischen Orden gleicher Machart nachempfunden war und sich später mit anderen zur »Internationalen Weltloge der Druiden« zusammenschloß. Ihre Mitglieder stiegen über die zwei Grade »Erkenntnis und Wissen« sowie »Kunstverstand und Wollen« zu einem dritten auf, in dem »Beschließen und Wollen« gelehrt wie auch praktiziert wurde. An der Spitze des Stufenbaus leuchtete das »Hoch-Erz-Kapitel«, dessen Mitglieder vom »Hochhain« aus die ganze in »Haine« gegliederte Organisation lenkten beziehungsweise lenken. Der Druidenorden besteht heute noch. Seine Angehörigen bekennen sich zu den Idealen Humanisierung der Menschheit, Völkerfrieden und Nächstenhilfe.

Was freilich im Kopf des jungen Winston Churchill vorging, als er sich 1908 auf Schloß Blenheim, seinem Geburtsplatz, in die »Albion

Lodge of the Ancient Order of the Druids« aufnehmen ließ, ist schwerer zu erraten. Auf dem Foto, das von dieser Einführungszeremonie erhalten blieb, macht er zwar ein einigermaßen ergriffenes Gesicht, aber in den aufgeklebten Bärten mancher seiner Ordensbrüder spielt ein verräterisches Grinsen. Sie scheinen das ganze Ritual eher als Jokus aufgefaßt zu haben. Sicher ist das jedoch keineswegs.

Vorstellungen von dem, was die Kelten über Gott, Natur, den Tod und das Leben danach gewußt haben könnten, beschäftigen ja noch immer auf den unterschiedlichsten intellektuellen Ebenen Zweifler, Träumer und Wahrheitssucher. Gerald B. Miller etwa, nach eigenen Angaben Mitglied uralter britischer Hexer-Bünde, seufzt in einer seiner Schriften: »Wenn wir doch nur wirklich wüßten, was die Druiden geglaubt und gelehrt haben!«, wobei er annimmt, sie hätten den Schlüssel zu einer übersinnlichen Wirklichkeit in Händen gehabt.

Ernst Jünger diskutierte 1945 mit einem Bretonen, der auf deutscher Seite gekämpft hatte, über die Frage, ob es nicht besser sei, das Wissen um die Atomkernspaltung einem Orden anzuvertrauen, dessen Mitglieder »gleich den Druiden sich durch nichtprofanes Wissen auszeichneten. Dann würde die physische Macht durch geistige überhöht.«

Das alles läßt andeutungsweise erkennen, zu welch einem Mythos sich die wenigen Informationen ausgewachsen haben, die wir von den Priestern der Kelten besitzen. Unbefriedigte Neugier provozierte Gerüchte von oft phantasmagorischem Zuschnitt. Darin spielt selbst die Mistel eine unangemessen große Rolle, weil ein römischer Schriftsteller sie mit den Druiden in Verbindung gebracht hatte.

Kräuter, mit der linken Hand zu pflücken

Am sechsten jeden Monats, so schrieb der besessene Faktensammler Plinius Senior in seiner enzyklopädischen »Naturgeschichte«, hätten die Kelten ein großes Fest begangen. Weißgekleidete Druiden seien dabei auf Eichbäume gestiegen, um »mit einer goldenen Sichel« Mistelzweige abzuschneiden und sie auf weißen Tüchern abzulegen. Danach seien zwei weiße Stiere geopfert worden.

Was es mit dieser feierlichen Ernte auf sich gehabt haben könnte, ist seither unter allen möglichen Aspekten erörtert worden. Die plausibelste und auch naheliegendste Erklärung, die dabei herauskam, lautet: man habe die lederblättrige Pflanze zu medizinischen Zwekken benötigt. Frisch ausgepreßt ergibt sie nämlich einen Saft, der Cholin, Acetylcholin und Viscotoxin enthält. Alle drei Stoffe bewirken, intravenös gespritzt, eine vorübergehende Senkung zu hohen Blutdrucks. Außerdem lassen sich mit zerquetschten Mistelblättern die Schmerzen bösartiger Geschwüre lindern.
Der Glaube aber, daß das unansehnliche Gewächs überdies vor Blitzschlag und gegen bösen Zauber schütze, ist wahrscheinlich nichts weiter als eine verzerrte Interpretation des Geheimwissens früher Medizinmänner. Ebenso die Sage, Loki, der verschlagenste aller germanischen Götter, habe den strahlenden Baldur mit einem Mistelspeer getötet. Plinius hielt die Druiden für nicht mehr und nicht weniger als recht geschickte Naturheilkundige.
Neben der Mistel, so berichtet er weiter, hätten sie auch noch zwei Arzneipflanzen gekannt, die er »samolus« und »selago« nennt. Die eine mußte unbedingt mit der linken Hand gepflückt werden; bei der Ernte der anderen griff man mit der rechten Hand durch den linken Ärmel einer weißen Robe.
Des weiteren erzählt er von »anguinum«, einem magischen Ei von der Größe eines kleinen Apfels. Es habe Schlangengift enthalten und seinem Besitzer vor Gericht wie auch bei anderen öffentlichen Angelegenheiten gute Dienste geleistet.
Samolus und selago zu identifizieren, gelang bis heute noch niemandem. Auch über anguinum ist ohne Erfolg gerätselt worden. Bleibt also ein weiteres Mal nur die Vermutung, die Druiden, oder zumindest einige aus ihren Reihen, die »vates«, wie Strabo sie nennt, seien tatsächlich »Naturphilosophen« gewesen, profunde Kenner zumindest der pflanzlichen, aber wohl auch der tierischen Heil- und Giftstoffe.
Daß sie aber das Rohmaterial für ihre Medizinen nur unter Beachtung besonderer Regeln und nur bei bestimmten Mondstellungen sammelten, ist keineswegs ungewöhnlich für eine Zeit, die an das Zusammenwirken aller Kräfte der Natur glaubte. Ältere Bauern und Gärtner vertreten ja heute noch die Meinung, bei zunehmendem

Mond müsse gesät, bei abnehmendem geerntet werden, und im übrigen könne es nichts schaden, wenn man giftige Pflanzen nur mit der linken Hand ernte, der »sinistra«, die zu gefährlichem Tun besser geeignet sei.
Die Druiden haben derlei magisch-poetische Praktiken auch mit höchst nüchternen und präzisen Berechnungen zu kombinieren gewußt.

Ein vertrackter Kalender, aber voll Poesie

1897 kamen bei Coligny in Burgund die Fragmente einer Bronzetafel aus dem letzten vorchristlichen Jahrhundert ans Licht. Zusammengesetzt ergaben sie das längste, bis heute bekannt gewordene Dokument in gallischer Sprache. Es enthielt sechzig verschiedene, lateinisch geschriebene Wörter – für Linguisten eine geradezu üppige Ausbeute – und war ein Kalender. Bei seiner Entzifferung stellte sich heraus, daß die Kelten zweiundsechzig lunare Monate, die Perioden also zwischen Neumond und Neumond, zu einer Einheit zusammenbündelten. Dabei war einer dieser Zeitabschnitte jeweils dreißig, der nächste neunundzwanzig Tage lang, was wiederum Monatshälften von zweimal fünfzehn oder einmal fünfzehn und einmal vierzehn Tagen ergab. Jeder Tag reichte – wie heute noch bei Juden und Mohammedanern – von Mondaufgang bis Mondaufgang, wäre also keineswegs immer in exakt vierundzwanzig Stunden einzuteilen gewesen. Auch blieb das einzelne Jahr, das auf diese Weise zustande kam, um elf Tage kürzer als jene Dreihundertfünfundsechzig-Tage-Periode, welche die Erde benötigt, um die Sonne einmal zu umkreisen.
Das freilich warf ein Problem auf, mit dem alle Kalendermacher zu tun haben, die sich nach dem Mond richten. Negierten sie nämlich die jährliche Zeitdifferenz, dann fiel früher oder später der März auf eine Zeit, in der sich die Blätter färben, und der Juni wäre ein Wintermonat. Versuchen sie aber, den kleinen Unterschied auszugleichen, dann müssen sie manipulieren.
Steinzeitmenschen haben die riesigen Anlagen von Stonehenge und Carnac errichtet, um die astronomischen Daten zu erhalten, ohne deren Kenntnis sich Sonnen- und Mondzeit nicht in Übereinstim-

mung bringen lassen. Die Griechen, die ebenfalls in Mondumläufen rechneten, etablierten im fünften vorchristlichen Jahrhundert für kurze Zeit ein kompliziertes Zeiteinteilungs-System. Der Geologe Meton von Athen hatte es erarbeitet. Es beruhte auf einem neunzehnjährigen Zyklus von zwölf gemeinen, sowie sieben Schaltjahren und ergab nach hundertzehn neunundzwanzigtägigen und hundertfünfundzwanzig dreißigtägigen Monaten im Schnitt ein mittleres Sonnenjahr.

Der Kalender von Coligny war etwas einfacher, aber nicht weniger scharfsinnig errechnet. Drei zwölfmonatige wurden von jeweils zwei dreizehnmonatigen Fristen ausbalanciert. In Summa kam dabei ziemlich exakt die Zeit von fünf Sonnenumkreisungen heraus. Der Nachteil aber, daß nicht jedes Jahr innerhalb eines solchen Zweiundsechzig-Monate-Zyklus gleich lang war, wurde auf recht reizvolle Weise bewältigt.

Der zusätzliche Monat hatte keinen Namen, dafür wurde jeder seiner Tage in numerischer Reihenfolge nach einem der zwölf regulären Mondumläufe benannt. Innerhalb des Schaltjahres ergab dies so etwas wie ein verkleinertes Abbild von zweieinhalb normalen Jahren. Und natürlich forderte jene besondere Zeiteinheit dazu heraus, ihr besondere Bedeutung zuzumessen, aber nicht nur sie. Im Coligny-Kalender sind alle dreißigtägigen Monate als Glückszeiten gekennzeichnet, alle neunundzwanzigtägigen als Perioden, in denen man sich besser mit Vorsicht wappnet. Indessen waren auch bestimmte Tage in den guten Monaten weniger gut, nicht alle Tage in den schlechten Monaten unbedingt schlecht.

Auf einen Menschen, der es gewohnt ist, nach der Uhr und dem Terminkalender zu leben, hätte dies alles sicherlich etwas verwirrend gewirkt. Leugnen läßt sich jedoch kaum, daß die keltische Zeiteinteilung poetischer war als die unsere. Fast jeder Tag hatte sein eigenes Gesicht. Die Druiden, die für diese Ordnung verantwortlich gewesen sein dürften, werden in ihr erkennbar als Männer, die beträchtliche wissenschaftliche Kenntnisse lyrisch verbrämten. Dies bestätigt auch Caesar. In »Der gallische Krieg« stellt er fest, die eigentliche Essenz keltischer Geheimlehren sei in Versen verschlüsselt gewesen. Wer sie sich vollständig einverleiben wollte, mußte bis zu zwanzig Jahren memorieren. »Sie halten es nämlich für Sünde,

schriftlich niederzulegen, was sie wissen.« Gekonnt hätten sie das sehr wohl. »In Staats- und Privatgeschäften bedienen sie sich der griechischen Schrift.«
Natürlich hat auch dieses Detail die Druidenverklärer darin bestärkt, in den weißgekleideten Mistelpflückern Vertreter eines Standes zu sehen, der gewaltige Schätze an esoterischer Weisheit hütete und der auch wußte, wie man damit umging – vorsichtig. Moderne Keltenforscher bleiben da weitaus kühler, erklären sich freilich ihre Praktiken mit Theorien, die auf Anhieb auch überraschend wirken.

Druiden, die Brahmanen Europas

Bryan McMahon, Geschichtsdeuter, Folkloreforscher, Lehrer, renommierter Poet und noch vieles andere, eine Existenz, wie sie wahrscheinlich nur auf irischem Boden gedeihen kann, pflegt seine Lieblingstheorien gerne experimentell zu erproben und dann mit der Routine des pointenbewußten Vortragskünstlers davon zu berichten. »Wann immer ich einen Inder treffe«, erzählte er mir, »ziehe ich ihn auf die Seite und summe ihm die erste Zeile eines alten Volksliedes aus meiner Heimat vor. Dann fordere ich ihn auf, die Melodie nach eigenem Gutdünken fortzuführen. Und, believe it or not, fast jedes Mal singt er sie so zu Ende, als ob er den Song gekannt habe. Ist das nicht erstaunlich?«
Er lehnte sich zurück, so daß das hinsterbende Kaminfeuer in der Halle des »Listowel Arms Hotel« zu Listowel, County Kerry, Irland, seine Züge aus dem Halbdunkel eines trüben Regentages herausmodellierte. Dann fuhr er fort: »Für mich ist das ein Beweis dafür, daß Inder und Iren eine gemeinsame Vergangenheit haben, daß, wie es auch in einem meiner Stücke heißt, ›wir Kelten aus dem geheimnisvollen Osten stammen‹.«
Bryan McMahon weiß genau, daß er sich mit seiner Story auf einem Boden bewegt, den auch andere Forscher schon beackert haben. Seine Theorie gilt längst nicht mehr als sensationell.
Myles Dillon etwa, Professor für keltische Philologie an der Universität Dublin, nennt eine ganze Reihe weiterer erstaunlicher Parallelen zwischen der Kultur des arischen Indiens und jener des irischen Druidenreviers. Vor allem stellt er fest, daß es dort wie hier

einen ausgeprägten Gelehrtenstand gab, auf dem Subkontinent die Brahmanen, die vornehmsten Repräsentanten des vierteiligen Kastensystems (hinter ihnen rangierten die Kshatriyas, die Krieger, die gewerbetreibenden Vaisyas und die Arbeiter-Bauern-Klasse der Sudras), auf der grünen Insel die »Eichenkundigen«. Beide Stände aber, so meint Dillon, könne man schon deshalb einander gleichsetzen, die Druiden also keltische Brahmanen nennen, weil sie ihre Berufe, das Lehren und Lernen, das Dichten und das Richten, auf ähnliche Weise ausübten. Auch dafür gibt es Belege.

So glichen etwa die Grundsätze, nach welchen im keltischen Irland geurteilt wurde, den indischen teilweise fast aufs Haar. Bei den Ariern war es möglich, daß ein Vater, der keine Söhne, nur Töchter hatte, eine von ihnen beauftragte, ihm mit einem Mann seiner Wahl legale Erben zu schaffen. Jenseits des Hindukusch hieß solch ein Mädchen »putrika« (die, die den Sohn ersetzt), im alten Irland »ban-chomarba« (der weibliche Erbe). Wer aber, so fragt man sich, sollte den Bewohnern der grünen Insel vermittelt haben, was offensichtlich bei den östlichen Nachfahren der Kurgan-Leute gang und gäbe war, wenn nicht die festländischen Kelten?

Myles Dillon notiert noch weitere Übereinstimmungen. Dort wie hier, am Brahmaputra wie am Shannon, gab es bis zu acht verschiedene Heiratsformen. Sie reichten von der durch die Eltern gestifteten Ehe über den Brautkauf und die Liebesheirat bis zum Brautraub, der allerdings illegal war. Dort wie hier wurde sorgfältig unterschieden zwischen ererbtem und selbsterworbenem Besitz, wurde genau festgelegt, wer bei einem Vertragsabschluß welche Sicherheiten nachweisen mußte, ehe er bekommen konnte, was er wollte. Dort interpretierten solche Grundsätze die Brahmanen, hier die Druiden.

Das alles, so der Gelehrte aus Dublin, lasse den Schluß zu, die keltischen Druiden hätten tatsächlich die gleiche Tradition vertreten wie die hinduistischen Brahmanen. Der Stand, dem sie angehörten, könnte also, wenn man indogermanische Priester zu ihren Vorfahren zählt, in der Latène-Zeit schon mindestens eineinhalb Jahrtausende bestanden haben. Verständlich deshalb, daß die Erinnerung an ihn so hartnäckig fortlebt und daß sich immer wieder die Phantasie an seinen Vertretern zu entzünden vermag. Sagen, in welchen die keltischen Weisen herumgeistern, sind ja auch eine Art von historischen Dokumenten. Leider fehlt uns oft der Schlüssel zu ihnen. Immerhin, dreierlei läßt sich inzwischen sagen: Die Druiden waren Ärzte, sie waren sternenkundig und sie waren Rechtsgelehrte. Aber was waren sie noch?

Anstelle des Krummstabs eine Sichel

Wenn man sich weiterhin an den Parallelen zwischen Indien und Gallien entlangtastet, wird man früher oder später den Verdacht nicht mehr unterdrücken können, die Mistelpflücker hätten ihre Gemeinden auch politisch geführt. Die Brahmanen standen ja ebenfalls eindeutig über den Kriegern und Heerführern.
Indessen scheinen die Verhältnisse in Europa nicht ganz so eindeutig geordnet gewesen zu sein wie in Asien. Caesar bestätigt zwar, daß es bei den Galliern nur zwei Stände gegeben habe, »die irgendwelche Bedeutung und Ehre genießen . . . jener der Druiden und jener der Ritter«. Von einer Suprematie der Gelehrten über die Militärs weiß er jedoch nichts. Auch einen platonischen Staat, in dem Philosophen die Geschicke der Nation gelenkt hätten, scheint es also bei den Kelten keineswegs gegeben zu haben. Eher sind mittelalterliche Verhältnisse vorstellbar: zwiegespaltene Spitze des Gemeinwesens, hie weltliche Macht, da geistliche.
Das Schwert führten Häuptlinge, die sich solch großsprecherische Namen gaben wie Dumnorix (König der Welt), oder Anextlomarus (Großer Beschützer). Die Sichel – sie wird mangels anderer Insignien vielfach dem Krummstab gleichgesetzt – trugen Vertreter einer Organisation von kirchenähnlichem Gepräge.
Einmal im Jahr versammelten sich alle »Eichenkundigen« am »Nabel Galliens«, vermutlich bei dem heutigen Benediktinerkloster St. Benoît, unweit von Orléans, um ihre Affären zu besprechen und Streitigkeiten zu schlichten. Die Leitung dieses »Konzils« lag, laut Caesar, in den Händen eines Mannes, »der bei den Druiden höchstes Ansehen genießt«. Er aber muß schon deshalb so etwas wie ein unabhängiger Kirchenfürst gewesen sein, weil seine Berufsgenossen, zumindest de jure, über allen Parteien standen, also dem Zugriff der Häuptlinge entzogen blieben.

Druiden gingen »gewöhnlich nicht mit in den Krieg. Sie zahlen keine Abgaben wie die anderen, sind vom Waffendienst und allen sonstigen Leistungen befreit« (Caesar). Darüber hinaus scheinen sie wie ihre altirischen Kollegen, die »filid«, auch an keine territorialen Grenzen gebunden gewesen zu sein.

Solche gewaltige Summe an Vorrechten war natürlich reine Macht. Sie wog um so schwerer, als die weltlichen Herrscher von Brauch und Gesetz weit weniger begünstigt wurden. Im letzten vorchristlichen Jahrhundert standen ihnen vielerorts die sogenannten »vergobretes« (Rechtswirker oder Rechtsvollstrecker) zur Seite, so etwas wie gewählte Magistratsbeamte, die obrigkeitliche Befehle in praktizierbare Anordnungen umsetzten. Anderswo hatten Oligarchien einflußreicher Grundbesitzer die Einzelherrscher zurückgedrängt. Das begünstigte die Entstehung wechselnder Koalitionen zwischen einzelnen Interessengruppen, förderte das Parteienwesen und auch die Vetternwirtschaft.

Der römische Feldherr und Geschichtsschreiber behauptet sogar, bei den Galliern hätte es in jeder Familie zwei antagonistische Gruppen gegeben. Doch mag ihm das nur so erschienen sein. Näher liegt es, sich »Clans« vorzustellen, die miteinander um Einfluß und Privilegien rangen, wie später noch im keltisch grundierten Schottland. Alle Stämme des unruhigen Volkes zwischen Atlantik und Karpaten zerfielen ohnehin in eine Vielzahl von Untergruppierungen, deren kleinste Familienklüngel waren. Den Stand der Druiden konnten diese unübersichtlichen Verhältnisse nur noch mehr stärken.

Jungen Leuten mußte er als der Inbegriff der Ordnung und des Dauernden erscheinen. Viele von ihnen begaben sich deshalb »freiwillig in seine Lehre oder wurden von Eltern und Verwandten hingeschickt« (Caesar). Die weißgewandeten Kalendermacher repräsentierten einen ruhenden Pol in der wirren Welt. Entsprechende Bedeutung gewann die Wahl des Mannes, der ihnen vorstand.

Wenn mehrere gleich würdige Greise sich um den Posten eines geistlichen Oberhauptes der Gallier bewarben, dann, so Caesar, »entscheiden in dem Wettstreit die Stimmen der Druiden, bisweilen aber auch die Waffen«. Und das war verständlich.

Auf den Konzilien in St. Benoît wurde nicht über das Wohl und Wehe einzelner Stämme oder Clans entschieden, sondern tatsächlich über Dinge, welche die ganze »Nation« betrafen. Die »Majestixe« (Majestix, König des französischen Comic-Strip-Galliers Asterix) konnten äußerstenfalls über Kriege, Abgaben, Land- und Gewinnverteilung (mit)entscheiden, die »Miraculixe«, die Druiden, aber legten fest, was rechtens war und was nicht. Sie verwalteten Vergangenheit und Zukunft, das Heil, den Jahresablauf und die Geheimnisse der Natur, waren Universität, Kirche und Verfassungsgerichtshof in einem.

Durchaus möglich ist es deshalb, daß mächtigere Herrscher zuweilen versuchten, sich in ihre Geschäfte einzumischen, sie auf ihre Seite herüberzuziehen, sie zu korrumpieren oder zu beugen. Möglich auch, daß ihnen dies in einzelnen Fällen gelang, aber wenig wahrscheinlich, daß sie auf lange Frist damit Erfolg hatten. Die goldene Sichel war stärker als das Schwert. Auch die Brahmanen haben ihre Rajs überlebt, zumindest als Institution, die Päpste ihre kaiserlichen Widersacher.

Dies alles bedenkend, könnte man wirklich der Vermutung nachgeben, die Druiden seien die wahren und wichtigsten Repräsentanten des keltischen Volkes gewesen, sie hätten verkörpert, was ihm eigentümlich war. Und unweigerlich provoziert dieser Verdacht zwei weitere Fragen. Die eine lautet: welche Rolle mögen sie dann wohl in den Wirren zu Beginn der Latène-Zeit gespielt haben? Waren sie vielleicht sogar deren Auslöser gewesen, eine Art Ideologen der nationalen Revolution? Die andere: Was machte sie, außer ihrem geheimgehaltenen Herrschaftswissen, so unangreifbar?

Frage eins muß leider offenbleiben. Frage zwei dagegen kann man mit wenigen Sätzen beantworten. Die Kelten, sagt Caesar, waren »in hohem Maße religiös«. Glaube aber, auch Ideologien sind, politisch betrachtet, der beste Zügel zur Führung von Menschen, der sich denken läßt. Die Druiden haben ihn recht virtuos gehandhabt.

Verurteilt im Namen von 374 Göttern

»Bei allen öffentlichen und privaten Streitigkeiten«, bestätigt der Römer, »urteilen und entscheiden die Priester allein. Sie setzen Belohnung und Strafe fest, wenn ein Verbrechen begangen wurde, ein Mord geschah, Erbschafts- oder Grenzstreitigkeiten ausbrechen.

Fügt ein Privatmann oder ein Volk sich ihrer Entscheidung nicht, so schließen sie die Betroffenen« – also notfalls auch ganze Stämme – »vom Gottesdienst aus. Das bedeutet bei ihnen die härteste Strafe. Die so Verfemten gelten als gottlose Verbrecher, ihnen gehen alle aus dem Weg, ihre Annäherung und ihr Gespräch meidet man, um nicht aus der Berührung mit ihnen Nachteil zu erleiden. Auch wird ihnen, wenn sie darum nachsuchen, kein Rechtsbescheid zuteil noch irgendwelche Ehre erwiesen.«

Davon, wie solche Urteilssprüche formuliert wurden, vermittelt uns der als Zitatensammler berühmte Grieche Diogenes Laertios (er lebte gegen Ende des zweiten nachchristlichen Jahrhunderts) möglicherweise einen zutreffenden Eindruck. Ihm zufolge hat ein Druide gesagt: »Wir lehren, daß die Götter geehrt, kein Unrecht getan und männliche Haltung bewahrt werden muß.« Sankt Patrick, der Nationalheilige der Iren, soll von einem heidnischen Kelten auf die Frage nach seinen Lebensgrundsätzen die folgende Antwort erhalten haben: »Wahrheit im Herzen, Kraft im Arm, Erfüllung in der Rede.« Beide Sätze klingen, als ob sie aus derselben Presse kämen. Sie verraten einen Hang zur Dreiteilung und zur pointierten Aussage, der als »typisch keltisch« gilt. Das läßt den Schluß zu, ähnlich prägnant und lakonisch hätten sich auch lehrende und richtende »Eichenkundige« ausgedrückt. Der Rhythmus machte ihre Sprüche einprägsam und zitierbar. Ein Urteil von dieser Art war ebenso präzise wie vieldeutig, vor allem hatte es den ehernen Klang der Autorität.

Verhängt werden konnten Verdikte wie die von Caesar genannten freilich nur in einer Gesellschaft, deren höchste Instanzen über den Wolken thronten. Ein an der Donau Verurteilter hätte sich ja mühelos in eine Tischrunde einschleichen können, die, Hunderte Kilometer weiter westlich, etwa in der Bretagne, tagte, wenn er nicht von dem Gefühl gepeinigt worden wäre, auch dort beobachtete ihn eine himmlische Geheimpolizei. Tatsächlich bildete sie ein beachtlich starkes Korps. 374 verschiedene Götternamen haben die Forscher aus dem Wust der keltischen Überlieferung herausgeschält. 305 davon erscheinen jeweils nur ein einziges Mal, weshalb man annimmt, sie hätten nur lokale Heilige bezeichnet. Aber das läßt immer noch eine Schar von neunundsechzig Außerirdischen übrig, die vor Ort

von geringeren Geistern vertreten wurden. Man fragt sich freilich, was der Flüchtling von ihnen fürchten mußte. Nur Verzauberung, Verhexung, Blitz aus heiterem Himmel, jähe Krankheit? Oder auch Strafen, die ihn, wie den frommen Christen, erst im Jenseits treffen konnten?
Eine mögliche Antwort dazu läßt sich im keltischen Olymp schon deshalb nicht aufspüren, weil die Druiden uns keine Mythologie, keine literarische Aufbereitung ihrer Glaubenswelt hinterlassen haben. Will man dennoch genaueres wissen, muß man versuchen, sie an jenem zentralen Punkt zu packen, den schon Diodorus mit seiner Pythagoras-Theorie berührte, muß man fragen, wie sie das ernsteste aller menschlichen Probleme bewältigten, den Tod.

Der Tod – nur Pause in einem langen Leben

Religion ist unter anderem auch der Versuch, Gläubige damit auszusöhnen, daß sie sterben müssen. Das kann dadurch geschehen, daß ihnen ein besseres Dasein jenseits des Grabes versprochen wird oder eine Wiedergeburt oder beides. Es gelingt aber auch dann zuweilen, wenn man den Tod hochstilisiert zum Opfer, zur Lebenshingabe für andere oder eine bessere Zukunft oder eine schönere Welt oder die Welt überhaupt. Die Druiden scheinen beide Möglichkeiten für die Seiten einer einzigen Medaille gehalten zu haben.
Als Strafrichter, so Caesar, verurteilten sie den Mörder nicht deshalb, weil er gemordet hatte, sondern weil, »wenn nicht ein Menschenleben für ein Menschenleben gegeben wurde, die waltende Macht der Götter kaum versöhnt werden könne«. Sie rächten also keineswegs, sondern brachten eine aus dem Lot geratene Waage wieder ins Gleichgewicht, dies freilich konsequent.
»Wenn ihnen ein Täter entgangen ist, schreiten sie zur Hinschlachtung selbst Unschuldiger.« Leben galt ihnen offensichtlich als ein Gut, das umgeschöpft werden mußte von einem Gefäß in das andere, sobald der komplizierte irdisch-überirdische Haushalt in Unordnung geraten war. Und da nicht nur Mord die Götter gegen ihre Geschöpfe aufbringen konnte, da sie zuweilen aus völlig anderen Gründen zürnten, kam es »von Staats wegen«, wie der Römer formuliert, gelegentlich zu Opferritualen, denen kein Prozeß vor-

ausgegangen war. Dann wurden die korbähnlichen Kolosse aufgerichtet, von denen auch Strabo erzählt, wurden Menschen und Tiere gemeinsam verbrannt.
Aus alledem könnte man nun schließen, das Leben hätte für die Kelten nur einen Wegwerf-Wert gehabt. Doch wäre dies zumindest unlogisch. Viel naheliegender ist die Folgerung, der Tod sei ihnen als geringes Übel erschienen, das Leben aber als etwas, das eigentlich unverlierbar ist. Jenseits des Grabes ging es weiter.
Tatsächlich hat nicht nur Diodorus sie so verstanden, auch Caesar und der römische Dichter Lukan taten es. Die Druiden, erzählt der Feldherr, lehrten, »daß die Seelen nicht vergehen, sondern von einem zum anderen wandern«. Der Verfasser der »Pharsalia«, eines Vers-Epos über den römischen Bürgerkrieg, ruft ihnen zu: »Wenn wir eure Gesänge richtig deuten, dann ist der Tod nur Pause in einem langen Leben.«
War er es wirklich? Und wenn ja, ist dieser Glaube dann ebenfalls aus der indogermanischen Wurzel gewachsen, die Brahmanen und Keltenpriester hervorbrachte? Oder muß man es als Zufall ansehen, daß in zwei so weit voneinander entfernten Ländern wie Indien und Frankreich Menschen an die Seelenwanderung glaubten? Spiegelt sich die Überzeugung, der Geist eines Toten gehe durch viele Lebewesen, durch Mensch und Tier (was ja die Hindus annehmen), vielleicht sogar in dem Brauch der Skythen, Adler, Wölfe, Bären als Ahnherrn im Wappen zu führen? Und, vorausgesetzt, es war so: Bildete das russische Steppenvolk dann nicht überhaupt eine Brücke zwischen den Kulturen des Fernen Ostens und des fernen Westens?
Alle diese Vermutungen erschließen wiederum nichts als ein neues großes Feld für Spekulationen, die fruchtlos sein können. Wer sie dennoch anstellt, muß nach Fingerzeigen schnappen. Er kann einen Bericht aus dem Material des Poseidonios heranziehen, demzufolge keltische Männer sich die Kehle hätten durchschneiden lassen, um im Tod (oder eben in einem neuen Leben) ihrem gestorbenen Fürsten nachfolgen zu können. Er kann auch die Opferszene auf dem Kessel von Gundestrup neu interpretieren als eine Reihe von Kriegern, die auf den Kessel zumarschiert, um sich darin opfern zu lassen, und eine zweite, die, wiedergeboren, von ihm wegreitet. Das

wäre keineswegs abwegig. Es machte die Opfergefäße zu Becken, in denen menschliche Existenz sich verwandelte, erklärte die Darbringung von Menschenleben als Aktionen, durch die eine Art von Dasein gegen eine andere ausgetauscht wurde.
Auch das Symbol des Rades, das nicht nur auf der Hallstätter Schwertscheide, sondern auf verdächtig vielen Werkstücken der Latène-Zeit erscheint, könnte man ins Auge fassen und als eine Chiffre der Wiedergeburt begreifen. Schließlich drängen sich sogar die abgeschlagenen Feindesköpfe in diesem Zusammenhang ein weiteres Mal auf.

Ihre Wut war heilig

Kopfjäger, die aus der Trophäenjagd einen Kult entwickelt hatten, könnten für ihr barbarisches Tun noch wenigstens zwei später hinzugekommene Motive gehabt haben. Das eine wäre die Überzeugung, daß gesammelte Feindesschädel die eigene Stärke auf magische Weise erhöhen, das andere der Glaube, ein verstümmelter Gegner vermöge aus dem Jenseits nicht zurückzukehren, sei's als Gespenst, sei's als wiedergeborener Mensch.
Wenn man nun die Skythen tatsächlich als einen östlichen Pol ihrer Kultur betrachtet, ist den Kelten die zweite Absicht am ehesten unterzuschieben. Die Steppenreiter schlugen ja auch Gefallenen die Köpfe ab. Außerdem scheinen ihre Schamanen den Tod auf ähnliche Weise ins Kalkül gezogen zu haben wie die Druiden. Das läßt Rückschlüsse von den Zauberpriestern auf die Sichelträger zu und erklärt möglicherweise viele von deren Praktiken.
Schamanen, so schreibt Mircea Eliade, einer der bedeutendsten europäischen Religionshistoriker, kämen zu ihrem Amt durch innere Berufung oder durch Ernennung. In jedem Fall bedürften sie einer Unterweisung, die ihnen in Träumen, Ekstasen, Trancezuständen und Visionen zuteil würde. Dabei erlitten sie sogar ihren eigenen Tod und erlebten danach die Rückkehr ins Leben. Das geschähe auf folgende Weise:
Innere Stimmen drängen den jungen Adepten, die Einsamkeit der Wälder aufzusuchen. Dort hat er Gesichte, die ihm so zu schaffen machen, daß er sich dem Rand des Wahnsinns nähert. Im Traum er-

lebt er die eigene Zerstückelung, Dämonen schneiden ihm den Kopf ab, reißen seine Augen heraus, jagen ihn durchs Feuer. Später steigt er über einen Pfahl oder einen Baum in den Himmel empor. Erst von dort kommt er wieder auf die Erde zurück. Wenn er die Wälder endlich verläßt, sind seine Kleider zerrissen, sein Gesicht blutet, die Haare auf seinem Kopf haben sich verfilzt. »Erst nach zehn Tagen«, ergänzt ein russischer Ethnologe, der diese Vorgänge in Sibirien studierte, »beginnt er wieder zusammenhängende Worte zu stammeln.«

Was ihm widerfahren war, ist nach Expertenmeinung nichts anderes als die Auflösung des profanen Menschen im »psychischen Chaos« der Verrücktheit und die Geburt einer neuen Persönlichkeit. Er durchlitt »Phasen eines mystischen Sterbens und Auferstehens«, das auch christliche Heilige gelegentlich nachzuvollziehen suchten. Sie allerdings orientierten sich dabei am Karfreitags- und Osterbericht des Neuen Testaments.

Indessen scheinen solche Erlebnisse ein Grundmuster aller Religiosität widerzuspiegeln, da sie in erster Linie darauf abzielen, den Tod zu überwinden. Wer ihn wie die Schamanen bewältigt hatte, wer sozusagen als Späher in die Welt jenweits des Grabes vorgedrungen und daraus zurückgekehrt war, der mußte seinen Mitmenschen überlegen genug sein, um sie fortan leiten und auch opfern zu können.

Ob auch die Autorität der Druiden sich aus solchen Quellen speiste, wissen wir nicht, doch hält gerade Mircea Eliade es für durchaus möglich. Und da selbst Stuart Piggott, ein Keltenkenner, der im allgemeinen nichts als erwiesene Fakten gelten läßt, die Überlegung des Rumänen akzeptiert, kann man sie wohl zumindest als Annäherung an die Wahrheit betrachten. Beide Forscher stützen sich auf einige offensichtliche Parallelen zwischen keltischer und skythischer Welt. Sie berücksichtigen, daß östliche Zauberpriester und westliche Universalgelehrte in fast derselben Weise mit dem Tod umgingen, und denken wohl auch an das Gerücht von einer durch mystische Erfahrungen begründeten Wiedergeburtslehre im alten Gallien. Daß dort noch Praktiken von magischer Art im Schwange waren, wissen sie ohnehin.

Eine davon offenbart sich womöglich in dem vielbezeugten Brauch,

nackt in die Schlacht zu gehen. Er muß ja damit zusammengehangen haben, daß den Kriegern einfach zu warm war. Körperliche Hitze aber wird in vielen Religionen als Zeichen sakraler Macht und einer unbändigen geistigen Freiheit gewertet.
Der indische Yogi kann heiß werden durch Meditation, vom Buddha wird berichtet, er habe in der geistigen Versenkung »gebrannt«, pakistanische Moslems sind davon überzeugt, daß ein Mensch, der mit Gott in Verbindung getreten ist, zu »sieden« beginnt, und im indogermanischen Wortschatz gibt es eine ganze Reihe von Wörtern, die eben diese »äußerste Hitze« bezeichnen. Dazu gehören das lateinische »furor« und das deutsche »Wut«. Beide stehen in ihrem ursprünglichen Sinn nicht nur für wildeste Rage sondern auch für große Stärke, was die Römer vielleicht noch wußten, als sie das erste auf die Kelten anwandten.
Junge Krieger aus den Nachfolgestämmen der Kurganvölker pflegten sich in rituellen Einweihungskämpfen quasi aufzuladen, bevor sie in ihr erstes Gefecht geschickt wurden. Sie waren dann glühend wie jener altirische Sagenheld Cú Chulainn, von dem die Rede geht, man habe ihn nacheinander in drei Zuber mit eiskaltem Wasser stekken müssen, ehe er genug abgekühlt war, um sich wieder bekleiden zu können.
Eine bereits zitierte Angabe aus den »Annalen« des Livius scheint an diese Story unmittelbar anzuknüpfen. Die »Tanzsprünge«, mit denen die gefangenen Kelten ihre Waffen aufnahmen, ehe sie zu den von Hannibal arrangierten Zweikämpfen antraten, mögen dem Römer als ein Ausdruck der Kampfesfreude erschienen sein. In Wirklichkeit gehörten sie wohl zu einem Ritual. Die Duellanten steigerten sich in hitzige Ekstasen hinein, ehe sie zuschlugen. Sie hatten den Tod schon vor dem Gefecht überwunden. Was konnte ihnen die Kälte da noch anhaben?
Wenn aber keltische Brahmanen auch diese Techniken einübten, was wohl vermutet werden muß, dann waren sie wirklich mehr als die akademischen »Eichenkundigen«, die viele ihrer Deuter in ihnen sehen wollen, dann hatten sie teil an Mysterien, die uns finster erscheinen mögen, lenkten ein Volk, das zwischen Menschen- und Dämonenwelt keine Grenze sah, übten ekstatische Riten, Selbstversenkungen, Orgien, Blutopfer, heiligten aus Überzeugung die

Kopfjägerei und trugen tatsächlich auch die schamanischen Züge, die eine jahrhundertalte Fama ihnen zuschreibt. Und ihre Götter waren dann ähnlich wie sie. Zum Beispiel Lug.

Lug, der große Schamane

Der Namensgeber von Lyon, Liegnitz und Leiden war unter den neunundsechzig wichtigen Himmlischen einer der bedeutendsten. In irischen Sagen wird er geschildert als der Inbegriff des adeligen Kriegers. Zu seiner Ausstattung gehörten ein goldener Helm und ein goldener Brustpanzer. Er trug einen grünen Umhang und »auf seiner weißen Haut ein Seidenhemd«, dazu goldene Sandalen. Wie seine keltischen Landsleute scheint er also Schmuck geliebt zu haben und – diese Eigenschaft schreibt ihnen der spätrömische Historiograph Amminanus Marcellinus zu – äußerst reinlich gewesen zu sein.

Doch hinter der strahlenden Fassade verbarg sich ein ziemlich komplexer Charakter. Lug war kein simpler Schlagetot, kein Mars in gallischer Rüstung, sondern ein Zauberer, der alle brotlosen und nahrhaften Künste beherrschte. Er konnte die Harfe schlagen, Gedichte verfassen, Häuser bauen, Eisen schmieden und durch Magie auch Schlachten gewinnen.

Ein irischer König, in dessen Dienste er sich einst begeben hatte, hütete ihn als sein kostbares Gut. Er ließ ihn Kriege wohl vorbereiten, verbot ihm aber, daran teilzunehmen aus Furcht, der unschätzbare Gehilfe könnte getötet werden. Trotzdem schlich Lug auf das Schlachtfeld, als eines der von ihm organisierten Treffen ausgefochten wurde. Hinkend und Zaubersprüche murmelnd, den Hutrand über ein Auge gezogen, umschritt er die Kämpfenden. Zwar konnte er damit nicht verhindern, daß der König, sein Dienstherr, fiel, alle anderen Krieger jedoch, die ein tödlicher Streich getroffen hatte, erwachten wieder zum Leben, nachdem er sie in einen magischen Brunnen getaucht hatte.

Schließlich griff auch er selbst zur Waffe und forderte Balor, den Vorkämpfer der feindlichen Streitmacht, zum Duell heraus. »Hebe mein herabhängendes Lid«, sagte dieser, »damit ich den Prahler sehen kann, der mich belästigt.« Als Antwort schoß Lug einen Stein

auf ihn ab, der sein Auge so mächtig traf, daß es ihm zum Hinterkopf herausgetrieben wurde. Und Balor, ein Riese, scheint Lugs Großvater gewesen zu sein.
Um ihn zu töten, hätte der Gott sich freilich außer der nie fehlenden Schleuder auch seines magischen Wurfspeers bedienen können oder irgendeines anderen Zaubers. Sein Arsenal war wohlbestückt. Als Späher, Botschafter und Wappenvögel dienten ihm Raben, die ständig herbeigeflogen kamen, sich auf seine Schultern setzten und ihm Mitteilungen zuwisperten. Auch bei der Gründung Lyons sollen Schwärme der schwarzen Krächzer vom Himmel herabgestoßen sein.
Faßt man diese Züge nun zusammen, so ergibt sich ein merkwürdiges Bild. Der strahlende Held in seiner goldfunkelnden Rüstung ist umflattert von heiseren Vögeln. Er hinkt und verdeckt ein Auge, wenn er unerkannt bleiben will. Er erschlägt seinen Großvater und übt unheldischen Zauber.
Es liegt nahe, bei alledem an einen bekannteren Gott zu denken, an Wotan nämlich. Auch er wurde von Raben begleitet, besaß einen unfehlbaren Speer, entdeckte die Runen und gewann dadurch magische Kräfte. Auch er verdeckte seine leere Augenhöhle unterm Schlapphutrand, war aber zu Pferde ein strahlender Krieger, der mit Riesen kämpfte.
Tatsächlich lassen solche Übereinstimmungen ahnen, wer Lug wirklich gewesen sein könnte. Wotan, den die Nordgermanen als Odin in ihr Walhalla übernahmen, gilt den Mythenforschern ja als der »große Schamane«. Neun Nächte lang hing er am Weltenbaum und erlebte dort, wie jeder angehende Zauberpriester, seinen Tod und seine Wiederauferstehung. Außerdem deutet sein Name an, daß er der Herr der Wut war, der magischen Hitze, die den Kämpfer befeuert. Der Kelte muß ein Verwandter von ihm gewesen sein.
Aber auch Zeus, einer der ältesten indogermanischen Götter, gehört ihrer Sippe an. Er hatte ebenfalls einen Titanen beseitigt, um an die Macht zu kommen, seinen Vater Kronos, und war vielfältigen Verwandlungszaubers kundig. Daraus ist zu schließen, daß er samt seinen beiden Vettern einem Geschichtsabschnitt entstammte, in dem die Nachfahren der Kurganleute von einer älteren Tradition abzurücken begannen.

Himmelsherrscher, mit denen man sich nicht mehr identifizieren konnte, wurden damals abgeschafft und verdrängt. An die Stelle der regierenden Riesen, welche, so etwa Kronos, durchaus auch Züge allwissender, gütiger Väter getragen hatten, traten junge Aktivisten, Kämpfer und Magier, dies aber im ganzen Raum zwischen Indus und Atlantik, also auch bei den Kelten.

Eine finstere Dreifaltigkeit

Caesar, der instinktiv, doch keineswegs völlig unberechtigt, die gallischen Götter mit den römischen verglich, erwähnt unter anderem einen »Dis Pater«, einen Göttervater also, den die Kelten »für ihren Stammvater halten. Sie sagen, dies sei von den Druiden überliefert worden.« Es gibt keinen Grund, seine Angabe zu bezweifeln. Der himmlische Patriarch mag ein Kronos gewesen sein, der in den Hintergrund zurücktreten mußte und, wie in anderen Religionen auch, zunächst durch eine Dreiergruppe ersetzt wurde. Bei den Germanen glaubt man, eine solche Trias in Wotan-Odin, Donar-Thor und dem Kriegsgott Ziu-Tyr zu erkennen, bei den Kelten werden Teutates, Esus und Taranis genannt.

Teutates war in diesem Verbund wahrscheinlich der Mächtigste, der Älteste und der Finsterste. Er wurde durch Blutopfer befriedigt, trug Beinamen wie Albiorix, König des Alls, oder Toutiorix, Herrscher des Stammes, galt als Erfinder aller Künste und wurde von den Römern sowohl als keltischer Mars wie auch als Äquivalent ihres Merkur begriffen. Sein irdisches Ebenbild könnte einer jener Herrscher gewesen sein, die in der Hallstattzeit mit kriegerischen und händlerischen Mitteln ihre Wirtschaftsimperien schufen. Daneben trug er auch schamanische Züge; überhaupt ist es nicht sicher, ob er und Lug nicht identisch sind.

Esus wiederum, der zweite in der Trias, unterscheidet sich von Teutates nicht so deutlich, daß man ein völlig individuelles Bild von ihm zeichnen könnte. Der Stier war sein Wappentier. Auf einer Darstellung aus römischer Zeit umflattern ihn drei Kraniche. Menschendarbringungen scheint er ebenfalls gefordert zu haben. Vor seinen Altären erschlug man die Opfer jedoch nicht, sie wurden an Bäumen aufgehängt wie die Adepten bei manchen schamanischen Initiationsriten. Dabei erfuhren sie den Tod freilich nicht als Vision, sie starben wirklich. Im übrigen wird er gelegentlich mit jenem Cernunnos gleichgesetzt, welcher auf dem Kessel von Gundestrup im Buddhasitz thront. Der soll ja die Unterwelt beherrscht haben, was seine Verehrer freilich nicht davon abhielt, ihn auch als Gott der Fülle zu betrachten und gelegentlich mit einem Sack voll Münzen darzustellen.

Taranis endlich unterscheidet sich von seinen Gefährten insoweit, als er den Himmel mit Blitz und Donner beherrschte wie Zeus, jedoch nicht darin, daß er auf Menschenopfer verzichtet hätte. Er zog das Verbrennen vor. Ob aber diese Dreiheit wirklich den Rang einnahm, den man ihr in Anlehnung an andere Göttersysteme zuschreibt, ja ob es sie in der geschilderten Form überhaupt gab, läßt sich nicht mit Gewißheit sagen. Einigermaßen sicher ist nur, daß die Trias den Kelten als Modell einer größeren Ganzheit galt. Sie liebten es, ihre Himmelsherrscher als drei- oder doppelköpfige Gestalten darzustellen. Ihr gesamter Olymp jedoch erscheint uns nur deshalb als ein ungeordneter Dschungel, weil wir ihn eben nicht, wie den griechischen oder germanischen, durch die Augen genealogiebeflissener Literaten sehen, sondern sozusagen im Naturzustand.

In allen polytheistischen Religionen leben die Götter wie dämonisch begabte Menschen. Sie werden geboren, verwickeln sich in düstere oder pikante Affären und vermehren sich ständig. Der Boden, aus dem sie wachsen, ist die Phantasie der Irdischen. Neue Erkenntnisse, neue Situationen, neue Lebensumstände erfordern neue Deutungen der Welt, die dann zu neuen Figurationen gerinnen. An intakten Himmeln wird unablässig gearbeitet. Es ist ein Philosophieren in Bildern, ein Dichten im Kollektiv. Sogar der Witz übt sich zuweilen an den Unsterblichen. Das scheint auch Lukian von Samosata zu bestätigen, ein Spötter, dem freilich nicht ganz zu trauen ist.

In Gallien, so seine Erzählung, habe er das Bild eines einheimischen Herakles gesehen, der genauso dargestellt sei wie der hellenische. Dennoch habe er völlig unheroisch gewirkt. Sein Gesicht sei voller Runzeln »und so schwarzbraun von Farbe, wie es bei uns nur alte Matrosen zu sein pflegen . . . Das Paradoxeste an dem Gemälde«, fährt Lukian dann fort, »habe ich euch jedoch noch nicht gesagt. Dieser alte, glatzköpfige Herakles zieht eine große Menge Volkes an sich, die alle an den Ohren gefesselt sind.« Ihre Ketten wiederum haften an der Zunge des Heros, »welche zu diesem Behuf an der Spitze durchbohrt war.«

Ein vorbeigehender »Philosoph« enthüllt dem verblüfften Betrachter, nachdem er sich lange genug gewundert hatte, den Sinn der Darstellung. »Wir Gallier«, so seine Worte, »eignen die Beredsamkeit nicht dem Merkur zu, wie ihr Griechen, sondern dem Herakles, der jenem an Stärke weit überlegen ist. Daß er aber als ein Greis dargestellt ist, muß dich nicht wundern. Unter allen Talenten ist die Beredsamkeit das einzige, das erst im Alter seine vollkommene Stärke zeigt.«

Ob das nun freilich eine Erfindung des Griechen war, der als Rhetor im nachchristlichen Gallien viel Geld verdiente, oder tatsächlich eine keltische Karikatur, weiß niemand. Überliefert ist nur, daß die Schüler der Druiden die Redegewandtheit so hoch schätzten wie die Tapferkeit. Und vermuten kann man immerhin, nicht alle gallischen Götter seien zu allen Zeiten völlig ernst genommen worden, noch habe man ihnen immer blindlings getraut.

Smertrios, einer aus ihren Reihen, muß ein Opfertier gegen die Hunde des Taranis verteidigen, der es sich unberechtigterweise aneignen will – sie versuchten, sich also auch gegenseitig übers Ohr zu hauen. Den Sucellos zeigte man mit einem Tönnchen, das er auf einer Stange trug – das könnte natürlich auch ein Hammer gewesen sein, scheint jedoch in Wirklichkeit darauf hinzudeuten, daß er gerne trank und daß man ihm im Rausch am nächsten war. Vor Artaios schließlich mußte man sich im Wald hüten – er trat als Bär auf.

Alle diese Wesen zwischen Tier und Mensch, zwischen Dämon und weisem Vater, repräsentierten verschiedene Ansätze, die Wirklichkeit in den Griff zu bekommen und die Welt zu deuten – auch jener Belenus, bei dem der kleine Asterix zu fluchen pflegt. Ihn verglichen die Römer mit Apollon, einem Gott also, der, obwohl aus chtonischen Tiefen stammend, immerhin auch das helle Licht der Vernunft verkörperte.

Hineindeuten kann man vieles in den Dschungel dieser Götterwelt. Wenn man sie jedoch systematisieren will, muß man sich vor allem darauf verlassen, daß die Überirdischen mit ihren irdischen Schöpfern gewachsen sind. Die aktivistischen Unsterblichen der frühen indogermanischen Zeit hatten lange damit zu tun gehabt, sich der friedlicheren Geister zu erwehren, denen die unterworfenen Völker Europas hörig waren. Aber aus dieser Auseinandersetzung gingen sie immer stärker hervor. Ihr größter Sieg scheint dabei die Entdekkung der Wiedergeburt gewesen zu sein. Nachdem er errungen war, trat Lug, von dem vermutet wird, daß er auch gestorben und wiederauferstanden sei, an die Spitze der göttlichen Hierarchie. Er verschmolz mit Teutates oder verdrängte ihn. Damit begann die hohe Zeit der Druiden. Das Sterben war sinnvoll geworden. Aber wie stand es mit der Geburt?

Frauen und Göttinnen – zum Fürchten!

Von einer Religion, die sich so intensiv darum bemüht, dem Tod seinen Stachel zu nehmen, wie die keltische, könnte man annehmen, sie sei reine Männersache gewesen. Das Versprechen einer Wiedergeburt scheint ja das Leben seiner Einzigartigkeit zu entkleiden und den Frauen einen Teil ihrer mütterlichen Würde zu rauben. Die Arbeit des Gebärens wird zur Funktion innerhalb eines geschlossenen Systems. Den Druiden könnte man deshalb als Wahlspruch jenes Jesus-Wort aus dem apokryphen Ägypter-Evangelium unterschieben, das da lautet: »Ich bin gekommen, die Werke des Weiblichen aufzulösen.« Möglicherweise umrisse es sogar, was sie wirklich dachten. In vielen Glaubenswelten haben ja männliche Priester aus der Leibfeindlichkeit ein latent antifeministisches Dogma gemacht. Zum allgemeingültigen Prinzip freilich konnten sie es nie erheben, nicht einmal die »Eichenkundigen« – wenn sie es versucht haben sollten.
Unter den ältesten Mitgliedern des keltischen Olymps gab es durchaus auch mächtige Göttinnen, die wie ihre männlichen Gefährten häufig in Triaden dargestellt sind. Die Römer nannten sie »matres« oder auch »Matronen« und bezeugten, daß ihnen höchste Ehren erwiesen wurden, selbst Menschenopfer. Daneben erwähnen sie Jagdgöttinnen, wie jene Arduinna, der die Ardennen ihren Namen verdanken, ferner eine Belisama, die sie mit ihrer Minerva identifizierten, eine Damona, die als Kuh dargestellt wurde, eine Schutzpatronin der Pferde namens Epona, der sie später selbst Altäre errich-

teten, und eine Nemetona, die als Kriegsgöttin galt. Außerdem gab es im alten Irland, aber auch in Gallien, eine große Mutter namens Brigit, der es sogar gelang, als Sankta Brigitta in den christlichen Heiligenkalender aufgenommen zu werden.

All das reflektiert zunächst nichts weiter als wiederum die Tatsache, daß Götterwelten auch eine Projektion irdischer Zustände sind. Hier unten gab es Männer und Frauen, Liebesaffären und Heiraten, also wurden mythische Vorgänge damit verglichen. Keltischen Himmelsherren standen gelegentlich recht tatkräftige Frauen zur Seite. Regierte aber der männliche Teil einer solchen Verbindung, wie es üblich war, den Himmel und die Wolken, der weibliche den Boden und die Fruchtbarkeit, dann lag es nahe, im herabprasselnden Regen eine Begattung beider zu erkennen.

Diesem Schema mußte sich selbst Lug fügen, wenn er alljährlich am »Lugnasad«, dem ersten August, eine Art Ehe mit der Erdgöttin einging. Es war altes, teilweise noch vorindogermanisches Erbe. Die Erdgeister der Steinzeitvölker hatten sich mit den Sonnengöttern der Kurganleute vermählt, anders war ihre Existenz nicht zu bewältigen gewesen. Freilich erwiesen sich die letzteren – ein weiblicher Zug, möchte man meinen – in ihrer scheinbaren Unterlegenheit oftmals als die Stärkeren. Und zuweilen drängt sich sogar der Verdacht auf, die Verehrung der Mütter hätte in dem Maße zugenommen, in dem sich die Druiden mit den Mächten jenseits des Grabes herumschlugen. Einfachere Gemüter dürften ja nicht immer in der Lage gewesen sein, diese symbolträchtigen männlichen Unternehmungen zu verstehen, weshalb sie sich in die Schöße der Göttinnen flüchteten. Einige antike Beobachter bestätigen dies.

Die Kelten, so stellen sie fest, hätten sich in Not und Gefahr auf ihre Frauen verlassen wie auf stärkere Kameraden. Und Ammianus Marcellinus behauptet, ganze Scharen fremder Krieger seien nicht in der Lage gewesen, einem einzelnen Gallier zu widerstehen, wenn jener seine Frau zu Hilfe gerufen hätte. »Diese nämlich ist in der Regel blauäugig und ziemlich furchterregend, besonders wenn ihre Nackenmuskeln anschwellen, wenn sie mit den Zähnen knirscht und die gewaltigen Arme entblößt. Teilt sie dabei dann auch noch Schläge und Fußtritte aus, so ist es, als ob von einem Katapult ebenso viele Pfeile abgeschossen werden würden.« Man darf aus seiner

Schilderung wohl schließen, daß auch mit den göttlichen Vertreterinnen solcher Weiber nicht immer gut Kirschen essen war.
Von deren Kulten jedoch läßt sich nur ein aus Hypothesen zusammengesetztes Mosaikbild entwerfen. Das interessanteste Bruchstück darin wäre die Überlieferung, daß bei einem der keltischen Feste ein abgeschlagener Baum herumgetragen und dann (vermutlich) vergraben wurde. Das könnte darauf hindeuten, daß der Mythos des kleinasiatischen Gottes Attys (auf phönizisch hieß er Baal) und seiner Geliebten, der großen Mutter Kybele (phönizisch: Aschera oder Baalat) bis nach Gallien gelangt sei. Den Todestag des schönen Jungen – er starb und wurde wiedergeboren – feierte man auch in Rom mit dem Vorzeigen einer Pinie, weil er unter einer Konifere dieser Gattung verblutet sein soll und weil der Pinienzapfen – vielleicht deswegen – ein mediterranes Ewigkeitssymbol war. Kennengelernt haben mögen ihn die Bewohner Westeuropas durch die Galater.
Ein anderer Mosaikstein ist das von Sagen bewahrte Gerücht, es habe auch Druidinnen gegeben, ein dritter das wenige, was man über die Priester-Fürstin von Vix weiß, ein vierter die merkwürdige Andeutung Strabos über eine Jungfrauen-Insel im Atlantik, ein letzter schließlich die Tatsache, daß es in Britannien keltische Königinnen gab – von ihnen wird noch die Rede sein –, welche den Römern schwerer zu schaffen machten als mancher männliche Throninhaber. Wo aber solche matriarchalischen Züge nachweisbar sind, werden tatsächlich auch spezielle Kulte vorstellbar, die das weibliche Element im keltischen Glauben repräsentierten.
Die Archäologen können diese Vermutungen weder bestätigen noch bestreiten. Dafür gelang es ihnen jedoch, einige der Stätten zu rekonstruieren, an denen weibliche Priester oder männliche den Göttern Galliens huldigten. Es war ein umwegreicher Prozeß. Seine erste Station: Wessex. Dort stellten sie fest, daß Stonehenge allen volkstümlichen Überzeugungen zum Trotz mit keltischen Kulten nicht in Verbindung gebracht werden kann. Die zweite: Süddeutschland.

Opfer in Schächte und Seen versenkt

Aus dem Raum unterhalb der Mainlinie kennt man schon seit langem die sogenannten Vierecksschanzen, die im Volksmund auch Keltenschanzen heißen. Es sind einfache Wallanlagen. Ihre Tore öffnen sich nach Osten, Westen oder Süden, aber niemals nach Norden.

Rund zweihundertfünfzig solcher Erdwerke wurden allein im Voralpenraum entdeckt, doch gibt es einige auch im östlichen Frankreich, an der mittleren Seine, sogar in Portugal. Und natürlich hielt man sie zunächst einmal für kleine Festungen oder Fluchtburgen. Bis man dann auf die sogenannten Ritualschächte stieß. Drei davon fanden die Ausgräber allein in Europas bekanntester Vierecksschanze, der von Holzhausen am Starnberger See. Sie sind zwischen sieben und vierzig Meter tief und enthielten allerlei Gerümpel. Es könnten Abfallgruben oder zugeschüttete Brunnen gewesen sein. Indes erwies sich auch diese zweite voreilige Vermutung als falsch. Ihr widersprach einmal die Überlegung, daß wohl kaum ein vernünftiger Mensch seinen Müll vierzig Meter unter der Erde vergraben würde, zum anderen die Entdeckung, daß eines der geheimnisvollen Löcher auch einen Kultpfahl barg, ein zweites »Zerfallsprodukte organischer Substanzen, wie Fleisch und Blut«. Das deutete schon eher auf Opferstätten hin, auch Brunnen lagen im Bereich des Möglichen.

Dennoch begann sich ein verläßliches Bild erst abzuzeichnen, nachdem französische Archäologen in der Vendée weitere Schächte entdeckt hatten. Aus ihnen förderten sie zutage: die Überreste eines vier Meter langen Zypressenstammes, ferner Töpfe, Teller, Krüge, Hirschgeweihe und das Bild einer weiblichen Gottheit.

Nun erinnerten sich die Experten plötzlich daran, daß in vielen Sagen aus Wales, Irland und der Bretagne von Teichen oder Quellen die Rede ist, in welche man Votivgaben zu werfen pflegte, daß schon die Poseidonios-Nachfolger von der keltischen Sitte berichteten, Schätze an heiligen Stätten zu vergraben, und daß noch der fränkische Geschichtsschreiber Gregor von Tours ein ländliches Fest in den Cevennen erwähnt, bei dem Tiere geopfert und in einem See versenkt wurden. Stuart Piggott aber warf auch die Frage auf, ob es

denn Zufall sei, daß die berühmten Funde von La Tène gerade aus dem Wasser des Neuenburger Sees gezogen wurden.
Die Antwort, die er dazu fand, lautet so: Keltische Gläubige hätten, wie übrigens auch Griechen und Römer, geglaubt, durch Brunnen und Quellen mit Wasser- und Erdgeistern in Verbindung treten zu können. Hilfsweise gruben sie Schächte. Sie füllten diese in einem Zug mit Gaben an die Unterirdischen, darunter tierischen oder menschlichen Opfern, und schlossen sie sorgfältig ab. Im Rahmen solcher Vorstellungen war es dann keineswegs undenkbar, daß man sich aus den vergrabenen Schätzen auch selbst bediente. Fast alle alten Götter haben es gern gesehen, wenn mit ihren Kapitalien gewuchert wurde.
Der Baum von Le Bernard in der Vendée aber scheint außerdem die fürchterliche Opferszene zu bestätigen, die auf dem Gefäß von Gundestrup abgebildet wird. Dort tragen die finsteren Krieger ebenfalls einen entwurzelten Stamm mit sich herum. Sie führen ihn dem Priester zu, der einen Mann in den Kessel stößt. Und vielleicht war die Opferschale überhaupt das tragbare Äquivalent zum Ritualschacht, der Baum tatsächlich Element eines Kultes, der jenem von Attys und Kybele entsprach. Die Motive, auch das der Wiedergeburt einerseits und der Mutterverehrung andererseits, verschränken sich in vielfältiger Weise, lassen freilich auch vielfältige Deutungen zu.
Festhalten kann man fürs erste nur eines: die Viereckschanze hatte sich aus dem eichenüberwölbten Nemeton entwickelt. Erst war dieser Hain mit Palisaden abgegrenzt worden (davon hat man in Holzhausen noch Spuren gefunden), später mit Wall und Graben. Innerhalb des heiligen Gevierts aber gab es auch schon primitive, tempelartige Bauten, rechteckige Zellen, umgeben von einem gedeckten Laubengang.
Aus diesen einfachen Hütten wiederum entwickelten sich viereckige, runde, ovale, auch polygonale Sakralhäuser, von denen man allein in Frankreich bis heute rund einhundertfünfzig entdeckt hat. Gelegentlich weisen sie ebenfalls Kolonnaden auf, sind von Gräbern umringt, erreichen aber selten eine Größe von mehr als zehn mal zehn Metern und scheinen auch nicht immer überdacht gewesen zu sein. Einer der eindrucksvollsten keltischen Tempel ist jener von

Roquepertuse in der Provence. Er hatte hölzerne Tore, in deren Oberschwellen die üblichen Schädelnischen eingemeißelt waren, und ließ sich über eine fünfstufige Treppe erreichen. Andere, wie etwa der innerhalb des riesigen Golorings bei Koblenz, scheinen von mächtigen Holzstangen überragt worden zu sein. Überhaupt muß man sich alle diese heiligen Orte als einen Wald aufrechtstehender Stämme vorstellen, daran die Totenköpfe hingen. Doch galten auch Bäume als Inbegriff des Göttlichen. Das erschließt eine weitere Deutungsmöglichkeit für die Strünke, die bei gewissen Zeremonien eine Rolle spielten.

Der Himmel wurde von Bäumen getragen

In Gallien und Galatien wurde vor allem die Eiche verehrt, in Britannien die Eibe, in Irland die Eberesche. Bäume trugen das Firmament und erschlossen dem Schamanenlehrling einen Weg zu den Göttern, und das ebenfalls nicht nur bei den Kelten. Im heiligen Hain von Dodona bei Epirus rauschten die weissagenden Eichen des Zeus, den germanischen Norden beherrschte die Weltenesche Yggdrasil. Selbst Felice Romani war zumindest auf einer richtigen Spur, als er die Irminsul in Normas Druidenwäldchen stellte. Sie dürfte nichts anderes gewesen sein als ein stilisierter Baum.

Menschliche Gestalt dagegen scheinen die Kelten ihren Göttern erst gegeben zu haben, als sie gegen Ende der Hallstatt-Zeit unter etruskischen Einfluß gerieten. Ihre Schnitzer schufen nun jene hölzernen Idole, die Lukan als »grimmig blickende Götterbilder« beschreibt, »grob zugehauen aus rohen Stämmen, vom Wetter gebleicht«. In düsteren Quellgründen sollen sie aus dem Geäst gegrinst haben. Was man von ihnen fand – es sind beträchtlich große Mengen –, würde jeder Sammler primitiver Kunst mit Freuden in seine Vitrine stellen. Doch markieren diese einfachen Gebilde nur eine sehr frühe stilistische Periode. Je mehr sich der Kontakt mit den mediterranen Kulturen vertiefte, desto naturalistischer wurden die keltischen Skulpturen, auch kam jetzt Stein als Werkmaterial auf. Schrecklich genug blieben sie freilich immer noch.

Die lebensgroßen Heroenbilder etwa, die Fernand Benoît in Entremont aus der Erde holte, könnte man für Schöpfungen eines römischen Provinzbildhauers halten, wenn einige von ihnen nicht selbst so überdeutlich demonstrierten, wes Glaubens Kind sie sind. Sie stützen jeweils die linke Hand auf einen abgeschlagenen Kopf, während die rechte einen eisernen Blitzstrahl emporhält.

Der Angestellte des Museums Granet in Aix-en-Provence, mit dem ich diese Darstellungen betrachtete, erklärte mir, die Häupter unter den Fingern der Helden versinnbildlichten deren Sterben (deswegen seien ihre Augen geschlossen), der Blitzstrahl dagegen das Licht, mit dem sie selbst wachen Blicks die Grabesnacht durchdrängen. Mir schien das ein bißchen viel Symbolik zu sein.

Bezweifeln möchte ich indessen keineswegs, daß die Statuen von Entremont das zu umreißen versuchen, was die Kelten so sehr beschäftigte, die Frage nämlich, wie es weitergeht, wenn das Leben zu Ende ist.

In den Jahren nach 58 v. Chr. hatten sie wieder einmal berechtigten Anlaß, darüber besonders intensiv nachzudenken. Von Rom rückte damals jener Mann an, dem wir einige der detailliertesten Angaben über die Gallier und ihre Priester verdanken. Allerdings war er nicht gekommen, um Eingeborene in Frankreich zu studieren, sondern um sie zu unterwerfen. Er hieß Gajus Julius Caesar.

Kapitel X

Das ränkevolle Spiel des Julius Caesar

»Es hieß, sie werben Legionäre an
In den Schenken am Tiber, für den Krieg im Westen
Der jetzt erobert werden soll.
Das Land heißt Gallien.«
Bertolt Brecht »Das Verhör des Lukullus«

»Soll Recht gebrochen werden, sei's ein Königsthron,
Um den man's bricht! Im übrigen sei's heilig dir!«

Euripides »Die Phönizierinnen«
(Laut Sueton ein Wahlspruch Caesars)

Caesars Zug durch Gallien

Zeittafel:

209 v. Chr.:	Publius Cornelius Scipio, genannt Africanus Maior, vertreibt die Karthager aus Spanien und empfiehlt sich den Keltiberern als Befreier.
197 v. Chr.:	Die Keltiberer erheben sich zum erstenmal gegen die Römer.
133 v. Chr.:	Publius Cornelius Scipio Aemilianus, genannt Africanus Minor, erobert das keltiberische Widerstandsnest Numantia und erhält dafür auch noch den Ehrennamen Numantinus.
77–71 v. Chr.:	Gnaeus Pompejus Magnus bekämpft die Lusitaner, die sich unter der Führung des Sullagegners Sertorius noch einmal gegen Rom erhoben hatten.
61 v. Chr.:	Gajus Julius Caesar erobert Brigantium, einen der letzten Zufluchtsorte der iberischen Kelten.
60 v. Chr.:	Pompejus, Crassus und Caesar begründen das Erste Triumvirat.
59 v. Chr.:	Caesar wird Konsul. Er erhält die Provinzen Gallia Cisalpina, Illyricum und Gallia Narbonensis für fünf Jahre zugesprochen.
58 v. Chr.:	Caesar kommt nach Gallien. Er besiegt die Helvetier bei Bibracte, die Sueben bei Mülhausen.
57 v. Chr.:	Unterwerfung der Belger.
56 v. Chr.:	Verlängerung des Triumvirats. Besetzung der Bretagne und der Normandie, Sieg über die Aquitaner.
55 v. Chr.:	Caesar wirft die Usipeter und Tenkterer zurück, überquert zum erstenmal den Rhein und den Ärmelkanal.

54 v. Chr.: Zweite Überfahrt Caesars nach Britannien. Sieg über König Casivellaunus.

Ein Politiker braucht Macht und Geld

Ein junger Mann, dessen Ehrgeiz und dessen Lebenshunger größer sind als seine privaten Möglichkeiten, beide zu befriedigen, war schon im Rom des letzten vorchristlichen Jahrhunderts nicht schlecht beraten, wenn er die Politik zu seinem Geschäft machte. Dies galt dann um so mehr, wenn sich zu allen seinen übrigen Eigenschaften kühle, überragende Intelligenz gesellte, eine gewisse Laxheit in moralischen Dingen, ein scharfer Blick für menschliche Schwächen und die Kaltblütigkeit eines Berufsspielers.
Caesar hat alle diese Gaben besessen oder sie sich im Lauf der Zeit erworben. Entsprechend erfolgreich, aber auch sprunghaft und abenteuerlich gestaltete sich die Karriere, die er in den ersten zweiundvierzig Jahren seines Lebens durchlief. Er war bis zum Jahr 58 v. Chr. Oberpriester gewesen, Ordonnanzoffizier, Finanzminister, Militärgouverneur, Senator und Konsul. Er hatte wiederholt vor politischen Feinden flüchten müssen, dreimal geheiratet, Akademien besucht, unzählige Liebesaffären absolviert, in vorderster Linie gekämpft, Feldzüge geleitet, sich in Intrigen verwickelt und, intensiver als alles andere, Schulden gemacht. Dabei war es ihm allmählich zur Gewohnheit geworden, Gesetze, die ihm lästig schienen, einfach zu umgehen und den Staat als eine ›res privata‹, eine höchst private Sache, zu betrachten, nämlich seine eigene. Auch machte er keinen Unterschied zwischen Außenpolitik und Innenpolitik. Wo immer er seine Züge tätigte, in Rom oder auf irgendeinem fernen Aktionsgebiet, sie gehörten zu einem einzigen Spiel. Die Kombinationen, die er dabei aufbaute, wären eines Schachgroßmeisters würdig gewesen, obwohl oder weil sie auf einem im Grunde einfachen Prinzip beruhten.
Stets kam es ihm darauf an, von einer gesicherten Heimatbasis aus Fischzüge ins unterworfene oder noch nicht unterworfene Ausland zu unternehmen, und das, was sich dort erwerben ließ, sofort wieder in der Heimat zu investieren: Ruhm und Geld.
Solange es ihm aber noch an beidem mangelte, am Geld ganz besonders, war er darauf angewiesen, sich einmal einen Finanzier zu sichern, zum anderen einen Mann, von dessen unbestrittener Popularität auch für ihn ein Quentchen abzuzweigen war. Den ersten

fand er in Crassus, dem wahrscheinlich reichsten Manne Roms, den anderen in Pompejus, einem der erfolgreichsten Feldherrn des längst zur Weltmacht aufgestiegenen italischen Staates. Dieses ungleiche Paar gedachte er erst für seine Zwecke einzuspannen und dann zu beerben. Zunächst jedoch verband er sich mit ihm im sogenannten Ersten Triumvirat.
Erst als dieses Machtkartell – eine im Grunde rein private Abmachung unter einflußreichen Männern – etabliert war, konnte der ehrgeizige Aufsteiger darangehen, sein Defizit an Glorie und Kapital durch ein ebenso profitables wie spektakuläres Unternehmen im Ausland zu vermindern.
Mit Hilfe der Stimmen, die das Triumvirat im Senat zusammenbringen konnte, ließ er sich zum Statthalter der Provinz Gallia Cisalpina und des unterworfenen Illyriens ernennen. Der Posten entsprach seinen Intentionen in zweifacher Hinsicht. Aus dem reichen Oberitalien flossen beträchtliche Einkünfte nach Rom. Davon würde sich ein Teil in die eigenen Taschen abzweigen lassen. Daneben gewährte er die Möglichkeit, unter irgendeinem Vorwand von Nordjugoslawien aus in den Donauraum vorzustoßen und diesen zu erobern, was einen Triumphzug und entsprechenden Feldherrenruhm eingebracht hätte. Aber das Glück hielt weit günstigere Karten für ihn bereit.
Noch bevor Caesar von Rom abreiste, starb der amtierende Prokonsul der »Gallia Narbonensis«, des südlichen Teiles von Frankreich, den Rom sich auch schon einverleibt hatte; und dem neuernannten Würdenträger wurde diese Provinz ebenfalls noch zugeschlagen. Das brachte den Rest Galliens in seine Reichweite, die fetteste von allen denkbaren Beuten.
Sie zu erobern, traute Caesar sich ohne weiteres zu. Er hatte schon einmal mit Kelten zu tun gehabt, in Spanien.

Spaniens keltische Guerilleros

Die Iberische Halbinsel, zumindest deren ehemals karthagische Regionen, waren Rom im Zweiten Punischen Krieg zugefallen. Publius Cornelius Scipio, genannt Africanus der Ältere, hatte die letzten Widerstandsnester der West-Phönizier ausgeräumt und es verstanden, sich den Eingeborenen als Befreier von fremdem Joch zu präsentieren. Das Wohlwollen, das er damit säte, hielt jedoch nicht lange vor. Als die Römer keine Anstalten machten, das besetzte Land wieder zu räumen, entfesselten seine Bewohner eine »Guerilla«, in der die Legionäre noch einmal den Furor blindwütig angreifender Barbaren zu spüren bekamen und solcherart Gelegenheit hatten, die alten Berichte über den Gallierschrecken auf ihren Wahrheitsgehalt hin zu überprüfen.

Spanien war ja seit der frühen Latène-Zeit weithin keltisiert. Im großen Aufbruch gegen Ende des sechsten vorchristlichen Jahrhunderts hatten starke Stämme aus dem Norden nicht nur die französischen Reviere der Iberer durchdrungen, sondern auch die Pyrenäen überschritten. Aus der Vermischung beider Völker war jene große Barbarengruppe erwachsen, die von den alten Geographen als die keltiberische bezeichnet wurde. Später entdeckten sie innerhalb ihres Raumes auch noch die Galicier, die im äußersten Nordwesten hausten, die Lusitanier, die im heutigen Portugal saßen, und – neben weiteren kleinen Stämmen – die Vaccaeer. Allein im Süden und Osten der Halbinsel hatten sich ältere Völker unvermischt erhalten können.

Von den Keltiberern aber entwirft Diodorus ein Bild, das viele der Züge aufweist, die er auch bei den Bewohnern Oberitaliens und Frankreichs entdeckte. Sie waren, sagt er, grausam und gastfreundlich, hervorragende Eisenschmiede und formidable Kämpfer. Singend marschierten sie auf das Schlachtfeld, singend griffen sie an. Als Reiter fochten sie so gut wie als Fußsoldaten. Ihre Bewaffnung und ihre Kleidung glich derjenigen der Gallier. Sie trugen Hosen, Wollumhänge und federbuschgeschmückte Helme. Was sie besonders liebten, waren Raubüberfälle, blitzschneller Vorstoß von den Bergen herab, ebenso rascher Rückzug ins Gebüsch, in den Fels. Die Römer sollten auch das zur Genüge erfahren.

197 v. Chr., neun Jahre nach der Eroberung Karthagos, hatten sich die Stämme des Südens und des Ostens gegen die Besatzungsmacht erhoben. Etwas später rebellierten auch die Keltiberer. Der Kleinkrieg, den sie vom Zaun brachen, band hundertfünfzigtausend Mann und hatte bald seine herausragenden Helden.

Einer davon war der lusitanische Schafhirt Viriatus, der im Jahr 147

v. Chr. das Panier ergriff und – eine Führerpersönlichkeit von ritterlichem Zuschnitt – so viele Kämpfer um sich scharte, daß er den Legionen selbst in offener Feldschlacht entgegentreten konnte. Er zerschlug eine Armee unter General Vitelius und zwang dessen Nachfolger sogar zu einem für Rom höchst unvorteilhaften Friedensschluß.

Freilich, der amtierende Proprätor erkannte das Abkommen nicht an. Er warf den Aufständischen immer neue Truppen entgegen und ersetzte, als auch sie auseinandergetrieben wurden, Eisen durch Gold. Ein Verwandter des Viriatus ließ sich kaufen. Er stach den Freischärler von hinten nieder. Spanien jedoch war damit noch keineswegs befriedet.

Numantia, am Oberlauf des Duero, nahe der heutigen Stadt Soria, entwickelte sich zu einem anderen Zentrum erbitterten Widerstands. Vierzehn Jahre lang scheiterte jeder Angriff, der gegen die Wälle des freistehenden Hügelnestes vorgetragen wurde. Seine Verteidiger, Keltiberer vom Stamm der Arevaker, erwarben sich in dieser Frist einen so schreckenerregenden Ruf, daß römische Soldaten sich weigerten, gegen sie vorzurücken. Um das Ärgernis zu beseitigen, mußte der Senat endlich den besten Heerführer in Marsch setzen, über den er damals, im Jahr 134 v. Chr., verfügte.

Scipio Aemilianus, ein Freund des Polybios, der den Beinamen Africanus der Jüngere trug, weil er Karthago zerstört hatte, kam und bot gegen die viertausend Mann starke Besatzung Numantias nicht weniger als sechzigtausend Legionäre auf. Aber selbst mit ihnen fühlte er sich nicht stark genug, einen Sturm zu wagen. Statt dessen leitete er die Belagerung ein.

Nach weiteren sechzehn Monaten brachte sie ihm dürftige Beute. Die letzten halbverhungerten Einwohner der umzingelten Stadt steckten ihre Häuser in Brand und brachten sich dann um. Wie schon in Tunesien betrat der General ein rauchendes Trümmerfeld, wie Karthago ließ er es völlig dem Erdboden gleichmachen. Die Keltiberer schienen endgültig geschlagen zu sein, doch unter der Oberfläche schwelte nach wie vor der alte Haß auf die wortbrüchigen Besatzer.

77 v. Chr., ein halbes Jahrhundert nach der Zerstörung der arevakischen Stadt, brach er sich noch einmal Bahn. Der römische General

Quintus Sertorius, der vor seinem politischen Gegner, dem in Rom an die Macht gekommenen Diktator Sulla, nach Nordafrika geflüchtet war, wurde von den unzufriedenen Lusitaniern ins Land gerufen und führte sie gegen die Truppen seiner ehemaligen Kollegen.
Da aber Sertorius nicht nur ein glänzender Stratege, sondern auch ein begabter Agitator war, konnte er seine Gefolgsleute zu einer Einheit zusammenschweißen, der Rom erneut mit seinem fähigsten General zu Leibe rücken mußte. In jener Zeit war dies Gnaeus Pompejus, der spätere Bundesgenosse Caesars.
Auch er verließ sich nicht auf das Schwert allein. Statt dessen sorgte er dafür, daß Sertorius wie sein Vorgänger Viriatus gemeuchelt wurde, und räumte dann mit den führerlos gewordenen lusitanischen Scharen gründlich auf – was Caesar freilich gar nicht recht sein konnte.
Der damals als Praetor, eine Art Konsul minderen Ranges, amtierende Politabenteurer hatte im Jahr 61 v. Chr. seinen ohnehin nicht besonders guten Ruf durch eine Ehebruchsaffäre, in der er die Rolle des Hahnreis spielte, derart lädiert, daß er dringend der Chance bedurfte, sich zu rehabilitieren. Spanien schien dafür der geeignete Ort zu sein. Es war ihm als Provinz zugewiesen worden. Weil jedoch Pompejus dort bereits so erfolgreich gewütet hatte, mußte er, um von dessen Ruhm nicht völlig verdunkelt zu werden, ein heroisches Spektakulum inszenieren.
Ohne Rücksicht auf Kompetenzen und geltende Gesetze erhöhte er also eigenmächtig die Stärke der ihm unterstellten Truppen und fiel damit noch einmal über die ausgebluteten Lusitanier her. Dann griff er Galicien an, den letzten Zufluchtsort der iberischen Kelten.
Sie waren ebenfalls nicht mehr in der Lage, ihm zu widerstehen. Ihre Hauptstadt, das wahrscheinlich nach dem auch in England lebenden Stamm der Brigantes benannte Brigantium (in Österreich hat sich aus dem gleichen Namen Bregenz entwickelt), wurde gestürmt und ihr Land dem Imperium als Provinz angegliedert. Spanien war nun endgültig römisch geworden, und Caesar hatte es erobert.
Das reichte aus, seine Kritiker zum Schweigen zu bringen und ihm selbst den höchsten Titel zu verschaffen, den der Senat vergeben konnte. 59 v. Chr. wurde er Konsul. Die Beute aber, die ihm in die

Hände gefallen war, kam nicht nur dem römischen Fiskus zugute, sie besserte auch seine eigenen finanziellen Verhältnisse beträchtlich auf – allerdings nur für kurze Zeit.
Ein Jahr später, als er sich, 58 v. Chr., anschickte, die nächste Provinz zu übernehmen, waren seine Schulden schon wieder derart hoch, daß er, um Crassus nicht völlig ausgeliefert zu sein, versuchen mußte, in Gallien einen Schnitt zu machen, der ihm mehr Geld eintrug als selbst das spanische Unternehmen. Das war mit Komplikationen verbunden.

Der Prinz, der zu meutern versuchte

Rom ist ja durchaus kein Räuberstaat gewesen, der es seinen Generalen gestattet hätte, mit den senatorischen Heeren beliebige Beutezüge zu unternehmen. Wenn es fremdes Land in Besitz nahm, dann mußte es dafür zureichende strategische oder rechtliche Gründe geben.
So hatte die Macht am Tiber Norditalien besetzt, weil die Poebene ein Zufluchtsort der angriffslustigen Kelten war. So hatte sie ihre Legionen nach Spanien geschickt, weil Hannibals Basen zerstört werden mußten, solange er selbst noch auf römischem Boden stand. Und so hatte es, 125 v. Chr., endlich auch noch einen breiten Streifen Landes entlang der französischen Mittelmeerküste annektiert und zur Provinz Gallia Narbonensis gemacht, weil es eine Verbindung von der apeninischen zur iberischen Halbinsel haben mußte. Wenn Rom schon nicht eroberte, so gab es doch nicht wieder her, was seine Legionen einmal in Besitz genommen hatten. Auf den restlichen Teil des freien Galliens indessen konnten alle diese Prinzipien nicht angewendet werden. Sein Boden war noch nie von römischem Blut getränkt worden. Seine Einwohner bedrohten nirgendwo römische Interessen. Der neue Prokonsul mußte also geradezu darauf lauern, daß sich ihm ein einigermaßen akzeptabler Kriegsgrund bieten würde. Er begann, das Land aufmerksam zu beobachten.
Was er sah, war dies: Die unzähligen Herren unzähliger Stammesfürstentümer entsprachen längst nicht mehr dem Bild, das die Römer zur Zeit der Keltenstürme von den blondhaarstarrenden keltischen Kriegern gewonnen hatten. Zwar grinsten noch immer

abgeschlagene Feindesschädel von den Türbalken ihrer Häuser, doch deren Bewohner schienen weithin romanisiert oder gräzisiert zu sein. Sie zogen das Geschäft dem Überfall vor, waren reiche, durch Volksversammlungen und Vergobreten reglementierte Geldaristokraten.

Von den Stämmen, die sie repräsentierten, galten die Arverner, die Haeduer und die Sequaner als die mächtigsten. Hinter ihnen rangierten, um nur die wichtigsten zu nennen, die Allobroger, Helvetier, Senonen, Carnuten, Veneter, Pictonen, Treverer, Nervier, Menapier, Vangionen sowie die lange Zeit für Germanen gehaltenen Usipeter, Eburonen, Tenkterer, Sugambrer und Ubier. Alles in allem, so berichtet Strabo, sollen im keltischen Lebensbereich rund sechzig verschiedene Gruppierungen existiert haben, von denen sich jede mit einem eigenen Namen schmückte. Wie menschenreich die größeren unter ihnen waren, läßt sich in etwa abschätzen, wenn man Caesars propagandistische Angabe, die Helvetier seien dreihundertsechzigtausend Köpfe stark gewesen, auf die Hälfte reduziert und berücksichtigt, daß viele der sechzig Stämme wahrscheinlich nur ein paar tausend Köpfe zählten. Ganz Gallien dürfte dann kaum mehr als vier bis fünf Millionen Einwohner gehabt haben. Für Rom war das durchaus keine quantité negligeable.

Seine Vertreter hatten sich denn auch stets darum bemüht, von der Gallia Narbonensis her die großen Stämme in einer Weise gegeneinander auszuspielen, die geeignet schien, das politische Gleichgewicht zwischen ihnen zu wahren. So war gegen Ende des zweiten vorchristlichen Jahrhunderts ein Versuch der Arverner, die Vorherrschaft über das Land an sich zu reißen, durch diplomatische Querschüsse vereitelt worden. So hatten die prokonsularischen Beamten haeduische Fürsten derart handzahm gemacht, daß sie sich von ihnen als »Brüder« oder »Vettern« anreden ließen und diese wertlosen Titel als Auszeichnung empfanden.

Vor allem aber profitierte Rom von der keltischen Unfähigkeit, sich in politischen Vereinigungen zusammenzuschließen, von der Faszination, die eine überlegene Kultur auf sie ausübte, und von der Geldgier ihrer Fürsten. Andererseits freilich war man ihrer auf Grund einiger dieser Eigenschaften auch nie ganz sicher. Das demonstrierte im Jahr 61 v. Chr. der Haeduer Dumnorix.

Er, ein erfolgreicher Finanzmann, hatte sich plötzlich entschlossen, auch politisch aktiv zu werden. Zu solchem Zweck mobilisierte er seine »Klienten«, jene Tausende von Menschen also, die wirtschaftlich oder auf Grund seiner Adelsvorrechte von ihm abhängig waren. Mit dieser zeitgemäßen Version der alten Fürstengefolgschaft begann er dann, seinem Bruder Diviciacus, dem amtierenden Vergobreten, Schwierigkeiten zu machen, wo er nur konnte. Es scheint jedoch ein nicht ungewöhnlicher Vorgang gewesen zu sein.
Reiche Fürstensöhne, so berichtet Caesar, hätten anderswo bis zu zehntausend Mann auf die Beine bringen und damit rechtsmäßige Volksversammlungen und Gerichte unter Druck setzen können. Doch vermerkt er auch, daß diese Gefolgsleute bereit gewesen wären, ihren Chefs notfalls in den Tod zu folgen. Man muß sie sich deshalb wohl als Leibwachen vorstellen, deren Mitglieder von alten männerbündischen Idealen zehrten. Wahrscheinlich waren es die jungen Homoerotiker, die Diodorus beschreibt. Dumnorix scheint sich ihrer sehr wirkungsvoll bedient zu haben.
Er schüchterte Diviciacus derart ein, daß dieser im Jahr 60 v. Chr. nach Rom fuhr, dort Cicero kennenlernte (der ihn für einen Druiden hielt) und den Senat mit einer finsteren Verschwörergeschichte schockierte. Der »revolutionär gesinnte« Prinz, so erzählte er, wolle nicht nur die Macht über den Stamm, sondern über ganz Gallien an sich reißen. Dazu hätte er sich mit den Sequanern liiert, die ihrerseits wieder ein Bündnis mit den germanischen Sueben eingegangen wären. Als Gegenleistung für die Hergabe von Siedlungsraum im unteren Elsaß stünden diese nun bereit, dem Dumnorix und Genossen als Hilfstruppe zu dienen.
Aber so bedrohlich dies auch für gallische Ohren klingen mochte, der Senat konnte sich zu jener Zeit noch nicht entschließen, deswegen militärisch oder diplomatisch aktiv zu werden. Er hielt es wohl für ein Komplott unter Wilden.
Caesar dagegen mußte die Lage völlig anders beurteilen. Hier schien sich ja eine Gelegenheit abzuzeichnen, in die gallischen Affären einzugreifen, vorausgesetzt, sie entwickelten sich weiterhin in wünschenswerter Weise. Allzulange wurde er nicht auf die Folter gespannt.

Als die Schweizer die Schweiz verließen

Noch in dem Jahr, in dem der Prokonsul sein Amt angetreten hatte, bekamen die keltischen Helvetier die Folgen der sequanischen Bündnispolitik zu spüren. Suebische Horden begannen sie in ihrem Siedlungsraum – er zog sich vom Bodensee entlang dem Jura bis zum Genfer See herab – empfindlich zu stören. Die Vorfahren der Eidgenossen, die erst kurz zuvor aus Baden in die heutige Schweiz eingewandert waren, fühlten sich davon derart belästigt, daß sie kurzerhand beschlossen, nach Frankreich abzuwandern.

»Als sie sich hierfür bereit glaubten«, so Caesar, »steckten sie alle ihre Städte – zwölf an der Zahl – in Brand . . . vernichteten ihre Getreidevorräte mit Ausnahme derjenigen, die sie mitzunehmen gedachten, um, wenn ihnen einmal die Hoffnung auf eine Rückkehr genommen sei, desto entschlossener alle Gefahren auf sich zu nehmen.«

Am 28. März des Jahres 58 v. Chr. brachen sie auf, angeblich, wie schon gesagt, dreihundertsechzigtausend Menschen, sechstausend Fahrzeuge, vierundzwanzigtausend Zugtiere, eine kleinere Völkerwanderung. Bei Genf wollten sie über die Rhône und dann ein kurzes Stück durch das Gebiet der Allobroger ziehen, das bereits zur Gallia Narbonensis gehörte. Ihr Ziel war die Heimat der Haeduer zwischen Saône und Loire. Dumnorix hatte sie eingeladen. Caesar sah seine Chance. Als die Helvetier ihn baten, römisches Gebiet durchqueren zu dürfen, sagte er nicht nur nein, er verlegte ihnen auch den Weg mit allem, was ihm an Truppen zur Verfügung stand. Trotzdem kam es nicht zu der Schlacht, die er erhofft haben mag. Das wandernde Volk änderte seine Marschroute und zog über den Jura direkt ins freie Gallien. Dumnorix ebnete ihm den Weg durch das Gebiet der Sequaner. Caesar sah sich um seine Chance gebracht. Von jetzt ab mußte er die Tatsachen etwas frisieren.

Er behauptete also, die Helvetier hätten sich bei den Haeduern mit Mord, Raub und anderen Greueln für deren Einladung revanchiert. Als Beweis legte er flehentliche Hilfsgesuche der Diviciacus-Partei vor. Gleichzeitig dienten ihm diese Papiere dazu, dem Senat gegenüber die Aushebung neuer Truppen in Oberitalien zu motivieren. Doch wartete er dessen Antwort gar nicht erst ab.

Sobald er seine Streitkräfte genügend verstärkt hatte, drang er in Gallien ein, stellte die Helvetier bei Bibracte (Autun) und schlug sie in einer Schlacht, die seiner Feldherrnbegabung ein glänzendes Zeugnis ausstellte. Daß sie ihn selbst viele Tote gekostet haben muß, erwähnt er freilich nur mit dem beiläufigen Nebensatz, »da wir wegen der Verwundeten und der Bestattung der Gefallenen drei Tage festgehalten wurden, konnten wir dem Feind nicht folgen«.
Er selbst dagegen will von seinen Gegnern nicht weniger als eine runde Viertelmillion zur Strecke gebracht haben. Zwei Drittel ihrer Männer, Frauen und Kinder seien auf dem Schlachtfeld geblieben – das müßten, selbst wenn man die Ergebnisse einiger voraufgegangenen Gefechte mit ins Kalkül zieht, rund um die Wagenburg der Auswanderer wahre Leichengebirge gewesen sein. Dem überlebenden Rest jedenfalls befahl er, sich in die alte Heimat zurückzubegeben, womit die spätere Eidgenossenschaft gerettet war. Dennoch haben die Schweizer es bis heute versäumt, ihn dafür zum Nationalhelden zu ernennen.
Die Haeduer dagegen – wenn man seinen Worten glauben darf – taten es sehr wohl. Diviciacus vor allem soll Caesar die Sache seines Volkes so sehr ans Herz gelegt haben, daß er sich von da an berechtigt fühlte, in Frankreich nach eigenem Gutdünken zu schalten und zu walten. Er hatte den Ereignissen die für ihn vorteilhafte Wendung gegeben. Einem römischen Patronus Galliae konnte auch der Senat keine Hindernisse mehr in den Weg legen.
Der Nachwelt gegenüber machen ihn diese Manipulationen freilich eher unglaubwürdig. Seine Schilderungen haben den fatalen Beigeschmack eines Rühr- und Intrigenstücks. Über weite Strecken klingen sie so, als ob sie zurechtredigiert seien für den Geschmack von Lesern, die Politik in erster Linie als Ränkespiel begriffen. Auch viele andere Passagen des Berichtes über das »Bellum Gallicum« darf man wohl nicht ganz wörtlich nehmen.

Caesar faßt seine Beute ins Auge

Schon der berühmte erste Satz »Gallia est omnia divisa in partes tres« (ganz Gallien zerfällt in drei Teile) verrät die Hand des zielbewußten Stilisten. Er ist einfach und von lehrbuchhafter Verständ-

lichkeit. Vor allem aber baut er die Szene wie eine Kegelbahn vor dem Leser auf.
Im einen Teil Galliens, so fährt Caesar ja fort, nördlich von Marne und Seine, lebten – Kegel Nummer eins – die Belger, im zweiten, südlich der Garonne, die Aquitaner, im dritten – Königskegel – »die Stämme, die in ihrer eigenen Sprache Kelten, in unserer Gallier heißen«. Wer das liest, ist schon auf die Kugel vorbereitet, die sie, einen nach dem anderen, umreißen wird.
Mit der Wirklichkeit stimmt diese Dreiteilung jedoch kaum überein. Die Archäologen wissen lediglich, daß in dem Raum, den Caesar den Aquitanern zuweist, überwiegend Keltiberer saßen, ein Volk, welches zeitgenössischen Geographen durchaus unter diesem Namen bekannt war. Weiter geben sie an, auch jene nordgallischen Bezirke, in denen die Belger gehaust haben sollen, seien überwiegend von der (keltischen) Latène-Kultur geprägt gewesen.
Indessen liefert der Römer zu diesem dritten Volk eine zusätzliche Erklärung. Ihr Inhalt mag ihm noch nicht bekannt gewesen sein, als er den ersten Teil seines Berichtes schrieb. Sie steht erst im zweiten und beruht auf Hörensagen. Ein König der keltischen Remer – sie lebten am Oberlauf der Maas – habe ihm erzählt, daß »die meisten Belger von den Germanen abstammten und in grauer Zeit über den Rhein gekommen seien«.
Das bestätigt, ein halbes Jahrhundert später, auch Strabo mit den Worten: »Nächst den (belgischen) Treverern wohnen die (von Caesar ebenfalls zu den Belgern gezählten) Nervier, ein germanischer Stamm.« Als letzter behauptet es endlich Tacitus.
Dennoch vermögen moderne Forscher mit diesen drei Mitteilungen wenig anzufangen. Linguisten sind sich sogar ziemlich sicher, daß die in Nordgallien lebenden Stämme keltisch sprachen und demnach keine Germanen waren.
Weshalb also hat Caesar sie dazu gemacht? Die nächstliegende und sicherlich nicht völlig falsche Vermutung ist die, er hätte es einfach nicht besser gewußt. Angewiesen auf Spione, Späher und nicht immer vertrauenswürdige Helfershelfer, mußte er sich mit den Informationen zufriedengeben, die ihm zugetragen wurden. Doch dürfte er auch hier vor allem darauf bedacht gewesen sein, dem römischen Publikum eine übersichtliche Lage zu präsentieren. Das wird be-

sonders deutlich an der Art und Weise, in der er sich einen vierten Kegel zurechtstellt, die Germanen.
Unauffällig, aber kunstvoll stilisiert er sie zu Nachfolgern jener Kimbern empor, die sein dafür als dritter Erbauer Roms geehrter Onkel Marius bei Vercellae geschlagen hatte. Er schildert sie als »ungeheuer groß, unglaublich tapfer und waffengeübt«. Gallier, die mit ihnen zu tun hatten, seien nicht einmal in der Lage gewesen, »ihre Mienen und den funkelnden Blick ihrer Augen zu ertragen«. Weiter erweckt er den Eindruck, daß sie einem sehr zahlreichen Volk angehört hätten und daß ihre Stammesgebiete jenseits, also rechts des Rheins, lagen.
Der letzte Punkt ist dabei besonders wichtig. Wenn nämlich Gallien ein Gebiet war, dessen Interessen Caesar im Auftrag von Diviciacus und Genossen wahren sollte, dann mußte er sich geradezu verpflichtet fühlen, alle diejenigen zu bekämpfen, die seinen Frieden von außen her zu stören suchten. Das ließ sich einmal auf die Belger anwenden, die, wenn sie Germanen waren, nur ein minderes Recht hatten, links des Unterrheins, in den heutigen Benelux-Staaten, zu leben; das galt aber noch viel mehr für die Sueben, mit denen sich die Sequaner und deren Freund Dumnorix verbündet hatten.
Sein Plan wird damit durchsichtig. Erst hatte er sich die Helvetier zum Buhmann aufgebaut und geschlagen. Nun waren alle die Völker an der Reihe, die als Germanen rubriziert werden konnten, und natürlich deren Helfershelfer, der unbotmäßige Haeduerprinz.
Das aber löst zwei Fragen aus, die miteinander zusammenhängen. Die erste: War Diviciacus' Bruder wirklich ein Volksverräter? Die zweite: Fürchteten die Gallier tatsächlich nichts mehr als einen Angriff der Scharen von jenseits des Rheines? Um beide in etwa beantworten zu können, muß man außerdem noch fragen: Wer waren die Germanen überhaupt? Wie ja schon Strabo erfuhr, ist dies nicht leicht zu entscheiden.

Gefahr aus dem Norden: die Germanen

Zu den Definitionsproblemen, mit denen sich der Grieche abmühte, läßt sich inzwischen sagen: Teutonen und Ambronen dürften mit einiger Sicherheit keine Germanen gewesen sein, sondern Kelten oder Keltenverwandte. Die Kimbern scheinen dagegen sehr wohl aus den nördlichen Gefilden gekommen zu sein, in welchen die hochentwickelte Kultur der Bronzezeit geblüht hatte. Sie waren zumindest Vorläufer derjenigen Stämme, mit denen die Gallier nun zu tun hatten.

In der frühen oder mittleren Latène-Zeit muß sich auf Jütland, an der Nord- und Ostseeküste sowie im Raum an der unteren Elbe ein Entwicklungsprozeß abgespielt haben ähnlich jenem, den auch die Kelten durchliefen. Völker, welche sich dem rauheren Klima angepaßt hatten, entwickelten eine gemeinsame Sprache, möglicherweise auch eine Art nationalen Selbstverständnisses, vor allem aber eine Eisenindustrie, die es ihnen ermöglichte, ihr Leben auf eine solide wirtschaftliche Basis zu stellen. Entsprechend nahm ihre Kopfzahl zu. Friedhöfe in jenen Gegenden, die zu Beginn der Latène-Zeit nur wenige Dutzend Gräber umschlossen hatten, wuchsen sich im letzten vorchristlichen Jahrhundert zu großen Totenäckern aus, Dörfer blühten, germanische Händlerfürsten, die einen weitaus besseren Stahl anzubieten hatten als die Kelten, gerieten in Kontakt mit der römischen Zivilisation und lernten deren Luxusprodukte schätzen. Als schließlich der heimische Besitz ihren Machtansprüchen nicht mehr gerecht wurde, machten sich nordische Brennusse nach Süden auf, um dort neuen Raum zu gewinnen.

Natürlich trafen sie dabei zuerst auf die Kelten, die ja bis hinauf ins heutige Westfalen saßen. Wie sie mit ihnen zurechtkamen, ob sie ihnen friedlich begegneten oder kriegerisch, verrät kein erhaltenes Dokument. Möglich ist jedoch beides. Einmal nämlich unterschieden sich die Germanen von den Schnauzbartträgern so wenig, daß sich selbst namhafte Forscher noch immer mit Strabos Unterscheidungsformel behelfen, sie seien eben noch etwas blonder gewesen als ihre südlichen Verwandten. Zum anderen scheinen die vielen Parallelen zwischen germanischer und keltischer Götterwelt den Schluß zuzulassen, es habe eine Zeit gegeben, in der sich beide Völker friedlich beeinflußten und durchdrangen.

Irgendwann in der späteren Latène-Zeit muß dieses Nebeneinanderleben dann jedoch in Feindseligkeit umgeschlagen sein. Das von Kelten bewohnte Siegerland wurde damals menschenleer, was darauf hindeutet, seine Bewohner hätten sich nach Süden abgesetzt. Im

Raum zwischen Teutoburger Wald und Westerwald bildeten sich Stämme heraus wie etwa die Cherusker, von denen man bis auf unsere Tage noch nicht genau weiß, wem sie zugeordnet werden müssen, den Verehrern des Lug oder jenen des Odin. Vom Fichtelgebirge bis herüber zum Hunsrück aber entstand eine dichte Reihe von Befestigungswerken, die den meisten ihrer Erforscher als eine Art keltischer »Nordwall« gegen die vordringenden Germanen gilt.
Das größte seiner Werke ist die Steinsburg bei Römhild im südlichen Vorland des Thüringer Waldes. Sie weist einen dreifachen Schutzring auf, dessen Mauern, rund fast elf Kilometer lang, bis zu vier Metern hoch und teilweise nahezu sechs Meter stark waren. Auch der Hunnenring von Otzenhausen und eine fast ebenso mächtige Anlage auf dem Donnersberg in der Pfalz gehören zu diesem Befestigungssystem. Insgesamt ist es fast geeignet, die These zu widerlegen, Kelten hätten sich nie zu weitgespannten, gemeinsamen Unternehmungen aufraffen können. Auf alle Fälle aber macht seine Existenz deutlich, wie gefährlich germanische Stämme für sie geworden waren.
Entstanden sein dürfte die eine etwa vierhundert Kilometer lange Grenze absichernde Festungslinie schon während des zweiten vorchristlichen Jahrhunderts. Da aber zu Caesars Zeiten, also in der Mitte des ersten Jahrhunderts, die Sueben bereits im Elsaß saßen und von dort aus die Helvetier belästigten, müssen sie das keltische Verteidigungssystem irgendwann in der Zwischenzeit durchbrochen haben. Das hatte seine Erbauer gezwungen, sich mit den Eindringlingen erneut auf andere Weise als mit dem Schwert auseinanderzusetzen. Über die Art und Weise, in der sie es taten, läßt sich wieder einmal nur rätseln. Interessant ist jedoch, daß der Führer der Sueben nach Caesars Angaben ziemlich gut keltisch sprach und außerdem einen Namen trug, der keinen rein germanischen Klang hat. Ariovist nannte sich zu jener Zeit auch ein berühmter keltischer Augenarzt in Britannien. Die beiden Völker mögen also ziemlich rasch aufeinander abgefärbt haben.
Im übrigen waren die aus Holstein und von der Ostsee gekommenen Sueben kein Stamm sondern ein Sakralverband, dem, laut Tacitus, auch die Langobarden, Hermunduren, Markomannen, Quaden und Semnonen angehörten. Einmal im Jahr trafen sich Abordnun-

gen aller dieser Untergruppen in einem heiligen Hain und feierten dort »ein grausiges und unheimliches Götterfest, das sie namens der Gesamtheit mit einem Menschenopfer einleiteten«. Bei anderer Gelegenheit brachten die Langobarden ihrer Göttin Sklaven dar, die in einem See ertränkt wurden. Auch Ritualschächte waren ihnen bekannt.

Den Kelten mögen also viele ihrer Bräuche so vertraut erschienen sein, daß es ihnen nicht allzu schwer fiel, sich mit den Sueben zusammenzutun, sei es auch nur mangels der Möglichkeit, sie wieder loszuwerden. Berechtigt jedenfalls ist die Annahme, weite Teile des süddeutschen Raumes, vom Main bis hinab zum Bodensee, seien um die Zeit, da Dumnorix aktiv war, von den Germanen bereits kontrolliert worden, und dessen frühere Bewohner hätten sich damit abgefunden gehabt. Das aber wirft ein völlig anderes Licht auf den Diviciacus-Bruder als jenes, in das Caesar ihn stellt.

Verrat an Gallien – aber wie?

Ein Gallier, der die Lage seines Volkes überblickte, muß damals ja zu der Erkenntnis gelangt sein, er und seine Landsleute säßen zwischen den beiden Backen einer riesigen Zange. Von Norden und Osten her drängten Germanen auf ihr schönes und fruchtbares Land zu, von Süden herauf drückten die Römer. Abzuwägen, welche von den beiden Mächten die gefährlichere sei, schien jedoch völlig sinnlos zu sein. Beide waren fähig, sich zu nehmen, was sie haben wollten, beide hatten dies bereits unter Beweis gestellt, die Römer in der Gallia Narbonensis, die Germanen im Elsaß. Die Frage, die dieser Gallier sich stellen mußte, konnte also nur noch lauten, wer repräsentierte das geringere Übel, Caesar oder Ariovist; und wer wäre demnach der bessere Verbündete gewesen?

Daß die Wahl vieler unter den mächtigen und reichen Galliern dabei auf die Römer fiel, ist keineswegs verwunderlich. Die Mittelmeerländer waren für sie ein ertragreicher Exportmarkt. Mit ihren Bewohnern standen sie seit Jahrhunderten in engem Kontakt. Die Überlegenheit der mediterranen Kultur war augenfällig.

Breite Volksmassen dagegen konnten sich ebensogut zu den Germanen hingezogen fühlen. In deren Bräuchen, in deren Kriegstüchtigkeit mögen sie Werte gesehen haben, die ihnen selbst noch teuer waren. Die Krieger, die da von Osten heranbrandeten, schienen ja eine Art von Über-Kelten zu sein, blondmähnige Hünen mit hochaufgebundenen Haarschöpfen, fähig des äußersten Furors.

Ähnlich wie solche Traditionalisten mögen junge Adelige vom Schlag des Dumnorix gedacht haben, vielleicht sogar – Caesar liefert dafür mit seiner eher abschätzigen Druidenschilderung immerhin ein Indiz – eben auch die Priester, die »Eichenkundigen«, die Wahrer des nationalen Erbes.

Der Zwiespalt lief also quer durch die keltische Gesellschaft und vielleicht auch durch die Brust manches einzelnen. Das rechtfertigt den Dumnorix. Er, der auf die Germanen setzte, war vielleicht ein allzu ehrgeiziger Politiker, sicherlich jedoch kein Verräter. Ebensowenig war dies freilich sein Bruder Diviciacus.

Endgültig entscheiden, wer von beiden gut und böse sei, konnte ohnehin nur derjenige, der die Lage zu seinen Gunsten wenden würde, was Caesar gewußt zu haben scheint. Um Dumnorix und seine sequanischen Freunde vor der Zeitgeschichte wie vor den Galliern als Kollaborateure bloßstellen zu können, mußte er die Sueben vom Feld schlagen, da sie im Falle ihres Sieges die Historie ebenfalls hätten umdeuten können. Das tat er auch.

Zustatten kam ihm dabei, daß Ariovist sich im Gebiet der Sequaner nicht als Verbündeter, sondern als neuer Herrscher aufführte. Er setzte seine Ansprüche auf Land mit Gewalt und Geiselnahme durch. Dadurch geriet er natürlicherweise auch bei denjenigen in Mißkredit, die ihn einst gerufen hatten. Mit fast reinem Gewissen und der Unterstützung des Diviciacus konnte der Römer ihm so als Wahrer gallischer Interessen entgegentreten. Der Suebe freilich durchschaute ihn.

»Kriegsrecht sei es«, so erklärte er mit einem Zynismus, den Caesar sich wohlweislich stets versagt hat, »daß die Sieger über die Besiegten nach ihrem Belieben herrschten. Die Römer pflegten ja auch über die von ihnen Unterworfenen nicht nach der Vorschrift eines anderen, sondern nach eigenem Gutdünken zu entscheiden.« Das klang ähnlich wie die Botschaft, welche römische Unterhändler dreihundertzweiunddreißig Jahre früher vor Clusium von den Kelten erhalten hatten. Und es hieß: Machen wir uns nichts vor! Ihr

wollt Gallien haben, wir wollen es auch. Der Stärkere soll es bekommen.
Ariovist wird von Caesar als unerträglich arrogant beschrieben, doch scheint er auch Format gehabt zu haben – nicht genug freilich, um die Römer im Feld zu besiegen.
Noch vor dem Herbst des Jahres 58 v. Chr. kam es – man nimmt an, bei Mülhausen im Elsaß – zu einer Schlacht zwischen den Invasoren aus dem Süden und jenen aus dem Osten. Sie endet mit einer völligen Niederlage der Sueben.
Caesars selbstgewählte Aufgabe in Gallien wäre damit eigentlich erledigt gewesen. Trotzdem zog er sich nicht auf die alte Ausgangsposition in der Gallia Narbonensis zurück, sondern stationierte, Ariovist bestätigend, seine Truppen im Land der bisher unabhängigen Sequaner zwischen Saône und dem Oberlauf der Rhône. Auch Dumnorix konnte nun sagen: ›Ihr seht, ich habe recht behalten‹; doch nützte es ihm wenig, Rom hatte ja gesiegt. Der Prokonsul ließ sich denn auch nur auf Bitten seines Bruders davon abhalten, den Prinzen sofort abzuurteilen. Statt dessen stellte er seine gesamte Gefolgschaft unter Beobachtung und versuchte später, ihn mit nach Britannien zu nehmen. Trug der junge Mann also endgültig das Stigma des Kollaborateurs? Die Geschichte gibt, trotz den Bemühungen des Römers, sie zu korrigieren, eine zwiespältige Antwort. Fünf Jahre später nämlich, als sein Stern wieder zu sinken schien, mußten viel eher die Anhänger des Diviciacus sich fragen, ob nicht sie durch ihre romfreundliche Politik zu Verrätern am eigenen Land geworden seien. Der Bruderzwist im Haus des Haeduerfürsten war nur ein Ausschnitt aus der gallischen Tragödie. Und Caesar blieb ihr Regisseur.
Nach dem Sieg über Ariovist suchte er sein oberitalienisches Hauptquartier auf, um »die Gerichtstage abzuhalten« und, was er allerdings nicht notiert, seine römischen Affären wieder in den Griff zu bekommen. Dabei konnte er völlig sicher sein, daß sich ein Anlaß für weitere Eroberungsaktionen in Gallien früher oder später finden würde.
Tatsächlich bekam er ihn schon im nächsten Frühjahr geliefert, von den Belgern.

Belgische Tapferkeit – umsonst

Die in Nordgallien lebenden Keltenstämme hatten nach den Vorfällen im Elsaß und in Burgund begriffen, daß Caesar nichts weniger als ein Befreier von irgendwelchen Unterdrückern war. Wie er selbst zugibt, befürchteten sie vielmehr, »das römische Heer werde nach der Unterwerfung ganz Galliens gegen sie marschieren«, und schlossen sich deshalb zu einer Koalition zusammen. Trotzdem behauptete der Prokonsul im selben Atemzug, auch noch sie hätten sich »gegen das römische Volk erhoben«.

Doch ist diese Notlüge verständlich. Caesar mußte ja seine Unterwerfungszüge gegenüber dem Senat noch immer einigermaßen plausibel rechtfertigen. Für das Unternehmen gegen die Belger waren aber entsprechende Gründe besonders schwer zu erbringen. Das zwang ihn zu den erwähnten publizistischen Vorbereitungsaktionen.

Da keine fremde Macht hinter ihnen stand, ließ er sie von dem Remer-König wenigstens in die Nähe der Germanen rücken. Da er seine Truppen erneut verstärken wollte, schildert er sie als ein besonders wildes und außerordentlich zahlreiches Volk.

In Wirklichkeit war der belgische Kampfbund jedoch lange nicht so stark, wie er behauptete und wie seine Mitglieder es sich einreden mochten. Er scheiterte denn auch bereits an einem stark befestigten Lager, das Caesar in den Sümpfen der Aisne errichten ließ. Unfähig, ein Belagerungsheer für längere Zeit zu versorgen, trennten sich die einzelnen Stämme wieder und gingen ihrer eigenen Wege – in die Vernichtung.

Der Römer besiegte erst die Suessionen, dann die Bellovaker, schließlich die Ambianer. Keine dieser Gruppen war, auf sich gestellt, in der Lage, ernsthaften Widerstand zu leisten.

Allein die Nervier und die Atuatuker demonstrierten noch einmal, daß Gallier auch zu kämpfen vermochten. Die einen lieferten ihm an der Sambre, nahe Maubeuge, eine Schlacht, welche nur durch den persönlichen Mut und die Kaltblütigkeit Caesars zu seinen Gunsten entschieden werden konnte. Den anderen gesteht er immerhin zu, daß ihre einzige Hoffnung die Tapferkeit gewesen sei, mit der sie ihm entgegentraten, freilich auch ihre Körperstärke. »Meist nämlich

wurde von den Galliern der geringe Wuchs der Römer im Verhältnis zu ihrer eigenen Größe verspottet.«
Das erinnert noch einmal an die Keltenbeschreibungen des Polybios, wurde aber von Caesar völlig anders interpretiert. Die Atuatuker, so weiß er, »waren Abkömmlinge der Kimbern und Teutonen«. Er vergab auch diese Chance nicht, sich selbst als zweiten Marius herauszustellen, obwohl das gar nicht mehr notwendig gewesen wäre.

Caesars Triumph, noch lange kein Sieg

Insgesamt hatten die Erfolge des Jahres 57 v. Chr. vollkommen ausgereicht für einen Siegesbericht, wie der Senat ihn nur selten erhielt. Ganz Gallien schien ja mehr oder weniger unterworfen zu sein. Für die Staatsoberhäupter war dies Grund genug, dem siegreichen Feldherrn alle früheren Gesetzesüberschreitungen zu verzeihen, zu vergessen, daß sie selbst eigentlich nie hatten erobern wollen, und fünfzehntägige Jubelfeiern anzusetzen – »eine Ehrung«, vermerkt ihr Empfänger, »die bisher niemand zuteil geworden war«. Er berichtet korrekt. Normalerweise gewährte man einem siegreichen General nicht mehr als fünf Tage, den errungenen Sieg zu genießen. Nur Pompejus hatte nach seinen Erfolgen im Osten – wo er den noch nicht eroberten Rest der heutigen Türkei sowie Syrien und Palästina unter römische Botmäßigkeit brachte – eine doppelt so lange Frist zugestanden bekommen. Nun war Caesar ihm um etliche Pluspunkte voraus. Das konnte auch gefährlich werden. Der etwas schwerfällig gewordene Haudegen mußte ja allmählich begreifen, mit welch ehrgeizigem Aufsteiger er sich auf das gemeinsame Risiko des Triumvirats eingelassen hatte.
Dennoch verkörperte Pompejus keineswegs Caesars schwierigstes Problem. Sowohl ihn als auch Crassus konnte er im Frühling des Jahres 56 v. Chr. noch einmal zur Besiegelung und Fortführung ihrer alten Vereinbarung bewegen. Seine beiden Partner wurden Konsul. Er selbst erhielt Gallien für weitere fünf Jahre zugesprochen. Viel schlimmer war es dagegen, daß eben dieses Frankreich sich nicht als die leichte Beute erwies, für die sein Eroberer es bisher hatte halten können.

Zwar gelang es ihm noch, nachdem er die Maske des Patronus Galliae endgültig hatte fallen lassen, die Bretagne und die Normandie zu besetzen, doch schon im Wallis biß sich sein Unterfeldherr Sulpicius Galba an den Gaesaten oder deren Nachfahren die Zähne aus. Die anderen keltischen Stämme aber zettelten in den nun folgenden Jahren einen Aufstand nach dem anderen an. Sie zwangen Caesar für jeden raschen Sieg, den er bisher errungen hatte, ein zweites Mal zu zahlen, diesmal teurer. Dem Prokonsul standen bittere Zeiten bevor.

Umgeben von seinem Stab, dessen Mitglieder weniger Militärexperten als vielmehr gute Kenner der römischen Szene waren, hetzte er, selten zu Pferde, öfter in der Sänfte, von einem Winkel Galliens zum anderen. Dabei diktierte er nahezu pausenlos. Mehrere Sekretäre brachten seine Sätze zu Papier. Stafettenreiter rissen ihnen die Briefe aus der Hand und stoben davon in Richtung Rom – wo der wortgewaltige Cicero, einst Caesars Feind, nun sein Verbündeter, durch Geldgeschenke bei der Stange gehalten werden mußte – sowie hinüber in die Bretagne, wo keltische Veneter römische Requisitionsoffiziere festgesetzt hatten. Der durchaus nicht mit einer stabilen Gesundheit gesegnete ehemalige Lebejüngling wandelte sich in diesen Jahren zu jener hageren Legendengestalt, als die er in die Geschichte einging. Er arbeitete Tag und Nacht, kritzelte noch auf der Schreibtafel, wenn alle seine Adjutanten längst ermüdet das Lager aufgesucht hatten, saß einsam an schwelenden Lagerfeuern, versunken in Sorgen, Plänen, neuen Ränken, und war dennoch in der Lage, jeden vorübergehenden Unteroffizier beim Namen zu rufen und ihn nach seiner Verwundung aus der letzten Schlacht zu befragen.

Aber so strapazierend, so entmutigend, ja bedrückend zu Zeiten dieses Dasein gewesen sein muß, er verlor nie die Nerven, war selten schlecht gelaunt, neigte auch kaum zu autoritären Attitüden, nahm vielmehr höflich auf, was ihm an guten oder weniger guten Anregungen zugereicht wurde. Sogar seinen Studien ging er in spärlichen Mußestunden noch nach, trug aus der Reisebibliothek zusammen, was die Griechen über Gallien berichtet hatten, feilte an seinen Berichten nach Rom herum, bis sie die raffiniert schlichte Form gefunden hatten, in der er sie später veröffentlichte, und interessierte sich selbst für die Theorie des richtigen Sprachgebrauchs.

Was oberflächlich an ihm war, Leichtsinn, Spielerübermut, schmolz in jenen Jahren von ihm ab, bis nichts mehr übrigblieb als das karge Behältnis eines ungeheuren Willens. Gallien aber, welches ihm fast wieder zu entgleiten drohte, hielt er zwischen den Zähnen fest wie ein Wolf und verteidigte seine Beute mit Prankenschlägen, die letztlich noch immer gefährlicher waren als alles, was seine Feinde gegen ihn aufzubieten vermochten an Haß oder an Heeren.
»Nirgends«, schreibt der Göttinger Althistoriker Alfred Heuss, »war es Caesar beschieden, wie ein Gott über die Erde zu schreiten ... In Gallien fing die Arbeit erst eigentlich an.« Tatsächlich sah sich der Prokonsul in die tragische Rolle des Sisyphos gedrängt. Doch bewältigte er auch sie in grandiosem Stil. Jedes Unternehmen der Kelten wurde mit einem kühneren pariert.
Die aufständischen Veneter, die sich auf eine starke Flotte und britannische Hilfstruppen stützen konnten, schlug er mit einer Armada, deren Schiffe seine Soldaten auf der Loire zusammenbauten. Die Aquitaner, die ebenfalls das römische Joch abschütteln wollten, wurden im ersten Anlauf überwältigt. Und als kurz darauf die Tenkterer und Usipeter den Niederrhein überschritten, trieb er sie nicht nur zurück, sondern setzte ihnen sogar nach. Auf einer Brücke, die seine Pioniere – vermutlich bei Neuwied – über jenen Fluß schlugen, der von ihm selbst zur Grenze Galliens erklärt worden war, drang er als erster Römer auf rechtsrheinisches Gebiet vor, ohne dort lange zu verharren. Das Unternehmen erfüllte nur die Funktion eines Schreckschusses.
Alle diese Feldzüge, Schlachten und Expeditionen hätten ausgereicht, das Jahr eines normalen Mannes zu füllen, Caesar scheinen sie nur zu weiteren angespornt zu haben. Aus dem heutigen Deutschland zurückgekehrt, erklärte er, er wolle »schnell noch Britannien aufsuchen, wußte ich doch, daß in fast allen gallischen Kriegen von dort aus unseren Feinden Hilfe geleistet worden war«. Es klang, als sei die Überquerung des Ärmelkanals nur eine Lustfahrt. Wie sich, im Jahr 55 v. Chr., zeigen sollte, wurde es jedoch nichts weniger als das, freilich auch kaum mehr als ein bewaffnetes Erkundungsunternehmen. Als es abgeschlossen war, rauschte trotzdem rasender Beifall auf. Rom feierte das bisher kühnste Abenteuer seines Prokonsuls, diesmal nicht weniger als zwanzig Tage lang. Und

die Begeisterung ist verständlich. Britannien galt ja den Bewohnern Italiens schon fast als der Anfang vom Ende der Welt. Daß nun seine Adler auch dort waren aufgepflanzt worden, schien alles zu bestätigen, was ihm frühe Propheten über künftige Größe geweissagt hatten. Caesar freilich mußte inzwischen entdecken, daß er seiner Erfolge weniger sicher sein konnte als je. Zwar fuhr er auch im nächsten Jahr noch einmal nach England hinüber und besiegte dort ein starkes Heer unter dem britischen König Casivellaunus; aber noch bevor dies geschah, erstanden ihm in Gallien Gegner, die Dumnorix und seine Zeitgenossen bei weitem an Gefährlichkeit übertrafen.

Kapitel XI

Der vergebliche Kampf des Vercingetorix

»Wie! Sollten fremde Legionäre
In unserem Haus die Herren sein!
Was! Schlügen diese Söldnerheere
Auf unsere stolzen Krieger ein!
O Gott! Man beugte unsere Stirne
Mit kettenschwerer Hand ins Joch,
Und unser Los vollstreckten noch
Entartete Despotenhirne!
Auf Bürger, reiht euch ein! Die Waffen in die Hand!
Marschiert! Mit Schurkenblut getränkt sei unser Land!
Rouget de Lisle – »Marseillaise«

»Das lateinische Wort Gallus
bezeichnet sowohl einen Gallier als auch einen Hahn.
Es war Vercingetorix, der das erste Kikeriki ausstieß.«
Gaston Bonheur – »Notre patrie gauloise«

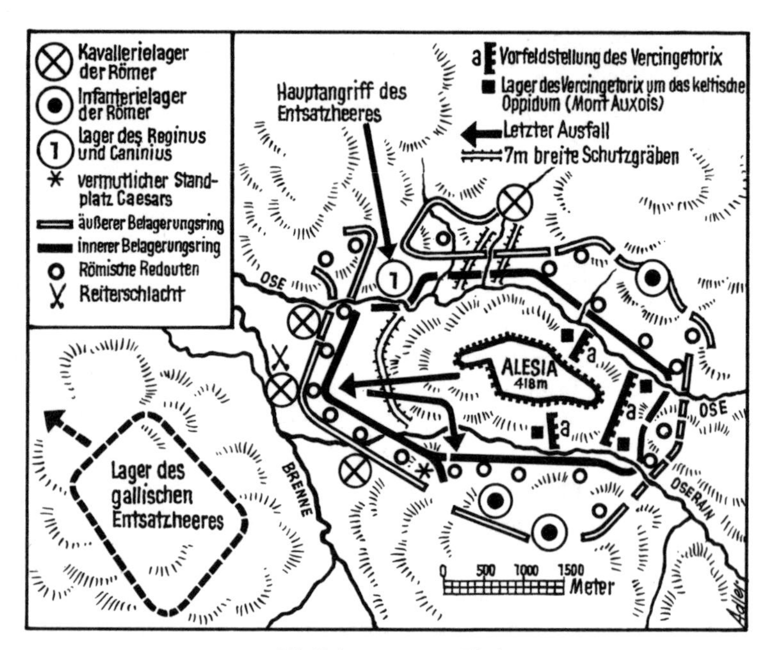

Die Belagerung von Alesia

Zeittafel:

54 v. Chr.:	Tod des Dumnorix. Caesar fährt zum zweiten Mal nach Britannien. Die Eburonen unter Ambiorix und die Treverer unter Indutiomarus erheben sich. Indutiomarus fällt.
53 v. Chr.:	Auch die Eburonen werden geschlagen.
52 v. Chr.:	Vercingetorix entfesselt einen totalen Partisanenkrieg und unterliegt.
51–50 v. Chr.:	Caesar befriedet Gallien.
49 v. Chr.:	Ultimativer Senatsbeschluß: Caesar wird zum Staatsfeind erklärt. Er überschreitet den Rubikon und schlägt Pompejus in einem dreijährigen Bürgerkrieg.
46 v. Chr.:	Vercingetorix wird hingerichtet.
44 v. Chr.:	Ermordung Caesars.
15–14 v. Chr.:	Tiberius und Drusus stoßen zur oberen Donau vor, zerstören unter anderem Manching, begründen zwischen Donau und Alpensüdhang die römischen Provinzen Raetia und Noricum.

Der erste gallische Aristokrat, der sich gegen Caesar gestellt hatte, war auch einer der ersten, die dafür mit ihrem Leben bezahlten. Als Dumnorix sich weigerte, das Schiff zu besteigen, das ihn nach Britannien bringen sollte, wurde er von Reitern umstellt. Als er daraufhin zum Schwert griff, ausrufend, »er sei frei und der Sohn eines freien Stammes«, machten die Häscher ihn befehlsgemäß nieder. Caesar begründete diesen Mord mit der »Überzeugung, daß jener Mann in meiner Abwesenheit nicht vernünftig gehandelt hätte«. Es war, von seinem Standpunkt aus betrachtet, ein kaum widerlegbares Argument. Der Haeduer galt nach wie vor als Seele des Widerstands gegen die Römer. Mit ziemlicher Sicherheit hätte er versucht, die zunehmende Unruhe unter seinen Landsleuten weiter zu schüren, solange Caesar zum zweiten Mal auf der Insel weilte. Aber selbst sein von römischen Speeren erstickter Ruf nach Freiheit verhallte nicht im leeren.

Der erste, der ihn aufnahm, war der Trevererfürst Indutiomarus. Er sammelte seine Gefolgschaft um sich und wollte mit ihr in den Ardennen untertauchen, um von dort aus einen Kleinkrieg gegen die Römer anzuzetteln. Da er jedoch nur, wie schon Dumnorix, die Hälfte eines für jene Zeit charakteristischen Doppelgespanns verkörperte, konnte Caesar dieses Unternehmen noch vor seiner Englandreise ohne Gewaltanwendung verhindern. Er wandte sich an Cingetorix, den herrschenden Vergobreten des Stammes, und befahl ihm, seinen hitzköpfigen Schwiegersohn zurückzuhalten. Cingetorix, der einen erfolgreichen Unabhängigkeitskampf weder für möglich noch für wünschenswert hielt, beugte sich der Order und zwang Indutiomarus, dem Prokonsul seine Loyalität zu bekunden. Der verhinderte Rebell gehorchte zähneknirschend, ohne die Absicht freilich, dieses Treugelöbnis auch zu halten. Im übrigen war er längst nicht mehr der einzige, der sich zum Aufstand entschlossen hatte. Das bekam Caesar nach seiner Rückkehr aus Britannien, im Herbst des Jahres 54 v. Chr., zu spüren.

Er hatte das Expeditionskorps gerade aufgelöst und den einzelnen Legionen Winterquartiere in verschiedenen Teilen Galliens zugewiesen, da teilte man ihm mit, die Eburonen, Nachbarn der Treverer, hätten versucht, ein Lager seiner Unterbefehlshaber Sabinus und Cotta an der mittleren Mosel zu überfallen. An sich wäre das

ein ganz normaler Bericht aus der unruhigen Grenzzone Galliens gewesen, wenn er sich nicht auf einen Stamm bezogen hätte, für den es an sich keinen Grund gab, gegen die Römer zu rebellieren.
Die Eburonen waren im Belgerkrieg von der Zwingherrschaft der Atuatuker befreit worden. Es ging ihnen unter prokonsularischem Regime eigentlich besser als jemals zuvor in ihrer Geschichte. Außerdem waren sie viel zu schwach, um sich gegen die Besatzungstruppen erfolgreich durchsetzen zu können. Was also hatte sie zu dem Überfall bewogen?
Sabinus und Cotta fragten sich das auch. Sie schickten zu Ambiorix, dem Häuptling der Eburonen, und baten um Aufklärung. Die Antwort, die sie erhielten, mußte, auf Anhieb zumindest, für einen Kenner gallischer Verhältnisse unglaubwürdig klingen. Er selbst, so erklärte der Stammeschef nämlich, sei »nicht weltfremd genug, um zu glauben, daß er mit seinen schwachen Kräften die Römer besiegen könne«, doch hätten ihn zu dem Überfall auf das Lager seine eigenen Leute gezwungen, »weil sie sich einem gemeinsamen Beschluß Galliens« nicht widersetzen wollten.
Das schienen völlig neue Töne zu sein. War so etwas wie ein »gemeinsamer Beschluß Galliens« denn überhaupt vorstellbar? Sollte man wirklich glauben müssen, die vielen zersplitterten, unter sich zerstrittenen kleinen und großen Stämme des Landes hätten sich in einer »plötzlichen Verschwörung« zusammengefunden? Konnten Hähne eine Herde bilden?
Die Skepsis, mit der Caesar diese Aussage zur Kenntnis nahm, ist vorstellbar. Seine Offiziere nahmen sie ernster. Verunsichert von den immer wieder gegen sie vorpreschenden eburonischen Reitern, bedrückt auch von der öden, verregneten Landschaft, in der sie hausten, beschloß der Kriegsrat ihrer Einheiten, alle gegebenen Befehle zu mißachten und sich auf das nächstgelegene größere Legionslager zurückzuziehen. Es war genau die Reaktion, die Ambiorix hatte provozieren wollen.
Schon zwei Meilen außerhalb des sicheren, wallumgebenen Standortes, in einem Tal, das zu eng war, als daß es in geschlossener Formation hätte durchzogen werden können, bekamen die Römer zu spüren, wie er seine »schwachen Kräfte« einzusetzen gedachte. Reiter tauchten plötzlich aus dem Dickicht auf und stürzten sich in

blitzschnellen Attacken auf den ungeschütztesten Teil der lang auseinandergezogenen Marschkolonne, die Troßeinheiten.
Cotta und Sabinus begegneten der Situation so, wie sie es gelernt hatten. Sie befahlen, das Gepäck im Stich zu lassen und ein Karree zu bilden. Ambiorix war davon – zu Recht – nicht im geringsten beeindruckt.
Da es ihm, wie Caesar zugibt, »keineswegs an Überlegung fehlte«, da er also mehr war als nur ein hitzköpfiger keltischer Kämpfer, rief er seinen Leuten zu, die Beute sei ihnen so gut wie sicher, sie sollten nichts riskieren und nur »von ferne schießen«. Das Kommando wurde befolgt.
Nur wenn die Römer, um überhaupt etwas zu tun, Ausfälle unternahmen, stürmten die Gallier heran, schlossen die jeweils vorgepreschte Kohorte ein und machten sie nieder. Diese Salamitaktik behielten sie so lange bei, bis Quintus Titurius, einer der Legionsoffiziere, die Nerven verlor und Verhandlungen anbot.
Erstaunlicherweise nahm der Eburone diesen Vorschlag sogar an, freilich mit Hintergedanken. Sobald die römische Abordnung in seine Nähe gekommen war und die Waffen abgelegt hatte, ließ er sie umzingeln und zusammenhauen – ein Rechtsbruch, wie ihn auch Caesar gelegentlich praktiziert hatte. Als die im Karree verbliebenen Soldaten das sahen, begriffen sie, daß jegliche Hoffnung eitel war, und bereiteten sich auf ihr Ende vor. Zwischen Dämmerung und Morgen fielen sie in einem blutigen Gemetzel bis nahezu auf den letzten Mann. »Nur wenige entkamen aus dieser Schlacht, gelangten auf unsicheren Wegen durch die Wälder zu dem Legaten Titus Labienus ins Winterlager und meldeten das Vorgefallene.«
Nun glaubte auch Caesar, daß Ambiorix seiner eigenen Phantasie nicht völlig erlegen war, als er behauptet hatte, es läge »ein Beschluß ganz Galliens« vor, die Römer zu bekriegen. Ein einzelner Stamm allein hätte zu dieser ungeheuren Provokation nie den Mut gehabt. Tatsächlich stand hinter dem kleinen Eburonenchef zumindest ein Mann, der inzwischen weitaus stärkere Kräfte mobilisieren konnte als jener: Indutiomarus, der gemaßregelte Schwiegersohn des Cingetorix.

Caesar in Not

Sofort nach dem gallischen Sieg über Sabinus und Cotta rückte der Nervier, dem es gelungen sein mußte, den Vater seiner Tochter auszumanövrieren, gegen das schwer befestigte Hauptquartier des Caesar-Stellvertreters Tullius Cicero vor. Und das war nun kein Heckenschützenüberfall mehr, das war eine regelrechte Belagerungsaktion.
Die Truppen, die er befehligte, zogen einen drei Meter hohen Wall und einen fünf Meter breiten Graben rund um das ganze Legionslager. Sie errichteten fahrbare Belagerungstürme, produzierten Mauersicheln zum Einreißen der Palisaden und stellten Sturmdächer her, wie sie auch römische Pioniere benutzten, wenn sie sich an feindliche Befestigungen heranarbeiteten. »Das alles«, so Caesar, »hatten sie in den vergangenen Jahren von uns gelernt.«
Ihr kurz darauf unternommener Sturm bewies ebenfalls römische Schule. Mit selbstgebauten Wurfgeschützen schleuderten die Gallier glühende Lehmkugeln und brennende Speere auf die strohbedeckten Winterquartiere der Legionäre. Als das halbe Lager in Flammen stand, schoben sie ihre Belagerungstürme zum Angriff vor, doch konnten die Veteranen ungezählter Schlachten sie im Nahkampf immer wieder abweisen. Trotzdem verminderten sich die Chancen der Eingeschlossenen von Tag zu Tag, von Angriff zu Angriff mehr.
Hilfe aus höchster Not brachte schließlich der proromische Nervier Vertico. Er schickte einen Sklaven los, welcher, »sich als Gallier unter Galliern unverdächtig bewegend«, Caesar um Entsatz bitten sollte. Die Botschaft kam an, und der Prokonsul reagierte sofort.
Nachdem er an Truppen zusammengerafft hatte, was er aufbieten konnte, stürmte er binnen weniger Tage von der Atlantikküste ins treverische Gebiet herüber. Dort bemannte er das schon halb zerstörte Lager neu und lockte dann, durch zur Schau gestellte Unsicherheit, die Angreifer so nahe an die Palisaden heran, daß sie durch einen jähen Ausfall zerstreut und in ihre Wälder zurückgejagt werden konnten.
Der Hoffnung, die Lage damit bereinigt zu haben, gab sich Caesar jedoch keineswegs hin, im Gegenteil. Zum ersten Mal, seit er sein

Amt angetreten hatte, verzichtete er darauf, den Winter im freundlichen Oberitalien zu verbringen, und beschloß statt dessen, »persönlich beim Heer zu bleiben«. Die römischen Affären mußten warten, die gallischen waren drängender geworden. Er wollte sich ein Bild von der Lage machen.

Aufstieg und Ende eines Maquisardenführers

Caesars schärfste Waffe im Kampf um das Land zwischen Atlantik und Rhein war außer seiner Armee vor allem die Uneinigkeit der gallischen Fürsten. Sie manifestierte sich immer wieder in Konstellationen wie Diviacus contra Dumnorix oder Indutiomarus gegen Cingetorix. Der Römer hat sich ihrer bewußt bedient.

Er verhalf Herrschern unterworfener oder mit ihm verbündeter Stämme zu Machtbefugnissen, die sie lange nicht mehr gekannt hatten, unterstützte diese meist älteren Fürsten gegen Volksversammlungen wie gegen jüngere Konkurrenten und veranlaßte sie dazu, in regelmäßigen Abständen die Tagungen zu besuchen, auf denen er ihre Meinungen und Klagen anhörte und ihnen selbst seine Anordnungen übermittelte. Wer auf einem solchen Treffen nicht erschien, galt schon als Abtrünniger und hatte mit einem Besuch römischer Truppen zu rechnen. Daß er damit den Stolz der auf Unabhängigkeit bedachten geringeren Clanchefs und anderer Notabeln verletzte, scheint Caesar gewußt zu haben, nahm es aber in Kauf. Ihm erschien es praktischer, sich auf wenige zuverlässige als auf viele unzuverlässige Leute zu stützen. Damit freilich hatte er einen Lenkungsapparat geschaffen, der zwar rationalen Prinzipien gerecht wurde, nicht aber der keltischen Mentalität.

Die Gallier waren ein Volk, das sich keineswegs an der Realität orientierte, sondern an ihren eigenen Vorstellungen davon. Sie lebten immer noch aus dem Bewußtsein, daß sie »infolge ihres (alten) Kriegsruhms bei sämtlichen Völkern etwas galten«, sahen sich nach wie vor als unbesiegbare Kämpfer, als Nachfahren von Männern, die einst Europa in Schrecken versetzen konnten. Sich nun der Herrschaft eines Volkes zu beugen, dessen Hauptstadt von Brennus gebrandschatzt worden war, schien zumindest den Jüngeren unter ihnen unerträglich. Sie rieben sich wund an ihrer eigenen Schmach und an römischer Überheblichkeit. Ihr gebrochenes Selbstbewußtsein machte sie zu großgallischen Patrioten und zu Untergrundkämpfern.

Alle diese aufgestauten Emotionen aber mußten sich in der gegebenen Lage nicht nur gegen den äußeren Feind richten, sondern auch gegen ein eingesessenes römerfreundliches Regime, das ihnen korrupt zu sein schien. Die Frage, ob einer, der mit den Germanen zusammenarbeite, ein Verräter sei, verlor dabei ihre Bedeutung so sehr, daß selbst Indutiomarus, der zweifelsohne ein gallischer Nationalist war, nichts dabei fand, rechtsrheinische Völker zum Einmarsch in die eigene besetzte Heimat aufzufordern. Als Kollaborateur galt ihm eindeutig nur noch der, der sich mit den Römern zusammentat. Viele der einheimischen Notabeln sollten das in den kommenden Monaten schmerzlich zu spüren bekommen.

Ein Fürst der Carnuten – sie lebten nördlich der Loire –, den Caesar »in den alten Stand seiner Väter wiedereingesetzt hatte«, wurde von eigenen Stammesgenossen ermordet. Der senonische König Cavarinus, heimisch an der unteren Seine, entging nur mit knapper Not einem Anschlag auf sein Leben.

Indutiomarus aber versah alle diese Femeaktionen nachträglich mit dem Siegel des Volksrechtes, als er auf einem Rebellentreffen seinen Schwiegervater zum Staatsfeind erklärte und dessen Vermögen beschlagnahmte. Das war schon nicht mehr Guerillataktik, das war ein Akt der Revolution. Er übertrumpfte ihn aber noch, indem er keineswegs nur einzelnen Kollaborateuren den Kampf ansagte, sondern allen jenen Stämmen, welche sich der Aufstandsbewegung nicht anschließen wollten, den Remern etwa.

Gesetzmäßigkeiten gehorchend, die für alle derartigen Massenerhebungen zu gelten scheinen, uferte der Volkskrieg damit zum Bürgerkrieg aus. Freund war nur noch der, der sich zur gemeinsamen Sache bekannte, Feinde waren alle anderen – eine der entsetzlichsten Situationen, in die ein Volk sich manövrieren kann. Trotzdem dürfte der Treverer selbst bei diesem Stand der Entwicklung den Willen eines großen Teils seiner Landsleute verkörpert haben. Er muß, das läßt sich aus Caesars knappen Schilderungen herauslesen, ein mitreißender Redner gewesen sein, ein Kämpfer, der vor keinem Risiko und keiner Grausamkeit zurückschreckte, stolz bis zum Exzeß und von einem Haß beseelt, der nicht zuletzt daher rührte, daß die Römer seine Adelsvorrechte zugunsten anderer Adeliger beschnitten hatten. Im übrigen aber war er auch darin ein typischer Kelte, daß seine Kühnheit sich mit Leichtsinn paarte, sein Selbstbewußtsein oft in Überheblichkeit umschlug, sein Denken mit Wunschträumen gemischt war.

Wären er und seinesgleichen kühle Realisten gewesen, sie hätten sich schon viel früher zusammengeschlossen, hätten verzichtet auf einen Teil ihrer Privilegien und diese eingebracht in ein gemeinsames nationales Unternehmen. Dafür war es jetzt schon fast zu spät. Sie befanden sich in der Situation de Gaulles nach der Besetzung Frankreichs durch die Deutschen, ohne jedoch den Rückhalt bei einer dritten Macht zu haben, der jenem von Engländern und Amerikanern geboten wurde.

Was hatten die gallischen Maquisards denn zur Verfügung in ihrem Kampf gegen die römische Besatzungsarmee? Männer gewiß, welche intelligent genug waren, die Kriegstechnik ihrer Feinde zu imitieren, auch Reiter und Fußvolk in riesigen Mengen, dazu ein Gelände, das den Kleinkrieg begünstigte, Wälder, Schluchten, Sümpfe, Nebelnächte. Doch all das zusammen wog keineswegs besonders schwer, wenn man damit verglich, was dem gegenüberstand: eiserne Disziplin und das Genie eines der größten Heerführer der Geschichte.

Die keltischen Horden bekämpften eine Maschinerie, die auf Knopfdruck funktionierte. Caesars Männer waren weniger Krieger als Techniker des Krieges, jeder einzelne ein Palisadenbauer, Brükkenschläger, Gräbenausheber und außerdem noch Soldat. An diesen »légions bulldozières«, wie der französische Schriftsteller Gaston Bonheur die römischen Einheiten nennt, ist Indutiomarus denn auch letztlich gescheitert – und an seinem Leichtsinn.

Als er, noch im Jahr 54 v. Chr., von einem römischen Posten, der ihm nicht sofort erlegen war, gelangweilt wegritt, setzten die Verteidiger ihm überraschend nach und fingen ihn ab. »Sein Kopf«, vermerkt Caesar lakonisch, »wurde ins Lager gebracht.« Für einen keltischen Krieger war dies immerhin ein adäquates Ende. Ambiorix scheiterte nicht weniger stilgerecht.

Nachdem der Prokonsul ihn mehrfach geschlagen hatte, verschwand

er, ein Jahr nach dem Tod seines Mitkämpfers, »geschützt von nur vier Reitern, denen er sein Leben anzuvertrauen wagte«, in den Wäldern. Er war zum Outlaw geworden, so als hätten die Druiden ihn geächtet.
Diejenigen Widerstandskämpfer aber, deren Caesar habhaft werden konnte, wurden wiederum »nach der Sitte ihrer Vorfahren« (und das heißt unter grausamen Martern) abgeurteilt und hingerichtet. Einer von ihnen, der diesem Los entgehen wollte, vergiftete sich mit Eibenbeeren, ehe die Häscher ihn fanden.
Caesar, so schien es, konnte aufatmen, als dies alles geschehen war. Tatsächlich schloß er den Bericht über das Jahr 53 v. Chr. wieder einmal mit der Formel ab: »Ich reiste, wie gewohnt, nach Oberitalien, die Gerichtstage abzuhalten . . . da Gallien ruhig war.«
War Gallien wirklich ruhig?

Gallien soll brennen

Eine Streitmacht, die derartige Schlappen hat hinnehmen müssen wie die Scharen des Indutiomarus und des Ambiorix, scheint reif zu sein für die Überlegung, ob es nicht klüger sei, die Waffen zu strekken und sich in das Unvermeidliche zu schicken. Ein Volk in Aufruhr reagiert da anders, selbst wenn es so wankelmütig ist, wie das gallische es war. Trotzdem mußten auch seine Führer sich fragen, mit welchen Mitteln sie einen Kampf fortsetzen wollten, der bisher nichts eingebracht hatte als zehrende Verluste und bittere Demütigungen. Was außer wirkungsloser Tapferkeit und Hinterlist konnten sie denn noch aufbieten gegen einen technisch weit überlegenen Gegner?
Die Antwort, auf die sie stießen, war keineswegs originell. Schwache Völker haben sich zu allen Zeiten gegen starke Eindringlinge dadurch gewehrt, daß sie Brunnen vergifteten, Wege zerstörten, ihre Siedlungen einäscherten und dem Feind nichts überließen als verwüstetes, von allen Hilfsmitteln entblößtes Land. Das Stichwort, unter dem diese Methode in älteren militärischen Lehrbüchern geführt wird, lautet: »Parthertaktik«. Es umschreibt eine Kombination von selbstzerstörerischer Sabotage und Partisanenüberfällen. Dabei sind sich die Experten darüber einig, daß dieses Rezept tun-

lichst nur in Gebieten anzuwenden ist, die mit Städten, Dörfern, Straßen, Industrien nicht überreichlich gesegnet sind. Auf das Gallien des letzten vorchristlichen Jahrhunderts traf das keineswegs zu.

Ein Maquisardenführer, der also beschlossen hätte, die Technik der verbrannten Erde anzuwenden, hätte seinen Landsleuten ein ungeheures Opfer abfordern müssen. Schwer ist es, sich vorzustellen, daß Menschen, die ja an ihrem irdischen Besitz hingen, ihm dabei gefolgt wären.

Andererseits: Was den Galliern teuer war, ließ sich rasch zusammenraffen und an irgendeinem unzugänglichen Platz vergraben. Herden konnte man auf abgelegene Waldwiesen treiben, Getreidevorräte ebenfalls auslagern. Allein die Frauen und Kinder würde man dem Feind überlassen müssen. Eine schwere Entscheidung.

Die Freiheitskämpfer, die im Jahr 52 v. Chr. ihre Möglichkeiten überdachten, scheinen diese dennoch getroffen zu haben. Sie hatten einen neuen Führer gefunden. Er hieß Vercingetorix und war genau das, nämlich ein ver(über)-cinget(Krieger)-rix(König), ein Mann, der Männer führen, überzeugen und motivieren konnte. Franzosen betrachten ihn als ihren ersten National- und Freiheitshelden, was sein geschichtliches Bild jedoch eher verzerrt.

Im Glorienschein der Legende figuriert er als ein strahlender Jüngling, der, von nichts anderem als edelsten Motiven beseelt, die Fahne des Widerstands noch einmal rauschend entfaltete. Das dürfte – natürlich – etwas übertrieben sein.

Celtillus, der Vater des Vercingetorix, hatte 80 v. Chr. jenen Versuch unternommen, die gallischen Völker zu einigen und sie seinem Primat zu unterwerfen, der dann mit römischer Hilfe vereitelt worden war. Es scheint, daß sein Volk, die Arverner – sie lebten in der nach ihnen benannten heutigen Auvergne –, aus irgendeinem Grund glaubte, zur Führungsmacht im alten Frankreich berufen zu sein, oder daß sie diese Rolle in früheren Zeiten einmal gespielt hatten. Das aber legt zumindest den Verdacht nahe, der Sohn des Celtillus hätte nicht nur die Freiheit wiedererringen, sondern auch Ansprüche seines Hauses auf Oberherrschaft über das ganze Land verteidigen wollen.

Abgesehen davon kann er auch durchaus kein blauäugiger Parsival

gewesen sein. Die Tatsache, daß er bereit war, ganze Städte in Schutt und Asche zu legen und andere, auch Unbetroffene, für seine Zwecke zu opfern, weist ihn vielmehr als einen rücksichtslosen Fanatiker aus. Indessen wäre ein weicherer Mann dem ebenso rücksichtslosen Caesar wohl kaum für längere Zeit gewachsen gewesen. Der Römer, so rechnete Plutarch ihm nach, soll in zehn gallischen Kriegsjahren rund achthundert Dörfer und Städte vernichtet und drei Millionen Menschen getötet oder in die Sklaverei geführt haben. Vercingetorix konnte diese blutige Rekordmarke nicht einmal annähernd erreichen. Versucht hat er es immerhin.
Sein Vorschlag, alle Siedlungen zu zerstören, »die nicht durch Befestigungen und natürliche Lage geschützt seien«, war kaum von der Versammlung seiner Mitkämpfer »einstimmig« gebilligt worden, da brannten auch schon mehr als zwanzig biturigische Dörfer. »Das gleiche«, fährt Caesar dann fort, »geschah bei den übrigen Stämmen. Allerorten sah man Feuer lodern.« Aber dann erwies es sich, daß der Prophet der verbrannten Erde seine Gefolgsleute doch überfordert hatte.
Als es nämlich um die Frage ging, ob auch Avaricum, das heutige Bourges, eine der schönsten Städte des Landes, dem Traum von der Freiheit geopfert werden sollte, »warfen sich die Bituriger allen Anwesenden zu Füßen« und baten, man möge ihren Hauptort doch verschonen. Unter Protest mußte Vercingetorix schließlich nachgeben. Daß er es tat, brachte ihm – scheinbar – eine schwere Niederlage ein.

Die Niederlage, die ein Sieg war

Avaricum lag auf einem Hügel am Zusammenfluß von Yèvre und Auron, die vereinigt der Loire zufließen. Es war nur über einen schmalen Weg zugänglich und wies Befestigungen auf, welche Caesar zu seiner lobenden Beschreibung des ›murus gallicus‹ veranlaßten. Selbst für eine so erfahrene Truppe, wie die Legionen es waren, schienen sie nur schwer überwindbar zu sein.
Der Prokonsul, der gegen Avaricum vorgerückt war, als er erfahren hatte, daß Vercingetorix es nicht aufgeben wolle, setzte denn auch alles ein, was ihm an technischen Mitteln zur Verfügung stand. Da

er die von Sümpfen und Flußläufen geschützte Siedlung nicht mit einem rings um sie gezogenen Wall von der Außenwelt abschneiden konnte – das hätte der gängigen Praxis entsprochen –, ließ er auf dem engen Zugang eine Rampe aufschütten, deren Ende die Mauerkrone erreichen sollte. Außerdem stellte er »vinae« bereit, eine Art Holzbaracken auf Rollen, die auf diese Bahn geschoben und den angreifenden Truppen Deckung gewähren sollten. (Der französische Archäologe Matherat hat 1943, in einer Zeit also, in der die Franzosen ohnehin besonders intensiv über ihr Verhältnis zu ausländischen Invasoren nachdachten, solche fahrbaren Laufgänge aus einem Moor bei Breuil-le-Sec, nördlich von Paris, geborgen. Sie gehörten offensichtlich zur Standardausrüstung römischer Pioniere.)

Alle diese Vorbereitungen litten jedoch bereits unter den ersten Auswirkungen der Parthertaktik. Da in der näheren Umgebung von Avaricum keine Lebensmittel aufzutreiben waren, mußte Caesar seine Verpflegung aus den Gebieten der befreundeten Haeduer und Boier heranschaffen lassen. Die aber unterstützten ihn so unlustig, daß seine Soldaten sich in ihrer Not an gallischem Vieh vergriffen. Nicht, daß ihnen das etwa Skrupel bereitet hätte, aber Steaks entsprachen nun einmal nicht ihrer Diät – römische Legionäre konnten ohne Brot kaum leben.

Indes, auch Vercingetorix hatte Schwierigkeiten. Seine abseits von Stadt und Belagerungsheer postierte Hauptmacht warf ihm vor, daß er nichts unternehme, die Besatzung Avaricums durch einen Angriff zu entlasten. Sie stand am Rande der Meuterei. Um sich zu rechtfertigen und noch einmal klarzumachen, daß von brüllenden Attacken nichts mehr zu erhoffen sei, ließ er römische Gefangene vorführen, die – Caesar bestreitet das zwar – gefaßt worden waren, nachdem sie ihre Einheiten verlassen hatten, um Nahrungsmittel aufzustöbern. Dazu behauptete er, das römische Heer sei im Begriff, »durch Hunger beinahe aufgerieben zu werden«, und setzte hinzu, er habe »dafür gesorgt, daß kein Stamm im ganzen Land es aufnimmt, wenn es demnächst die Flucht antritt«. Plastischer hätte er nicht demonstrieren können, wie die Taktik der verbrannten Erde sich auswirkt.

Nur, leider, Caesar dachte nicht daran, vor dem Hunger zu kapitulieren. Meter um Meter wuchs die Rampe ihrem Ziel entgegen.

Selbst mit knurrendem Magen vereitelten seine Pioniere alle Versuche der im Bergwerkswesen erfahrenen Verteidiger, das Bauwerk zu unterminieren oder ihre eigenen Bastionen so zu überhöhen, daß sie von oben auf die flankierenden Belagerungstürme hätten herabschießen können. Brandfackeln, siedendem Pech und herausgeschleuderten zugespitzten Balken wichen sie aus, so gut es ging. Nicht einmal die Kälte und der ständig nieselnde Regen brachten sie aus dem Konzept. Nach fünfundzwanzig Tagen war ihr Damm so weit gediehen, daß sein vorderes Ende die Mauern von Avaricum berührte und überragte.

Erst jetzt beschloß die Besatzung, aufzugeben und durch die Sümpfe am Fuß des Stadthügels zu fliehen. Doch ehe es dazu kam, schob Caesar, wiederum in dichtestem Regen, seine Laufgänge vor und ließ angreifen. Es wurde ein Blutbad. »Voller Wut über ... die Strapazen bei den Schanzarbeiten verschonten sie (die Legionäre) weder Frauen und Greise noch Kinder. Von vierzigtausend Einwohnern (eine übertrieben hohe Zahl) entkamen nur achthundert.«

Vercingetorix aber beobachtete auch alles dies, ohne einen Finger zu rühren. Er hatte es immer für sinnlos gehalten, Avaricum zu verteidigen. Nun zeigte es sich, daß seine Überlegungen richtig gewesen waren.

Weil dies aber spätestens jetzt auch der begriffsstutzigste seiner Mitkämpfer einsehen mußte, geriet ihm die Niederlage unverhofftterweise zu einem Erfolg. Der Römer hatte eine Stadt erobert, eine wichtige zwar, aber doch nur eine, die bereits als abgeschrieben galt. Der Gallier dagegen hatte einen Plan durchgesetzt, einen barbarischen zwar, aber er leuchtete nunmehr ein.

Resigniert schrieb Caesar in seinen Bericht: »Man glaubte, daß er (Vercingetorix) alles vorausschaue und vorausahne, weil er von Anfang an dafür gewesen war, daß man Avaricum einäschere.« Er selbst hatte einen Pyrrhus-Sieg errungen. Das begriffen auch seine Soldaten.

Barbusige Frauen auf den Wällen

In der Zeit unmittelbar nach dem Kampf um Avaricum, im späten Frühling des Jahres 52 v. Chr. also, müssen die Besatzer derart mut-

los und deprimiert gewirkt haben, daß selbst die bisher so römertreuen Haeduer den Eindruck gewannen, sie würden nicht mehr lange durchhalten. Deshalb versuchten sie, ihre Schäfchen rasch noch unter der Fahne der Maquisards ins trockene zu bringen.
Convictolitavis, der Nachfolger des spurlos aus Caesars Berichten und damit auch aus der Geschichte verschwundenen Diviacus, erklärte plötzlich, daß auch sein Volk »frei und zur Herrschaft geboren sei«. Vercingetorix aber fühlte sich bereits als der König des aufständischen Galliens. Seine Sendboten jagten durch das ganze Land, warben für seine Sache, erklärten seine Pläne und führten ihm von allen Seiten neue Mitstreiter zu.
Caesar, auf der anderen Seite, bekam die Folgen dieser hektischen Aktivität immer schmerzlicher zu spüren. Allerorten sahen sich seine Truppen in Kämpfe und Überfälle verwickelt, allerorten verweigerten ihnen ehemals freundlich gesinnte Stämme Hilfe und Gehorsam. Die Versorgungslage wurde von Tag zu Tag schwieriger. Doch der Prokonsul glaubte nach wie vor, alle diese Mißlichkeiten mit einer großen Aktion aus der Welt schaffen zu können. Er beschloß, Gergovia anzugreifen, den (so vermutet man wenigstens) nahe Clermont-Ferrand gelegenen Hauptort der Arverner, in welchem Vercingetorix gerade eine grandiose Heerschau abhielt. Falscher hat er nie taktiert.
Das Bergnest über dem fruchtbaren Talbecken der Limagne war noch unzugänglicher als Avaricum. Es lag auf dem Kamm eines steilen Höhenzugs, dessen Ränder die Gallier nur mit einer etwa drei Meter hohen Mauer hatten überhöhen müssen, um völlig geschützt zu sein. Trotzdem ordnete Caesar einen handstreichartigen Überfall an.
Das Unternehmen schien auch beinahe zu gelingen. Seine Soldaten standen schon an den Toren, die gergovischen Frauen erschienen bereits mit entblößten Busen auf den Wällen und flehten die Legionäre an, ihnen nicht das gleiche Schicksal zu bereiten wie den Bewohnerinnen von Avaricum – da (und nicht früher) erschien Vercingetorix mit seinen wie üblich abseits der Festung stationierten starken Verbänden und entfaltete einen Angriff, dem die Römer schon deshalb erliegen mußten, weil ihre Einheiten in dem bergigen Gelände nicht geschlossen genug operieren konnten.

Am Abend dieses Tages notierte Caesar, daß er sechsundvierzig Centurionen, Zugführer also (eine Centuria war die kleinste römische Militäreinheit), und siebenhundert Gemeine verloren hatte. Zum ersten Mal, seit er sein Amt in Gallien angetreten hatte, sah sich der Prokonsul gezwungen, das Feld dem Gegner zu überlassen. Es deprimierte ihn derart, daß er sogar mit dem Gedanken spielte, »nach Oberitalien abzuziehen« und sein Unternehmen verlorenzugeben. Der tiefste Punkt seiner Karriere schien erreicht.
Die Haeduer, die nun vollends die Frage geklärt hatten, wer ein Kollaborateur sei und wer nicht, fielen endgültig von ihm ab. Ihre Landsleute träumten bereits davon, selbst die Gallia Narbonensis zurückzugewinnen.

Der verhängnisvolle Furor

Vercingetorix scheint der einzige gewesen zu sein, der in diesem allgemeinen Freudentaumel einen kühlen Kopf behielt. Zwar dürfte er es genossen haben, daß seine Mitstreiter ihn auf einer Versammlung in Bibracte in der Rolle bestätigten, die er schon längst übernommen hatte, doch wollte er deswegen keineswegs unabwägbare Risiken eingehen. Nach wie vor erhoffte er sich mehr und endgültigen Gewinn weniger von großen Entscheidungsschlachten als von seiner Taktik der verbrannten Erde und von Serien kleiner Nadelstiche in den weichen Unterleib des Gegners, sein Versorgungswesen.
Unglücklicherweise – für ihn und für sie – konnte er nach Gergovia seine hitzköpfigen Kelten davon weniger denn je überzeugen. In welch groteske Situationen ihn das manchmal gebracht haben muß, wird deutlich an der letzten großen Aktion, welche die Maquisards gemeinsam unternahmen.
Spione hatten ihnen berichtet, daß Caesar sich zunächst einmal auf die Gallia Narbonensis zurückziehen wolle, um von dort aus die von aufständischen Allobrogern blockierten Gebirgswege nach Oberitalien zu öffnen. Seine Marschkolonnen, flankiert von angeworbenen germanischen Reitern, seien bereits unterwegs. Es schien die beste Gelegenheit für einen Überfall und eine letzte große Entscheidungsschlacht zu sein. Vercingetorix hielt sie für nicht so günstig. Er wußte, wie schnell die Römer sich selbst unter ungün-

stigsten Bedingungen formieren und zum Gegenangriff übergehen konnten. Aber das konnte er vermutlich nicht einmal mehr laut sagen. Um also einerseits seine Leute in dem Glauben zu lassen, sie seien die unbezwingbaren Kämpfer, für die sie sich hielten, andererseits ein Desaster zu verhindern, redete er ihnen ein, die Römer hätten bereits eine große moralische Schlappe erlitten, wenn man sie nur zwingen könne, ihr Gepäck im Stich zu lassen. Dazu aber genüge es, allein den Troß anzugreifen. Was er damit erreichen wollte, liegt nahe. Die gallischen Stürmer sollten davor bewahrt werden, den römischen Kampftruppen direkt in die Speere zu rennen.

Trotzdem geschah genau dies. Vom Furor gepackt, vergaßen die Kelten alle Vorsichtsmaßregeln, welche ihnen eingehämmert worden waren, nahmen an, was sich ihnen in den Weg stellte, und verspielten so mit einem einzigen Gefecht alle in teuren Partisanenkämpfen mühsam errungenen Erfolge.

Caesar nämlich, reaktionsschnell wie immer, ergriff die ihm gebotene Chance, ließ die Angreifer an der Schildmauer der Legionen auflaufen und nahm sie dann mit exerziermäßig ausgeführten Schwenkungen in eine tödliche Zange. Von da ab war es das alte Lied. Keltische Schwerter wurden an römischen Lanzen zuschanden, keltisches Ungestüm unterlag römischer Disziplin. Als der erhoffte rasche Sieg sich nicht einstellen wollte, stoben entmutigte Reiter in alle Himmelsrichtungen davon. Vercingetorix hatte wieder einmal recht behalten, aber es nützte ihm jetzt nichts mehr.

Der Prokonsul ließ seine Nachschubeinheiten unter dem Schutz zweier Legionen am Kampfplatz zurück und verfolgte mit dreitausend Mann die weichenden Feinde bis unter die Mauern der mandubischen Stadt Alesia, die ja angeblich von Herakles gebaut worden war. Dorthin hatte sich ihr Anführer mit seinen Kerntruppen gerettet.

Er konnte damals noch nicht ahnen, daß man später seine Laufbahn allein mit der Nennung dreier Städtenamen würde umreißen können: Avaricum, Gergovia und eben Alesia. Danach kommt nichts mehr.

Alesia, Festung in der Festung

Über die Frage, wo Alesia zu suchen sei, haben französische Lokalpatrioten lange herumgestritten. Die einen behaupteten, es habe bei Alaise gelegen, einem kleinen Ort in der Franche-Comté; die anderen plädierten für das kaum größere Alise-Sainte-Reine am Unterlauf der Seine in der Nähe des Hügels von Vix.

Da aber zu den Parteigängern der zweiten Gruppe immerhin auch Napoleon III. gehörte und da er die Mittel hatte, seine These archäologisch untermauern zu lassen, gingen die Alaiser Schutzbefohlenen der Sainte Reine, der Himmelskönigin, aus diesem Wettstreit letztlich als Sieger hervor.

Eine Kampagne, die zwischen 1861 und 1865 nahe ihrer Stadt unternommen wurde, erbrachte die Überreste eines ungewöhnlich blutigen Kampfes: Pferde- und Menschenknochen kamen ans Tageslicht, Waffen, Ausrüstungsgegenstände, Geschirrteile sowie unzählige gallische Münzen. Was aber noch wichtiger war: Man fand auch die Spuren eines sechs Meter breiten Grabens und andere Befestigungsreste. Das reinigte Caesar von dem immerhin möglichen Vorwurf, bei seiner Schilderung der Schlacht um Alesia übertrieben zu haben, und bestätigt, daß der Zufluchtsort des Vercingetorix weniger von Schwert- als von Spatenträgern erobert wurde. Es geschah aus Respekt vor den gallischen Maquisards.

Der Prokonsul wollte jetzt, da sich die Dinge überraschenderweise so günstig für ihn entwickelt hatten, auch seine kleinste Chance nutzen, dies aber gründlich. Er beschloß deshalb – die Erinnerung an Gergovia noch in den Gliedern –, das auf dem vierhundertachtzehn Meter hohen, freistehenden Mont Auxois gelegene Oppidum nicht etwa zu stürmen, sondern mit einer rundum gezogenen Mauer völlig abzuschnüren – ein wahnwitzig anmutender Plan.

Feldvermesser, die er ausschickte, meldeten ihm, das vorgesehene Bauwerk müsse, wenn er auf seiner Errichtung bestehe, siebzehn Kilometer lang werden. Die »légions bulldozières« machten sich trotzdem an die Arbeit. Aber natürlich sah Vercingetorix ihnen nicht tatenlos zu. Er unternahm Ausfälle, wann immer sich eine Gelegenheit dazu bot, und bereitete gleichzeitig eine Entsatzaktion vor. Alle Reiter, so befahl er, hätten Alesia zu verlassen, solange der römische

Mauerring noch nicht völlig geschlossen sei. Sie sollten zu ihren Stämmen gehen und dort Hilfstruppen mobilisieren. Er selbst gedenke auf seinem Posten auszuharren, bis sie mit der neuen Streitmacht anrückten. Was er sich dabei dachte, ist schwer zu ergründen. Glaubte er, der die taktischen Fähigkeiten seiner Landsleute so richtig – nämlich äußerst gering – einschätzte, wirklich an den Erfolg eines geschlossenen Angriffs auf römische Mauern? Und wenn ja, wäre es dann nicht klüger gewesen, dieses Unternehmen selbst zu organisieren und zu leiten? Andererseits: Ein Feldherr durfte seine Truppen nicht verlassen – Caesar zufolge sollen es immerhin noch achtzigtausend Mann gewesen sein. Außerdem mochte Vercingetorix darauf spekulieren, daß die Gallier viel entschlossener kämpfen würden, wenn es darum ging, ihn, ihren gewählten Generalissimus, aus feindlicher Umzingelung zu befreien. Fest steht indessen nur eines: Mit seinem Entschluß zu bleiben hat Vercingetorix ein wichtiges Stück des Sockels geliefert, auf den spätere Legendenschöpfer ihn stellen konnten. Nationalhelden fliehen niemals.

Caesar dachte da in anderen Bezügen. Mit geradezu manischer Perfektionssucht ließ er das Umfassungswerk immer weiter ausbauen. Der sechs Meter breite Graben, den Ausgräber Napoleons III. später fanden, wurde ausgehoben, hinter ihm ein zweiter, doppelter, gefüllt mit dem Wasser des nahen Oserain (auch von ihm entdeckte man Spuren). Dann kamen Serien tückischer Menschenfallen, »eiserne Widerhaken, ganz in die Erde vergraben«, und eineinhalb Meter tiefe, sorgfältig kaschierte Gruben, gespickt mit oben zugespitzten Pfählen, die jeden erbärmlich aufspießen mußten, der in sie hineinstolperte. Die Soldaten fanden dafür den nicht unpassenden Namen »Cippus«, was gleichzeitig »Spitzsäule« und »Grabstein« bedeutet. Erst weit im Rücken dieser Vorfeldsperren ragte endlich die etwa drei Meter hohe, zinnengekrönte, von Brustwehren überhöhte Sperrmauer empor. »Das gesamte Werk aber versah ich in Abständen von achtzig Fuß (auch noch) mit Türmen.« Und es war erst die Hälfte der geplanten Anlage.

Parallel zu ihr entstand ein zweiter, ähnlich geschützter Wall, der seine stachelige Front nicht gegen den Mont Auxois, sondern gegen das Hinterland kehrte. Er wurde vierundzwanzig Kilometer lang. Caesar schloß also nicht nur die Stadt, sondern auch sich selbst und seine Belagerungstruppen ein. Er entwarf so etwas wie eine riesige Fünfschichtentorte, bestehend aus Circumvallatio (äußere Mauer), seinen dahinter postierten Truppen, der Contravallatio (innere Mauer), dem Niemandsland und dem gallischen Kern in Alesia. Insgesamt war das sicher eine der verrücktesten Konstruktionen, die ein Feldherr sich jemals einfallen ließ, aber sie hatte Methode. Der Römer reizte sein Spiel bis zur Grenze des Möglichen aus, setzte alles, was er war und hatte – sein eigenes Leben eingeschlossen –, auf eine Chance. Da er das Gesetz des jetzt oder nie wohl besser als irgendein anderer kannte, wußte er, daß Gallien ihm noch verlorengehen konnte, wenn er Alesia aus den Zähnen ließ.

Die belagerten Belagerer

Etwa dreißig Tage nach dem Beginn der Arbeiten am großen Wall spürten Vercingetorix und seine Leute die ersten Auswirkungen der caesarischen Taktik: Ihre Lebensmittel begannen knapp zu werden. Um die Konsequenzen zu diskutieren, die aus dieser Lage gezogen werden mußten, trat ein Kriegsrat zusammen. Drei Vorschläge standen zur Debatte: Kapitulation, Ausfall oder Ausharren bis zum bitteren Ende. Critognatus, einer der glühendsten Römerhasser in diesem Kreis, legte einen vierten vor. Als Gallier sich einst gegen die Kimbern verteidigen mußten und auch in ihren Städten eingeschlossen wurden, hätten sie, so sagte er, »mit den Leichen derjenigen, die infolge Alters kriegsuntauglich schienen, ihr Leben gefristet und sich den Feinden nicht ergeben«. Dieser kannibalische Ausweg biete sich auch jetzt an, man möge ihn einschlagen.
Wie seine Rede aufgenommen wurde, ist nicht überliefert. Wenn sie jedoch tatsächlich gehalten worden sein sollte – Caesars Angaben dazu beruhen natürlich auf Hörensagen –, dann ehrt es Vercingetorix, daß er sie vom Tisch wischte. Eine kaum minder grausame Maßnahme konnte er freilich nicht verhindern.
Den Frauen und Kindern, Alten und Kranken, überhaupt allen mandubischen Bewohnern Alesias wurde befohlen, ihre Stadt zu verlassen, damit die Zahl der Esser sich verringere. Wie sie Caesars Ring durchbrechen sollten, sagte man ihnen allerdings nicht. So kamen sie nur bis zur Contravallatio und baten dort »inständigst unter

Tränen, man möge sie doch als Sklaven aufnehmen und ihnen etwas zu essen geben«. Die Legionäre jedoch, die ihre eigenen Lebensmittelvorräte auch nicht strapazieren wollten, wiesen sie befehlsgemäß ab. Irgendwo im hindernisgespickten Niemandsland müssen sie darauf elendiglich umgekommen sein. Und beide Heere sahen zu.
Aber wie sehr dieses unmenschliche Zwischenspiel die gallische Besatzung von Alesia auch deprimiert haben mag, ihre Stimmung hob sich schlagartig, als endlich jenseits des Römerwalles die von ihren Boten alarmierten Entsatztruppen auftauchten. Nach Caesars Angaben soll es ein riesiges Heer gewesen sein.
Einundvierzig keltische Stämme, behauptet er, hätten nicht weniger als achttausend Reiter und zweihundertfünfzigtausend Fußsoldaten auf die Beine gebracht. Das dürfte stark übertrieben gewesen sein, doch hätte auch eine weitaus bescheidenere Angabe seine bisher getroffenen Anordnungen völlig gerechtfertigt. Nun erst, da aus der Fünf- eine Sechsschichtentorte wurde, erwies sich ja der Sinn der äußersten Mauer. Ohne sie hätte er seine rings um den Mont Auxois postierten Truppen zusammenziehen und dem Entsatzheer entgegenwerfen müssen. Das wiederum hätte den Eingeschlossenen die Möglichkeit eröffnet, Alesia zu verlassen und die Legionen von hinten anzugreifen. Beides ersparte ihm nun der Doppelwall.
Trotzdem blieb die Situation merkwürdig genug. Das Aufgebot der einundvierzig Stämme belagerte einen Feind, der selbst belagerte. Brennpunkt aller Auseinandersetzungen war keineswegs die Stadt im Zentrum, sondern die Riesenanlage, die sie umschloß. Indes, der Römer hatte alle Vorteile auf seiner Seite. Er mußte das Oppidum, das er einnehmen wollte, nicht berennen und konnte sämtliche Attacken auf seine eigenen Mauern durch konzentrierten Beschuß und einige Ausfälle abwehren. Auf diese Weise sparten seine Soldaten an eigenem Blut, was ihnen an Schweiß abverlangt worden war – zumindest in der Theorie.
In der Praxis des täglichen Kampfes dagegen wurde bald deutlich, daß das ganze Unternehmen, trotz des riesigen Aufwandes, mit dem Caesar es in die Wege geleitet hatte, äußerst knapp kalkuliert war. Als die Gallier, die sich mit Signalen über die römischen Linien hinweg verständigt hatten, ihren ersten gemeinsamen Angriff starteten, gerieten die Legionäre in heftige Bedrängnis.

Noch schlimmer war die zweite Attacke, die bei Nacht stattfand. Zwar brachen die meisten der vom Mont Auxois herabstürmenden Krieger auch jetzt im Pfeil- und Balkenhagel der römischen Artillerie zusammen, stürzten reihenweise in die »Cippi«, wurden von Fußangeln zerfetzt oder ertranken im wassergefüllten Doppelgraben; zwar konnten erneut alle Versuche der Entsatztruppen, die äußeren Gräben mit Faschinen auszufüllen, vereitelt werden, aber die Römer wurden ebenso hart gefordert. Sie mußten an Dutzenden verschiedener Stellen gleichzeitig kämpfen, litten unter dem Gefühl, in einer Art Falle zu stecken, und waren entnervt »von dem lauten Geschrei, welches hinter dem Rücken der Kämpfenden erscholl«.
Die Kelten vermochten noch immer Schrecken hervorzurufen, doch das war zu wenig. Germanische Reitergeschwader, die neue Lieblingstruppe des Prokonsuls, warfen sie bis zu den Palisaden der eigenen Lager zurück. Ihr Angriff auf einen außerhalb der Mauer gelegenen Legionsstützpunkt wurde blutig abgewiesen. Caesars waghalsige Vabanque-Spekulation ging auf. Er hatte mit der geringen Ausdauer seiner Gegner gerechnet, ihrer Unfähigkeit, ein langfristiges Belagerungsunternehmen zu organisieren und durchzuhalten, und natürlich auch damit, daß Vercingetorix die Lebensmittel früher ausgehen würden als ihm selbst.
Schon am fünften Tag nach dem Eintreffen des Entsatzheeres war es soweit. In Alesia tagte wieder der Kriegsrat. Diesmal standen nur zwei Vorschläge auf der Agenda. Vercingetorix erklärte, »er habe diesen Krieg nicht seiner eigenen Bedrängnisse wegen, sondern um der gemeinsamen Freiheit willen begonnen. Da ihn das Glück nun verlasse, biete er folgendes zur Auswahl an: Man möge die Römer entweder durch seinen Tod gnädig stimmen oder ihn lebend an sie ausliefern.« Die Versammlung entschied sich für die zweite Alternative. Der Denkmalssockel des Arverners war fast schon vollendet.
In der Legende, die sich an diesen Vorgang knüpft, legt der Held jetzt seine schönste Rüstung an, besteigt sein bestes Pferd und reitet in das römische Lager, wo er sich vor Caesar niederwirft und stumm um Gnade fleht.
Der Verfasser des »De Bello Gallico« weiß von alledem nicht. Er widmet der ganzen, angeblich so theatralischen Szene nur einen knappen Satz. »Vercingetorix wurde ausgeliefert.«

Caesar macht sein letztes Spiel

Caesars Bericht bricht nach der Schilderung des Kampfes um Alesia unvermittelt ab, dies aber zu Recht. Die Belagerungsaktion hatte ihm den Sieg über Gallien gebracht. In den nun folgenden zwei Jahren mußte er nur noch einige lokale Erhebungen niederschlagen und gleichzeitig sichern, was er erworben hatte. Es geschah mit berechnender Milde.

Die Haeduer wurden in Gnaden wieder als römische Bundesgenossen akzeptiert. Alle anderen Stämme mußten sich einer relativ großzügigen römischen Verwaltung unterordnen. Die ihnen auferlegte Steuerlast betrug jährlich vierzig Millionen Sesterzien. Das entsprach einem Münzmetallgewicht von fünfundvierzig Tonnen Silber. Viertausend gallische Freiwillige nahm der Prokonsul als eigenständige Legion in die Armee auf, einige Notabeln rückten sogar in seinen engeren Stab ein – was die Römer später zu dem Spottvers inspirierte: »Im Triumph hat Caesar Kelten selbst ins Rathaus auch geführt. / Sie legten ab die Hosen, taten an den Purpurstreif« (das Zeichen senatorischer Würde). Doch gab es auch Flüchtlinge vor römischer Verfolgung, und zwar nicht wenige.

Nach Süd- und Westdeutschland müssen zwischen 52 und 50 v. Chr. so viele Gallier eingeströmt sein, daß sie der dort bereits vorherrschenden germanischen Kultur noch einmal einen eindeutig keltischen Stempel aufprägen konnten. Bei Hradiště nahe Strakonitz in der Tschechoslowakei scheinen ehemalige Bürger von Gergovia und Bibracte, die sich besonders weit nach Osten absetzten, sogar ein eigenes Oppidum gegründet zu haben. Viele Funde, welche hier ans Tageslicht kamen, unterscheiden sich von jenen aus dem Zentralfrankreich dieser Zeit so gut wie gar nicht.

Eindeutig schlecht aber ging es vor allem den Druiden und natürlich Vercingetorix. Den »Eichenkundigen« wurde die Ausübung ihrer Kulte verboten – was ungewöhnlich ist, denn die Römer pflegten normalerweise fremde Religionen nicht zu unterdrücken, sondern deren Götter in ihr eigenes Pantheon einzugliedern. Den Arvernerprinzen schleppte Caesar so lange mit sich herum, bis er ihn endlich bei seinem Triumphzug im Jahr 46 v. Chr. hinrichten lassen konnte. Er selbst hat seinen ehemaligen Gegner freilich nur um zwei Jahre

überlebt. Vorher spielte er noch sein riskantestes Spiel um die Macht. Er wurde dazu gezwungen.
Pompejus hatte sich ja nach dem Tod des Crassus und der Ermordung des Clodius zum Alleinherrscher in Rom aufgeschwungen und seinen ehemaligen Verbündeten als Staatsfeind gebrandmarkt. Dieser überschritt deshalb mit seiner siegreichen, durch gallische wie germanische Einheiten verstärkten Armee jenes kleine Flüßchen, das südlich von Ravenna in die Adria mündet und heute Rubicone heißt. Daß er dabei ein Wort des Komödiendichters Menander zitierte, jenes »Iacta alea est«, geworfen ist der Würfel, spricht für seine Kaltblütigkeit, eben dafür also, daß er immer ein großer Hasardeur gewesen ist. Er hatte dies bei Alesia demonstriert, jetzt am Grenzbach zwischen der Gallia cisalpina und Italien bewies er es erneut. Beide Male fiel ihm riesiger Gewinn zu, erst Gallien, dann ein Weltreich. Doch den Preis dafür forderten Mörder ein.

Auch die Alpen in römischer Hand

Wie die Nachrichten von Caesars Siegen und von seinem Tod bei den Kelten außerhalb Galliens aufgenommen wurden, berichtet keiner der römischen Historiographen. Nördliche Barbaren tauchen in ihren Berichten erst wieder auf, nachdem Tiberius und Drusus, die Stiefsöhne des Augustus, in Germanien eingefallen waren. Deren frühere Eroberungszüge in den Alpen- und Donauraum dagegen scheinen sie kaum beeindruckt zu haben. Wer erfahren will, wie sie verliefen, muß deshalb mit einigen kleinen verstreuten Hinweisen und Ergebnissen archäologischer Forschung vorliebnehmen.
So figuriert etwa im »De Bello Gallico« ein Fürst namens Voccio, der mit Ariovist verschwägert war. Er scheint – vermutlich von einem Oppidum auf dem Magdalensberg bei Maria Saal in Kärnten aus – jenen an Bodenschätzen reichen keltisch-illyrischen Gebirgsstaat regiert zu haben, den die Römer Noricum nannten. Die Rolle des Vercingetorix nachzuspielen lag jedoch nicht in seiner Absicht, er war viel eher ein Diviacus.
Schon seine Vorgänger hatten, nachdem deutlich geworden war, daß Rom sich für ihre Eisengruben, ihre Silber-, Gold-, Blei- und Salzbergwerke interessierte, mit dem Senat eine Abmachung getroffen,

die sie zu dessen Bundesgenossen machte und römischen Unternehmern den Weg zu den einheimischen Metallschmelzen ebnete. Für Fürsten, welche schon mit den Etruskern eng zusammengearbeitet hatten, war das wohl der nächstliegende Ausweg. Als aber dann, in den Jahren 15 und 14 v. Chr., Tiberius und Drusus anrückten, um das Noricum vollends dem Imperium anzugliedern, öffnete ihnen Voccio – es kann allerdings auch sein Nachfolger gewesen sein – die Grenzen und beschränkte sich hinfort darauf, die Herrschaft gemeinsam mit einem römischen Gouverneur auszuüben.
Daß seine Standesgenossen im übrigen Teil der Alpen, in den Voralpen und im Donaugebiet ähnlich taktierten, ist jedoch ziemlich unwahrscheinlich. Die gespaltenen Schädel von Manching und seine zerstörten Wälle beweisen, daß dort hart gekämpft wurde. Eine Inschrift am Triumphmal des Kaisers Augustus am Paß von La Turbie bei Monaco läßt überdies den Schluß zu, auch einige Stämme im westlichen Teil des europäischen Zentralgebirges hätten den Römern heftigen Widerstand entgegengesetzt. Ihre Schlußzeilen lauten: »Dieses sind die besiegten Völker der Alpen / Trumpiliner, Camuner, Venoter / . . . Ambisonter . . . / . . . Verusier, Velnaner, Suetrer . . .« Besiegt konnte man doch wohl nur Stämme nennen, die sich vorher entsprechend gewehrt hatten. Mit Sicherheit nachweisen läßt sich dies allerdings auch nicht.

Kelten, die frühesten Widerstandskämpfer Europas

Von den Ambisontern etwa weiß man nur, daß sie im salzburgischen Pinzgau lebten, als Nachbarn der östlich von ihnen ansässigen Taurisker, der südlicher lebenden Alaunen und der Rauraker, denen Caesar auch in der Schweiz und vor Alesia begegnete. Ihr Hauptort war ein Oppidum auf dem Biberg bei Saalfelden, ihre Könige prägten Münzen, ihre Werkstätten brachten Erzeugnisse hervor, die sich mit den schönsten der Latène-Zeit messen können.
Geblieben sind von ihnen nur Fluß-, Tal- und Landschaftsnamen wie eben Pinzgau, das sich aus Bisontio entwickelt haben soll, oder Rauris (ihn führt ein Dorf unweit von Zell am See), das an die Rauraker erinnern mag, ferner Goldbergwerke, von denen eines bis 1944 betrieben wurde, und unzählige Sagen, deren historischer Kern

sich nicht mehr aus dem Gespinst der Phantasie herausschälen läßt.
Nachdem die Ambisonter samt ihren Nachbarn unterworfen waren, haben sie sich wahrscheinlich ebenso rasch wie ihre gallischen Verwandten römischen Lebensbedingungen anbequemt. Die Besatzer bauten eine Verbindungsstraße über die Radstätter Tauern nach Italien, bahnten Saumpfade über die meisten Alpenpässe, legten Kastelle und Stützpunkte an und organisierten das Erzgeschäft mit der ihnen eigenen Gründlichkeit.
Über das heutige Österreich, über Süddeutschland, Westdeutschland und Frankreich legte sich damit jene neue lateinische Kulturschicht, die alle diese Gebiete mitprägt – bis auf den heutigen Tag. Was keltisch gewesen war, rumort unter einer mit Rationalität getränkten Decke nur noch wie ein fernes Erdbeben. Das heißt jedoch keineswegs, daß es völlig verschwunden sei.
Wer einmal, irgendwo zwischen Böhmerwald, Alpen und Main, die sogenannten Perchtenläufe miterlebt hat, dieses originärste aller winterlichen Maskentreiben in Westeuropa, bei dem junge Burschen sich in eine wahre Raserei hineinsteigern können, dem wird es schwerfallen, darin nicht einen Restbestand dessen zu sehen, was einst im Zeichen des Lug oder noch älterer Götter geübt wurde, ein Echo aus den Nemeta. Denen, die sich als Akteure daran beteiligen, dürfte dies nicht immer bewußt sein. Moderne alpenländische Intellektuelle jedoch finden es längst wieder schick, ein keltisches Bewußtsein künstlich zu beleben und gar von einer »Liga« zu sprechen, in der ihre Völker auf unterirdische Weise mit Schotten und Iren verbunden seien. Es mag eine Mode sein, doch sie hat Tradition. Außerdem gehört zu ihr auch ein Liebäugeln mit der ältesten Widerstandsüberlieferung, die sich auf unserem Kontinent nachweisen läßt. Die Kelten kämpften ja frühestens seit dem Aufstand des Viriatus nur noch mit dem Rücken gegen die Wand. Ihr Rückzug auf die Positionen der Resistance war in Frankreich und Süddeutschland weitergegangen. Nun sollte er dort fortgesetzt werden, wo nach den Feldzügen der Caesar, Drusus und Tiberius allein noch selbständige keltische Völker existierten, in Britannien.
Ich kenne walisische Nationalisten, die der Ansicht sind, was damals begonnen habe, dauere heute noch an, der Kampf sei keineswegs zu Ende.

Kapitel XII

Feldzüge zum Ende der Welt

»Alle Eroberer haben ihre getreuen Untertanen regimenterweise verschlungen, aber Eroberungen sind leichter gemacht als gehalten. Es gibt nur drei Wege: Die Eroberten alle totschlagen und das Land in Viehweiden verwandeln, Besetzung mit Übermacht oder den Segen der Kultur bringen (Römergepflogenheit).«
Karl Julius Weber »Der lachende Demokritos«

»Die britischen Inseln waren wahrscheinlich die ersten, die von gallischen Kolonisten besiedelt wurden.«
Napoleon Buonaparte (1786, in einem privaten Merkheft)

Zeittafel:

Um 900 v. Chr.:	Goidelisch sprechende Völker dringen nach England und Irland vor.
Nach 500 v. Chr.:	Brythonisch sprechende Kelten erreichen die Insel.
Um 75 v. Chr.:	Belgische Gallier beginnen den Kanal zu überqueren.
55 und 54 v. Chr.:	Caesar fährt nach England und kämpft gegen die ausgewanderten Belger, die aber fortfahren, sich dort auszubreiten.
40 n. Chr.:	Caligula nimmt einen Anlauf, Britannien zu erobern.
43–47 n. Chr.:	Im Auftrag des Kaisers Claudius besetzt Aulus Plautius den Südteil Englands.
47–52 n. Chr.:	Ostorius Scapula stößt bis Wales vor.
51 n. Chr.:	Königin Cartimandua verbündet sich mit den Römern.
61 n. Chr.:	Suetonius Plautinus kämpft bei Anglesey und schlägt anschließend den Aufstand der Icener unter Königin Boudicca nieder.
62–69 n. Chr.:	Die Statthalter Petronius Turpilianus und Trebellius Maximus bemühen sich erfolgreich, Südbritannien zu romanisieren.
71–78 n. Chr.:	Im Auftrag Vespasians unterwerfen Petilius Cerialis und Frontinus die Brigantes sowie die Silurer.

Barbaren in blauer Kriegsbemalung

Caesars Expeditionen nach Britannien, sosehr sie in Rom auch gefeiert wurden, hatten im Grunde nichts weiter eingebracht als einige magere Informationen.
Die Insel, so vermerkt der Prokonsul, sei ziemlich dicht besiedelt. Sie biete Zinn, Eisen, Holz, Wild und zahlreiches Vieh. Ihre Winter seien nicht so kalt wie die in Gallien. Strabo, der diese Notizen später aus eigenen Quellen ergänzt, fügt dem hinzu, obwohl es auch hügelige Gegenden gebe, sei das Land überwiegend flach und von Wäldern bedeckt. Das dürfte nicht einmal für Zeitgenossen sonderlich neu gewesen sein.
Interessant dagegen war, was beide, der Feldherr und der Geograph, über die Bewohner des heutigen England zu berichten hatten. Der Grieche nennt sie »Pritani« oder »Priteni« und erzählt, einige von ihnen habe er in Rom kennengelernt. »Es waren«, so seine Worte, »erst junge Burschen, aber sie überragten selbst die höchstgewachsenen Stadtbewohner um mehr als einen halben Fuß, obwohl sie ziemlich krummbeinig daherkamen und auch sonst nicht besonders wohlgestaltet waren.« Daß die Inselkelten mit den Festlandskelten verwandt seien, setzt er, wie auch Caesar, als bekannt voraus. Beiden jedoch scheinen sie wilder und unterentwickelter vorgekommen zu sein als diese.
»Ihre Städte«, schreibt der Grieche, »sind die Wälder; sie umgrenzen einen größeren Raum mit gefällten Bäumen und errichten innerhalb dieser Umfriedung Hütten für sich und das Vieh – wobei sie nicht die Absicht haben, an solchen Plätzen länger zu verweilen.« Der Römer gibt an, einige von ihnen nährten sich nur von Milch und Fleisch und bekleideten sich mit Fellen, »alle aber bemalen ihre Gesichter mit Waid (dem Saft der Isatis, einer Kreuzblütlergattung), welcher eine blaue Farbe erzeugt und ihren Anblick im Kampf um so schrecklicher macht. Sie tragen ihr Haupthaar lang, sind sonst rasiert, außer eben am Kopf und an der Oberlippe.« Das ist eine Angabe, die uns quasi zurückversetzt in die Zeit der ersten Keltenkämpfe südlich der Alpen. Weitere Angaben runden sie ab.
Die schnurrbärtigen, langhaarigen, blaubemalten Krieger Britanniens erinnerten nicht nur äußerlich an die Scharen, die einst Clusium

belagerten, sie schienen auch Geräte aus deren Arsenal zu benutzen: Streitwagen. Der Römer nahm sie deswegen nicht weniger ernst, im Gegenteil.

Auf diesen Fahrzeugen, so stellte er nämlich fest, »umschwärmen sie alle feindlichen Linien, schleudern ihre Geschosse, bringen meist schon durch den Schrecken, den die Pferde verursachen, und das Dröhnen der Räder die Reihen in Verwirrung, drängen sich zwischen den eigenen Reitergeschwadern nach vorn und springen dann von den Wagen, um zu Fuß weiterzukämpfen«, ganz so, wie es auch von den Kriegern des Brennus berichtet wurde, nur noch viel virtuoser. »Durch tägliche Übung bringen sie es soweit, daß sie auf abfallendem, ja stark abschüssigem Gelände die Pferde in vollem Lauf anhalten, in eine langsamere Gangart bringen, sie Wendungen machen lassen und dabei selbst die Deichsel entlanglaufen können, um in der Höhe des Jochs zu halten und von dort schnell wieder in den Wagen zurückzukehren.« Verständlich, daß die römischen Soldaten von derlei Kunststücken zunächst einmal beeindruckt waren.

Rasch dürften sie dann jedoch gemerkt haben, daß dieses ganze Imponiergehabe einfach zum halb ritualisierten Kampfstil der Kelten gehörte und daß der beabsichtigte Schrecken durch Disziplin zu brechen war.

Bei der ersten Expedition im Jahr 55 v. Chr. hatte Caesars Landungskorps es nur mit einigen ungeordneten Haufen zu tun gehabt. Bei dem zweiten Vorstoß aber, dem sich ein starkes Heer unter der Führung des Königs Cassivelaunus entgegenstellte, erwies sich, daß die britischen Kelten untereinander so zerstritten waren wie ihre Verwandten vom Festland.

Nachdem die Legionäre einige Gefechte erfolgreich bestanden hatten, kamen britannische Kleinfürsten ins Römerlager, um sich zu ergeben und ihren Oberkönig der Usurpation zu beschuldigen. Einer von ihnen, Mandubracius mit Namen, Häuptling der Trinovanten, war in solcher Absicht sogar schon vor Caesars Abreise nach Frankreich geeilt, wo er erzählte, Cassivelaunus habe seinen Stamm gewaltsam unterworfen und bedrohe ihn mit dem Tode. Es entsprach nur bewährter Praxis, daß der Prokonsul ihn nun wieder in seine alten Rechte einsetzte und ihn gleichzeitig zu seinem Bundesgenossen und Lebensmittellieferanten machte.

Die Zeit, ihn auf ähnliche Weise wie Diviacus gegen andere Stammeschefs auszuspielen, nahm er sich trotzdem nicht. Statt dessen legte er Abgaben fest, welche die besiegten Stämme zu zahlen hätten, verbot Cassivelaunus, der ebenfalls kapituliert hatte, an Mandubracius Rache zu nehmen, und fuhr nach Frankreich zurück, ohne länger darüber zu reflektieren, ob er in Britannien erreicht hatte, was er wollte. Ihm schien es zu genügen, daß die Liste seiner Ruhmestaten um einen weiteren Punkt verlängert worden war und daß die Inselbewohner begriffen hatten, was römische Macht zu bewirken vermochte.

Weil er sich aber damit zufrieden gab, wissen wir nicht, ob der junge Trinovantenhäuptling den Abzug seines Schutzherrn sehr lange überlebte. Die Geschichte der Insel wurde auch in den nächsten hundert Jahren ausschließlich von Menschen gestaltet, die ihr Wissen und ihre Erfahrung mündlich weitergaben, so wie es dort schon seit über tausend Jahren der Brauch war.

Zwei Buchstaben, zwei Invasionen

Die Frage, wann Britannien von keltisch sprechenden Völkern besiedelt wurde, hat noch kein Archäologe eindeutig zu beantworten gewagt. Auch die Sprachforscher sind vorsichtig. Ihre präziseste Angabe lautet, irgendwann zwischen 2000 und 1200 v.Chr. seien indogermanische Völker auf die Insel gelangt und hätten sich dort festgesetzt.

Basis dieser Annahme ist eine komplizierte linguistische Berechnung, welche im wesentlichen auf zwei Erkenntnissen beruht. Die erste: Von allen Sprachen, die aus dem Idiom der zentralasiatischen Wandervölker hervorgingen, ist das Keltische am engsten mit dem Italischen verwandt, der Vorform des Lateinischen. Unter anderem unterscheidet es sich von ihm dadurch, daß es auf ein p verzichtet, wo die Väter Roms eines benutzten, oder ein a an die Stelle eines o setzt. Aus ›super‹ (über) wurde so etwa ein ›uer-‹ wie in Vercingetorix, aus ›gnotus‹ (vertraut mit) ein ›-gnatus‹ wie in dem gallischen Fürstennamen Eposognatus (der mit Pferden Vertraute).

Die andere Erkenntnis: Das Keltische selbst läßt sich in zwei große Gruppen unterteilen, das Goidelische, auch Q-Keltisch genannt, das heute noch im Irischen, Schottischen und im Manx lebendig ist, sowie das Brythonische (Britische) oder P-Keltische, zu dem Kymrisch, Kornisch und Bretonisch gehören. Die Buchstaben Q und P verwendet man deshalb als unterscheidende Kennzeichen, weil im Goidelischen aus dem altindogermanischen ›ekuos‹ jenes ›equos‹ entstand, das auch den Römern vertraut war, während im Brythonischen das ursprüngliche k sich nicht in ein q, sondern in ein p verwandelte, aus dem Urpferd also ein ›epos‹ wurde. Ähnlich veränderte sich, um noch ein zweites Beispiel zu nennen, das lateinische ›qui‹ (wer). Im Kymrischen (auch Welsh genannt) entwickelte es sich zum ›pwy‹. Das q-keltische Irisch dagegen blieb mit ›cia‹ (sprich: kia) dem Original näher.

Aus diesen Tatbeständen nun läßt sich folgern, daß dem Ur-Indogermanischen oder Alteuropäischen etwa gleichzeitig zwei einander eng verwandte Sprachen entsprossen, eben das Italische und ein frühes, möglicherweise mit dem Goidelischen identisches Keltisch. Erst durch die Lautverschiebung von q zu p entstand dann jenes jüngere Idiom, das die Linguisten Brythonisch nennen, obwohl es auch von den Galliern und den übrigen Festlandskelten gesprochen wurde. Da aber das Goidelische in manchen britisch-irischen Dialekten noch durchschimmert, muß es eine Zeit gegeben haben, in der zumindest auf einigen Inseln an Europas Westküste Völker lebten, welche das ältere Keltisch benutzten, und dann eine zweite Epoche, in der Stämme auftauchten, die Brythonisch sprachen.

Weiter könnte man vermuten, die Goidelen seien von den Brythonen verdrängt worden und auf die Inseln Man und Irland ausgewichen, oder – und das ist wahrscheinlicher – Man und Irland wurden von den Invasoren (die zwangsläufig vom Kontinent hergekommen sein müssen) überhaupt nicht belästigt. Deren Bewohner behielten die alte Sprache bei und verschafften ihr später auch im schottischen Norden neue Geltung.

Als Fazit jedenfalls bleibt dies: Britannien und seine Nachbareilande wurden von den Kelten in zwei großen Schüben besiedelt. Über den Zeitpunkt des ersten zu spekulieren ist deshalb ziemlich fruchtlos, weil es dazu eine Reihe einander widersprechender linguistischer Theorien gibt, von denen keine beweisbar ist. Doch scheint es ziemlich sicher zu sein, daß die goidelische Welle, möglicherweise von

Spanien her, vor allem Irland erreichte. Der zweite große Schub dagegen läßt sich etwas genauer datieren. Die Brythonen dürften frühestens zu Beginn der Latènezeit nach Britannien gekommen sein, der Epoche also, in der keltische Sprache und Kultur gültig ausgeformt wurden. Indes war ihre Expansion auch in den Tagen Caesars noch nicht abgeschlossen, das wissen wir aus dem »De Bello Gallico«.

In seinem Bericht über die Belger behauptet der Prokonsul, daß die Suessionen – sie lebten nördlich der Marne – »nicht nur einen großen Teil dieser Gegend, sondern auch Britannien beherrscht« hätten. An einer anderen Stelle ergänzt er, im Inneren der Insel lebten »Ureinwohner, an der Küste aber diejenigen, die in kriegerischer Absicht, der Beute wegen, aus Belgien gelandet und dann dort geblieben sind, um Ackerbau zu betreiben. Fast alle von ihnen tragen noch die Namen der Stämme, von denen sie ursprünglich abstammen.« Den ersten Teil dieser Angabe können die Archäologen bestätigen.

Sie fanden in England zwei Typen von Hügelfestungen, einen älteren, der aus Fluchtburgen entstand und sich zum Oppidum weiterentwickelt hatte, und einen zweiten, den sie den Belgern zuschreiben.

In den ehemaligen Fluchtburgen scheinen Menschen gelebt zu haben, denen es gelungen war, jene relativ großen Staaten zu gründen, deren der alexandrinische Geograph Claudius Ptolemaios auf einer Karte aus dem zweiten nachchristlichen Jahrhundert einige nennt. So etwa den der Cornovier – sein Name klingt in dem Cornwalls nach –, den der Dumnonier und den der Novanten. Zu den später gekommenen Gruppen gehörten die Brigantes und die Parisier. Die einen hatten, wie schon erwähnt, auf dem Festland auch Bregenz und dem spanischen Brigantium zu ihrem Namen verholfen, die anderen der Stadt Paris.

Das Volk des von Caesar besiegten Cassivelaunus dagegen, die Catuvellauner, gehörten zu den Erbauern der allerjüngsten Höhenbefestigungen vom belgischen Typ, was sie freilich nicht davon abhielt, auch ältere eroberte Oppida zu bewohnen. Sie scheinen als letzte versucht zu haben, aus den inzwischen längst zersplitterten früheren Königreichen noch einmal größere Staaten zu bilden, doch dürften auch sie, wie der Fall Mandubracius deutlich macht, letztlich an dem

keltischen Unwillen, sich unterzuordnen, gescheitert sein. Zur Zeit der römischen Britannienexpedition freilich standen sie auf dem Höhepunkt ihrer jungen Macht. Damals und auch noch lange nach dem Abzug der Römer kamen immer neue Festlandsbewohner herüber, um sich mit ihren vorausgezogenen Landsleuten zu vereinigen und ihnen den Rücken zu stärken.
Trotzdem hat sich die kampfstärkste britannische Macht nicht im Süden und im Mittelteil der Insel herausgebildet, sondern in ihrem äußersten Norden. Dort hausten die Pikten, ein Volk, das wahrscheinlich brythonisch gesprochen hat – das ältere Goidelisch bürgerte sich dort erst sehr viel später ein –, von dem man aber nicht genau weiß, ob es den Kelten zugerechnet werden kann oder ob es nur keltisiert worden war. Einige Geschichtsdeuter vermuten in ihm die Nachfahren einer Urbevölkerung, welche alle Expansionsbewegungen gelassen überlebt hatte und später auch den Römern widerstand.
Die kamen zum dritten Mal im Jahr 43 n. Chr.

Keltische Schiffe besser als die römischen

Tiberius Claudius, Sohn des Keltenbesiegers Drusus, war alles andere als eine Eroberernatur. Von seinen Eltern vernachlässigt, seinen kaiserlichen Verwandten gemieden, hat er sich zu einem häßlichen, stotternden, unsicheren jungen Mann entwickelt, der in irgendwelchen Palastwinkeln dahinlebte. Wahrscheinlich wäre er dort auch verblüht, ohne jemals mehr gewesen zu sein als eben ein Mitglied des julisch-claudischen Hauses, wenn ihn nicht am 24. Januar des Jahres 41 Prätorianer hinter einem Vorhang hervorgezerrt und zum Nachfolger seines eben ermordeten Onkels, des größenwahnsinnigen Caligula, ausgerufen hätten.
Den glänzenden Strudel, in welchen er damit gerissen wurde, hat der arme Bursche jedoch in den ganzen dreizehn Jahren, in denen er römischer Kaiser war, nie völlig bewältigt. Alle die Taten, die mit seinem Namen verknüpft sind – dazu gehört unter anderem eine Verwaltungsreform –, wurden vorgeschlagen, geplant und ausgeführt von fähigen griechischen Freigelassenen und guten Generalen, auch die Eroberung Britanniens. Zu ihr war ihm aus zwei Gründen gera-

ten worden. Einmal schien das Unternehmen geeignet, Glanz auf seinem schwachen Haupt zu versammeln, zum anderen aber hatte sich die Insel in den Jahren seit Caesars Expedition zu einem Stachel im Fleisch des römischen Galliens entwickelt.
Britannische Seeräuber störten nach Kräften die Schiffahrt entlang der französischen Küste und unterstützten festländische Maquisards. Außerdem versammelten sich in Rom immer mehr Emigranten aus kleineren, von Belgern unterjochten inselkeltischen Stämmen. Ihr Haß und ihre Hetze galten vor allem Cunobelinus, einem Nachfolger des Cassivelaunus, der, Caesars Anordnungen in den Wind schlagend, die Trinovanten inzwischen völlig seinem Staat eingegliedert hatte. Ihn mit Hilfe römischer Truppen zu stürzen war denn auch das vorrangige Ziel, das die Flüchtlinge anstrebten. Caligula hatten sie schon fast einmal dazu überredet gehabt.
Von Boulogne aus war sein Flaggschiff einige Meilen weit auf die See hinausgesegelt, um dort einige Muscheln aus dem Wasser zu fischen. Mit dieser »symbolischen Beute« kehrte er nach Rom zurück. Weshalb der Kaiser nicht weiterfuhr, ist niemals völlig klar geworden. Gerüchten zufolge sollen sich jedoch seine Truppen geweigert haben, das gefährliche Unternehmen anzupacken.
Auch als Claudius nun seine Eroberungspläne bekanntgab, schlug ihm nicht eben Begeisterung entgegen. Einige der in Gallien stationierten Legionen weigerten sich sogar wochenlang, zu den Einschiffungsplätzen auszurücken. Britannien war für sie ein Hort wilder und außerordentlich gefährlicher Seeräuber. Sie glaubten nicht, daß es möglich sei, eine römische Landungsflotte durch die Rudel ihrer Schiffe hindurch über den Kanal zu bringen. Und ihre Befürchtungen waren keineswegs unbegründet. Schon Caesar hatte erfahren müssen, daß die Kelten nicht nur zu Land, sondern auch auf See recht schwierige Gegner sein konnten.
Von den bretonischen Venetern berichtet er, sie hätten Schiffe gehabt, die besonders gut geeignet waren, den stürmischen Atlantik zu bewältigen, weil ein extrem hohes Vorder- und Achterdeck ihre Besatzungen vor überschwappenden Wellen schützte. Im übrigen seien diese Fahrzeuge, »um jeden Ansturm und jeden Stoß auszuhalten«, ganz aus Eichenholz zusammengefügt und mit Ankern versehen gewesen, die nicht, wie die römischen, an Tauen, sondern an

Ketten hingen. Auch hätten sie anstelle von Leinwandsegeln Ledersegel geführt, »entweder aus Mangel an Tuch ... oder aus dem wahrscheinlicheren Grund, daß man nach ihrer Erfahrung mit gehißten Stoffbahnen den starken Böen auf dem Ozean und den gewaltigen Orkanen nicht begegnen, noch solch schwere Schiffe bequem genug steuern könne«. Schwer also und ziemlich plump müssen die keltischen Boote gewesen sein. Sie glichen weniger den eleganten, schnittigen Wikingerdrachen, als vielmehr – diesen Eindruck gewinnt man aus Caesars Beschreibung – den hochbordigen Koggen des vierzehnten und fünfzehnten Jahrhunderts, womit sie der eigenen Zeit voraus waren.

Da ihre Erbauer so solide gearbeitet hatten, vermochten sie selbst den Rammstoß einer fünfruderigen Pentere zu überstehen. Da sie so hoch aus dem Wasser ragten, war es schwer, ihre Besatzung mit Pfeilen oder Steinen zu treffen, und »aus dem gleichen Grund konnten sie auch weniger bequem durch Enterhaken gefaßt werden. Hinzu kam, daß sie, vor dem Wind fahrend, jedem Sturm leichter trotzten, in den Untiefen sicherer hielten und bei Ebbe keine Felsen und Klippen zu fürchten brauchten. Alle diese Gefahren mußten unsere (nach den Prinzipien mittelmeerischer Konstrukteure gebauten) Schiffe sehr scheuen.«

Wahrscheinlich hat auch Caligula sie gefürchtet und deshalb kehrtgemacht, noch ehe ein britannisches Ledersegel am Horizont auftauchte. Claudius dagegen (oder wohl eher sein Oberbefehlshaber Aulus Plautius) konnte den meuternden Truppen ihre Angst vor den Inselbewohnern ausreden und vier Legionen, rund fünfundzwanzigtausend Mann, für das große Unternehmen mobilisieren.

Es war dann auch alles gar nicht so schlimm, wie die Soldaten geglaubt hatten. Da die britannischen Kelten längst nicht mehr an einen römischen Angriff glaubten, hatten sie auch keine Vorbereitungen getroffen, ihn abzuwehren.

Unbehelligt ging die Invasionsstreitmacht westlich von Dover an Land, zerschlug mühelos die schnell zusammengerafften Heere des Cunobelinus, besetzte Kent, sicherte nach einer zweitägigen Schlacht das Themsetal und eroberte schließlich auch noch Camulodunum, das heutige Colchester, die Hauptstadt der Trinovanten.

Ebendort empfing Plautius Monate später seinen Kaiser, um ihn die

Treuebekundungen von nicht weniger als elf einheimischen Herrschern entgegennehmen zu lassen. Britannien, so schien es, war gegen alles Erwarten den Römern in den Schoß gefallen wie eine reife Frucht. Erneut hatten Kelten vor einer energisch und präzise geführten Truppe kapituliert – zumindest vorläufig.
Der General stieß von Colchester aus noch bis in die Gegend des heutigen Lincoln vor, das die Römer Lindum nannten, und kehrte um das Jahr 47 hochgeehrt nach Rom zurück.
Was er begonnen hatte, setzte wenig später sein Nachfolger Ostorius Scapula fort. Er sicherte das ganze Gebiet westlich des »fossway«, eine Linie, die sich von Lincoln an der Ostküste bis nach Eaton im Süden herabzog, und stieß auch darüber hinaus nach Nordwesten vor.
Seinen größten Erfolg allerdings verdankte er nicht soldatischer Fähigkeit, sondern einer Frau. Sie trug den klangvollen Namen Cartimandua und war die Fürstin der Brigantes. Dem stürmischen Roman, mit dem sie in die Geschichte ihrer Heimat einging, liegt die wohl häufigste aller ehelichen Zwistsituationen zugrunde: ein Dreieckskonflikt.

Weil die Fürstin sich einen Liebhaber nahm

Patriotische britische Historiker machen gelegentlich den Versuch, Cartimandua zur politischen Heroine emporzustilisieren. Ihnen zufolge war sie eine Regentin, die früher als viele andere Keltenführer die Sinnlosigkeit des Kampfes gegen Rom erkannt habe und ihn deshalb beenden wollte. Das jedoch glaubt nicht einmal Tacitus, der ausführlichste Beschreiber der britannischen Szene. Zur Bezeichnung dessen, was sie getan hat, fällt ihm nur das Wort »Skandal« ein. Man kann ihn verstehen.
Cartimandua war mit Venutius verheiratet, einem Häuptling, dem der römische Geschichtsschreiber »trotzigen Kampfesmut« und einen wilden Haß auf die Invasionsmacht bescheinigt. Ob seine Frau ihm aber rangmäßig übergeordnet, untergeordnet oder gleichgestellt war, vermag er nicht zu sagen. Bekannt wurde ihm nur, daß die Britannier »bei den das Herrscheramt Bekleidenden keinen Geschlechtsunterschied kennen«, also auch weibliche Führer akzep-

tierten. Für den Verlauf der sich nun anbahnenden Geschichte ist das jedoch zunächst völlig unwichtig.
Sie muß an dem Tag begonnen haben, an dem Cartimanduas Blick zum ersten Mal auf Vellocatus, den Waffenträger ihres Gatten, fiel. Diesen jungen Mann nämlich zeichneten derartig viele Vorzüge aus, daß sie Venutius von Stund an nur noch als lästiges Hindernis auf dem Privatweg zum Glück empfand – und sich deshalb mit einem kecken Schachzug von ihm befreite.
Ohne seinen Rat einzuholen, möglicherweise zu einer Zeit, in der er gerade nicht da war, bot sie Scapula das Stammesgebiet der Brigantes als Protektorat an, was dieser natürlich sofort akzeptierte. Ihm ersparte dieser Handel einen längeren Krieg, seine Partnerin aber konnte, da Venutius, dem Römerfeind, der Zugang zu Thron und Ehebett nunmehr versperrt war, in aller Sicherheit Vellocatus »Hand und Krone schenken«, wie Tacitus es vornehm formuliert.
Oberflächlich betrachtet, scheint diese Story tatsächlich nicht mehr zu bieten als den Stoff für ein Kostümdrama, doch das täuscht. Was immer Cartimanduas Motive gewesen sein mögen – Leidenschaft, Machthunger oder tatsächlich eine Abneigung gegen sinnloses Blutvergießen –, mit ihrem Streich war sie zu einem Faktor geworden, den die Historie notierte. Das wiederum macht sie interessant, als Person und als Repräsentantin des eigenen Geschlechts in der keltischen Gesellschaft.
Aus der von ihr angezettelten Affäre läßt sich ja schließen, daß sie in der Lage gewesen sein muß, einem ganzen Stamm, seinen Kriegern und seinen Druiden ihre Entscheidung aufzuzwingen. Sie dürfte also nicht nur besonders durchtrieben gewesen sein, sie muß auch Macht gehabt haben. Das wiederum heißt: Der keltische Respekt vor der Frau, den die klassischen Autoren so sehr rühmen, äußerte sich nicht nur in ritterlicher Höflichkeit, sondern, wie ja Tacitus andeutet, äußerstenfalls auch darin, daß weiblichen Führern ebensolche Gefolgschaftstreue gewährt wurde wie den männlichen, sobald die Herrschaft an sie gefallen war.
Eine Art von starken Muttertieren wird also vorstellbar, Frauen, die sich durchaus mit Kraft und Gewalt in einer männlichen Umgebung zu behaupten vermochten. Cartimandua scheint solch eine keltische Löwin gewesen zu sein. Ihr Junges war Vellocatus. Um ihn zu

schützen, schritt sie rücksichtslos auf dem einmal eingeschlagenen Weg voran, engagierte sich weiterhin für die römische Sache, die sie notgedrungen zu der ihren gemacht hatte.

Als im Jahr 51 der König Caratacus aus Südwales die als sehr kriegstüchtig gerühmten Silurer zum Kampf gegen die Besatzungsmacht aufrief und, zusammen mit den nordwalisischen Ordovikern, nach Osten eilte, um dort auch die Brigantes zu mobilisieren, ließ deren Fürstin sein Heer kaltblütig in eine von Scapula gestellte Falle laufen. Und als der geschlagene Heerführer daraufhin an ihren Hof flüchtete – man muß annehmen, daß er noch nichts von dem Bündnis wußte, das sie geschlossen hatte –, wurde er in Ketten geschlagen und nach Colchester geschickt, dem Sitz des römischen Befehlshabers.

Mit diesem verräterischen Unternehmen, schreibt Tacitus, habe Cartimandua zwar »dem Kaiser Claudius beinahe zum Glanz eines Triumphs« verholfen, aber sein »beinahe« deutet auch schon an, daß es ihr letztlich doch keinen Gewinn einbrachte. Sie hatte die Toleranz der Brigantes überfordert, »ihr Glück frivol mißbraucht. Der Skandal (der Ehe mit Vellocatus) erschütterte das Ansehen ihres Hauses. Der Mann (Venutius) gewann die Gunst des Volkes zurück. Dem Ehebrecher blieb die Liebesleidenschaft und Grausamkeit der Königin.« Venutius trieb das ungleiche Paar aus dem Lande.

»Da suchten sie«, fährt der Geschichtsschreiber fort, »Schutz bei den Römern, und unsere Kohorten und Reitergeschwader retteten sie trotz des wechselnden Schlachtenglücks noch aus der Gefahr. Dem Venutius verblieb das Reich und uns – der Krieg.« Die Brigantes kehrten in die antirömische Front zurück.

Das Ende der Affäre dürfte dann wieder so banal gewesen sein wie ihr Anfang. In Colchester verbargen sich eine (vermutlich) ältere Frau, der aller königliche Glanz abhanden gekommen war, und ihr junger Liebhaber, den (vermutlich) gerade dieser Glanz einst geblendet hatte. Nun blieben ihm nichts als sie und der Traum von verlorener Herrlichkeit. Wahrscheinlich wurden beide den Römern bald so lästig, wie alle Emigranten ihren Gastgebern lästig zu werden pflegen, wenn sie der Geschichte des Unglücks keine neue Variation mehr abgewinnen können.

Wir immerhin verdanken ihnen einen flüchtigen Einblick in das keltische Privatleben, eine Impression, die es etwas leichter macht, diesem Volk sozusagen menschlich näherzukommen. Zwar wird in diesem Bericht noch von einer weiteren britannischen Königin zu erzählen sein, die auf unglückliche Weise endete, doch sie war eher aus dem Stoff, aus dem man Denkmäler formt. Cartimandua bleibt die einzige, die trotz allem auch so etwas wie eine Spur von Parfüm darin zurückläßt.

Die Insel, auf der die Druiden saßen

Im Jahr 59 – der arme Claudius war, von seiner Frau vergiftet, schon fünf Jahre tot, und Nero regierte an seiner Stelle – kam als vierter römischer Statthalter Suetonius Paulinus auf die Insel. Tacitus bezeichnet ihn als einen »gewissenhaften, besonnenen Legaten« und verschweigt auch nicht, daß er dieser Eigenschaften dringend bedurfte. Die Kelten, die sich mittlerweile von dem Schock ihrer ersten Niederlagen erholt hatten, standen in vollem Aufruhr. »Veteranen wurden niedergemetzelt, Städte eingeäschert. Man kämpfte damals noch um das Leben, später erst um den Sieg.«
Roms Truppen hatten zwar zu dieser Zeit die Foss-way-Linie längst überschritten und westlich von ihr weite Gebiete durch Kastelle und Lager gesichert, aber um diese befestigten Inseln im Grenzgebiet tobte ein blutiger Partisanenkrieg. Die ausgedienten Soldaten, welche man in den Vorposten angesiedelt hatte, verfügten über eine langjährige Kampferfahrung, doch längst nicht mehr immer über die Ausdauer, welche notwendig gewesen wäre, kopfstarke keltische Horden abzuweisen.
Um diese Situation zu bereinigen, entschloß sich Paulinus, in das vermutliche Zentrum der Aufstandsbewegung vorzustoßen, nach Nordwales. Moderne Keltenforscher wären glücklich, wenn sie die genauen Unterlagen besäßen, die seinem Plan zugrunde lagen. Sie schließen nämlich aus einigen wenigen Angaben, welche Tacitus macht, daß zu denen, die von dorther den Widerstand schürten, nicht nur politische, sondern auch geistliche Führer gehörten, also Druiden.
Was aber die Sache noch mysteriöser macht: Mona, die Insel Anglesey an der walisischen Nordwestküste, soll hartnäckigen Überliefe-

rungen zufolge ein Mittelpunkt des keltischen religiösen Lebens gewesen sein. Wüßten die Gelehrten also mehr über das, was zu des Paulinus Zeiten dort vorging, dann könnten sie möglicherweise auch genauere Angaben über die Rolle machen, welche Priester überhaupt in den keltischen Widerstandsbewegungen spielten, sowohl jenen Britanniens als auch den gallischen. Doch wie immer, wenn man sie packen will, entziehen sich die Druiden auch jetzt dem Zugriff der Wissenschaftler.
Man muß sich deshalb mit dem zufriedengeben, was Anglesey der Phantasie anbietet. Es ist nicht allzuviel: etliche aufgerichtete Steine, ähnlich denen in der Bretagne, in Irland und Südengland, Wäldchen, welchen der Ruf anhängt, sie seien »heilige Haine« gewesen, ein Hauch von hintergründiger Poesie in walisischen Gemarkungsbezeichnungen.
Unter anderem gibt es auf dieser Insel auch ein Dorf, das mit Stolz den zweitlängsten Ortsnamen der Welt sein eigen nennt. Den längsten führt eine Maori-Siedlung auf Neuseeland; er setzt sich aus dreiundachtzig Buchstaben zusammen. Der Platz an den Küsten der Irischen See gibt sich mit den folgenden achtundfünfzig zufrieden: Llanfairpwllgwyngyllgogerychwyrndrobwllllantysiliogogogoch.
Das heißt übersetzt: Marienkirche bei der weißen Haselnußquelle nahe dem wilden Strudel an der Sysilio-Kapelle in der roten Höhle. Und allein dieses Wortungetüm scheint so viel Märchen und Frömmigkeit widerzuspiegeln, daß sämtliche Gerüchte verständlich werden, die an Anglesey haften. Später Nachglanz der Aura, die über einem alten Heiligtum lag? Tacitus taucht die Druidenszene des Jahres 61 in ein eher düsteres Licht.
Als Suetonius' Truppen den Menai-Kanal erreicht hatten, der Anglesey vom Festland trennt (heute überspannen ihn zwei Brücken), sahen sie auf dem gegenüberliegenden Ufer »die Britannier, eng zusammengedrängt, zum Kampf bereit. Frauen rannten in wilder Auflösung zwischen den Reihen herum. Sie trugen Trauerkleider, ließen ihr loses Haar im Wind flattern, hielten brennende Fackeln in Händen und erinnerten in ihrer ganzen Erscheinung an rasende Furien. Die Druiden hatten sich in Gruppen geordnet. Sie hielten die Hände himmelwärts, riefen die Götter an und stießen schreckliche Flüche aus.«

»Die Fremdartigkeit dieses Anblicks versetzte die Römer in Furcht und Schrecken. Sie verharrten in dümmlichem Erstaunen, so als ob ihre Glieder erstarrt seien, an den Boden gefesselt, für den Feind ein gutes Ziel. Dann jedoch durchdrangen die Ermahnungen des Generals ihre Reihen mit neuer Kraft. Durch gegenseitigen Zuspruch steigerten sich die Männer in wilde Kampfbereitschaft hinein. Sie empfanden es als Schande, daß ein Haufe von Weibern und eine Bande fanatischer Priester sie so beeindruckt hatten, richteten ihre Standarten auf und gingen mit ungestümer Wut zur Attacke über.«
»Die Britannier kamen in den Flammen um, die sie selbst entzündet hatten. Die Insel wurde erobert und mit einer Garnison versehen, um sie unter Kontrolle zu halten. Die Ritualstätten, die abergläubischen und barbarischen Kulten gewidmet waren, wurden dem Erdboden gleichgemacht.«
Es ist alles in allem doch auch ein opernreifes Szenario, das der römische Historiker hier entwirft. Ob es aber mit der Realität völlig übereinstimmt, bleibt zweifelhaft. Der Menai-Kanal, den die Legionäre in einem Anlauf überwunden haben sollen, ist immerhin vierhundert Meter breit und zudem noch zwischen steil abstürzende Ufer eingezwängt. Außerdem gibt es von Tacitus auch die Beschreibung einer zweiten Anglesey-Eroberung, die viel später stattfand. Von ihr wird noch die Rede sein. Man sollte deshalb den hier zitierten Bericht wohl eher als eine aus vielen Informationen zusammengefügte Impression betrachten oder annehmen, die Aktion habe anderswo stattgefunden.
Viel bedauerlicher bleibt indessen, daß die Druiden, die von ihm so jäh aus dem Dunkel gerissen wurden, ebenso rasch wieder darin verschwinden. Der inhaltsschwerste Satz der Tacitusschen Schilderung ist noch ihr letzter: Alle Kultstätten wurden dem Erdboden gleichgemacht. Wie schon in Gallien, gingen die Römer also auch hier von dem Prinzip ab, fremde Religionen zu dulden, ja sogar zu pflegen. Und das erneuert noch einmal den Verdacht, die Lehren der keltischen Weißbärte seien selbst ihnen zu unheimlich gewesen. Leider wird uns niemand mehr sagen, warum.
Paulinus jedenfalls dürfte in Anglesey kaum die Zeit gehabt haben, sich länger mit den Rätseln der druidischen Welt zu befassen. Er mußte sofort nach seinem Sieg (wenn es einer war) den Rückmarsch

antreten. In Ostengland hatten sich die Icener erhoben. Ihre Führerin ist die zweite Heroine des britannischen Dramas.

Eine Keltin kämpft gegen Rom

Wie Cartimandua aussah und was sie trug, hat niemand notiert. Von der icenischen Fürstin Boudicca dagegen besitzen wir immerhin so etwas wie eine literarische Momentaufnahme, die sie in voller Lebensgröße zeigt. Verfertigt wurde das Bild von dem römischen Geschichtsschreiber Dio Cassius. Der hat zwar erst mehr als hundert Jahre nach ihrem Tod gelebt, glaubte aber dennoch, das Folgende mitteilen zu können: »Boudicca war von hohem Wuchs, schreckenerregendem Anblick und mit einer rauhen Stimme begabt. Eine Flut leuchtend roten Haares fiel ihr bis zu den Knien herab. Sie trug ein aus verschnörkelten Gliedern zusammengesetztes goldenes Halsband, ein vielfarbenes Gewand und darüber einen dicken, von einer Brosche zusammengehaltenen Umhang. Nun ergriff sie einen langen Speer, um bei allen, die sie beobachteten, Furcht zu erregen.« In dieser Pose läßt der Porträtist sie erstarren. Zur Ergänzung seines Schnappschusses könnte man sich links und rechts von ihr noch zwei ebenso statuarische Töchter denken, denn einer weiblichen Trias wegen hatten sich die Kelten in East-Anglia erhoben. Aber es ging wohl nicht nur um sie.

Die Römer, die wie stets bei ihren Landnahmen unterworfene einheimische Fürsten zunächst in ihren Stellungen belassen und sie als Art Vasallenkönige behandelt hatten, begannen deren Rechte einzuschränken, sobald sie sich dazu stark genug fühlten. Bei den Icenern schien das besonders leicht zu sein.

Prasutagus, der Mann Boudiccas, muß derjenige gewesen sein, mit dem sie den ersten, scheinbar partnerschaftlichen Vertrag abgeschlossen hatten. Als er nun aber gestorben war, ohne männliche Nachkommen zu hinterlassen, weigerte sich der Prokurator, das zivile Pendant zum Statthalter, seine Witwe und die beiden Mädchen in die Rechte des Verstorbenen einzusetzen, wie es keltischem Brauch entsprochen hätte. Statt dessen wollte er die Icener der römischen Verwaltung unterstellen. Es war dies zwar nur eine von vielen ähnlichen Entscheidungen aus jener Zeit, doch schien die Besatzungsmacht mit ihr den Bogen überspannt zu haben. »Nichts gewinne man«, so erkannten nun (laut Tacitus) die Britannier, »durch geduldiges Nachgeben, außer daß denen, die sich alles gefallen ließen, noch Schlimmeres auferlegt werde. Vormals hätten sie nur einen Herrscher gehabt, jetzt seien ihnen zwei aufgebürdet, von denen der eine, der Statthalter, ihr Leben, der andere, der Prokurator, ihr Eigentum bedrohe.« Mit anderen Worten: Einheimische Adelige begriffen, daß die Tage gezählt waren, in denen sie ihre Privilegien noch einigermaßen ungeschmälert wahrnehmen konnten; das Volk erkannte, daß man es seiner alten Ordnung zu entfremden gedachte. Boudicca wurde zur Verkörperung eines Schicksals, welches ihnen allen bevorzustehen schien. Als die rothaarige Riesin den Speer schüttelte, eilten die Männer zu den Waffen.

Ihr Aufstand muß mit der Gewalt einer Feuersbrunst losgebrochen sein. Den rebellischen Icenern schlossen sich auch die Trionovanten an, der ursprünglich römerfreundlichste Stamm Britanniens. Beider Heerscharen eroberten Colchester, den Sitz des Statthalters, zerstörten Londinum (London), das Zentrum des römischen Verkehrsnetzes, besetzten Verulamium (St. Albans in Hertshire), ein von den Belgern erbautes Oppidum, das die Römer annektiert hatten, und sogen aus diesen ersten großen Erfolgen phantastisch aufgebauschte Siegeshoffnungen.

»Welch kleines Truppenhäuflein sei gelandet im Vergleich zu der großen Zahl der Britannier«, läßt unser Gewährsmann sie argumentieren. »Unter gleichen Bedingungen hätten die Germanen (in der Schlacht am Teutoburger Wald, 9 n. Chr.) das Joch abgeschüttelt, obwohl sie doch nur durch einen Fluß (den Rhein) und nicht durch einen Ozean (vor der römischen Hauptmacht) geschützt waren. Sie selbst kämpften für ihr Vaterland, für ihre Frauen und Eltern, die Römer nur um ihrer Habgier und der Befriedigung ihrer Lüste willen. Deshalb würden sie zurückweichen wie einst ihr ›göttlicher‹ Caesar, sofern sie selbst sich nur wieder zur Tapferkeit ihrer Väter aufrafften.« Das ist gewiß, wenn auch in römischer Interpretation, ein schönes Dokument keltischer Begabung, sich selbst etwas einzureden, aber eben nicht mehr als dies.

Da ihnen kein Vercingetorix und kein Arminius erstand, konnten die Rebellen den aus Wales zurückgeeilten Kohorten des Paulinus nur ihre fanatische Wut entgegensetzen. Das reichte zwar aus, den Römern einige der schwersten Verluste zuzufügen, welche sie bisher in Britannien erlitten hatten – ihre Totenliste soll siebzigtausend Namen umfaßt haben –, genügte aber nicht, den Kampf für sie zu entscheiden. Der Statthalter ließ Gefangene mitleidlos hinrichten, statuierte ein blutiges Exempel nach dem anderen und brach seinen Feinden damit endlich das moralische Rückgrat.

Von Boudicca ist leider nicht überliefert, wie sie sich in diesem blutigen Gemetzel verhielt. Für uns verharrt sie deshalb in der Pose, in der Dio Cassius sie zeigt, eine Göttin des Freiheitskampfes, ein Denkmal, umgeben von tragischer Glorie. Als die Lage aussichtslos geworden war, nahm sie Gift.

Ihr Tod markiert das Ende des Widerstandes im Süden der Insel. Über die Brutalität, mit der Paulinus ihn abgewürgt hatte, war man freilich auch in Rom nicht allzu glücklich. Der »gewissenhafte und besonnene Legat« wurde abgelöst. An seine Stelle trat Petronius Turpilianus, ein, wie Tacitus schreibt, »versöhnlicherer Mann, der die Vergehen der Feinde nicht so genau kannte und deshalb für ihre Reue empfänglicher war«.

Daß sie ein Volk bis auf jene innerste Verteidigungslinie zurückgedrängt hatten, an der die Frauen zu den Waffen greifen, scheint selbst die Römer etwas angegriffen zu haben. Auch in ihren eigenen Mythen verkörperten ja die Mütter ein allerletztes Tabu, das niemand verletzen konnte, ohne Schaden zu nehmen an seinem Wesen. Dazu aber waren sie von Boudicca herausgefordert worden.

Bewirkt hatte ihr Opfer jedoch, daß die Nachfolger des Paulinus in den nun folgenden acht Jahren auf weitere Gewaltmaßnahmen nahezu vollkommen verzichteten und statt dessen bemüht waren, Britannien friedlich zu romanisieren – friedlich, aber nicht ohne finstere Hintergedanken, wie Tacitus, ein Liebhaber ursprünglicher Tugenden, meint. Denn: »Allmählich erlagen die Bewohner der Insel sogar den verführenden Lockungen des Lasters und fanden Geschmack an Säulengängen, öffentlichen Bädern und glanzvollen Gelagen. In ihrer Unerfahrenheit nannten sie das feine Bildung, während es doch nur zu ihrer Unterwerfung beitrug.«

Erst die Gouverneure Petilius Cerialis und Frontinus, die zwischen 71 und 78 Britannien regierten, unternahmen noch einmal größere

Eroberungszüge in den Norden. Sie unterwarfen Cartimanduas einstige Untertanen, die Brigantes, bändigten auch die Silurer und gründeten Eburacum, das heutige York. Südlich Schottlands erfreuten sich jetzt nur noch die Ordoviker, Novanter und Segover einiger Selbständigkeit.

Ihnen trat nach der routinemäßigen Abberufung des Frontinus jener General entgegen, der von allen römischen Britannien-Veteranen den breitesten Raum in der Geschichtsschreibung einnimmt – was freilich in erster Linie dem Umstand zuzuschreiben ist, daß seine Tochter eben mit dem Historiographen Tacitus verheiratet war.

Kapitel XIII

Die barbarische Verschwörung

»Geschichte läuft anders, als wir uns vorstellen können,
verläuft in Schüben und Gegenschüben, mit Verschnaufpausen
zwischendurch,
langsam und beharrlich wie Gottes Mühlen seligen Angedenkens.«
Rudolf Augstein »Ein Jahr nach Jom Kippur«

»Wo ist die Welle, die meinesgleichen nicht bändigt,
wo die einsame Insel,
auf der nicht die Gebeine eines Kelten ruhn?«
Jean Pierre Callog'h (Bretonischer Dichter)

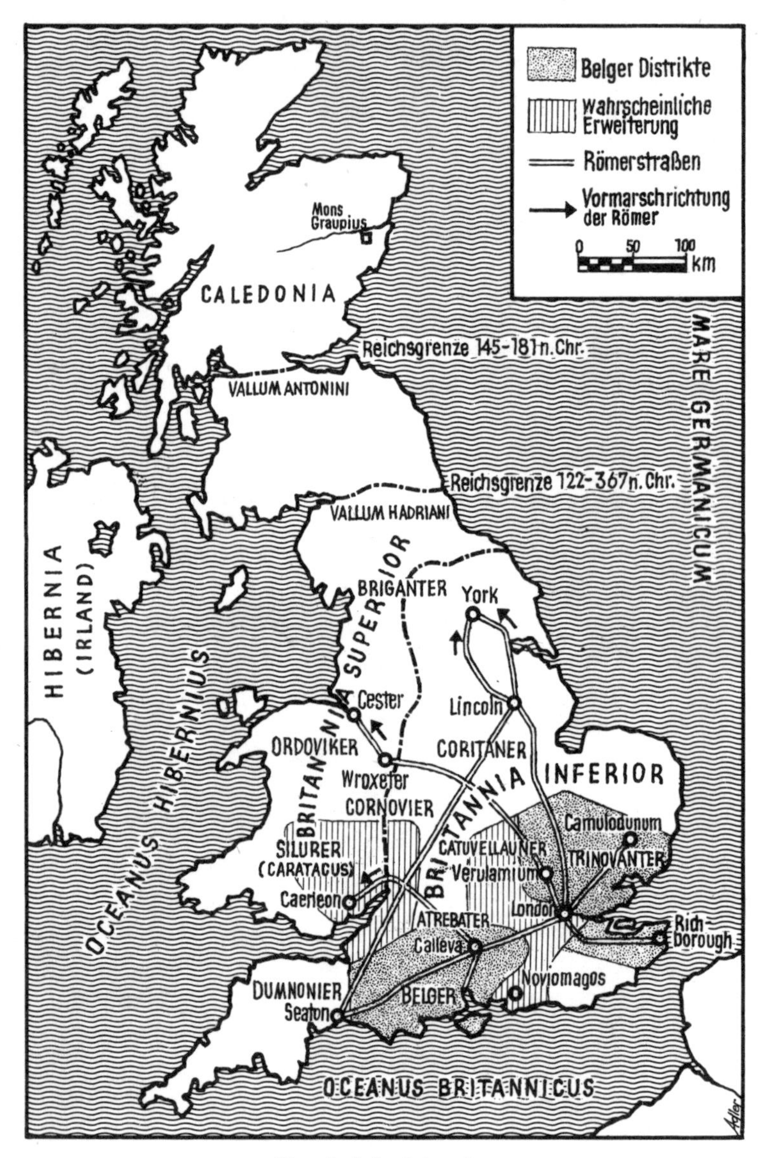

Das römische Britannien

Zeittafel:

40:	Geburt des Julius Agricola.
60:	Er erhält sein erstes Kommando in Britannien.
68:	Der Gallier Julius Vindex bewirkt mit seiner Rebellion den Sturz Neros und verhilft damit in einem Jahr vier Generälen zur Kaiserwürde. Agricola schließt sich erst Galba, dann Vespasian an.
71–73:	Agricola amtiert als Legionslegat zum zweiten Mal in Britannien.
74–76:	Agricola verwaltet die Provinz Aquitania.
77:	Tacitus heiratet Agricolas Tochter.
78–84:	Vespasian betraut Agricola mit der Statthalterschaft in Britannien. Er erobert die Insel Anglesey, reformiert die Verwaltung in Britannien, führt sieben Feldzüge, stößt dabei über die Linie Forth–Clyde hinaus nach Norden vor und gründet im östlichen Schottland mehrere Forts. Im letzten Jahr seiner Amtszeit schlägt er am Mons Graupius den Piktenführer Calgacus. Dann beruft Domitian ihn ab.
93:	Agricola stirbt, ohne vorher nochmals ein Staatsamt bekleidet zu haben.
98:	Tacitus veröffentlicht eine Biographie seines Schwiegervaters.
Um 120:	Kaiser Hadrian läßt den nach ihm benannten Wall zwischen Solway und Tyne errichten.
Um 140:	Antoninus Pius baut eine zweite, nördlicher liegende Befestigungslinie, sie reicht vom Clyde zum Forth.
166/67:	Der »vallum Antonini« muß aufgegeben werden.

193: Clodius Albinus versucht mit Hilfe der in Britannien stationierten Truppen, Kaiser zu werden.

208–211: Kaiser Septimius Severus fährt nach Britannien, um dort die aufständischen Stämme zu bekämpfen. Er stirbt in York.

Nach 211: Caracalla zieht, wie vor ihm schon Septimius Severus, alle Garnisonen vom Hadrianswall ab und ersetzt sie durch irreguläre einheimische Truppen.

286: Bagaudenaufstand in Nordgallien.

287: Carausius wirft sich zum Herrscher über Britannien auf.

294: Ermordung des Carausius. Contantius Chlorus gewinnt die Insel für Rom zurück.

Nach 300: Sächsische Piraten beginnen, Britannien heimzusuchen.

367: Gemeinsamer Angriff von Pikten, Skoten, Sachsen und Angeln auf den romanisierten Teil Britanniens. Magnus Maximus schlägt ihn zurück und geht dafür als keltischer Heros in die Überlieferung ein. 383 wird er zum Augustus ausgerufen.

388: Nach einem Usurpationsversuch wird Maximus in Aquileia hingerichtet.

410: Kaiser Honorius teilt den Britanniern mit, sie müßten sich künftig selbst gegen ihre Feinde verteidigen. Ende der römischen Herrschaft über die Insel.

Der General, der fast Philosoph geworden wäre

Wenn wir seinem schreibenden Schwiegersohn glauben dürfen, dann war Julius Agricola ein Staatsbediensteter ohne Fehl und Tadel, ein Muster an Aufrichtigkeit und Bescheidenheit, dazu ein Hasser aller der Tyrannen, denen er in seinem dreiundfünfzig Jahre langen Leben begegnete. Diese lobenswerten Eigenschaften haben ihn freilich nicht davon abgehalten, unter sechs von den sieben Kaisern, denen er diente, eine zügige politische Karriere zu machen.
Tacitus, der ihm seine erste schriftstellerische Arbeit widmete, die biographische Studie »De vitae Iulii Agricolae« (Vom Leben des Julius Agricola), muß sich deshalb den Verdacht gefallen lassen, er habe ebenso liebe- wie absichtsvoll viele eigene Ideale in den Schwiegervater hineinprojiziert. Dennoch haben wir zu akzeptieren, was er uns anbietet: Ein Lebensbild, das die Zeit zwischen dem Prinzipat des finsteren Caligula (37–41) und dem des von Tacitus nicht minder gehaßten Domitian (81–96) überspannt. Drei Jahre vor der Ermordung des letzteren ist Agricola gestorben, einem Gerücht zufolge an Gift.
Geboren worden war er am 13. Juni 40, als Sohn eines Senators, in Forum Iulii, dem heutigen Fréjus bei Toulon. Nicht weit davon entfernt, in Marseille, verbrachte er seine jungen Mannesjahre. Er habe damals, so erzählte er später, »mit mehr Passion das Philosophiestudium betrieben, als es einem Sohn aus gutem Hause zukommt,« doch die offensichtlich sehr energische Mutter verhinderte Schlimmeres. Da sie an einem Intellektuellen in der Familie genug gehabt haben mag – auch der Vater frönte dem unstandesgemäßen Hang zum Geistigen – »dämpfte sie seine allzu flammende Begeisterung« und sorgte dafür, daß er von Nero, dem britannischen Stab des Suetonius Paulinus, attachiert wurde. Als Befähigungsnachweis für diesen Posten könnte der Umstand gedient haben, daß Agricola in Gallien aufgewachsen und deshalb (vielleicht) mit keltischen Sitten und der keltischen Sprache vertraut war. Auch seinen nächsten großen Karrieresprung verdankt er indirekter Hilfe aus dem Geburtsland.
Im Jahr 68 räumte ein Gallier das Hindernis aus dem Weg, das dem weiteren Aufstieg des damaligen Prätors im Wege stand, eben Nero.

Der noch junge Kaiser hatte in den letzten sechs Jahren seiner Amtszeit so viele Scheußlichkeiten veranlaßt, darunter je einen Bruder-, Mutter- und Gattinnenmord, daß Agricola und andere Mitglieder des patrizischen Establishments es für richtig hielten, sich während dieser Frist auf eine Position zurückzuziehen, in der, laut Tacitus, »Untätigkeit Klugheit war«.
Indes, so sehr dies auch taktisch oder aus moralischen Gründen geboten sein mochte, dem unmittelbaren Fortkommen war es nicht gerade dienlich.
Agricola dürfte deshalb hörbar aufgeatmet haben, als aus der Provinz Gallia Lugdunensis, einem Gebietsstreifen, der sich von der bretonisch-normannischen Küste bis zur Rhone herüberzog, die Nachricht eintraf, der dortige Statthalter, ein keltischer Adeliger namens Julius Vindex, habe sich erhoben, um Nero zu stürzen. Beunruhigend an der ganzen Affäre war nur, daß niemand genau wußte, wer eigentlich der Kopf dieser Rebellion und also der kommende Mann sei. Vindex selbst, viel zu klug, um sich als neuen Prinzeps zu sehen, schob die beiden spanischen Gouverneure Galba und Otho wie Strohmänner vor sich her, aber dummerweise machte keiner von ihnen das Rennen.
Nachdem der Kelte in einer Schlacht gegen nerotreue Truppen aus dem römischen Rheinland umgekommen war, der Kaiser sich aber dennoch aus purer Angst selbst entleibt hatte, ergriff zunächst Galba das Ruder, um es kurz danach an Otho zu verlieren, der selbst einem dritten Konkurrenten, dem Vitellius, unterlag und es nicht mehr erlebte, wie dieser von einem vierten, von Titus Flavius Vespasianus, gestürzt wurde.
Agricola, die Wirren dieses Ersten Vierkaiserjahres (68/69) aus hauptstädtischer Logennähe beobachtend, hatte zunächst auf Galba, dann aber und immer noch rechtzeitig genug auf den richtigen, den letzten Herrschaftsprätendenten gesetzt. Sein Lohn: Eine zweite Mission in Britannien, danach die eigene Provinz, das etwa von der Loire bis zu den Pyrenäen herabreichende Aquitania. Er scheint nach wie vor als Keltenspezialist gegolten zu haben.
Von diesem Gouverneursposten zurückgekehrt, erklomm er schließlich jene gesellschaftliche Hochebene, auf der man Konsul werden und die eigene Tochter mit einem aufstrebenden jungen Po-

litiker aus bester Familie verheiraten konnte, dem späteren Beschreiber seines Lebens. Geahnt hat er damals noch nicht, daß sechs Jahre später Domitian, der ihm mißgünstige jüngere Sohn des Vespasian, an die Macht kommen und die eigene Karriere beenden, Tacitus aber in eine Protesthaltung drängen sollte, die dieser dann literarisch zu bewältigen versuchte.
Das erste Werk des aus der Karriere geworfenen jungen Mannes war, wie gesagt, ein kleines Büchlein über das Leben seines Schwiegervaters und dessen Taten in Britannien. Dorthin nämlich war Agricola im Jahr 78 noch von Vespasian ein drittes Mal geschickt worden. Als Statthalter sollte er vollenden, was Cerialis und Frontinus begonnen hatten: die Eroberung des Nordens.
Dennoch führte ihn die erste bewaffnete Expedition, die er schon wenige Wochen nach seiner Ankunft unternahm, nicht in die schottischen Hochmoore sondern an den Platz, an dem Suetonius Paulinus siebzehn Jahre zuvor auf die Druiden gestoßen war. Das könnte noch einmal den auch von Theodor Mommsen geäußerten Vorwurf bekräftigen, Tacitus habe es mit den Fakten nicht immer sehr genau genommen, ja sich gelegentlich sogar selbst widersprochen.

Druideninsel diesmal ohne Druiden

Davon, daß Anglesey schon im Jahr 61 erobert worden sei – er behauptet dies in seinem Alterswerk, den sogenannten »Annales« –, wußte der römische Historiograph noch nichts, als er das »De vitae Julii Agricolae« schrieb. Dort steht vielmehr zu lesen, Paulinus habe seinerzeit am Menai-Kanal kehrt gemacht und so den Ordovikern die Möglichkeit gelassen, sich weiterhin an ihren Inselheiligtümern zu versammeln und dabei jene Überfälle zu planen, die nun ihn, den neuen Statthalter, zu der Expedition nach Nordwales veranlaßten. Als seine Truppen die Küste der Irischen See erreichten, habe sich jenseits des Meeresarmes wiederum ein letztes Aufgebot versammelt gehabt, um den Legionären – die Druiden und die rasenden Weiber läßt Tacitus hier weg – Paroli zu bieten. Mit dem Widerspruch zwischen den Angaben aus zwei verschiedenen Büchern eines Autors söhnt jedoch im früheren, das einen späteren Angriff schildert, dessen realistischere Schilderung aus.

Da Agricolas Leute, so heißt es dieses Mal, nicht über die Schiffe verfügten, die sie eigentlich gebraucht hätten, um auf das Eiland übersetzen zu können, ließ ihr Befehlshaber (einheimische) »Hilfstruppen, die die Untiefen gut kannten, nach dem Vorbild der Ahnen gute Schwimmer und also imstande waren, sich selbst samt Waffen und Pferden hinüberzubringen, alles sonstige Gepäck ablegen und so plötzlich ans Ufer schwimmen, daß die überraschten Feinde, die mit einer Kriegs- und Transportflotte und der Flut rechneten, glaubten, für eine auf diese Weise landende Kriegsmacht sei nichts zu schwierig und nichts unüberwindlich. Sie baten um Frieden und übergaben die Insel.«
Ihren Schreck wird jeder verstehen, der einmal von der häßlichen Brücke, die ihn überquert, in den gischterfüllten Menai-Kanal hinabgeblickt hat. Ich hätte weder bei Ebbe noch bei Flut seine stahlgrauen Wasser durchqueren mögen. Aber vermutlich hat Agricola ebenfalls darauf verzichtet, es persönlich zu tun. Er war, auch ohne diesen Nachweis sportlicher Leistungsfähigkeit, den Britanniern schlagartig zum Begriff geworden.
Seine nächsten Aktionen ließ er sich deshalb weniger von dem Bedürfnis nach neuen spektakulären Taten, als vielmehr von verwaltungstechnischen Notwendigkeiten diktieren. Er sicherte sein süd- und mittelenglisches Hinterland, indem er das Abgabewesen neu regelte und alles tat, die Insulaner mit römischer Lebensweise vertraut zu machen, sie also, wie Tacitus es sieht, durch Zivilisierung zu korrumpieren.
Der Bereich, den er kontrollierte, reichte damals von der Kanalküste bis zum Solway Firth im Westen und dem heutigen Newcastle upon Tyne im Osten. Jenseits dieser Linie lag das Gebiet der noch ungezähmten Novantes und Segover. Noch weiter oben aber, nördlich von Glasgow und Edinburgh, begann jene Region, welche die Römer Caledonia nannten. Sie präsentierte sich als ein gebirgiges, weithin kahles, von ewigen Regenwolken überhangenes Stück Wildnis. Da das Wasser ihrer glasklaren Bäche noch nicht zur Herstellung eines Getränkes verwendet wurde, das auf Gälisch »Uisge Beatha« (Lebenswasser) heißt und das uns als Whisky bekannt ist, dürfte sie nahezu nichts geboten haben, was römische Landser zu einem bewaffneten Ausflug dorthin hätte verlocken können. Aber ihr Feld-

herr stützte sich ohnehin nicht mehr allein auf Soldaten aus dem mediterranen Süden. Große Teile des Besatzungsheeres bestanden zu jener Zeit bereits aus gallischen Reitern und Fußkämpfern, denen der Regen, der Nebel, der aufgeweichte Lehm und der Schnee weniger schrecklich erscheinen mochten als etwa einem Sohn des sonnentrockenen Apuliens.

Dafür jedoch, so berichtet Tacitus, bereiteten sie römischen Exerziermeistern die gleichen Schwierigkeiten, wie einstmals ihre Ahnen karthagischen Offizieren. Im Sommer 83 zum Beispiel, kaperte eine aus Usipeterern bestehende Kohorte drei Schnellsegler und unternahm damit eine wilde Tour entlang den britannischen Küsten. Der ungenehmigte Urlaubstrip endete schließlich in Holland, wo die völlig entkräfteten Deserteure von Friesen gefangengenommen und ihren ehemaligen Vorgesetzten als Sklaven zum Kauf angeboten wurden.

Wie kopfstark aber die keltischen Einheiten unter römischer Fahne insgesamt waren, lassen Ausgrabungen auf den ehemaligen Schlachtfeldern der Insel erkennen. Man fand dort wo wenige römische Ausrüstungsgegenstände, daß die Vermutung erlaubt ist, in Britannien hätten überwiegend torquesgeschmückte Krieger gegen andere torquesgeschmückte Krieger gekämpft.

Dies berücksichtigend, wird man sich auch die bewaffneten Expeditionen, die Agricola im Sommer 80 wieder auszuschicken begann, weniger als straffgeordnete Heersäulen vorstellen dürfen, sondern vielmehr als wilde, von Offizieren mühsam gebändigte Landsknechtshaufen. Den Kern solcher Einheiten bildeten sicherlich kleine, zuverlässige Elitekorps; was jedoch an den Flügeln schwärmte, was spähend vorausritt, Dörfer überfiel, Hinterhalte legte, abends an den Lagerfeuern prahlte und in schwierigen Situationen »verheizt« wurde, waren Nachkommen der Männer, die schon Vercingetorix zur Verzweiflung getrieben hatten.

Immerhin, dem Statthalter gelang es, mit ihnen das ganze Gebiet zwischen Solway Firth und Firth of Clyde zu erobern und schließlich sogar bis in die Gegend um Aberdeen vorzudringen. Das nördliche Ende der Insel allerdings erreichte er nicht. Den dort lebenden piktischen »Caledonii« blieb wie durch ein Wunder ihre hartnäckig verteidigte Freiheit erhalten.

Deklamationen unter schottischem Himmel

Agricolas letztes großes Unternehmen, der Versuch, gerade den noch uneroberten Teil Britanniens zu unterwerfen, wird uns von Tacitus im Stil seiner Zeit mit dramatischem Aufwand vor Augen geführt. Nicht weniger als zwei Prologe sind ihm vorangestellt. Als Sprecher des ersten bemüht er den Caledonierfürsten Calgacus, ohne freilich zu verraten, wie er zum Text von dessen Rede gekommen sei. Immerhin, sie hebt so an: »Uns, die wir am Rande der Erde wohnen und der Freiheit letztes Bollwerk sind, hat bis auf den heutigen Tag unsere Abgeschiedenheit und die geheimnisvolle Verborgenheit unseres Namens geschützt. Jetzt aber stehen die Grenzen Britanniens offen, über uns hinaus gibt es kein Volk mehr, gibt es nichts außer Fluten, Felsen und den noch gefährlicheren Römern, deren Anmaßung man vergeblich durch Unterwürfigkeit und Bescheidenheit zu entrinnen sucht.«

Das sind Worte, die uns einen Begriff von keltischer Eloquenz vermitteln könnten, wenn sie authentisch wären. Weil dies aber bezweifelt werden muß, zeigt des Calgacus Rede vor allem ihren wirklichen Verfasser in jener vorweggenommenen Rousseau-Pose, in der er später die Germanen ebenfalls als edle Wilde verherrlichte. Doch steckt auch Kritik darin. Seinen Landsleuten, die er für verderbt hielt, sollte ein Spiegel vorgehalten werden. Ein Naturvolk wurde – das ist später ja noch oft versucht worden – als Vorbild angeboten. Der nächste Abschnitt der Calgacus-Rede läßt diese Absicht noch deutlicher erkennen.

»Sie«, so ruft der Caledonier aus, »die Plünderer der ganzen Erde, durchsuchen nunmehr das Meer, seit ihnen, die alles verwüsten, dazu die Länder fehlen. Ist ihr Feind reich, sind sie habgierig, ist er arm, sind sie ruhmsüchtig, sie, die weder der Orient noch der Okzident sättigte. Als einzige unter allen Völkern haben sie es mit gleicher Gier auf reich und arm abgesehen. Stehlen, Morden, Plündern nennen sie fälschlicherweise Herrschen, und wenn sie eine Wüste geschaffen haben, heißt das bei ihnen Befriedung.«

Das war noch einmal starkes Geschütz. Hätte Calgacus es wirklich abgefeuert, man müßte ihn als einen Politiker bewundern, der, vom äußersten Rand Europas aus, die ganze Welt überblickte und sich

von ihr ein zutreffendes Bild zu machen vermochte. Er wäre in einem Atemzug mit Brennus, Viriatus und Vercingetorix zu nennen. Aber vielleicht steht ihm dieser Rang tatsächlich zu.
Einige weitere Sätze seiner Rede nämlich klingen durchaus so, als hätte Tacitus sie echten Dokumenten (Aussagen gefangener Caledonier vielleicht) entnommen. Sie spiegeln zumindest jene souveräne Verachtung der Wirklichkeit wider, deren Kelten fähig waren. Ihr Wortlaut: »Laßt euch nicht schrecken von leerem Schein, von blitzendem Gold und Silber (an den römischen Feldzeichen), es schützt weder, noch verwundet es! Inmitten der feindlichen Schlachtreihen werden wir unsere Kampfscharen finden (Landsleute, von denen er hoffte, sie würden überlaufen). Die Britannier werden ihre gerechte Sache erkennen. Die Gallier werden sich an ihre verlorene Unabhängigkeit erinnern. Die Germanen werden Rom im Stich lassen. Und nichts mehr ist dann noch zu befürchten. Die Forts sind ohne Besatzung, in den Kolonien gibt es nur Greise, in den Landstädten herrscht Feindschaft zwischen unwillig Gehorchenden und ungerecht Herrschenden.«
Es lebe, so könnte man ihn ergänzen, die barbarische Weltverschwörung, denn das schien es ja zu sein, was er predigte. Von Schottland aus sollte das römische Imperium aufgerollt werden, und zwar in einer allgemeinen Erhebung der unterworfenen, transalpinen Völker. Und so sehr das auch Wunschtraum war, seine Vision könnte einen realen Ansatzpunkt gehabt haben. Das Land im äußersten Norden muß ja während der Besatzungsjahre zur Zuflucht aller derjenigen geworden sein, die sich den neuen Herren nicht beugen wollten, der besonders Stolzen also, der besonders Zähen, dem harten Kern einer britannischen Widerstandsbewegung. Auf ihn mag er gebaut haben. Das erklärt auch, warum Agricola sein caledonisches Unternehmen äußerst sorgfältig und langfristig vorbereitet hatte.
Er war nicht einfach losgezogen mit einem großen Heer, hatte vielmehr entlang der ganzen Küste zwischen Firth of Forth und Aberdeen eine Kette starker Forts und Winterlager errichten lassen, auf die er sich nun stützen konnte. Als Calgacus seine Rede hielt, stand der Römer wahrscheinlich bei Raedykes nahe Stonehaven. Dort sind die Reste solch eines Kastells aufgefunden worden. Die Caledonier

aber hielten, ihm gegenüber, jenen bis heute nicht genau identifizierten Höhenzug besetzt, den Tacitus »Mons Graupius« nennt. Ihre Scharen vor Augen, sprach Agricola nun den zweiten Prolog des bevorstehenden blutigen Spektakels. Er ist seinem Schwiegersohn weit weniger eindrucksvoll gelungen als die Suada des Keltenführers, was jedoch der Plastizität des ganzen Schlachtengemäldes eher zugute kommt. Mit diesen Worten schloß er:
»Wie den in die Wälder und Schluchten Eindringenden nur das mutigste Wild sich stellt, das furchtsame und schwache aber schon durch den Lärm des Jagdzuges verscheucht wird, so sind die mutigsten Britannier schon längst gefallen und nur die Memmen noch übriggeblieben. Die habt ihr nun endlich aufgestöbert, und sie haben nicht haltgemacht, weil sie kämpfen wollen, sie sind von euch gestellt worden. Die letzten Ereignisse und ihre lähmende Todesangst nagelten sie auf der Stelle fest, auf daß ihr einen herrlichen, glänzenden Sieg erringt.«
Alles in allem ist das inhaltsleere Rhetorik, Manifestation eines Geistes, dem Menschen nichts anderes als jagdbare Beute sind. Calgacus wird durch sie völlig gerechtfertigt. Er hatte – und es scheint so, als wollte Tacitus dies auf Kosten des Statthalters herausarbeiten – das moralische Recht für sich. Feige aber, da irrte Agricola nun wirklich, feige waren die Caledonier keineswegs. Er sollte es erfahren.

Am Ende herrschte Totenstille

Die Schlacht – sie fand im Jahr 84 statt – begann mit dem üblichen Geplänkel. Calgacus hatte seine dreißigtausend Leute so formiert, daß ihre vordersten Reihen in der Ebene, die hintersten hoch oben am Berg standen. Zwischen ihnen zeigten Streitwagenfahrer ihre inzwischen allen Legionären bekannten Kunststücke. Die Römer feuerten Pfeilgeschütze und Steinschleudern ab, doch »geschickt wichen die Britannier mit ihren ungeheuren Schwertern und kurzen Schilden den Geschossen aus, oder schlugen sie ab«. Agricola, der befürchtete, sein Gegner wolle ihn auf den Flanken umgehen, zog seine Truppen soweit wie möglich auseinander. In der Ordnung zweier parallel verlaufenden Reihen standen sich schließlich beide Heere gegenüber.

Gallier und Germanen eröffneten dann den Angriff. Der römische Feldherr hatte sie losgeschickt, weil es Männer waren, die am besten wußten, wie man ihresgleichen beikommt. Seine Rechnung schien aufzugehen. Nach jahrhundertealtem Rezept spielten die barbarischen Söldner den Vorteil, den ihnen ihre spitzen Schwerter und großen Schilde gegenüber den langen Hiebern und kleinen Tartschen der Caledonier boten, so geschickt aus, daß diese zu weichen begannen. Sie schlugen mit den Schildbuckeln zu, zielten auf ungeschützte Gesichter, ließen sich dann aber von ihrer Kampfeswut derart hinreißen, daß sie, nachdem die in der Ebene postierten caledonischen Reihen durchbrochen waren, in die Gefahr gerieten, umzingelt zu werden.

Agricola jagte daraufhin eine Kavallerieeinheit los, was ihre Lage jedoch eher noch mehr verschlechterte, »weil die Reiter sich nur mit Mühe auf dem abschüssigen Gelände halten konnten und zugleich von den Pferden gestoßen wurden«. Es war nun an Calgacus, eine Chance wahrzunehmen.

Seine auf der obersten Hügelhöhe postierten Scharen brachen los und versuchten, alle bereits in den Kampf verwickelten Legionäre einzukreisen. Hätte der römische Feldherr, dies voraussehend, nicht noch vier weitere Reitergeschwader in Reserve gehalten, wäre das Manöver möglicherweise geglückt und die Schlacht am Mons Graupius hätte mit einem piktischen Sieg geendet. So aber gelang es den Kavalleristen, die nunmehr in der Ebene kämpfenden Caledonier ihrerseits zu umgehen und in die Flucht zu schlagen.

»Man verfolgte Verwundete, machte Gefangene und schlug sie nieder, sooft andere in den Weg kamen. Schon ergriffen auf der Feindseite, jeder seinem Instinkt folgend, ganze bewaffnete Abteilungen vor kleineren gegnerischen Gruppen die Flucht, andere rannten nach der anderen Seite hin und liefen dem Tod in die Arme. Überall lagen Waffen, Leichen, verstümmelte Glieder, rötete Blut die Erde. Bisweilen bewiesen die Besiegten erbitterte Tapferkeit.«

Das Ende schließlich sah so aus: »Nahezu zehntausend Feinde und dreihundertsechzig Römer (dabei sind die gefallenen Gallier und Germanen nicht mitgerechnet) waren gefallen ... Weit und breit herrschte Totenstille, verlassene Höhen, in der Ferne qualmende Häuser; keiner Menschenseele begegneten unsere Spähtrupps. Auch

erfuhr man durch sie, die in alle Richtungen geschickt worden waren, daß es keine genaue Spur und Flucht gab und sich nirgends Feinde zusammenrotteten.«
Ein Spuk schien zerstoben zu sein. Offen und ungeschützt lag Caledonia vor dem römischen Heer. Freie Bahn für die Legionen bis zum äußersten Ende Europas. Indes, die Legionen beschritten diesen Weg nicht. Mit der Begründung, der Sommer gehe zu Ende, zog sich Agricola nach Süden zurück und erlaubte lediglich der Flotte einen Abstecher zu den Orkneys hinauf.
Warum er dies tat, ist von Tacitus kunstvoll verschleiert worden. In seinem Haß auf den regierenden Prinzeps behauptete er, Domitian, der im Jahr 81 auf den Thron gekommen war, habe verhüten wollen, daß ein kleiner General größere Erfolge erringe und prächtigere Triumphe feiern könne als er selbst, dem nur einige mittelmäßige Siege über die germanischen Chatten und die in Siebenbürgen lebenden Daker vergönnt gewesen waren. Deshalb habe er befohlen, das Unternehmen Caledonia abzubrechen.
Näher als dieser böse Verdacht dürfte jedoch die Vermutung liegen, der Sohn des Vespasian, der, wie sein Vater, ein äußerst haushälterischer und ökonomisch denkender Mann war, habe einfach nicht eingesehen, warum Rom sich ein Stück Wildnis aneignen sollte, dessen Verwaltung mehr gekostet hätte, als Einkünfte aus ihm gezogen werden konnten. Er war der Eroberungen müde und hatte an der Donaugrenze schwere Probleme zu lösen. All das scheint Tacitus entweder nicht erkannt oder verschwiegen zu haben, und zwar aus recht naheliegenden Motiven. Domitian nämlich regierte zwar wie ein absolutistischer König, war aber dennoch ein Mann des einfachen Volkes. Mißachtet und benachteiligt hat er lediglich den senatorischen Adel, jenen Stand, dem Agricolas Schwiegersohn und dieser selbst angehörten.
Den letzteren ließ er unmittelbar nach seinem Sieg am Mons Graupius abberufen und gab ihm keinen neuen Posten mehr. Neun Jahre später ist Calgacus' Gegner dann gestorben – wie schon gesagt, unter etwas merkwürdigen Umständen. Caledonia aber, das Land nach dem er gegriffen hatte, wurde nie wieder von römischen Truppen attackiert, seine Unwirtlichkeit hatte es gerettet. In den kargen Tälern des Hochlandes konnte der Traum von einer barbarischen Ver-

schwörung lebendig bleiben und nahezu dreihundert Jahre später sogar beinahe verwirklicht werden. Allerdings hatte Rom in dieser Frist auch beträchtlich an Kraft verloren.

Wildwest an der Grenze, Luxus im Hinterland

Die Männer, welche nach der Ermordung des Domitian – er fiel einer Palastverschwörung zum Opfer – die Macht in Rom übernahmen, erkannten mehr und mehr, daß es eigentlich sinnlos sei, jeglichen Territorialbesitz nur deshalb bis zur letzten Quadratmeile zu verteidigen, weil dafür irgendwann einmal römisches Blut vergossen worden war. Als deshalb während der Regierungszeit Hadrians (117–138) die caledonischen Bergstämme wieder gegen die Besatzungstruppen losbrachen und auch die Brigantes mit sich rissen, erhielt der damalige britannische Statthalter den Befehl, seine Kräfte bis zu der Linie zurückzunehmen, an der Agricola zu der Zeit gestanden hatte, da er sein Amt antrat. Dort sollte, wie schon früher unter Vespasian, sein Befestigungswerk errichtet werden, das sich vom Solway Firth bis zur Mündung des Tyne herüberzog, quer über die Insel. Es wurde eine mächtige Anlage. Aus Erde, also wie die frühere Landwehr, bestand sie nur in ihrem westlichen Drittel; der ganze Rest war solides Steinwerk. Hinter dieser Mauer verlief eine von eigenem Wall und Graben geschützte Straße. Vorgelagert waren ihr Beobachtungskastelle und befestigte Ausluge. Bemannt wurde sie von den Besatzungen mehrerer Forts, rückwärtiger Legionslager und kleinerer Posten am Ende jeder laufenden Meile. Insgesamt ergab dies ein tiefgestaffeltes Verteidigungssystem von rund hundert Kilometern Länge. Warum aber dieses »vallum Hadriani«, der Hadrianswall, errichtet worden war, bekundet eine Inschrift, die man an seinem östlichen Ende fand: aus »necessitas«.

Antoninus Pius, der Nachfolger des bedeutendsten und rätselhaftesten der sogenannten Adoptivkaiser, glaubte an diese Notwendigkeit offensichtlich nicht mehr. Er ließ seine Truppen noch einmal bis zum Firth of Clyde vorrücken und errichtete dort das »vallum Antonini«, das etwa vierzig Jahre lang seine Zwecke erfüllte. Dann wurde der Norden erneut unregierbar. Nach einem Versuch des Statthalters Clodius Albinus, den gerade leerstehenden Thron in

Rom zu besetzen, stießen keltische Scharen bis an die von Truppen entblößte Südgrenze Schottlands vor. Im Sommer 196 überrannten sie sogar einen großen Teil Englands, so daß zwölf Jahre später der amtierende Kaiser in höchsteigener Person anrücken mußte, um die Caledonii zurückzuschlagen. Er hieß Septimus Severus, war ein erprobter Heerführer und brauchte dazu drei Sommer. Am Ende des Feldzugs ist er in York gestorben.

Nach seinem Tod ebbten die Wellen römischer Gewalt, die den britannischen Norden überfluteten, immer mehr ab. Caracalla endlich (211–217) entblößte sogar den Hadrianswall von allen ständigen Garnisonen und ersetzte sie durch die sogenannten »exploratores«, eine aus Einheimischen zusammengesetzte irreguläre Truppe, die gegen ihre Landsleute einen hinhaltenden Kleinkrieg führte. Es muß eine Art Indianerkampf gewesen sein. Halbbanditen kämpften gegen Halbwilde, rauften sich mit ihnen zusammen, überfielen sie wieder, machten Geschäfte, plünderten, töteten. Überläufer gab es auf beiden Seiten, Regeln keine.

Im Rücken dieser wechselnden Grenzen aber konnten sich zwei römische Provinzen glänzend entwickeln, die westlich gelegene »Britannia superior« und die östliche »Britannia inferior«. Tuch- und Tonwarenindustrien wurden aufgebaut, Gold, Blei, Kupfer, Eisen gefördert und exportiert. Fünf Städte erhielten den Rang von »municipia« oder »coloniae« mit vollem römischem Bürgerrecht, nämlich Eburacum (York), Verulamium (St. Albans), Glevum (Gloucester), Lindum (Lincoln) und Camulodunum (Colchester). Zum bedeutendsten Handelszentrum der Insel avancierte Londinum (London).

Auf dem Höhepunkt seiner frühen Entwicklung zählte die Themsesiedlung fünfundzwanzigtausend Einwohner, diente als Umschlagsplatz für Getreide-, Erz- und Sklavenhandel, besaß die größte Stadthalle Britanniens mit einer Länge von knapp hundertzwanzig Metern und war Sitz sowohl der Finanzverwaltung als auch der staatlichen Münze. Wer es dort zu Villa und Vermögen gebracht hatte, erfreute sich prunkvoller Bäder, einer wohlfunktionierenden Kanalisation, reiste auf linienmäßig verkehrenden Schiffen nach Gallien hinüber, um dort Geldgeschäfte zu tätigen oder nach York hinauf, wo sich die Militärs etabliert hatten, die auch ihren Anteil

an den Konjunkturen kassieren wollten. Zur Kur aber fuhr er ins schöne Somerset, nach Aquae Sulis (Bath). Dort waren, rund um die einzige Heißwasserquelle Britanniens, mondäne Badeanlagen entstanden, von denen heute noch ein mit veralgter Brühe gefülltes, kolonnadenumgebenes und statuengeschmücktes Bassin kündet.
Abseits der Städte dagegen, auf dem flachen Land, scheint das Leben nach wie vor in den alten keltischen Bahnen verlaufen zu sein. Bei Cadbury (Somerset) etwa, wo Archäologen besonders intensiv gruben, weil sie in einem dortigen Oppidum die Burg des sagenhaften Königs Artus zu finden hofften, kamen nur wenige Fundstücke aus römischer Produktion ans Licht: etwas feines Tafelgeschirr, einige Münzen, ein paar Stücke Modeschmuck. Jedoch gibt es Anzeichen dafür, daß die Bewohner einer alten befestigten Siedlung gewaltsam von ihrem Hügel gezerrt und, wie auch anderswo, in einem offenen Dorf am Fuß des alten Burgberges angesiedelt wurden. Die Besatzungsmacht duldete offensichtlich keine umwallten Orte im eigenen Hinterland. Ihr Mißtrauen war begründet.
Freilich, wenn es in den dreihundert Jahren der sogenannten »pax Romana« zu Unruhen im Südteil der Insel gekommen sein sollte, dann weniger aus nationalen als aus sozialen Gründen. Wie auch in Gallien, dürften nämlich die meisten der einheimischen Bauern nichts weiter als Leibeigene gewesen sein, die von ihren römischen oder auch romanisierten britannischen Grundherren bis aufs Blut ausgesaugt wurden. Waren sie »colones«, eine Art Kleinpächter, dann mußten sie die Hälfte ihrer Erträge abliefern; verfügten sie über einen etwas größeren Besitz, dann fielen sie Zinswucherern anheim. Dieser Druck von oben wuchs in dem Maß, in dem die immer rascher einander ablösenden Kaiser des zweiten Jahrhunderts die Steuern erhöhten, um ihre Rivalen im Inneren oder die von außen herandrängenden Germanen, Parther und Sarmaten bekämpfen zu können.

Eine Hofhaltung, bunt und sonderbar

Ob Britannier jemals gegen die sozialen Verhältnisse ihrer Zeit rebellierten, wissen wir nicht, Gallier taten es. Als um das Jahr 286 die Verhältnisse in Nordfrankreich unerträglich geworden waren, schloß sich das dortige Landproletariat zu sogenannten »bagaudes« (Banden) zusammen und inszenierte eine regelrechte Revolution. Deren Führer, die beiden »Bauernkaiser« Aelianus und Amandus, etablierten am Ufer der Marne, unweit von Vincennes, eine Residenz, von der Jacob Burckhardt meint, sie müsse »bunt« und »sonderbar« gewesen sein.

Halten konnten sie sich dort natürlich nur wenige Jahre. Der von Diocletian mit der Herrschaft über Gallien betraute Maximianus Herculius schlug ihre Bewegung nieder, wobei ihm die Pest zu Hilfe kam. Das wirkte sich mittelbar auch wieder auf Britannien aus. Nachdem Maximianus zum Dank für die Niederschlagung des Bagaudenaufstandes mit höheren Würden und größeren Pflichten belastet worden war, machte sich Carausius, der ihm unterstellte keltische Admiral der Kanalflotte, selbständig. Er annektierte die Insel und ließ sich in London zum Kaiser ausrufen.

Aber auch das hatte nur ein kurzes, blutiges Zwischenspiel zur Folge. Diocletian, der seit 293 nur noch als einer von insgesamt zwei Augusti und vier Caesaren das Imperium regierte, erkannte den Usurpator zunächst als Mitkaiser an. Später erklärte er ihn zum Staatsfeind und sorgte für seine Ermordung. Den Rest der Aufgabe bewältigte ein illyrischer Prätorianerpräfekt namens Constantius Chlorus. Im Jahr 294 eroberte er die Insel zurück und ließ sich als neuer Statthalter in York nieder.

Von dort aus gelang es ihm noch einmal, die Herrschaft Roms über seine westlichste Provinz zu festigen und die angriffslustigen Nordstämme zurückzudrängen. Als er jedoch gestorben war, bröckelte schnell wieder ab, was er geschaffen hatte. Die pax Romana verlor an Kraft. Constantius' Sohn, Kaiser Konstantin der Große, verlegte die Hauptstadt des Reiches an den Bosporus, nach Konstantinopel. Von dort aus war Britannien nur noch eine schattenhafte Grenzmarkierung vor dem Abendhimmel.

So schutzlos schien der romanisierte Teil der Insel jetzt seinen barbarischen Feinden preisgegeben zu sein, daß es wohl vorstellbar ist, der eine oder andere Inselbewohner habe darüber nachgedacht, ob es nicht klüger gewesen sei, Agricola vollenden zu lassen, was er seinerzeit geplant hatte.

Sie kamen in Booten aus Holz und Haut

Tacitus' Schwiegervater war der Ansicht gewesen, man müsse, um endgültig Ruhe zu bekommen, an der westlichen Front nicht nur die Caledonier unterwerfen, sondern auch Irland besetzen. Da aber weder Domitian noch einer seiner Nachfolger sich davon überzeugen ließ, blieb die Grüne Insel von römischen Truppen völlig unbehelligt. Das rächte sich nun.

Zu den sächsischen Piraten, die schon seit der Mitte des dritten Jahrhunderts immer wieder von der deutschen und dänischen Nordseeküste herüberkamen, um britannische Schiffe und Küstenstädte zu überfallen, gesellten sich in den folgenden Jahrzehnten mehr und mehr auch die Pikten aus dem caledonischen Norden sowie irische Skoten. In Fahrzeugen, die Englands frühester Geschichtsschreiber Gildas Bandonicus »curuci« nennt, durchfurchten sie die stürmischen Gewässer zwischen beiden Inseln und bereiteten den Matrosen der kaiserlichen Marine erhebliche Schwierigkeiten.

Da nämlich diese »curraghs«, so heißen sie auf gälisch, nichts weiter waren als leichte Holzgerippe mit Tierhäuten überzogen, konnte man ihnen von hochbordigen Galeeren herab nicht so richtig beikommen. Den Rammspornen wichen sie aus, den Enterbrücken boten sie keinen Halt. Wirksam zu bekämpfen waren sie nur mit ebenso kleinen Booten, die, hinter Klippen versteckt und kunstvoll getarnt, den überraschend auftauchenden Piraten überraschende Hinterhalte legten. Diese Taktik gewöhnten die Römer sich denn auch an. Trotzdem war es eine seltsame Art von Seekrieg: Pirsch durch Wellentäler, Duelle in der Brandung. Wer einen Hauch davon verspüren will, sollte mit irischen Küstenfischern auf Fang fahren. Sie benutzen immer noch diese altertümlichen Curraghs, haben allerdings inzwischen die Tierfelle durch geteerte Leinwand ersetzt. Ihre Vorfahren waren im Sommer 367 besonders aktiv geworden. Was sie damals inszenierten, nennt Ammianus Marcellinus – und das klingt fast so, als hätte die Hoffnung des Calgacus sich endlich erfüllt – eine »conspiratio barbarica«. Pikten, Skoten, Angeln, Sachsen und Jüten fielen gemeinsam und von allen Seiten über die römischen Inselprovinzen her. Den Besatzern drohte ihre jahrhundertelang festgehaltene Beute entrissen zu werden.

Ob dieser schlagartige Angriff tatsächlich vereinbart war, ist freilich unbekannt, was er an Schaden bewirkte, nicht genau überliefert. Deutlich machte er nur eines: Agricolas Gegner mochte am Mons Graupius richtig prophezeit haben, recht behielt er nicht. Die romanisierten Britannier, von denen er gehofft hatte, sie würden sich der barbarischen Verschwörung anschließen, waren längst keine Barbaren mehr. Ihre freien Vettern erschienen ihnen vielmehr als Feinde, die alles bedrohten, woran sie sich inzwischen gewöhnt hatten: Wohlstand, zivilisatorische Errungenschaften und – das schätzten selbst die ausgebeuteten Colones – geregelte Lebensverhältnisse, ein klares Recht. Weil sie aber dafür nicht nur gezwungenermaßen, sondern aus eigener Überzeugung kämpften, gebar die conspiratio barbarica zwar eine neue, von Legenden umwobene Vercingetorix-Gestalt, doch trug diese keineswegs den Torques. Nicht irgendein piktischer oder skotischer Häuptling profilierte sich als Befreier von fremdem Joch, sondern – fast möchte man sagen, groteskerweise – der römische Offizier Magnus Maximus, den die Waliser Maxen Wledig nennen. Er hatte die Angreifer zurückgeschlagen und ging dafür als keltisierter Heros in die keltische Überlieferung ein. Seine Verehrer dichteten ihm eine einheimische Braut an, sie verwiesen darauf, daß er nur Männer aus Segontium (Caernarvon in Wales) um sich geduldet habe.

Im norditalienischen Aquileia dürften die meisten von ihnen umgekommen sein. Dort scheiterte 388 Maximus' Versuch, sich als zweiter Augustus neben Theodosius I. zu etablieren.

Für die von ihm verlassenen Britannier aber blieben Seeräuberüberfälle und Angriffe aus dem Norden auch weiterhin das tägliche Brot. Die Barbaren wurden immer kecker, die Legionäre sahen immer weniger ein, warum sie sich in der fernsten und vergessensten Provinz des Reiches aufreiben lassen sollten. Als ihnen deshalb von Ravenna, der neuen Verwaltungszentrale für die weströmischen Provinzen, ein anderer Statthalter geschickt wurde, zwangen sie ihn, den Usurpationsversuch seines Vorgängers zu wiederholen. Flavius Claudius Constantinus, so hieß der Mann, zog, von den Galliern gerufen, nach Frankreich, kämpfte dort erfolgreich gegen die vereinigten Haufen der Vandalen, Sarmaten, Alanen, Sueben und Alemannen, die im Januar 407 den gefrorenen Rhein überschritten hat-

ten und etablierte sich als Kaiser Konstantin III. – um vier Jahre später von einem anderen römischen General besiegt und enthauptet zu werden. Der Posten, den er ehemals in Britannien innegehabt hatte, wurde nicht mehr besetzt.
Das wiederum minderte die Lust der Inselbewohner, auch weiterhin Steuern zu zahlen, beträchtlich. Einheimische Adelige übernahmen die Ämter der römischen Offiziere oder Beamten, stellten eigene Heere auf, gründeten neue Fürstentümer anstelle der alten Provinzen und scheinen dabei erkannt zu haben, daß sie eben doch der barbarischen Welt angehörten oder zumindest darin lebten und sich mit ihr arrangieren mußten.
Man könnte auch sagen: Die Kelten fanden damals für kurze Zeit zurück zu den Wurzeln ihrer eigenen Kultur. In Gallien scheint das ähnlich gewesen zu sein.

Konstantin und das Keltische

Bei Mackwiller im französischen Departement Moselle wurde 1953 ein Quellheiligtum entdeckt, das ursprünglich einheimischen Göttern geweiht war, das dann, etwa um die Mitte des zweiten Jahrhunderts, in eine Kultstätte des bei römischen Legionären sehr beliebten iranischen Lichtgottes Mithra umgewidmet wurde und endlich, nochmals hundertdreißig Jahre später, erneut seinen ursprünglichen Schutzgeistern zufiel. Deren nie ganz vergessene Macht muß also in dem Maße wieder zugenommen haben, in dem die römische verfiel. Mit den keltischen Renaissancen en miniature aber, die sich auch anderswo nachweisen lassen, kamen noch einmal die Druiden ans Licht.
Daß es sie nach wie vor gab, hatten sie ohnehin bereits früher demonstriert, so etwa im Vierkaiserjahr 68/69, das Rom in die erste seiner großen inneren Krisen stürzte. Bei solchen Gelegenheiten schienen sie stets Morgenluft zu wittern – nicht immer ganz zu unrecht.
Der Kampf um Neros Thron war ja von dem Gallier Julius Vindex ausgelöst und dann von Vitellius, dem Befehlshaber der Rheinarmee, weiter angeheizt worden. Beide Generale aber dienen einigen Historikern als Zeugen dafür, daß sich in dem von Caesar eroberten

Frankreich und seinen östlichen Nachbarprovinzen ein neuer keltisch-germanischer Nationalismus herausgebildet habe, der von den dort stationierten Legionären geteilt worden sei. Der Versuch des Vitellius, vom Norden her die Macht über Rom zu erringen, müsse deshalb, so meinen sie, als ein Reflex solchen neuen Selbstgefühls gedeutet werden.

Wie recht oder unrecht sie mit dieser Interpretation auch immer haben mögen, feststeht, daß nach dem Tod des Vitellius der Bataver Julius Civilis den angelaufenen Usurpationsversuch seines Vorgängers mit Hilfe germanischer und nordgallischer Stämme tatsächlich in die Bahnen der Rebellion zu lenken versuchte. Als das geschah, soll, laut Tacitus, ein Druide »auf Grund leerer Alpträume vorausgesagt haben, die Herrschaft über die Welt gehe nunmehr auf die transalpinischen Völker über«. Er bezog sich dabei auch auf den furchtbaren Ausbruch des Vesuvs, der am 24. August 79 Pompeii, Herculanum und Stabiae vernichtete, sowie auf den Brand, der ein Jahr später das Marsfeld, das Kapitol und das Pantheon von Rom in Schutt und Asche legte. Beide Katastrophen galten ihm als Zeichen, »die den Glauben hervorriefen, das Ende des Reichs sei gekommen; auch die Gallier hätten ehemals die Stadt eingenommen, aber der heilige Sitz Jupiters und mit ihm das Imperium seien (damals) unversehrt geblieben; jetzt aber bezeuge dieser Brand den Zorn der Himmlischen.« Und das klang ja tatsächlich so, als habe seit dem Fall von Alesia auch das ganze gallische Volk bereitgestanden, um auf den Tag zu warten, an dem es, in einer conspiration barbarica mit den Germanen das Joch der Besatzung abschütteln könne.

Daß der Aufstand des Civilis dann dennoch scheiterte, muß die Möglichkeit, es könne so gewesen sein, nicht unbedingt widerlegen. Die Druiden scheinen wirklich in ganz Gallien den Funken des Widerstands am Glimmen gehalten und auf ihre Chance gewartet zu haben. Fragt sich freilich, wo sie gesteckt, gelebt und gewirkt haben mögen in der Zeit, wo die Mehrzahl ihrer Landsleute mit den Besatzern auf so harmonische Weise zusammenlebte, daß sie gemeinsam jene gallo-römische Kultur schaffen konnten, die als der eigentliche Nährboden der späteren französischen gilt.

Die Antwort dazu ist weniger abenteuerlich, als man vermuten könnte. Ein Teil der »Eichenkundigen« hatte einfach die »interpretatio romana« akzeptiert, den Versuch der Römer, die gallischen Götter mit ihren eigenen zu verschmelzen. Sie dienten als Priester in den offiziellen Tempeln, vollzogen in dieser Eigenschaft aber auch einen Teil ihrer überkommenen Riten, vor allem die medizinischen Praktiken. Ein anderer Teil hatte sich in abgelegene Gebiete, wie die Vogesen, den Pfälzer Wald, das Rheinische Schiefergebirge, das französische Zentralmassiv oder die Normandie zurückgezogen und lebte dort kaum anders als vor dem Beginn der caesarischen Eroberungszüge. Da es fern den großen Wirtschaftszentren und Verkehrsstraßen keine Riesengüter und keine Colones gab, hatten sich auch noch die alten dörflichen Gesellschaftsstrukturen und die angestammten Bräuche erhalten. Tote wurden noch unter Hüttengrabsteinen beerdigt, wie man sie so ähnlich auch in den Tumuli der Bronzezeit findet, Tempel wiesen die aus den Viereckschanzen bekannten Formen auf, die Götter wurden darin in hergebrachter Weise verehrt.

Das aber heißt, daß sich in einigen Winkeln Frankreichs Reste des alten Galliens erhalten hatten und daß es in ihnen, wie auch in den Tempeln der größeren Städte, rasch aktivierbare Widerstandszentren gab. Wann immer sich Risse zeigten in den stolzen Fassaden des Imperiums, durfte man damit rechnen, daß Wahrer des keltischen Erbes versuchen würden, sie auszuweiten, teils auf gewaltsame Weise, manchmal mit hohlen Prophezeiungen wie jener die Tacitus erwähnt, öfter jedoch durch den klugen Versuch, einflußreiche Römer für ihre Lehren zu gewinnen.

So wird etwa von Caracalla berichtet, er habe in Baden-Baden einem einheimischen Quellengott gehuldigt; Diokletian und Maximinian beugten ihre Knie vor dem Belenus von Aquleia. Als größte Beute aber wäre den Druiden beinahe Konstantin der Große anheimgefallen. Er hatte in einem gallischen Tempel die Vision, aus der er jenes Zeichen mitnahm, das später seine Standarten schmückte: ein großes X. Französische Gelehrte sehen in ihm die Speichen des keltischen Wiedergeburtsrades, nehmen also an, der Herrscher, der als letzter das Römische Reich völlig reorganisieren sollte, hätte zumindest mit dem Gedanken gespielt, die Religion der »Eichenkundigen« anzunehmen. Aber bekanntlich hat Konstantin es später dann doch für

klüger gehalten, anstelle des Lug Jesus zu seinem Verbündeten zu machen und das X als ein griechisches Chi (Ch) zu deuten, den Anfangsbuchstaben des Namens Christus. Mit dem Hinzufügen eines P (Rho, R) wurde diese Schwenkung schließlich besiegelt, beide Schriftzeichen aber in die Legende eingebracht, an der Milvischen Brücke habe ihm eine himmlische Stimme zugerufen: »Hoc signo victor eris«, in diesem Zeichen – eben dem XP – wirst du siegen.
Der Verwandte Odins und seine Anhänger – das scheint die kleine Geschichte fast sinnbildhaft zu illustrieren – hatten damit endgültig ausgespielt. Gegen das Christentum, das sich nun auch in Gallien auszubreiten begann, konnten sie selbst mit ihrer tröstlichen Wiedergeburtslehre nicht mehr ankommen. Dennoch sind sie letztlich keineswegs im Römischen Reich untergegangen – das scheinen die Druiden sogar ganz gut überstanden zu haben –, sondern mit ihm, in den Wirren der Völkerwanderung, welche für Frankreich mit dem Jahr 407 begannen.
Die Britannier dagegen warf eben jenes Ereignis noch einmal in die Unabhängigkeit zurück. 410 teilte der weströmische Kaiser Honorius den »poleis« der Insel – wörtlich genommen also, ihren Stadtstaaten – mit, er könne sich nicht mehr um sie kümmern, sie müßten in Zukunft für sich selber sorgen. Zu der Zeit, da er dieses Schreiben diktierte, standen die Goten unter Alarich bereits vor Rom. Wenig später eroberten sie es.
Während aber Gallien in den nun folgenden Jahren von immer neuen germanischen Stämmen durchzogen, ausgeplündert und solange in verschiedene Staaten zerteilt wurde, bis es den Franken gelang, seinen überwiegenden Teil an sich zu bringen, begann für England ein Geschichtsabschnitt, den lateinisch sprechende, überwiegend christliche Kelten gestalteten. Wer genaueres über sie erfahren will, kann nicht mehr römische Geschichtsschreiber konsultieren, er muß sich mit zweifelhafteren Quellen zufriedengeben, den Sagen nämlich. Jedoch, so meinen einige Gelehrte, sei dies kein Unglück. Aus den alten, märchenhaft verbrämten Geschichten sprächen ja nicht irgendwelche fremden Beobachter, sondern – zum ersten Mal – die Kelten selbst. Das gelte ganz besonders für die von Agricola nicht unterworfenen Iren.

Kapitel XIV

Irland oder die Fliege im Bernstein

»Er, wie des Krieges Liebling, haut sich Bahn,
Bis er dem Schurken gegenübersteht;
Und nicht eh schied noch sagt er Lebewohl,
Bis er vom Nabel auf zum Kinn ihn schlitzte,
Und seinen Kopf gepflanzt auf unsre Zinnen.«
William Shakespeare »Macbeth«
(Übersetzung: Schlegel und Tieck)

»Männer werden getötet,
Frauen genommen,
Vieh wird getrieben.«
Irischer Anonymus »Der Überfall auf den Bullen von Cooley«
(12. Jahrhundert)

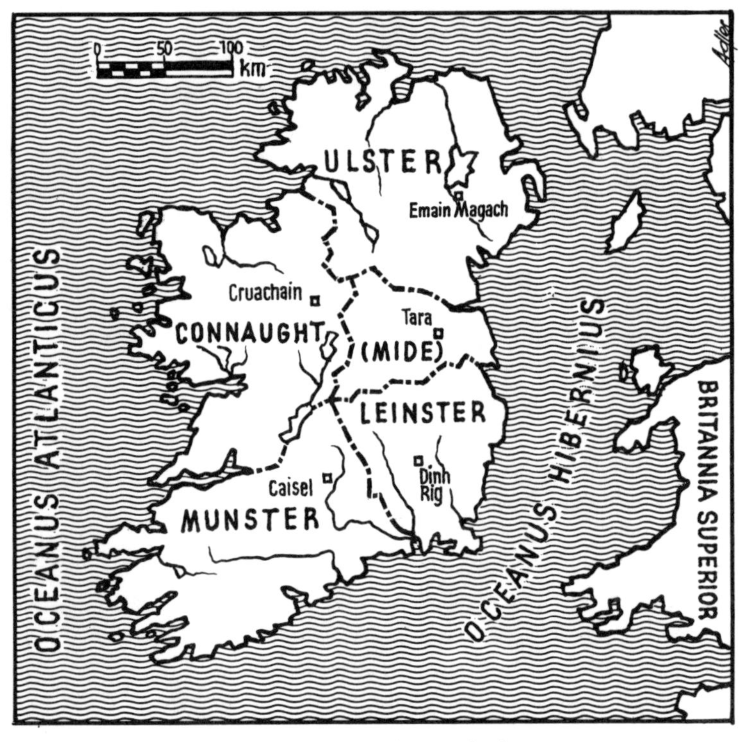

Die »Fünf Fünftel« von Irland

Zeittafel:

Um 600 v. Chr.:	Goidelische Kelten aus Spanien kommen nach Irland.
Um 300 v. Chr.:	P-Keltisch sprechende Stämme aus Gallien erreichen, auf dem Umweg über England, die Grüne Insel. Beginn der irischen Latène-Zeit. Entstehung der Helden- und Königssagen.
Um 450:	Die Hauptstadt der sagenhaften Ulsterkönige wird zerstört. Die Uî Néill und die Eóganachta gründen je ein nördliches und ein südliches Königreich. Ende der irischen Latène-Zeit. Das Christentum breitet sich aus.

Die Helden und das gebratene Schwein

Als der Braten auf den Tisch kam, wurden die Helden munter. »Cet sagte: ›Wenn der Wettstreit nicht beginnt, schneide ich das Schwein an.‹
›Dazu‹, erwiderte ein großer, flachshaariger Krieger aus den Reihen der Ulsterleute, ›bist du nicht der richtige Mann.‹
›Wer ist das?‹ fragte Cet.
›Eogan Mac Durtacht‹, sagten alle, ›der König von Farney‹.
›Ich hab' ihn schon gesehen‹, sagte Cet.
›Wo hast du mich gesehen?‹ fragte Eogan.
›Im Eingang deines Hauses. Ich trieb gerade ein paar Stück Vieh von deiner Weide. Als Alarm gegeben wurde, kamst du heraus und warfst deinen Speer nach mir, aber er blieb in meinem Schild stecken. Ich warf ihn zurück und traf dein Auge. Ich kann dir auch noch das andere herausreißen.‹ Daraufhin setzte jener sich nieder.
›Weiter geht der Wettstreit, ihr Leute von Ulster‹, rief Cet.
›Du wirst das Schwein nicht anschneiden‹, sagte Muinremor Mac Gerginn.
›Ist das nicht Muinremor?‹ sagte Cet. ›Es ist noch keine drei Tage her, da schnitt ich dreien deiner Krieger und deinem ältesten Sohn die Köpfe ab.‹ Daraufhin setzte jener sich nieder.
Aber als Cet nun das Messer in die Hand nahm und sich dem Schwein näherte, kam Conall Cernach herein und vollführte einen Lachssprung in der Mitte des Hauses. Stürmisch begrüßten ihn die Ulsterleute.
›Ich bin froh, daß das Essen fertig ist‹, sagte Conall. ›Wer schneidet für euch an?‹
›Es fiel dem zu, der gerade dabei ist‹, sagte Conor Mac Nessa, ›Cet Mac Magach‹.
›Ist es wahr, daß du das Schwein anschneidest, Cet?‹ fragte Conall. ›Laß es in Ruhe!‹
›Weshalb sollte es dir zustehen?‹ fragte Cet.
›Ich habe das Recht, dich herauszufordern‹, sagte Conall. ›Bei den Göttern meines Volkes schwöre ich, daß seit der Zeit, da ich einen Speer in die Hand nahm, kein Tag verging, an dem ich nicht einen Mann von Connacht umbrachte, keine Nacht, in der ich nicht einen

überfiel und noch nie schlief ich, ohne den Kopf eines Connachtmannes unter meinem Knie.‹
›Wahr‹, sagte Cet, ›du bist ein besserer Mann als ich. Aber wenn (mein Bruder) Anluan hier wäre, könnte dir jemand richtig herausgeben. Pech für uns, daß er nicht da ist.‹
›Aber er ist da‹, sagte Conall, löste Anluans Haupt von seinem Gürtel und schleuderte es gegen Cets Brust. Daraufhin wandte jener sich von dem Schwein ab, und Conall nahm Platz.«
Der Höhepunkt der Geschichte war erreicht. Begonnen hatte sie eines Hundes wegen.
Dieses Tier, es hieß Ailbe, war so stark und wild, daß es ein ganzes Heer ersetzte. Drei Könige stritten sich um seinen Besitz, Mac Da Thó von Leinster, Ailill von Connacht und Conor Mac Nessa von Ulster. Mac Da Thó, dem es gehörte, hatte seine beiden Rivalen zu sich eingeladen in der Hoffnung, sie würden über Ailbe in Streit geraten, sich gegenseitig umbringen und ihn als lachenden Dritten auf der Walstatt zurücklassen. Der Plan schien zu gelingen.
Die Gefolgsleute der einander feindlichen Herrscher waren kaum unter seinem Dach versammelt, da brach der Zwist auch schon aus. Keiner der führenden Krieger aus Ulster und Connacht konnte es ja auf sich sitzen lassen, daß er nicht von allen der tapferste sei und ihm deshalb das beste Stück des gebratenen Schweines, mit dem Mac Da Thó sie bewirtete, verweigert wurde, die sogenannte »Helden-Portion«. Allerdings, seinen Anspruch darauf mußte er erst nachweisen.
Wie wir gesehen haben, geschah dies jedoch nicht etwa im Duell, sondern durch reines Maul-Werk. Cet Mac Magach, ein Krieger aus dem mit Connacht verbündeten Munster, setzte sich dabei so lange durch, bis der Ulster-Mann Conall Cernach eintrat und ihm bündig demonstrierte, daß er noch mehr Menschen umgebracht hatte als Cet, womit der Wettstreit entschieden war.
Gelassen konnte Conall sich nun niedersetzen und den Braten so aufteilen, wie er es für richtig hielt. Das gesamte Hinterteil des Schweines, »eine Portion für neun Männer«, vertilgte er selbst. Den Leuten von Connacht blieben nur der Kopf und die Vorderschinken. Das war zu wenig.
Ihr Protest löste den Kampf aus, mit dem Mac Da Thó gerechnet

hatte. Als er in vollem Gange war, ließ der schlaue Leinster-König Ailbe von der Kette und das Riesenvieh jagte den ganzen Haufen aus der Halle hinaus. Triumph für Mac Da Thó, allerdings um einen bitteren Preis. Fer Loga, ein Streitwagenfahrer aus Connacht, raste etwas später so unglücklich (oder so geschickt) in den Hund hinein, daß dessen Kopf von der Deichsel des Gefährts aufgespießt wurde. Der Ort, an dem dies geschah (er liegt im Tal des Flusses Darrow), heißt noch immer »Mag Ailbe«, Ailbes Ebene.

Gallische Verhältnisse auf der Grünen Insel

Das irische Volksepos, das den harmlosen Titel »Neuigkeiten von Mac Da Thós Schwein« trägt, mag bei kontinentaleuropäischen Lesern auf Anhieb verwirrende Assoziationen auslösen. Doch sie lassen sich in bekannte Muster einordnen.

Fighter, denen der Ruf, sie hätten so und so viele Menschen »umgelegt«, einen bevorzugten Platz an Tisch und Bar verschafft, kommen in unzähligen Westernfilmen vor. Redeschlachten, die damit bestritten werden, daß jeder sich seiner eigenen Abenteuer rühmt, finden überall statt, wo Männer zusammensitzen. Und »Lachssprünge« von der Art, wie Conall Cernach einen vorführt, sind auf fast allen Fußballplätzen zu sehen. Kaum ein Torschütze verzichtet je darauf, seinem Triumph dadurch Ausdruck zu verleihen, daß er, nach kurzem Anlauf, den Körper emporschleudert wie ein Fisch in der Stromschnelle.

Gleichzeitig versetzen uns diese Beobachtungen aber auch in die Lage, in der Diodorus Siculus sich befand, als er bei Poseidonios las, es sei keltische Sitte, dem tüchtigsten Krieger das beste Stück eines gebratenen Tieres zu reservieren. Ihn erinnerte das an Gebräuche, die Homer beschreibt, uns erinnert es – eben – an ihn. Die irischen Sagen scheinen eine Welt zu skizzieren, in der es so ähnlich zuging wie im alten Gallien.

Zu den ersten modernen Gelehrten, denen dies auffiel, gehörten – am Anfang unseres Jahrhunderts – der britische Archäologe Ridgeway und der deutsche Philologe Windisch. Beide freilich wagten daraus nicht mehr als einen Verdacht abzuleiten, den nämlich, daß Geschichten wie die von Mac Da Thós Schwein alt-keltische Zustände schildern. Für ihre Vorsicht hatten sie gute Gründe. Das »Book of Leinster«, in dem die früheste Beschreibung des Streites um Ailbe, den Riesenhund, entdeckt wurde, stammt ungefähr aus dem Jahr 1160; es schien also reichlich kühn anzunehmen, seine Autoren, mittelalterliche Mönche, hätten abgeschildert, was schon Poseidonios mehr als zwölfhundert Jahre zuvor auch in Gallien beobachten konnte. Solange – sagte man sich – bleibt keine Überlieferung lebendig. Das galt selbst dann noch, wenn man, wie Ridgeway es tat, postulierte, Mac Da Thós Intrige sei rund zweihundert Jahre nach der Gallienreise des rhodischen Akademiegründers angezettelt worden.

Andererseits freilich: Die Konsequenz, die sich aus diesem kritischen Vorbehalt ergab, mutete nicht weniger abenteuerlich an. War es denn vorstellbar, daß die Klosterbrüder eine zeitgenössische oder allenfalls eine zu ihrer Zeit wenige hundert Jahre alte Szenerie beschrieben? Das hätte ja bedeutet, daß irische Adelige noch Kopfjagd betrieben und auf rasselnden Streitwagen durch das Land fuhren, als auf dem Kontinent längst eine christliche Kultur blühte, welche einige ihrer wichtigsten Impulse nicht zuletzt Gelehrten gerade von der Grünen Insel verdankte.

Die Sagendeuter standen vor einem offensichtlichen Dilemma. Um ihm beizukommen, gossen sie Ridgeways und Windischs Vermutungen in immer neue Versionen, aber keine der dabei zustande gekommenen Erklärungen vermochte endgültig zu überzeugen. So starrte man zunächst mit wachsender Faszination auf eine Welt, von der sich, je mehr ihr Bild an Kontur gewann, eben doch nur sagen ließ, sie gleiche auf verblüffende Weise derjenigen, die Diodorus, Strabo, Athenäus, Caesar und andere geschildert hatten. Irlands Volksepen, das war von einem gewissen Zeitpunkt an einfach nicht mehr zu leugnen, überliefern tatsächlich das detaillierteste Bild, das wir von den Kelten haben.

Kopfjagd mit neuer Variation

Wie im alten Gallien trugen auch die Sagenhelden der Grünen Insel vorzugsweise wollene Mäntel, die am Hals von einer Brosche zusammengehalten wurden. Mit Hosen dagegen bekleideten sich nur die ärmeren Leute, und Aristokraten bevorzugten sogenannte »Léine«, knielange Linnenröcke. Die Bewaffnung eines Kriegers bestand aus zwei bis drei Wurfspießen oder der langen Stoßlanze und einem Schwert, das, wie in der Latène-Zeit, nur zum Hieb, nicht aber zum Stoß taugte. Pfeil und Bogen scheinen den frühen Iren so unbekannt gewesen zu sein wie, vor der Zeit Caesars, den Galliern. Dafür entsprachen einige ihrer Nahkampfwaffen in etwa der Beschreibung, die auch Diodorus gibt. Ihre Speere hatten seitlich ausgezackte Blätter oder gar drei- bis fünfzinkige Gabeln. Auf die Herstellung der Schilde wurde jedoch – auch das ein bekannter Zug – im allgemeinen weniger große Mühe verwandt. Sie bestanden aus Erlenholz, hatten offensichtlich kreisrunde Form und in der Mitte einen metallenen Buckel.

Ein weiterer bereits von Griechen und Römern notierter Punkt: Speer und Schild kennzeichneten nur den gemeinen Fußkämpfer, den »gaiscedach«, wie es auf gälisch hieß. Der »eirr« – das könnte man mit Herr oder Ritter übersetzen – hatte noch ein zusätzliches Instrument, den zweiräderigen, von einem Doppelgespann gezogenen Kriegswagen. Auf ihm, nicht auf Pferderücken, stürzte er sich in die Schlacht, wobei ihm Wagenlenker die Arbeit des Lenkens abnahmen. Weil das aber so war, muß man sich die Urheber all der von den Dichtern besungenen Taten immer als Team vorstellen, zwei Männer, zwischen denen sich im Verlauf mannigfacher Abenteuer alle nur denkbaren Beziehungen herausbildeten: Kameradschaft, Freundschaft, selbst Liebe. Sogar auf die Waffen wurden derartige Gefühle übertragen.

Dem Schild des Achilles oder dem Balmung Siegfrieds entspricht in Irland der »Caladbolg«, ein sagenumwobener Hieber, den man später in den Händen des Königs Artus wiederfinden wird. Dort allerdings heißt er »Caliburnus«. Er dürfte ein Meisterwerk keltischer Kunstschmiede gewesen sein, glänzend von jenen Edelmetallen, mit denen sich die Helden ohnehin zu schmücken pflegten.

In der Geschichte »Bricrius Fest« wird eine Streitwagenbesatzung so beschrieben: »An seiner (des Ritters) Seite hing ein Schwert mit goldenem Griff, am Kupferrahmen des Wagens war ein blutroter Speer befestigt . . . Über die Schultern trug er einen karmesinfarbenen Schild, dessen Silberrand goldene Tierfiguren schmückten . . .

Der Wagenlenker war ein schmaler, sommersprossiger Bursche, den Kopf voll lockigem, rotem Haar. Ein bronzener Stirnreif verhinderte, daß ihm die Strähnen ins Gesicht fielen, goldene Schalen über den Ohren bargen seine Mähne . . . In der Hand hielt er eine Peitsche aus rotem Gold.« Und natürlich wuchs man in den exklusiven Zirkel, den beide, der Eirr und sein jockeyhafter Fahrer, repräsentierten, nicht einfach hinein, man wurde aufgenommen. Junge Männer von einigermaßen nobler Geburt erhielten, sobald sie das richtige Alter erreicht hatten (wahrscheinlich schon mit sechzehn, siebzehn Jahren), alle für ein Heldenleben notwendigen Gerätschaften überreicht. Sie wurden quasi zum Ritter geschlagen. Dann jedoch mußten sie beweisen, daß sie in der Lage waren, mit ihren Gefährten einen Überfall auf das nächstgelegene feindliche Gebiet zu unternehmen. Den dabei erzielten Erfolg maß man nach ihrer Rückkehr an der mitgebrachten Beute. Sie hatte aus Vieh zu bestehen und – aus abgeschnittenen Köpfen.
Jene spezielle Art, einen Sieg zu dokumentieren, war in Irland nicht nur genau so üblich wie auf dem keltischen Festland, sie erfuhr dort sogar eine »Verfeinerung«, von der die klassischen Autoren noch nichts wußten. Ulsterleute, wird berichtet, bewahrten auf dem heimischen Trophäenbord keineswegs die Schädel ihrer Opfer auf, sondern nur deren Gehirn, nachdem sie es vorher mit Gips zu einer kleinen Kugel geformt hatten.
Die Feste waren menschlicher.

Sie hatten ganze Bibliotheken im Kopf

Aus allen Berichten, die wir über die Kelten haben, geht hervor, daß sie gerne zusammensaßen, gerne und viel aßen, sich gerne betranken und überhaupt in großen, rauschenden Veranstaltungen die Würze des Lebens sahen. Irische Epen bestätigen auch das. Sie nennen als Schauplatz solcher Bankette große Hallen, von denen es auf dem Gehöft jedes Fürsten eine gab. Mächtige, geschnitzte und bemalte Holzsäulen stützten ein hölzernes Schindeldach. Zwischen die Pfeiler waren kleine, logenartige Boxen gezwängt, in denen die vornehmsten Krieger mit ihrem engeren Gefolge saßen, vielleicht auch wohnten. Über ihren Köpfen lief ein Balkon entlang, der den Frauen vorbehalten blieb. Die Sitzordnung war streng geregelt. Einem Rechtsbuch aus dem achten Jahrhundert läßt sich entnehmen, daß sich der Platz des Königs stets gegenüber der Eingangstür befunden habe, die nach Osten hin aufging. »Westlich von ihm (also in seinem Rücken) saßen die Gesandten, nach ihnen auswärtige Gäste, dann kamen die Dichter, endlich die Harfenspieler.« Die ganze Szenerie vernebelte der Rauch eines Herdfeuers, das in der Mitte der Halle brannte. Hier mag gleichzeitig auch die Küche gewesen sein.

Was sie produzierte, läßt sich nun schon fast erraten: das Lieblingsessen aller Kelten, gekochtes oder gebratenes Schweinefleisch. Serviert wurde es – von links her übrigens – mit Wein, Bier oder Met. Der Nachtisch oder die Beigabe bestand aus honiggesüßtem Gebäck. Das war nicht eben Schlankheitsdiät, aber die angesammelten Kalorien wurden ja wieder verbraucht in Rededuellen, in »Lachssprüngen«, in allerlei Wettkämpfen und Raufereien. Die Feste müssen laut und turbulent gewesen sein, buntes Gedränge in den Boxen, das Knacken gebrochener Schweineknochen, Witzworte, Gelächter, Gebrüll. Irgendwann wurde es dennoch still, dann erhoben sich die Sänger. Auch das gehörte zum Lebensritual einer Kriegergesellschaft.

Männer, die einer besonders großen Portion Schweinefleisches wegen bereit sind, die gefährlichsten Abenteuer zu bestehen, erkennen letztlich nur – Heldenportionen waren Orden vergleichbar – einen einzigen Wertmaßstab an: die Ehre, die sich im Ruhm manifestiert. Sie wollten, daß man von ihnen rede. Das tritt besonders deutlich zu Tage in einem Ausspruch Cú Chulainns, dem bekanntesten aller irischen Sagenhelden. Ein Druide, der ihm in seiner Jugend ein kurzes Leben prophezeite, bekam die Antwort: »Wenn er mich berühmt macht, genügt mir sogar ein einziger Tag.« Berühmt werden aber konnte man nicht durch Taten allein, es mußte Leute geben, die davon berichteten.

Solcher Bedarf an Propaganda erschloß auch jungen Adeligen ohne kriegerische Neigung die Möglichkeit zu reüssieren. Sie traten jenem Berufsstand bei, von dem schon die Poseidonios-Nachfolger gewußt haben, daß seine Angehörigen auf keltisch »bardi« genannt würden, was sich mit »Sänger« übersetzen ließe. In Wirklichkeit bezeichnet das Wort jedoch Künstler, welche Geschichten und Lieder nicht nur vortrugen, sondern sie auch verfaßten, Dichter also. Größere Bedeutung als auf der Grünen Insel ist ihnen nirgendwo beigemessen worden. Sie waren dort in zwei Gruppen eingeteilt, einerseits die »baird«, die wohl mehr das Lied und den Vortrag pflegten, andererseits die »filid«, die – der Name bedeutet ursprünglich Seher – auch als Priester und Gelehrte galten und den Druiden allmählich den Rang abliefen.

Ausgebildet wurden beide auf Schulen, ähnlich denen der gallischen »Eichenkundigen«. In sieben- bis zwölfjährigen Kursen bekamen sie alles eingepaukt, was ihre Lehrer wußten. Unterrichtsmethode dürfte eine Art Frage- und Antwortspiel gewesen sein. Der Meister sang vor, die Schüler antworteten im Chor, schriftliche Unterlagen gab es nicht. Man nahm die guten und die bösen Kalendertage durch, die Regeln, nach denen ein Gedicht komponiert werden sollte, genealogische Fakten und natürlich alle die alten Geschichten, die bereits im Umlauf waren und die das Publikum immer wieder, genau in der überlieferten Form, hören wollte. Das ganze Wissen, die ganze »Literatur« eines Volkes wurde solcherart gespeichert, also nicht in toten Archiven, sondern in lebenden Gehirnen.

An dieser Praxis änderte sich auch nicht viel, als die Iren, vermutlich im vierten nachchristlichen Jahrhundert, das sogenannte »Ogam«-Alphabet erfanden. (Was Ogam bedeutet, weiß man nicht genau.) Es war eine primitive Zeichenschrift, die auf einer senkrechten Linie mit Punkten und Strichen neunzehn der bei uns gebräuchlichen Buchstaben darstellte. Zu mehr als der Verfertigung einfacher Grab- und Erinnerungsschriften taugte sie jedoch nicht. Filid und Baird blieben auch weiterhin auf ihr Gedächtnis angewiesen und wurden dafür entsprechend respektiert.

Wenn sie sich erhoben, um, begleitet von Harfenisten, die alten Geschichten oder Berichte über noch lebende Helden vorzutragen, hingen die Speerkünstler an ihren Lippen wie Schauspieler, denen nunmehr bescheinigt wird, ob sie gut oder schlecht gewesen seien. Erst die Kritik aus berufenem Mund besiegelte beanspruchten Ruhm oder vernichtete ihn. Und wehe dem Fürsten, der die Sänger dafür nicht reichlich belohnte!

Einem Herrn, der sich als zu knauserig erwiesen hatte, wurde im sechsten Jahrhundert dieser giftige Vierzeiler gewidmet: »Ein Pferd

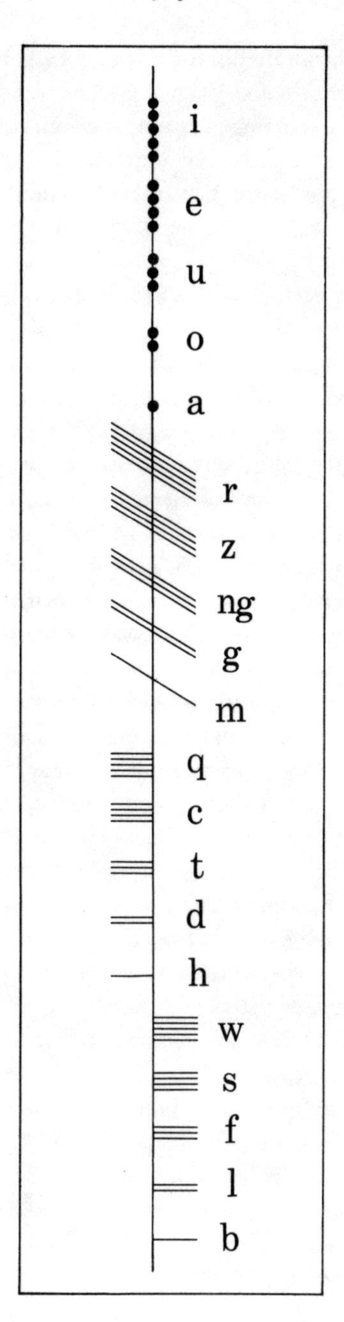

Das Ogam-Alphabet

/ War mein Gedicht ihm wohl nicht wert / Es geben seinesgleichen stets für solche Mühe / Kühe.« Das traf ins Herz, denn Aristokraten hatten großzügig zu sein und gute Sänger mindestens mit einem Roß zu honorieren.
Im übrigen waren die alt-irischen Intellektuellen mehr als nur Hofpoeten und -chronisten.

Keine Nachsicht mit Adam

Das in Filid-Köpfen gespeicherte Wissen hatte vielen Zwecken zu dienen, nicht allein denen der Unterhaltung, Belehrung und Aufklärung. Unter anderem betrachtete man die Sagen auch als Sammlung juristischer Präzedenzfälle. Wenn es fraglich war, wie eines der in Versform übermittelten komplizierten irischen Gesetze auf diesen oder jenen akuten Fall anzuwenden sei, suchten Rechtsvertreter – und das mußten ja Leute sein, die über das ganze, schriftlich nicht fixierte Material verfügten – nach dem, was britische und nordamerikanische Anwälte einen »leading case« nennen, eine (mythologische) Situation ähnlich der, in welcher sich ihr Mandant befand.
Wie sie dann weiterverfuhren, läßt sich an einem Beispiel aus christlicher Zeit (sie begann in Irland während des fünften Jahrhunderts) gut demonstrieren. Es ging damals um die Frage, ob ein Vertrag auch dann eingehalten werden müsse, wenn sich aus ihm für den einen Kontrahenten völlig unvorhersehbare und schädliche Folgen ergeben. In unserem Fall sagte der gegnerische Anwalt ja. Als Begründung zog er eine Episode nicht aus der Sage, sondern aus einem Werk heran, das seine Landsleute damals bereits in ihre eigene Überlieferung eingearbeitet hatten, dem Ersten Buch Mose.
Adam, so führte er aus, habe seinerzeit im Paradies einen Vertrag mit der Schlange geschlossen, von dem er sich nichts weiter erwartete als den Genuß eines Apfels. Dennoch sei in den Augen Gottes diese Abmachung auch dann noch verbindlich gewesen, als sich herausstellte, daß sie weit mehr bewirkte, nämlich die Austreibung aus dem Garten Eden, den Sündenfall, den Eintritt des Todes in die menschliche Existenz, kurzum, wie es in dem alten Text heißt, »den Verderb der ganzen Welt«. Daraus aber folge: Vertrag sei Vertrag, was abgemacht worden war, müsse, ungeachtet aller zusätzlichen Konse-

quenzen, eingehalten werden. Wie der Richter (ein Fürst) diesen Fall entschied, ob er die unorthodoxe Bibelauslegung akzeptierte oder zurückwies, ist nicht überliefert. Einen möglichen Einwand jedenfalls hat er mit Sicherheit keineswegs gelten lassen, den nämlich, daß es eigentlich doch Eva gewesen sei, die das ganze Geschäft vereinbart hatte. Nach alt-irischem Recht war nämlich eine Frau vertragsunfähig und der Ehemann dementsprechend verpflichtet, jede von ihr getroffene Vereinbarung zu honorieren.

Ob auch die Filid gelegentlich schon so rabulistisch argumentierten wie ihre christlichen Nachfolger, wissen wir ebenfalls nicht, doch spricht die Wahrscheinlichkeit eher dafür. Mythologische Situationen lassen sich ja selten direkt auf alltägliche übertragen.

Wenn aber die überlieferte Fallsammlung ihre Zwecke doch einigermaßen erfüllte, dann wohl deshalb, weil sie auf Herren zugeschnitten war, die ihr Recht notfalls (in gewissen Situationen sogar legalerweise) mit Gewalt durchsetzen konnten. Kleine Leute kommen in den Sagen ohnehin kaum vor, diese handeln fast ausschließlich von Königen und hochgeborenen Helden. Alt-irisches Recht war Feudalrecht. Wahrscheinlich wurde es überhaupt nur dann angewandt, wenn jemand gegen wirklich eherne Grundsätze verstoßen hatte, bei Geiselmord etwa. Das alltägliche Verhalten der Adeligen dagegen, ihren Umgang miteinander, regelte eine Art Komment. Es gab Dinge, die ein Gentleman einem Gentleman einfach nicht antat. Er tötete seine Gegner nur im offenen Kampf, erwies dem besseren Mann alle ihm gebührende Ehre, war freigiebig und vor allem – fair.

Auch dafür hatte man Präzedenzfälle. Die populärsten davon fanden sich in der Biographie des berühmten Cú Chulainn. Cú ist ein keltischer Herakles.

Heroische Biographie

Wie der Sohn des Zeus und der Alkmene hatte auch Ulsters strahlendster Held schon im zartesten Kindesalter demonstriert, daß er nicht mit gewöhnlichen Maßstäben zu messen sei. Der Grieche erwürgte zwei Schlangen, die in seine Wiege gekrochen waren, jener zerriß mit bloßen Händen einen Hund vom Schlage Ailbes. Später

– es war ihm bereits gesagt worden, er würde nicht lange leben – kämpfte Cú mit derartigem Furor gegen die Streitscharen aus Connacht, daß er, wie ebenfalls schon berichtet, hinterher in kaltem Wasser abgekühlt werden mußte, weil sein glühender Körper sonst die Kleider versengt hätte. Das deutet ja darauf hin, daß er, nach keltischem Brauch, nackt in die Schlacht ging. Herzensroh oder unfair war er jedoch nicht.

Als sein bester Freund, Fer Diad, ihn in betrunkenem Zustand zum Duell herausforderte und dabei natürlich getötet wurde, klagte der Held: »Alle Kämpfe, die ich jemals durchstand, erscheinen mir wie Spiel und Sport, verglichen mit dem Kampf gegen Fer Diad.«

Als Étarcomol, ein weit unterlegener Mann, sich ebenfalls mit ihm anlegte, bot er dem Unglücklichen mehrmals die Chance, das aussichtslose Unternehmen abzubrechen.

»Er schlug ihm mit dem Schwert in die Achselhöhlen, so daß diesem die Kleider vom Leib fielen, seine Haut jedoch nicht geritzt wurde und sagte: ›Geh jetzt!‹

›Nein‹, sagte Etarcomol.

Da wischte Cú Chulainn mit der Schneide des Schwertes über seinen Kopf und rasierte ihm die Haare ab. Als jedoch der Lümmel weiter herumquengelte, hieb er ihm das Schwert über den Schädel und spaltete ihn bis zum Nabel.«

Beide Episoden sind der Geschichte »Táin Bó Cúailnge« (ausgesprochen: Teun Bu Kulnie) entnommen, der irischen Ilias. Übersetzen ließe sich ihr Titel etwa mit »Der Überfall auf den Bullen von Cooley« oder »Wie der Bulle von Cooley getrieben wurde«. Was er umreißt, ist in mehreren voneinander abweichenden Versionen überliefert; die bekannteste stammt wiederum aus dem »Book of Leinster«. Sie ist schnell skizziert.

Maeve, die Frau des Königs Ailill von Connacht, wollte unbedingt Ersatz für einen weißen Stier, der ihr weggelaufen war. Ein gleichwertiges Tier besaßen aber weit und breit nur die Ulsterleute, eben den Bullen von Cooley. Er war schwarz, so groß, »daß hundert Krieger in seinem Schatten Schutz vor der Hitze fanden« und ungemein potent. »Jeden Tag besprang er fünfzig Kühe, sie kalbten schon am nächsten Tag.« Verständlich also, daß der nordirische Regent ihn nicht freiwillig hergeben wollte. Das Tier mußte geraubt

werden, was Cú die Gelegenheit verschaffte, seine übermenschlichen Kräfte im Kampf gegen die Viehdiebe aus dem Westen anzuwenden.
Trotzdem endet die Geschichte nicht so, wie man glaubt, es erraten zu können. Die Krieger aus beiden Lagern beißen zwar fast alle ins Gras, aber den letzten Auftritt haben die beiden Stiere. Mit einer elementaren Wucht, vor der jegliche menschliche Anstrengung verblaßt, stürmen sie auf das Schlachtfeld und nehmen sich gegenseitig an. Dabei obsiegt der schwarze Stier aus Ulster, doch erliegt auch er wenig später den ihm zugefügten Wunden. Cú Chulainn dagegen bleibt bereit für andere Abenteuer in anderen Sagen.
Man begegnet ihm immer wieder, bei den traditionellen Auseinandersetzungen um die Heldenportion oder bei Kämpfen mit Dämonen oder Riesen, doch stets umwittert seine Gestalt ein Hauch von Tragik. Er scheint – und das macht ja den wahren mythischen Helden aus – immer im Bewußtsein seines frühen Todes gelebt zu haben. Zuweilen forderte er ihn durch übertrieben anmutende Fairness geradezu heraus.
Als beispielsweise am Hof des Ulsterkönigs zu Emain Magach eines Tages ein gespensterhaftes Wesen in menschlicher Gestalt erscheint und den drei herausragenden Champions anbietet, sie dürften ihm den Kopf abhauen, wenn es dafür am nächsten Tag den ihren herunterschlagen könne, sind zwar drei von ihnen bereit, auf den Handel einzugehen, durchschneiden auch den Hals des Ungeheuers, ohne es damit getötet zu haben, drücken sich dann aber davor, ihrerseits die Rolle des Opfers zu übernehmen. Cú ist anders. Da dem zauberischen Kontrahenten selbst nach seinem fürchterlichen Schlag der Kopf wieder anwächst, legt er tatsächlich am anderen Morgen den eigenen auf dessen Block. Er ist damit so gut wie tot. Überraschenderweise haut der Dämon jedoch nicht mit der scharfen, sondern der stumpfen Seite seiner Axt zu und erklärt dann, einen besseren Krieger als Cú Chulainn gebe es in ganz Irland nicht, von nun an stehe ihm stets und überall die Heldenportion zu.
Das ganze war also eine Prüfung gewesen. Der Finsterling hatte ausdrücklich »fair play« gefordert, als er sich an die Ulsterleute wandte, aber nur von einem war es ihm geboten worden. Woraus sich ergibt: Nicht allein eine Rekordstrecke an abgeschlagenen Köp-

fen begründete Anspruch auf höchste Ehren, man mußte auch bereit sein, ein gegebenes Wort notfalls mit dem eigenen Leben einzulösen.
Dennoch, so edel Cú Chulainn auch war, dem Neid der Götter – diese Metapher drängt sich zumindest auf – entging er nicht.
Eines anderen Tages, er spazierte gerade mit seiner Freundin Emer über die Wiesen, traf er auf einen ungemein frechen kleinen Jungen, der bereits zwei seiner Freunde zum Kampf herausgefordert und den starken Conall Cernach auch besiegt hatte.
»›Bleib weg von ihm‹, sagte Emer, ›das ist ein Sohn von dir.‹ Doch Cú konnte es nicht zulassen, daß die Ehre der Ulsterleute durch ein Kind in Frage gestellt wurde. Er ging also hin und rang mit dem Knaben. Zu seinem Erstaunen wurde er dreimal auf den Rücken geworfen. Daraufhin floh er in die nahe See, ohne dort jedoch besser abzuschneiden. Der Bengel drohte ihn zu ersäufen. Notgedrungen griff er deshalb zu einem faulen Trick mit dem Kurzspeer, den außer ihm keiner beherrschte. Er warf ihn durch das Wasser gegen den Jungen, daß sein Gedärm herausfiel.
›Das hat mich Scathach nie gelehrt‹, sagte der Junge. ›Ein Jammer, daß du mich verwundet hast.‹
›Wahr‹, sagte Cú Chulainn.
Er nahm den Jungen auf seine Arme und trug ihn dorthin, wo die Ulsterleute waren.
›Männer von Ulster‹, sagte er, ›das ist mein Sohn‹.«
Fragt der Erzähler: »Warum hat Cú Chulainn sein Kind getötet? Ganz einfach. Cú Chulainn lernte das Waffenhandwerk bei Scathach, der Tochter von Airdgeimm in Letha, und beherrschte das Handwerk bald, und Aife, Airdgeimms andere Tochter, ging zu ihm, und er verließ sie in schwangerem Zustand und sagte ihr, sie würde einen Sohn haben.
›Behalte diesen Daumenring‹, sagte er, ›bis er dem Jungen paßt. Dann laß ihn gehen und in ganz Irland nach mir suchen und trage ihm auf, er solle sich durch keinen Mann von seinem Weg abbringen lassen, keinem den Zweikampf verweigern, keinem seinen Namen nennen‹.« Der Junge, der ebenfalls von Scathach ausgebildet war, hielt sich daran und traf den Tod in Gestalt des eigenen Vaters.
Einer der vielen Bearbeiter der Geschichte »Bricrius Fest« bezeich-

net Cú Chulainn später als »melancholischen Mann, den anmutigsten des Landes.«
Ist es vorstellbar, daß ein Krieger, der ihm auch nur von Ferne glich, jemals auf irischem Boden wandelte?

Wie aus Helden Halbgötter wurden

Alle Sagen, in denen Cú Chulainn auftritt, gehören zum sogenannten »Ulster-Zyklus«. Sie beschreiben die Kriege des nordirischen Königs Conor Mac Nessa gegen seine Widersacher Maeve und Ailill von Connacht. Beider Reiche dürften tatsächlich existiert haben. Ihre Führer kämpften miteinander um die Herrschaft über die obere Hälfte Irlands. Warum also sollte einer von ihnen nicht tatsächlich Männer beschäftigt haben, die so waren, dachten und handelten wie eben Cú?
Unsere Frage kann freilich nicht mehr sein als ein spekulatives Lot. Jenseits von ihr beginnt die bodenlose Tiefe des Mythos.
Der Kreis der Ulstersagen liegt als verhältnismäßig junge Schicht über einer sehr viel älteren Überlieferung, dem »Mythologischen Zyklus«. Alle darin zusammengefaßten Erzählungen behandeln die Besiedlung der Grünen Insel durch die Kelten, aber auch die Geschichte einer von den Invasoren überwältigten Urbevölkerung. Vorkeltische Götter sind mit keltischen innig verschmolzen, Motive aus früheren in später entstandene Dichtungen eingegangen. Alle Mythenschöpfer haben sich dieser Technik bedient.
Auch die Autoren der Ulster-Sagen wandten sie an, was zur Folge hatte, daß eine Gestalt wie zum Beispiel Cú Chulainn im Lauf der Zeit immer neue Züge annahm. War er ursprünglich vielleicht nichts anderes gewesen als ein besonders tatkräftiger Krieger, so schrieb man ihm bald, zurückgreifend auf ein beliebtes Sagenmotiv, Wunderkräfte zu, die ihn bereits als Kind befähigt hatten, den Riesenhund zu zerreißen. Als auch diese Fabel erklärt werden mußte, ernannte man ihn zu einem Sohn des Gottes Lug.
Den Verdacht, daß Götter überhaupt auf diese Weise von ihren irdischen Anbetern erschaffen würden, hat schon im dritten vorchristlichen Jahrhundert der griechische Schriftsteller Euhemeros geäußert – keineswegs als erster. Heute steht man seinen Deutungsversuchen

eher mit Skepsis gegenüber, ohne ihnen andererseits eine gewisse Plausibilität absprechen zu können. Auch Barbarossa im Kyffhäuser umflattern ja die Raben Wotans, auch Karl der Große geistert als übermenschlicher Heros durch deutsche und französische Sagen. Hätte christliches und rationales Denken ihre weitere Mythisierung nicht verhindert, sie wären vermutlich ebenfalls schon europäische Halbgötter. Auf Cús Weg nach oben gab es solche Hindernisse noch nicht.

Weil Lug offensichtlich den Ruf genoß, er zeuge gelegentlich – wie Zeus, wie Poseidon – irdische Söhne, sahen seine Landsleute keinen Grund, den Ulsterhelden nicht für einen von ihnen zu halten oder einem anderweitig bekannt gewordenen Halbgott seinen Namen zu geben. Daß so etwas tatsächlich geschehen sein muß, läßt sich heute freilich nur noch erraten. Die mönchischen Sagenredakteure haben alle heidnischen Züge aus Cús Biographie zu tilgen versucht, gingen dabei allerdings ziemlich schlampig vor.

So übersahen sie etwa, daß die beiden Stiere, deretwegen Ulster- und Connachtleute aneinandergerieten, in der Cooley-Geschichte eine verdächtig große Rolle spielen und vergaßen auch die Hinweise auf Cathach zu streichen. Das wiederum ermöglichte es modernen Mythendeutern, in den Bullen alte indogermanische Götter zu erkennen, die noch als Tiere verehrt wurden in der Gestalt von Cús geheimnisvoller Lehrerin, einer Art irischer Pallas Athene.

Baird und Filid hatten sämtliche drei Wesen aus älteren Quellen übernommen. Weil sie aber so arbeiteten, sind sich die Helden aller großen Mythen alle ein bißchen ähnlich, um so mehr dann, wenn sie aus einander verwandten Überlieferungen stammen. Ein Vergleich macht das deutlich: Cú Chulainn hatte das Wissen um einen frühen Tod unter anderem mit Achilles gemeinsam, das Schicksal, seinen Sohn erschlagen zu müssen, mit der Hauptfigur des germanischen Hildebrandliedes sowie mit Rustem, einer zentralen Gestalt des persischen Nationalepos »Schah-nameh« (Königsbuch) von Firdausi – Indogermanen sämtliche drei.

Der auf so tragische Weise umgekommene Knabe aber erinnert von ferne an den jungen Parsival. Auch er ging ja, nachdem Frauen ihn aufgezogen hatten, in die Welt hinaus und verweigerte naiverweise keinem den Zweikampf. Wie sich noch zeigen wird, ist Wolfram von

Eschenbachs Gralsucher in seiner frühesten Personifikation ohnehin ein britannischer Kelte. Sollte er also tatsächlich im Ulster-Zyklus bereits vorweggenommen sein, so hatte das Motiv, das er verkörpert, keinen weiten Weg zurückzulegen gehabt bis dorthin, wo es dann zum zweiten Mal angeschlagen und variiert wurde.
Alles in allem aber kann man sowohl von dem Jungen als auch – und mehr noch – von seinem Vater sagen, daß sie anmuten wie Rohentwürfe des idealtypischen hochmittelalterlichen Ritters. Beide waren mutig, ehrenhaft, nobel.
Das wiederum legt, wenn man in diesem Zusammenhang auch an Minne, Minnesang und Minnedienst denkt, die Frage nahe, wie der Held von Ulster und seine Gefährten zu den Damen standen und diese zu ihnen.

Die Frau, die dreimal lebte

Frauen spielen in den irischen Sagen eine bedeutende, stellenweise sogar eine beherrschende Rolle. Ladies sind sie nicht immer. Dazu ein erstes Beispiel: Maeve. Von ihr heißt es in der Geschichte um den Bullen von Cooley: »Obgleich König Ailill der Herrscher war, hatte doch seine Königin im Lande Connacht stets das letzte Wort. Sie ordnete an, was ihr gefiel, nahm sich zum Geliebten, wen sie wollte, und entließ die Männer wieder nach ihrer Laune. Sie war stark und ungestüm wie eine Kriegsgöttin und kannte kein Gesetz, außer dem ihres eigenen starken Willens. Sie war, so erzählte man sich, groß, mit langem, bleichem Gesicht und hatte Haare so gelb wie das reife Korn. Als (der Abenteurer) Fergus sie in ihrem Palast zu Roscommon aufsuchte, schenkte sie ihm ihre Liebe wie schon vielen anderen zuvor« (heckt auch den Plan mit ihm aus, die Ulsterleute des schwarzen Stieres zu berauben).
Kein geeignetes Objekt also für schwärmerische Verehrung, die blonde Maeve, doch das erklärt sich aus ihrer (mythologischen) Vergangenheit. Sie war – weiteres Beispiel für die Doppelbödigkeit der alten Sagen – identisch mit einer Fruchtbarkeitsgöttin namens Medb. Alles was um sie herum geschah, war real und irreal zugleich, hatte eine Dimension mehr als unsere Wirklichkeit. Für das Märchen »Werben um Etain« gilt das noch viel mehr.

Es gehört zum Mythologischen Zyklus und spielt überwiegend unter Überirdischen. Seine Titelheldin wird, wie die Griechin Persephone durch Hades, von dem Gott Midir entführt. In dessen Haus allerdings findet sie bereits eine Frau vor, die zauberkräftige Fuamnach, was ihrem Schicksal seine phantastische Wendung gibt. Fuamnach verwandelt die Rivalin in eine purpurfarbene Fliege und jagt sie aufs Meer hinaus. Umhergeschleudert von Winden, kann das Tier dort sieben Jahre lang überleben. Dann rettet es sich auf das Dach eines Hauses, fällt durch den Rauchfang in die Küche und dort in die nächstbeste Tasse. Die Frau eines Ulsterkönigs schluckt es hinunter, ohne davon etwas zu merken. Das führt jedoch keineswegs zum Tod des verzauberten Geschöpfes, im Gegenteil. Die Fürstin bringt eine Tochter zur Welt und die ist – Étain. Ende des ersten Teils der Geschichte.

Der zweite beginnt höchst irdisch. Étain heiratet Eochaid Airem, den König über ganz Irland. Als er eines Tages das Haus verläßt, um eine Rundreise zu allen Vasallenhöfen anzutreten, gesteht sein Bruder der Schwägerin, daß er vor Liebe zu ihr ganz krank sei. Étain vereinbart mit ihm ein Stelldichein auf den Hügeln vor dem Schloß, »um dort seinen Schmerz durch Zärtlichkeit zu lindern«. An Stelle des Schwagers erscheint jedoch ein Mann, den Etain nicht kennt und dem sie sich verweigert. Da sagt der Fremde: »Es wäre passender für dich, wenn du mit mir kämest, denn als du noch Étain, die Tochter des (Gottes) Ailill warst, war ich dein Ehemann Midir.« Trotzdem folgt sie ihm nicht, und Midir wählt eine andere Taktik.

Er erscheint bei Eochaid und fordert ihn zum Brettspiel heraus. Dreimal gewinnt der König hohe Einsätze in Gold und Silber. Das vierte Mal spielen sie um einen Preis, den der Gewinner nennen soll. Nun obsiegt Midir. Er fordert einen Kuß von Étain. Wohl oder übel muß der Verlierer seine Frau rufen lassen. Sie legt ihre Arme um den Gott – der entschwebt mit ihr durch das Dach des Hauses.

Eochaid jedoch, nicht gewillt, sich derlei bieten zu lassen, rückt nun mit seinen Männern gegen die alten Grabhügel vor, in denen nach irischem Glauben die Unirdischen hausen, und zwingt Midir das Versprechen ab, Étain zurückzugeben. Der hält es auch, und zwar fünfzigfach. Nicht eine Étain schickt er in die königliche Residenz, sondern ein halbes Hundert. Jede in dieser Schar ist jeder anderen in Aussehen, Gang und Stimme völlig gleich. Begreiflicherweise verwirrt, wählt Eochaid eine von ihnen aus, erwischt aber nicht das Original, sondern eine Étain, die zwar auch Étain ist, gleichzeitig jedoch seine und ihre Tochter.

Damit begeht er ein schweres Verbrechen, denn das Mädchen, das sie ihm später gebiert, ist ja im Inzest gezeugt worden. Es muß ausgesetzt werden, um zu sterben. Daß dies dennoch nicht geschieht, verhindert, wie so oft in den Mythen, ein Hirte.

Er findet das Kind, zieht es auf und führt es endlich, nachdem der Ruf seiner Schönheit sich über das ganze Land verbreitet hatte, einem anderen irischen König zu.

Soweit die Sage, die sich mit diesem Ende gleichsam selbst erklärt. Ihr Inhalt ist nichts anderes als die Beschreibung des langen und komplizierten Prozesses, in dem Götter oder Göttinnen zu Menschen, Menschen zu Göttern werden konnten, nämlich durch mehrfache Wiedergeburt. Der Glaube, daß der Tod nur Pause in einem langen Leben sei, scheint also auch die irischen Kelten beherrscht zu haben. Auf alle Fälle legitimierte er die Manipulationen ihrer Dichter. Wenn ein Held in einer Geschichte als irdischer Krieger, in der anderen als Gott auftrat, so hatte man dafür eine plausible Erklärung. Hier war er Mensch, dort eine Wiedergeburt. Das galt umgekehrt ebenso.

Étain jedenfalls, die zuerst als Unirdische aufgetreten war, konnte nach ihrer dreifachen Verwandlung auch in den eher erdnahen Ulster-Zyklus eingehen. Darin wird sie so beschrieben: »Ihr Haar hatte die Farbe der sommerlichen Irisblüte oder puren, polierten Goldes ... Weiß wie frischgefallener Schnee waren ihre Hände, ihre Wangen rot wie der Berg-Fingerhut. Ihre Augenbrauen schwarz wie der Rücken eines Käfers, ihre Zähne Perlenreihen, ihre Augen hyazinthblau ... Schaumweiß, lang, schlank, nachgiebig-glatt waren ihre Hüften, weich wie Wolle. Ihre Schenkel warm und sanft. Rund, klein und hart die Knie ... Man sagt von ihr: Alle sind schön, bis man sie mit Étain vergleicht, alle lieblich-blond, bis man sie mit Etain vergleicht.« Und das klingt nun wirklich schon wie Minnesang: Frauenverehrung und -verherrlichung mit unüberhörbar erotischen Untertönen.

Eine bittere Liebesgeschichte

Der Mini-Roman »Vertreibung der Söhne von Uisnech« handelt das Motiv »Romantische Liebe« auch noch auf tragische Weise ab. Deirdre, die Frau, von welcher sie berichtet, ist das verkörperte Unglück. Schon vor ihrer Geburt prophezeit ein Druide, daß sie eines Tages großes Mißgeschick über die Männer von Ulster bringen werde. Conor Mac Nessa läßt das Kind deshalb fern von allen Menschen aufziehen und untersagt seinen Gefolgsleuten, mit ihm Kontakt aufzunehmen. Doch damit ist der Lauf des Schicksals nicht aufzuhalten.
Die mannbar gewordene Deirdre besorgt sich selbst einen Liebhaber. Noíse, den schönen Sohn eines gewissen Uisnech, überredete sie dazu, mit ihr nach Schottland zu fliehen. Seine beiden Brüder begleiteten das Paar, was sie ebenfalls zu Geächteten machte.
Verfolgt vom Bannfluch Mac Nessas können die vier im britannischen Norden nur ein unstetes, unbehaustes Dasein führen. Deirdre müssen sie verstecken. Aber der König des Landes entdeckt das schöne Mädchen und läßt um es werben. Deirdre weist ihn nicht ab, gibt ihm jedoch auch nicht nach, sie hält ihn hin und informiert Noíse rechtzeitig über alle Fallen, die der Schotte ihm stellen läßt. Trotzdem wird die Lage der Flüchtlinge allmählich so unhaltbar, daß sie doch wieder nach Irland zurückkehren, in der Hoffnung, von Mac Nessa Pardon zu erlangen. Auf einem Bankett wollen sie den Frieden mit ihm besiegeln.
Der Ulsterkönig freilich läßt sie gar nicht bis zu seiner, dem Gastrecht geweihten Halle kommen. Er beauftragt einen Verbündeten, die Rückkehrer an der Grenze abzufangen und unschädlich zu machen, was auch geschieht. »Eogan empfing sie mit einem Schlag gegen Noíses Kopf, der diesem das Genick brach.« Deirdre wird gefangengenommen und nach Emain Macha gebracht. Sie weigert sich ein ganzes Jahr lang »zu lachen, genug zu essen und zu schlafen und hob ihren Kopf nicht von den Knien«.
Als Mac Nessa endlich einsieht, daß er nichts mit der Frau anfangen kann, fragt er, welcher von allen Männern ihr am meisten verhaßt sei. Verständlicherweise nennt sie den, der ihren Liebhaber umgebracht hat. »Gut«, sagte der König, »dann wirst du ein Jahr bei

Eogan verbringen.« Da schmettert sie ihren Kopf gegen einen Stein und stirbt. Es ist dieses schreckliche Ende, das in der Geschichte von Deirdre am meisten anrührt. Ein Geschöpf, dem das Schicksal von Anfang an keine Chance ließ, entzieht sich letzter Erniedrigung durch den Tod. Das aber zeigt, daß die Mythenschöpfer keine naiven Fabulierer waren. Sie sahen den Menschen auch als Gefangenen im Käfig seiner eigenen Existenz und registrierten, wie er sich an dessen Gitterstäben immer wieder verletzen mußte.
Abgesehen davon rundet Deirdre das Bild ab, das sie sich vom anderen Geschlecht machten. Neben dem höchst irdischen Luder Maeve und dem verklärten Traumwesen Étain ist sie eine Frau, die den, der sich von ihr lieben läßt, unglücklich machen muß. Gleichzeitig dokumentiert ihre Geschichte auch, daß Irinnen sich trotz der Gesetze, die sie entmündigten, vitale Rechte kaum jemals rauben ließen. Auf der Grünen Insel herrschte der Mann nicht allein. Bleibt freilich immer noch die Frage offen, ob das, was die Sagen sagen, auf die Kelten so generell zutrifft, wie Windisch und Ridgeway vermuteten.

In Irland dauerte die Latène-Zeit länger

Bis vor wenigen Jahren reagierten nationalbewußte Liebhaber der irischen Folklore – und welcher irische Intellektuelle wäre nicht nationalbewußt und kein Folklore-Fan – oft noch etwas empfindlich, wenn man die Geschichte aus dem Ulsterkreis und anderen Zyklen als Illustration dessen beanspruchte, was die Poseidonios-Nachfolger in dürreren Worten beschrieben hatten. Es könnte doch, sagte der Schriftsteller M. A. O'Brien in einem Radiovortrag, auch so gewesen sein, daß der Rhodier eine frühe Version etwa von »Bricrius Fest« gehört und sie interpretiert habe. Sein spöttischer Einwand war damals, im Jahr 1953, gerade noch zulässig gewesen. Heute – genauer seit dem 14. Mai 1964 – wäre er es nicht mehr. An diesem Tag nämlich hielt Kenneth Hurlstone Jackson, Professor für Keltische Philologie an der Edinburgh University, eine Vorlesung, in der er zweifelsfrei begründete, daß Ridgeway und Windisch sich auf der richtigen Fährte bewegt hatten.
Der britische Archäologe war ja der Meinung gewesen, die Sagen des Ulster-Zyklus könnten nur in der Latène-Zeit gespielt haben, die

aber müsse auf der Grünen Insel spätestens um 150 zu Ende gegangen sein, denn auf dem Kontinent habe sie auch nur bis ungefähr zur Zeit von Christi Geburt gedauert, in Britannien ein Jahrhundert länger. Verleiten lassen hatte er sich zu dieser These durch Daten, welche im »Book of Leinster«, im »Book of the Dun Cow« (Buch der braunen Kuh) und im »Yellow Book of Lecan«, den drei wichtigsten Quellen irischer Mythologie, genannt werden. Ihnen zufolge soll Conor Mac Nessa kurz nach Jesu Tod gelebt haben und sogar noch getauft worden sein.

Jackson jedoch hält das für völlig unmöglich. Die Mönche des zwölften Jahrhunderts, so sagt er, waren nicht in der Lage, eine exakte Chronographie zu erstellen, die von ihrer Zeit bis in die Anfänge des Christentums zurückreichte. Sie knüpften vielmehr, um Kontinuität herzustellen, einfach Stammbäume historischer Könige mit den Stammbäumen der Sagenkönige zusammen und suchten nachträglich ihre Helden noch von dem Ruch zu reinigen, sie seien als Heiden in die Hölle gefahren. Dabei mißachteten sie aber die Tatsache, daß Irland erst im fünften Jahrhundert christianisiert wurde. Auch Ridgeway hat sie nicht genügend berücksichtigt.

Außerdem, fährt der Edinburgher Professor fort, gibt es keinen zureichenden Grund für die Annahme, das Latène-Zeitalter sei in Irland bereits um 150 zu Ende gegangen. Wieso auch? In Gallien, Deutschland und Britannien haben die Römer ihm ein abruptes Ende bereitet, nach Irland jedoch sind sie nie gekommen. Aus diesem Grund aber ist es durchaus möglich, ja sogar wahrscheinlich, daß die nach einer Untiefe im Neuenburger See benannte Kultur auf der Grünen Insel bis ins dritte, vielleicht sogar bis ins vierte christliche Jahrhundert hinein blühte.

Um diese Zeit aber mögen auch die Sagen schon so ausformuliert gewesen sein, daß sie von hochtrainierten Gedächtniskünstlern noch ein paar Generationen lang mündlich weitergereicht werden konnten. Um 700, das glaubt Rudolf Thurneysen aus Basel, der wohl namhafteste aller Keltologen, nachweisen zu können, wurde die Geschichte des Bullen von Cooley dann ohnehin zum ersten Mal schriftlich fixiert. Das Manuskript ist längst verlorengegangen, aber die Mönche des zwölften Jahrhunderts dürften es noch gekannt und benutzt haben.

Mit anderen Worten also: Ridgeway hätte gar nicht so vorsichtig zu formulieren brauchen, wie er es tat. Die Verfasser des Book of Leinster und anderer der prächtigen mittelalterlichen Handschriften Irlands konnten sich tatsächlich auf eine fast lückenlose literarische Übermittlung stützen und so eine zu ihrer Zeit bereits sieben- bis achthundert Jahre zurückliegende Epoche beschreiben. Falsch dagegen ist seine und Windischs Vermutung, die Sagen müßten etwa zu Lebzeiten von Poseidonios oder nicht mehr als höchstens hundertfünfzig Jahre danach gespielt haben. Es kann auch noch weit später gewesen sein. In Irland lief die Uhr der Geschichte einfach anders als auf dem Kontinent. Dadurch blieb ein lebendes Modell der keltischen Welt bis ins vierte oder fünfte Jahrhundert hinein erhalten, wurde von den Mythenschöpfern quasi eingefroren und kam in diesem Zustand zu uns, so unberührt und vollständig, wie eine Fliege im Bernstein. Es ist ungeheuer wertvoll.

Erst Cú Chulainn, Cet Mac Magach, Conor Mac Nessa und andere geben ja den eher unplastischen Darstellungen antiker Autoren Kontur und Körper. Maeve oder Deirdre lassen die Zeitgenossinnen Cartimanduas und Boudiccas Gestalt werden. Wir können sie nun sehen und hören, fast sogar riechen (es wird wohl immer etwas Stalldunst um sie gewesen sein). Wir können sagen, so waren sie.

Sie erfreuten sich an mörderischen Slapstick-Szenen, an knappen Dialogen, die, ohne Raum zu lassen für Reflexionen, eine Handlung zu grausamen Pointen hin vorantrieben. Aber sie liebten auch wortreiche Schilderungen schöner Frauen, traurige Liebesgeschichten, märchenhafte Spekulationen über komplizierte Wiedergeburtszyklen – eine kriegerische Rasse mit starkem Hang zur Poesie. Hätte Rom die Geschichte der kontinentaleuropäischen Kelten nicht einfach abgeschnitten, vielleicht besäßen wir ebenfalls Erzählungen wie jene von Étain. So können wir nur annehmen, Spuren keltischer Imaginationen leben auch in unseren Märchen fort, als ein unter lateinischer Kultur und germanischer Überlieferung begrabenes Erbe.

Feststeht ja, daß die alten Iren ein abgesprengter Teil des Volkes waren, das Manching erbaute und Caesar fast besiegt hätte.

Könige gab es dutzendweise

Wie schon erwähnt, kamen die ersten keltisch sprechenden Stämme bereits während der Hallstatt-Zeit auf das grüne Eiland herüber. Nach dem Beginn der Latène-Epoche folgten ihnen, auf dem Umweg über Britannien, weitere Auswandererscharen, die einen brythonischen, also p-keltischen Dialekt benutzten. Einmal auf Irland ansässig geworden, nahmen jedoch auch sie die ältere goidelische Sprache an, setzten sich dafür aber künstlerisch weitgehend durch. Ihre Schwerter, Torques und Gefäße glichen denjenigen vom Kontinent fast aufs Haar, die Räder ihrer Wagen trugen, wie in Deutschland und Frankreich, Eisenreifen, welche in glühendem Zustand auf die hölzernen Felgen gepaßt worden waren – eine keltische Erfindung.
Aber nicht nur an der Sprache, auch am archaischen Lebensstil der Inselbewohner änderten solche technischen Errungenschaften nur wenig. Oppidaähnliche Hügelsiedlungen, von denen es in Britannien eine kaum übersehbare Menge gab, bürgerten sich bei ihnen so gut wie gar nicht ein. Statt dessen begnügten sich die Zugewanderten mit den Fluchtburgen der Urbevölkerung, kreisförmigen Wällen aus mörtellos zusammengefügten Steinen, die einen Durchmesser von fünfundzwanzig bis dreißig Metern hatten. Um sie herum lagen, in weiten Abständen, die einzelnen Höfe. Nur wenn Gefahr drohte, zog man sich hinter ihre Mauern zurück und verrammelte die niederen Tore.
Etwas größere Anlagen, aber immer noch keine Städte, waren Fürstensitze wie jener des sagenhaften Conor Mac Nessa in Navan bei Armagh. Der Erdwall seines Emain Magach umschloß eine etwa dreiundsiebzigtausend Quadratmeter große Fläche und bot also Raum für ausgedehnte Wohnanlagen, Kultstätten, Ställe, Gefolgschaftskasernen sowie für eine ziemlich ausladende Bankethalle. Wahrscheinlich muß man sich den »Palast«, in dem auch Cú Chulainn lebte, trotzdem als eine Art überdimensionierten Bauernhof vorstellen. Sein Besitzer aber dürfte nichts weniger gewesen sein als ein absoluter Herrscher. Die irische Gesellschaft gliederte sich in ungezählte (man nimmt an mehr als zweihundert) sogenannte »túatha« (von túath, Volk), deren jedes einen eigenen »rí«, also einen

eigenen »König« hatte, wie etwa den eingangs erwähnten Eogan Mac Durtacht von Farney. Keines dieser bäuerlichen Gemeinwesen kann jedoch mehr als zweitausend bis dreitausend Mitglieder gehabt haben, denn auf der Insel lebte während der Latène-Zeit höchstens eine halbe Million Menschen.
Innerhalb dieser kleinsten politischen Einheit wiederum existierten soziale Gruppierungen von clanähnlichem Charakter. Es waren Großfamilien, denen alle männlichen Abkömmlinge ihres Begründers samt Angehörigen bis in die fünfte Generation hinein angehörten. Sie hießen »fine«, und ihnen – nicht Einzelnen – gehörte alles von den Mitgliedern bewirtschaftete Land, sie allein waren anderen gegenüber vertragsfähig. Individuen hatten nur begrenzte oder gar keine eigenen Rechte. Eine organische Verbindung aber zwischen Sippe und Túath gab es genausowenig wie zwischen den Túatha und größeren Verbänden.
Je nach Opportunität unterstellten sich die Rí einem Oberkönig, der seine Gruppe wiederum in noch stärkere Föderationen einbringen konnte. Zur Zeit, in der die Ulster-Sagen spielen, gab es in Irland fünf derartige Bundesstaaten, im Norden Ulaid (später Ulster genannt), in der Mitte der Insel Mide (Meath), östlich davon Laigin (Leinster), im Südosten Mumhain (Munster) und im Westen Connachta (oder Connacht, heute Connaught). Ihre Oberhäupter müssen zeitweilig vollauf damit beschäftigt gewesen sein, alle die kleinen Häuptlinge bei der Stange zu halten – was diktatorischen Gelüsten nicht eben Vorschub leistete.
Gewählt wurden sie übrigens, den Mythen zufolge, in einer seltsamen Zeremonie. Man schlachtete Stiere, ließ einen Mann von deren Fleisch essen, versenkte ihn mit druidischer Hilfe in Schlaf und fragte dann, wer ihm im Traum als Herrscher erschienen war. Vorsichtshalber dürfte er stets den ohnehin Mächtigsten genannt haben, denn natürlich kamen für die höchsten Staatsämter allein Angehörige der vornehmsten Familien in Frage. Adelige von geringerem Rang avancierten höchstens zu Gefolgschaftsführern, während unter ihnen nur noch die landbesitzenden Bauern, beziehungsweise Fine-Mitglieder als freie, Arbeiter oder Unterhaltungskünstler wie etwa Flötenspieler als unfreie Klasse rangierten. Die Baird dagegen gehörten schon dem höheren Stand an, die Filid wa-

ren Aristokraten. Auch das bestätigt die Angaben, die von Poseidonios stammen. Was der Grieche jedoch nicht erfahren hatte, war dies: Zumindest in Irland konnte jeder, der ein Handwerk oder eine Kunst perfekt beherrschte, auf der sozialen Stufenleiter emporklettern. Harfenisten, Ärzte und Schmiede wurden aus dem Sklavenstand entlassen, wenn sie sich entsprechend qualifiziert hatten, denn, so lautete ein alt-irischer Rechtssatz, »jeder Mann ist besser als seine Geburt«. Das klingt zwar fast schon ein bißchen nach Leistungsgesellschaft, entsprach aber dem Prinzip, dem auch die Krieger unterworfen waren. Es muß ja ziemlich aufreibend gewesen sein, in dem ständigen Kampf um gesellschaftliche Anerkennung und Heldenportion immer vorne zu bleiben.

Weniger modern als derlei gesellschaftliche Usancen muten dagegen die Finanzpraktiken der Inselbewohner an. Sie rechneten, wie ihre nomadischen Vorfahren, immer noch in Naturalien, nicht deren metallenem oder gar gemünztem Gegenwert. Kleinste Maßeinheit war eine junge, noch nicht trächtige Kuh, die nächst höhere eine weibliche Sklavin. Diese wog etwa sechs Färsen auf, konnte aber in eine bestimmte Bodenfläche »umgerechnet« werden.

Entsprechend galt das wiederum auch für jeden Mann. Sozialer Status ließ sich ausdrücken in so und so vielen Stück Vieh. Wer einen umbrachte, der, sagen wir, vierzig Kühe wert war, mußte vierzig Kühe an seine Verwandten bezahlen. Andererseits konnte jeder nur Geschäfte in der Höhe des Wertes tätigen, den er repräsentierte. Die Kreditlinien waren eindeutig festgelegt.

Das Ende der Herren von Ulster

Irlands Bundesstaaten, traditionellerweise die »fünf Fünftel« genannt, dürften auf dem Fundament ihrer archaischen Ordnung bis ins vierte Jahrhundert hinein geblüht haben. Irgendwann danach wurde Emain Magach zerstört und Ulster selbst an den Rand der Bedeutungslosigkeit gedrängt. Ein mächtiges, neues Geschlecht, die Uí Néill (Söhne des Niall), dehnten ihren eigenen Besitz Meath derart aus, daß er bald nahezu die ganze nördliche Hälfte der Insel umfaßte, auch große Teile von Connaught. Und die Uí Néill scheinen sogar so etwas wie ein politisches Programm gehabt zu haben.

Hervorgegangen war ihr ursprünglicher Besitz, das alte Mide, aus einem kleinen Bezirk, der wahrscheinlich nicht viel mehr umfaßt hatte, als die Umgebung des Hügels von Tara, nahe dem heutigen Dublin. Tara aber muß ein uraltes Heiligtum gewesen sein, der Sitz einer Art von Priester-Fürsten. Daraus nun leiteten die Uí Néill – sie hatten das irische Delphi wohl erobert – den Anspruch ab, »Hoch-Könige« des ganzen Landes zu sein. Mehr als einen neuen Mythos konnten sie jedoch nicht begründen. Ob ihr angemaßter Titel auf anerkannter Überlieferung beruhte, oder ob er auch nur eine Erfindung von Mönchen war, die sich für ihre Heimat einen Kaiser erträumten, ist ohnehin bis heute ungeklärt.
Die Archäologen konnten nur feststellen, daß an dem Platz, der Tara genannt wird, eine alte Königsburg stand, von der nichts weiter übrigblieb als einige kreisrunde Erhebungen im grasigen Gelände. Sie sind mit dem bloßen Auge kaum auszumachen. Unter ihnen fanden sie, neben anderem, Reste eines Ganggrabes aus dem zweiten vorchristlichen Jahrtausend, ägyptische Fayenceperlen aus dem ersten und die Überreste einer zweihundertfünfzig Meter langen, dreißig Meter breiten Bankethalle, was immerhin verdeutlicht, unter welch gewaltigen Dächern die alten Helden zechten.
Die Nachbarn der Uí Néill, das Geschlecht der Eóganachta, hat freilich die Macht, die dieses Gebäude einmal verkörpert haben mag, nicht zur Kenntnis genommen. Von ihrer Residenz in Cashel aus regierten sie einen Staat, der sich zusammensetzte aus dem alten Munster und Teilen von Leinster. Das Eiland war also zu ihrer Zeit in zwei Hälften geteilt, eine nördliche und eine südliche. Den Nachfahren der Ulsterhelden blieb in dieser Ordnung nur noch ein kleines eigenes Revier an den Küsten der Irischen See, das Königreich Dál Riata, ebenfalls beherrscht von Abkömmlingen der Uí Néill. Sie resignierten dort jedoch keineswegs, versuchten vielmehr ihre Macht in der Richtung auszudehnen, die ihnen allein noch offenstand: Sie setzten sich in Schottland fest.
Auf piktischem Gebiet entstand ein Ableger von Dál Riata, der später Argyll genannt wurde. Die Erinnerung an diese Invasion lebt heute nur noch in dem Namen Schottland fort, denn es sind ja die Iren gewesen, nicht etwa Caledonier oder andere Britannier, die von den Römern mit dem Namen »Scotti« belegt wurden. Nun trugen

sie ihn, zusammen mit der goidelischen Sprache, auf ihre Nachbarinsel hinüber. Sozusagen im Austausch dafür bekamen sie die Bezeichnung zurück, die sie auf sich selbst anwandten.
In Wales, wo ebenfalls kleinere irische Königreiche entstanden, bezeichnete man die Söhne der Grünen Insel als »Gwyddel«, was sich ungefähr mit »die Wilden« übersetzen ließe. Daraus entwickelte sich der Begriff »Goídil«, Goidelen. Der Name, so scheint es, läßt Rückschlüsse auf das Benehmen zu, das die ulsteronischen Eroberer in Britannien an den Tag legten. Wenn Menschen, die Tacitus noch für den Inbegriff des Barbarischen gehalten hatte, fremde Wilde Wilde nannten, wie können diese anders aufgetreten sein als in der blutigen Glorie Cú Chulainns und seiner Gefährten, Köpfe am Gürtel, prahlerische Reden im Mund?
Doch gemach! In der Geschichte lebt der Begründer des schottischen Dál Riata nicht als Schlagetot fort, sondern als christlicher Heiliger.

Kapitel XV

Wilde, sanfte keltische Heilige

»Nun bittet König Sueno dich um Frieden;
Doch wir gestatteten ihm nicht einmal
Die Freiheit, seine Todten zu begraben,
Bis er zehntausend Pfund in deinen Schatz
Bezahlt hat auf der Insel Sankt Columbas.«
William Shakespeare »Macbeth«
(Übersetzung: Friedrich Schiller)

»Ich bin von Irland,
von dem heiligen Land Irland.
Ich bitt' Euch, Herr,
um Christi willen,
kommt, tanzt mit mir in Irland.«
Irischer Anonymus (14. Jahrhundert)

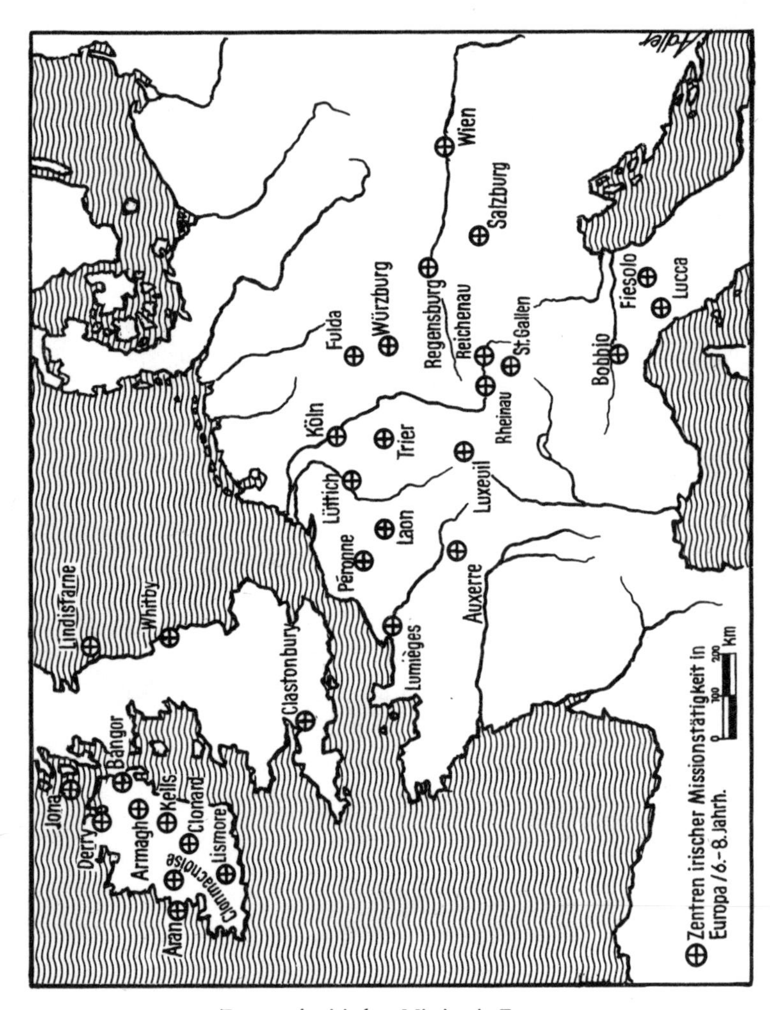

Zentren der irischen Mission in Europa

Zeittafel:

Um 360:	Sankt Martin gründet das erste gallische Mönchskloster nahe Tours.
391:	Unter Theodosius I. wird das Christentum römische Staatsreligion.
Um 400:	Hieronymus schafft eine Bibelausgabe in lateinischer Sprache, die »Vulgata«. Der Ire Pelagius bekämpft die augustinische Gnadenlehre.
412:	Erste Verurteilung und Ächtung der Pelagianer.
431:	Papst Coelestin I. schickt Palladius als Missionar nach Irland.
486:	Das Land zwischen Somme und Loire wird von merowingischen Franken besetzt.
Um 500:	Sankt Patrick geht als Missionar nach Irland.
563:	Sankt Columba beginnt mit der Bekehrung der Pikten und legt den Grundstein für das schottische Dál Riata. Sein Ausgangspunkt: die Insel Iona.
590:	Sankt Columban der Jüngere geht von Irland nach Frankreich. Er gründet die Klöster Annegray, Luxueil und Fontaine. Sein Gefährte Gallus legt den Grundstein für das Stift Sankt Gallen am Bodensee. 614 ruft Columban das Kloster Bobbio bei Pavia ins Leben. Dort stirbt er im Jahr 615. Andere irische Missionare folgen ihm nach.
597:	Abt Augustin reist im Auftrag Papst Gregors des Großen nach England und erhält von König Ethelbert, dem Herrscher über Kent, eine römische Kirchenruine in Canterbury zum Geschenk. Von dort

aus sucht er eine britannische Kirche nach römischem Muster aufzubauen.

625: König Edwin von Northumbria wird durch den römischen Bischof Paulinus aus York getauft.

635: König Oswald, Edwins Nachfolger, holt, an Stelle des Paulinus, den Iren Aidan von Iona in sein Land. Dieser gründet auf Lindisfarne ein Kloster und missioniert das anglische Königreich nach dem Muster der »Keltischen Kirche«.

663: Auf dem Konzil von Whitby wird der Zwist zwischen keltischer und römischer Kirche zugunsten der letzteren entschieden. Anlaß war der sogenannte Osterstreit.

Nach 741: Das Frankenreich wird karolingisch. Pippin, der Sohn Karl Martells, macht den Iren Fergal zum Bischof von Salzburg.

793: Lindisfarne und, zwei Jahre später, Iona werden von Wikingern zerstört, Irland selbst berannt und teilweise besetzt. Immer mehr irische Mönche und Gelehrte wandern nach Kontinentaleuropa aus. Unter ihnen Sedulius Scottus aus Leinster und Johannes Scotus Eriugena. In dieser Zeit entstehen auch die Codices Celtici.

Nach 1000: Iren obsiegen über die nördlichen Invasoren. Ihre Kirche und ihre Kultur erleben eine neue Blüte. High Crosses und kunstvolle Metallarbeiten werden geschaffen sowie, unter anderem, das »Book of Leinster« und das »Book of Durrow«.

Der Prinz, der auch ein Prediger war

Der Curragh, der sich irgendwann im Jahr 563 Iona näherte, einer Insel vor der Westküste des nördlichen Schottlands, kann kaum den Verdacht erweckt haben, er sei ein Vorbote größerer politischer Ereignisse. Auch war das Ziel, das er ansteuerte, nicht so geartet, daß man es mit aufwendigen Verteidigungsanlagen vor einem möglichen Angreifer hätte schützen müssen.

Iona, auf gälisch hieß das Eiland Hy, ist ein flaches, baumloses Stück Land im Meer, knapp fünf Kilometer lang und zweieinhalb Kilometer breit. Gischtumspült, allen Winden schutzlos preisgegeben, liegt es eine Seemeile vor dem größeren Island of Mull, Nist- und Wohnplatz eher für Seevögel als für Menschen. Heute zählt seine Bevölkerung rund hundertfünfzig Köpfe, in der Touristensaison sind es vielleicht dreimal soviel, aber die Sommer auf Iona halten nicht lange vor.

Wer an dem Inselchen vorbeifährt, sieht graue Häuser vor grauen Felsen und das rötlich leuchtende Schiff einer Kirche. Wer sich jedoch die Mühe macht, dort auszusteigen, kann immerhin einige Überraschungen erleben. Auf dem Friedhof von Iona liegen alle Könige begraben, die Schottland bis ins elfte Jahrhundert hinein regierten, auch Duncan I. und sein Mörder Macbeth. Im Schatten der fast achthundert Jahre alten Kathedrale (sie ist allerdings erst vor kurzem rekonstruiert worden) steht ein mit steinernem Schnitzwerk überreich verziertes Kreuz aus dem neunten Jahrhundert, das Sankt Martin, dem Nationalheiligen der Franken, geweiht ist. Und in den Ruinen einer alten Benediktiner-Abtei wird dem Besucher eine kleine Kammer gezeigt, von der die Lokalhistoriker behaupten, es sei die Wohnzelle des Mannes, der 563 den Curragh von Nordirland herübersteuerte: des heiligen Columba. Seine Landsleute nennen ihn Colum Cille, die Taube der Kirche, während er von Historikern als Columban der Ältere geführt wird. Zu seinen Lebzeiten war er Abt und Politiker.

Das Licht der Welt hatte Columba an einem Fürstenhof im irischen Dál Riata erblickt. Er gehörte zur Familie jener Uí Néills, die gegenüber dem größeren Zweig ihres Geschlechts das alte ulsteronische Erbe zu wahren suchten und dabei immer mehr in die Defensive gedrängt wurden. Als sie sich schließlich dazu entschlossen, ihr Glück im piktischen Teil Britanniens zu suchen, gehörte der damals zweiundvierzigjährige Prinz und Klostervorsteher zu denjenigen, die sie als Wegbereiter vorausschickten. Er fuhr jedoch nicht mit einem bewaffneten Kommando los, sondern als ein Pilger, der sich, wie Christus, mit nur zwölf Gefährten umgab. Das läßt darauf schließen, daß er über stärkere Mittel verfügte, als Schwerter und Speere es sind.

Eines davon war seine Herkunft, ein anderes der Ruf, den er als Seelsorger genossen haben muß. Die Abstammung von den Uí Néills machte ihn zu einem Rechtsnachfolger der Priesterfürsten von Tara, was auch die Pikten beeindruckt haben dürfte. Die geistliche Würde untermauerte alle Ansprüche, welche daraus möglicherweise abgeleitet werden konnten, und verhalf ihm gleichzeitig zum Status eines Missionars. Iona mag er deshalb als Landeplatz ausgewählt haben, weil sich von dort aus Kontakt zu den britannischen Fürsten aufnehmen und gleichzeitig Verbindung mit Irland halten ließ.

Seine erste Arbeit auf der Insel war die Errichtung eines Klosters. Aus herumliegenden Steinbrocken mauerten die dreizehn Seefahrer kleine primitive Unterkünfte und wahrscheinlich eine ebenso einfache Kirche. Dann begann ihre missionarische Tätigkeit. Sie drangen ins Innere Schottlands vor, dessen Fürsten kamen zu ihnen. Iona entwickelte sich zu einem geistlichen Zentrum für alle Küstenstämme. Andere Iren folgten nach und begründeten das nordbritannische Dál Riata. Es muß auf relativ friedliche Weise zustande gekommen sein. In langen Verhandlungen konnte Bruder Mac Maeloch, der mächtigste aller piktischen Könige, für eine Zusammenarbeit mit dem neuen Staat gewonnen werden. Später setzte Columba Aidan, einen seiner Verwandten, als dessen Oberhaupt ein.

All das klingt seltsam, beinahe unglaublich. Angehörige eines der wildesten Kriegervölker Europas bedienten sich geistlicher Mittel, um ein neues Königreich zu schaffen! Rauflustige, großmäulige Iren betraten eine fremde Küste mit dem Kreuz in der Hand!

Indes ist, zumindest der letzte Vergleich, voreilig gezogen. Irische Mönche waren nicht unbedingt friedliche Fratres, die ihre Hände im

Kuttenärmel versteckten, sie schlugen auch zu, wenn es sein mußte. Ein walisischer Kleriker, der gegen Ende des zwölften Jahrhunderts das von Söhnen der Grünen Insel gegründete Kloster Llanbadarn Fawr in seinem Heimatland besuchte, weiß zu berichten, daß der dortige Abt »ein von seinen Sünden gezeichneter Laie« war, dem die eigenen leiblichen Söhne bei der Meßfeier ministrierten. Außerdem, fügt er hinzu, kamen die Brüder bewaffnet zum Gottesdienst. Als ein bretonischer Ritter den Vorsteher dieses Gemeinwesens fragte, ob er denn kein anderes Würdezeichen als den Speer besitze, erwiderte jener in aller Schlichtheit: »Nein«.

In ähnlicher Aufmachung und entsprechender Umgebung müssen wir uns wohl auch den heiligen Columba vorstellen. Als er starb, wurde die Leitung des Klosters auf Iona nicht einem besonders würdigen oder einem von der Kirche ernannten neuen Nachfolger übergeben, sondern, getreu uralten irischen Erbgesetzen, einem Mitglied seiner Fine. Adamnán schließlich, der schriftgewaltigste aller auf dem Eiland herrschenden Äbte (um 650), war der Urenkel eines Neffen von Columba und dessen Biograph.

Es wäre also wirklich falsch, wenn wir eine irische Mönchsgemeinschaft mit dem verglichen, was nach Benedikt von Nursia in Europa Kloster genannt wurde. Die frühen Missionare von der Grünen Insel, die Urväter des späteren Königreichs Schottland, erbauten keine weitläufigen Anlagen mit Kreuzgängen, Refektorien und monumentalen Kirchen; ihnen genügten einige wenige, über das Gelände verstreute Hütten, ein bescheidenes Gotteshaus, ein Friedhof und ein Zaun, der die ganze Siedlung umgab. Als Vorbilder dienten ihnen die Begründer des Mönchswesens überhaupt, jene syrischen und ägyptischen Heiligen, die in der Wüste darbten.

Mag es aber zu der Zeit, da Irland christianisiert wurde, noch eine Art Mode gewesen sein, sich wie Sankt Antonius der Große in irgendeine Wildnis zurückzuziehen und Gott durch Askese zu dienen, so war es wenig später bereits ein Akt des Widerstandes gegen die Amtskirche, oder, wenn man so will, ein Kampf gegen Rom mit geistlichen Mitteln. Die frühen Päpste haben es nicht leicht gehabt mit ihren keltischen Schäflein, weder den irischen noch auch den gallischen.

Nach Frankreich war die Botschaft des Neuen Testaments auf Wegen gekommen, welche die Legionen geebnet hatten. Die Kirche paßte sich der römischen Verwaltungsstruktur des Landes an. Zu jedem »Vicarius«, dem Gouverneur einer der von Diocletian als administrative Einheiten geschaffenen »Diözesen«, gesellte sich ein Bischof und »erfaßte« ihre getauften Bürger. 395, vier Jahre nach der Einsetzung des Christentums als Staatsreligion, war die gallische Kirche schon nahezu vollkommen durchorganisiert und weithin respektiert.
Es gehörte zum guten Ton, das Kreuz anzunehmen und, wenn auch ohne allzu großes Engagement, die damit verbundenen Pflichten zu erfüllen.
Decimus Magnus Ausonius, ein hoher römischer Beamter, der sich im Alter auf seine Güter bei Bordeaux zurückgezogen hatte und von dort aus den Ruf festigte, den er als einer der kunstfertigsten Literaten seiner Zeit (des vierten Jahrhunderts) genoß, erzählt etwa, daß er jeden Morgen in seiner Privatkapelle zu beten pflegte, dann aber, »nachdem Gott genug verehrt worden war«, sich mit großer Erleichterung in die Küche begab, um dort das Mittagsmenü festzulegen. Ähnlich wie er mögen in einer der reichsten Provinzen des römischen Imperiums auch viele andere Aristokraten gelebt und gedacht haben.
Es ging ihnen gut, das Dasein war angenehm, die Städte marmorglatt mit großen Theatern, wohlfunktionierender Wasserver- und -entsorgung, voll Witz, Kultur und sprudelndem Leben. Kein Grund, das Kreuz zu ernst zu nehmen oder gar daran zu leiden.
Das galt selbst für Nachkommen der alten Druidenfamilien. Diejenigen unter ihnen, die keinen Sinn mehr darin sahen, den alten Göttern im Verborgenen zu dienen, gehörten längst städtischen Rhetorenschulen an, zehrten von dem Geheimnis, das ihre Ahnen umwitterte und gaben sich – auch das berichtet Ausonius – zierlich gräzisierte Namen wie Phoebicius oder Delphidius. Es ist durchaus vorstellbar, ja sogar wahrscheinlich, daß nicht wenige dieser Geistesgelehrten ihre Fähigkeiten auch dazu benutzten, sich nun eine Klerikerkarriere aufzubauen.
Dabei freilich wurden sie sehr rasch in die ersten Grundsatzstreitigkeiten verwickelt, welche die junge Kirche zu bestehen hatte. Eine

davon war durch den aus Irland stammenden Theologen Pelagius ausgelöst worden, eine zweite durch die gallischen Mönche.
Pelagius hatte behauptet, der Mensch könne das Böse aus eigener Kraft und durch eigenen Willen bezwingen, er müsse eben nur Gutes tun. Dies widersprach jedoch der Lehre eines seiner prominentesten Zeitgenossen, des Kirchenvaters Augustinus. Der Punier postulierte ja, die Verführung durch Geist, Besitz, Fleisch und Macht sei eine Gewalt, der niemand ohne die Hilfe der Kirche widerstehen könne. Nun wandte er sich mit dem Aufgebot seiner ganzen Überzeugungskraft wider die These des Kelten und entwarf dabei in großartiger Übersteigerung das Bild eines schrecklichen Gottes, gegen dessen Gnadenübermacht kein Sterblicher ankomme, es sei denn, er verlasse sich auf die Hilfe der Glaubensgemeinschaft. So überspitzt aber seine Argumente auch waren, schließlich bewogen sie Papst Zosimus doch zu einer Verketzerung der Pelagianer und den weströmischen Kaiser Honorius zu ihrer Ächtung. Die Mönche repräsentierten ein komplexeres Problem. Zu den ersten, die sich in Frankreich von der Sehnsucht nach einem heiligmäßigen Leben in Einsamkeit und Stille ergreifen ließen, gehörte ein Mann, der den kriegerisch klingenden Namen Martinus (abgeleitet von Mars) trug. Tatsächlich hatte er lange Zeit in Ungarn, seiner Heimat, als Soldat gedient, war dann Christ geworden und Hilarius von Poitiers, dem bedeutendsten lateinischen Dogmatiker neben Augustinus, über Italien nach Gallien gefolgt. Dort zog er sich, wahrscheinlich dem Rat seines mit östlichen Praktiken vertrauten geistlichen Vaters gehorchend, samt einigen Gefährten in die Wälder an der Loire zurück und gründete, nahe Tours, die erste Mönchsgemeinschaft des Landes.
Die Kirche, so scheint es, hat ihn dabei gewähren lassen. Im Jahr 370 wurde Martin Bischof von Tours, heute gilt er als Heiliger. Seine »cappa«, den Mantel, den er am Stadttor von Amiens mit einem frierenden Bettler geteilt haben soll, führten die fränkischen Könige als siegbringendes Reichskleinod auf allen Kriegszügen mit. Ihre Bewahrer nannte man insgesamt die »capella«.
Trotz dieser späten Wertschätzung, die aus frühen Missionierungstaten resultierte, waren aber die gallischen Bischöfe auf Martin nicht eben gut zu sprechen. In das Bild, das sie sich von der Kirche mach-

ten, paßten eremitische Brüdergemeinschaften nur schlecht hinein. Der Rang ihrer oft selbsternannten oder gewählten Äbte war juristisch und hierarchisch nicht recht faßbar. Ihre Versuche, dem Bösen durch Verzicht auf Wohlleben und die Konzentration auf gute Taten zu begegnen, roch ein bißchen nach pelagianischer Ketzerei. Die Verfassung, die sie sich gaben, war zu demokratisch.
Man stand ihnen deshalb mit all den Vorbehalten gegenüber, die noch heute jeder wohletablierte Bürger geltend macht, wenn er von Ordnungen außerhalb seiner eigenen Ordnung erfährt. Jene frühen Klöster sind ja nichts anderes als Kommunen gewesen.
Ihre Mitglieder, klagte im Jahr 428 Papst Coelestin I., »wuchsen nicht in der Kirche auf, kleiden sich in Kutten mit einem Strick um die Lenden . . . Warum müssen sie diese Gewänder tragen und die Gewohnheiten so vieler Jahre . . . gegen andere eintauschen?« Der Brief, der diesen eher biederen, konservativen Einwand enthält, war an die Bischöfe von Vienne und von Arles gerichtet. Gallien hatte sich zu einem Hort der Klosterbewegung entwickelt.
Deren skurrilste Blüte sproßte jedoch nicht aus kontinental-, sondern aus inselkeltischem Holz.

Anders, als der Papst es wollte

In Irland gab es keine diocletianischen Diözesen, keine Legionsstraßen und keine Häfen, von denen aus Schiffe regelmäßig zum Kontinent hinüberfuhren. Trotzdem ist das Christentum auch dorthin gelangt, und zwar beträchtlich früher, als die kirchlichen Annalen angeben.
Ihnen zufolge schickte Rom um 431, immer noch zur Amtszeit Coelestins I., einen gewissen Palladius auf das Eiland, um dessen Bewohner bekehren zu lassen. Etwas später folgte ihm dann der Britannier Patricius, den die Iren Patrick nennen.
Eigenen Angaben zufolge stammt der Nationalheilige der Grünen Insel aus einer romanisierten keltischen Grundbesitzerfamilie. In jungen Jahren war er als Sklave nach Irland verschleppt worden, konnte aber nach sechs Jahren in die Heimat entkommen. Dort sei ihm dann, so seine Angabe, von einem Mann namens Viktor (die Legende macht daraus einen Engel) der Auftrag übermittelt worden,

wieder zurückzukehren und »am Ende der Welt« als Missionar zu wirken. Ob das aber wörtlich zu nehmen ist, wird von modernen Forschern bezweifelt. Nora Chadwick, die wohl beste Kennerin der frühchristlichen Szene auf den beiden großen Atlantikinseln, glaubte vielmehr, sowohl Palladius als auch Patrick hätten weniger Heiden bekehrt als vielmehr versucht, bereits Getaufte in die Bahnen römischer Ordnung zurückzuführen. Die auf dem Eiland blühende sogenannte »Keltische Kirche« war älter als beide Irenapostel – und anders, als der Papst sie haben wollte.

Wie sie entstanden sein könnte, haben die Experten bisher noch nicht eindeutig zu klären vermocht. Von zwei der vielen Überlegungen, die sie dazu anstellten, lautet die erste, Irland habe möglicherweise über uralte Zinnhandelswege, via Spanien, mit dem mediterranen Osten in Verbindung gestanden und auf diesen Routen auch geistige Güter importiert, darunter Berichte von Christus und den syrischen Anachoreten. Die andere – sie gilt als wahrscheinlicher – besagte, es sei von der aquitanischen Küste Galliens her beeinflußt worden.

Konstatieren läßt sich jedenfalls, daß die Inselbewohner von der östlichen Vorstellung, dem neuen Gott in der Einöde zu dienen, stärker angesprochen wurden als von dem römischen Konzept einer straff gegliederten Amtskirche mit Bischöfen, Presbytern und dem ganzen niederen Klerus. Den keltischen Bauern und Kriegern mag es nähergelegen haben, ihre frommen Übungen dort zu verrichten, wo auch die alten Priester gewirkt hatten: unter heiligen Eschen, in den Quellgründen, die Lukan beschwor.

An solchen Orten errichteten sie denn auch Hütten und Kapellen, hier lebten sie zusammen, weniger in Brüdergemeinschaften als in geistlichen Großfamilien. Was sie besaßen, gehörte allen. Der Abt, in der Regel ein Laie, vertrat sie nach außen hin. Frauen, die anfangs noch dazugehört hatten, wurden in dem Maße an den Rand der Kommunen verdrängt, in dem sich die Ideale der Wüstenheiligen durchsetzten. Gänzlich verschwunden sind sie jedoch aus ihrem Dunstkreis nie. Wie anders hätte man sonst die immer noch geltenden Regeln der »chom-arba«, der Mit-Erbenschaft, einhalten können?

Von ihrer speziellen Art, das Kreuz zu nehmen, haben sich die Iren weder durch Palladius noch durch Patrick abbringen lassen. Ihre Keltische Kirche brachte keine nennenswerten Häresien hervor. Sie war gut katholisch, manifestierte sich jedoch nicht in Domen oder reichgegliederten Hierarchien, sondern fast ausschließlich in größeren und kleineren Mönchsgemeinschaften. Und: Sie wurde kampflos akzeptiert.

Nach allem, was wir wissen, gab es auf der Grünen Insel keine Leidensgenossen jener Blutzeugen, die anderswo den Weg der Kirche in eine heidnische Welt markieren. Durch Überzeugungskraft allein scheint sich das Christentum dort ausgebreitet zu haben. Wagenkämpfer, Speerfechter, Baird und Filid legten ab ihre bunten Mäntel, ihre bronzenen Stirnreifen, ließen sich taufen und gingen in die Wälder. Das zumindest ist der Eindruck, den die uns bekannten Fakten vermitteln. Wenn er zutreffend ist, dann stehen wir hier vor dem wohl größten Rätsel der irischen Geschichte, einer Metamorphose, die sich nicht erklären und kaum illustrieren läßt.

Von dem, was sie bewirkte, halten wir nur Splitter in der Hand: einige Beschreibungen etwa des Lebens in den keltischen Mönchsgemeinschaften.

Geliebtes, grünes Martyrium

»Gewähr mir, süßer Christ, die Bitte / Wenn deine Gnad' es will / Einen Platz in grünen Waldes Mitte / Als meiner Sehnsucht Ziel.«

So schrieb im neunten Jahrhundert der Bearbeiter eines irischen Gedichtes, das zu seinen Lebzeiten bereits zweihundert Jahre alt war. Und er fuhr fort:

»Ein Wasser, klein, doch spiegelhell / Gleich neben meiner Hütte / Das all' die Sünden meiner Seel / Wasch ab durch deine Güte.«

»Und ringsum Bäume, dicht genug / Den Wind mir abzuhalten / Durchwoben von der Vögel Flug / Und deiner Güte Walten.«

»Südlicher Ausblick, hin zum Lichte / Und einen fernen Fluß / Fruchtbare Erde voller Früchte / Zu meines Leibs Genuß.«

»Für meinen Haushalt bräucht ich nun / Da niemand mich entlohnt / Gartenkräuter, Wild, ein Huhn / Und was im Flusse wohnt.«

»Die Kleidung mag dann kommen mir / Aus eines Königs Truhe / So daß in jeglichem Revier / Ich beten kann in Ruhe.«

Das ist, schon etwas süßlich, die Beschreibung eines Idylls, wie mancher es sich auch heute noch erträumen mag: friedliches Klausnerleben in sorgenfreier Abgeschiedenheit, Beschränkung auf das Notwendigste um einer beschaulichen Ruhe willen. Die frommen Väter jener Zeit sahen es freilich anders. Ihnen galt die Weltflucht als eine von drei möglichen Arten des Martyriums. Jeder davon war eine bestimmte Farbe zugeordnet.

Als weißes Opfer, so heißt es in der sogenannten »Homilie (Bibelauslegung) von Cambrai«, dem ältesten Stück irischer Prosa, das uns überliefert ist, bezeichnet man die Trennung von Haus, Freunden und Familie, als grünes den Rückzug in ein Eremitendasein und als rotes die Hingabe des Lebens für den Glauben.

Interpreten dieser Schrift weisen zwar darauf hin, daß, entsprechend mystischer Terminologie, rot sich nicht unbedingt auf Blut, grün keineswegs auf Wald und Heide beziehen müsse, doch scheint es wohl möglich, daß weniger esoterische Denker den Katalog ebenso aufschlüsselten. Grün ist die Nationalfarbe der Iren. Da ihnen das rote Martyrium verweigert war, mögen sie schon frühzeitig das blätterfarbene um so bereitwilliger auf sich genommen haben, obwohl es, wie Beda Venerabilis berichtet, auch seine dornigen Seiten hatte.

Der frühmittelalterliche Mönch und Geschichtsschreiber, den seine Zeitgenossen mit dem Beinamen »der Ehrwürdige« (Venerabilis) belegten, kannte irische Klöster sehr genau, man darf ihn deshalb wohl beim Wort nehmen, wenn er in seiner »Kirchengeschichte des englischen Volkes« schreibt, es seien armselige Siedlungen gewesen, deren Häuser »kaum geeignet waren, ein zivilisiertes Leben zu ermöglichen; ihre Bewohner besaßen kein Geld, nur Vieh. Wenn ein Reicher ihnen Geld gab, schenkten sie es sofort den Armen, da sie selbst keinen Anlaß hatten, Geld zu sammeln oder Unterkünfte für große Herren zu errichten. Derengleichen suchten ohnehin nur ihre Kirche auf, um darin zu beten und dem Wort Gottes zu lauschen.«

Noch etwas grauer aber wird das Bild, das der Schilderer der quellumplätscherten Klausnerei entwirft, wenn man es ergänzt durch die Beschreibung der mönchischen Disziplinarordnung. Sie war strikt. Ein Bruder, der seine Pflichten nicht redlich genug erfüllte, konnte mit bis zu hundert Peitschenschlägen bestraft werden. Außerdem mußte er – was auf dem Kontinent damals noch nicht allgemein üblich war – vor seinem Abt regelmäßig, an manchen Plätzen zwei oder dreimal täglich, eine persönliche Ohrenbeichte ablegen. Er hatte sich also in skrupulösester Selbsterforschung zu üben, ohne damit schon der strengsten aller möglichen Regeln unterworfen zu sein. Viel ernster als gewöhnliche Brüder nahmen die eigentlichen Anachoreten ihre Arbeit an der eigenen Seele.

Diese direktesten Nachfolger der orientalischen Wüstenheiligen hausten zwar nicht, wie in Ägypten oder Syrien üblich, auf Klippen, Bäumen oder Säulen, sondern meist innerhalb der Klöster, aber sie befleißigten sich einer besonders strengen Observanz. Und wenn sie doch einmal selbst der mönchischen Welt den Rücken kehren wollten, dann suchten sie mit Vorliebe in kleinen Gruppen winzige Atlantik-Eilande auf.

Zu den heute bekanntesten ihrer Refugien gehört die Insel Skellig Michíl, acht Meilen westlich der Küste von Kerry. Sie gleicht der Spitze eines im Meer versunkenen Alpenmassivs. Steil, beinahe senkrecht schießen ihre Flanken aus dem Wasser empor. Ein schmaler, vielfach gezackter Pfad führt bis auf wenige Meter an den Hauptgipfel heran.

Dort stehen, auf Felsterrassen verteilt, sechs bienenkorbähnliche Hütten und zwei Kapellen in der Form umgestürzter Boote. Alle diese Bauten sind aus flachen Steinen zusammengefügt und gegen den Giebel hin derart geschickt eingekragt, daß der Regen von ihnen ablaufen muß, obwohl kein Mörtel die Fugen dichtet. Dem, der sie betritt, schlägt vollkommen trockene, etwas staubige Luft entgegen. Ihrer Enge wegen vermitteln die primitiv-kunstvollen Gehäuse sogar einen Hauch von Geborgenheit. Trotzdem dürften sie kein Hort gemütvoller Beschaulichkeit gewesen sein. Wer dort oben hauste, jahraus, jahrein, inmitten des Meeres, der Stürme und der Vogelschreie, mußte Psychosen verfallen, war Wahnideen ausgesetzt und brauchte deshalb zumindest eine recht stabile seelische Konstitution oder eben einen starken Glauben.

Indessen scheint es tatsächlich auch Eremiten gegeben zu haben, die einer Art heiliger Verrücktheit anheimfielen, der sogenannten »geilt«. Sie strichen heimatlos durch die Lande und nährten sich von Kräutern. Wieder andere bestiegen ein Boot und ließen sich steuer-

los auf die offene See hinaustreiben. Ihresgleichen sollen bis nach Island gekommen sein und bis auf die Faröer-Inseln.
Trotzdem, so meint Nora Chadwick, seien es weniger solch extreme Züge, die das Bild des irischen Heiligenzeitalters prägen, als vielmehr der alles überstrahlende Glanz einer »fortdauernden Schönheit«. Was sie meint, offenbart sich unter anderem in den Resten alter Klosteranlagen, wie etwa jener von Glendalough.

Mönche, Freunde der Barden

Glendalough, im »Tal der zwei Seen«, etwa dreißig Kilometer südlich von Dublin gelegen, war noch ein völlig unzugänglicher Platz, als sich, um das Jahr 619, ein Mann namens Kevin dort niederließ. Auf einem nur per Boot zugänglichen Riff über dem Wasser errichtete er eine kleine Bienenkorbzelle, in der Absicht, darin völlig alleine zu hausen. Aber schon bald hatte sich der Ruf seiner Heiligkeit derart weit verbreitet, daß aus allen Himmelsrichtungen Schüler herbeikamen, die mit und bei ihm leben wollten.
So entstanden zunächst eine winzige, später vier größere Kirchen und ein Friedhof, auf dem sich auch die besseren Leute aus der Nachbarschaft begraben ließen – unter ihnen, soweit ich feststellen konnte, zumindest ein Kennedy. Endlich kam noch einer jener schlanken Rundtürme hinzu, die für irische Klöster charakteristisch sind. Sie dienten in kriegerischen Zeiten als Zufluchtsort, eine Art Burgfried mit Eingängen, welche sich mehrere Meter über dem Boden öffneten. Auf dem Höhepunkt seiner Geschichte war Glendalough dann eine kleine Stadt, umgeben von Mauern und beherrscht von Mönchen, kultureller Mittelpunkt, Schulzentrum, Obdachlosenasyl, vielleicht auch Marktplatz. Ein friedvollerer Platz als Kevins fichtenüberschattete, bachdurchrauschte, in leuchtendes Wiesengrün gebettete Siedlung ist selbst heute, wo er von picknickenden Touristen überflutet wird, kaum vorstellbar.
Dennoch dürfte auch sein Genius loci nicht ausgeschöpft haben, was Nora Chadwick andeutet. Das muß vielmehr ein Glanz gewesen sein, der von den »sancti« ausging, jenen Männern, die das frühe Mittelalter Heilige nannte, ohne sie deswegen Märtyrern oder anderen Schutzpatronen gleichzusetzen. Sanctus war jeder der gelehrten

und frommen Kleriker, von denen es – laut zeitgenössischen Berichten – während des fünften, sechsten und siebten Jahrhunderts auf der Grünen Insel mehr gab als irgendwo sonst in Europa.
Natürlich legt diese Feststellung es nahe, zu fragen, warum sie denn gerade hier so zahlreich aufgetreten seien; und diese Frage fordert eine scheinbar naheliegende Antwort geradezu heraus. Könnten es nicht die Absolventen der Barden- und Filidschulen gewesen sein, jene lebenden Bibliotheken, die sich führende Plätze in einer Gesellschaft von Gottsuchern und Weltflüchtlingen gesichert hatten? Sie waren ja bestens dafür geeignet, Wissen aufzunehmen, zu verarbeiten und weiterzugeben. Auch mag sie ihre Kenntnis komplizierter Wiedergeburtszyklen dazu befähigt haben, die Geschichte von Christi Tod und Auferstehung entsprechend zu erklären und, ihnen selbst vielleicht unbewußt, mit den alten Traditionen zu verknüpfen.
Den Erzengel Michael, zu dem sie sich, wie später die Deutschen, besonders hingezogen fühlten, haben die Iren schon frühzeitig nach dem Muster eines ihrer alten Helden für sich zurechtgeformt und sogar sein Roß besungen. Es hieß Brian, war »schnell wie die Schwalbe im Frühling, schnell wie ein Märzwind, schnell wie ein Blitzstrahl und fast so schnell wie der Tod«. Auch Brigit, die mütterliche Schutzgöttin der Priester, Ärzte und Schmiede, retteten sie in den christlichen Himmel herüber. Als »Maria der Gälen« ist sie sogar im keltisch geprägten Nordwestspanien und Portugal heimisch geworden, während Brendan, einer ihrer seefahrenden Heiligen, mit Maelduin zusammenwuchs, dem sagenhaften Entdecker der Jenseitsinseln, irgendwo nördlich von Schottland.
Indes, so naheliegend die Vermutung auch ist, es seien Filid gewesen, die als Sancti altes Erbe sublimierten und damit für jenen poetischen Glanz sorgten, der über der Keltischen Kirche liegt, belegen läßt sie sich nicht. Wir wissen lediglich, daß Mönche und Sänger sich nicht feindlich gegenüberstanden, sondern sehr oft eng zusammenarbeiteten.
Der Tod Sankt Columbas zum Beispiel wurde von einem Fili (Einzahl von Filid) beklagt, der eng mit ihm befreundet gewesen war. Seine Elegie gilt als das älteste noch erhaltene Gedicht irischer Sprache. Von Myrddin aus Wales dagegen, dem möglicherweise histori-

schen Vorbild für die Gestalt des Zauberers Merlin, weiß man nicht genau, ob er ein heidnischer Barde war oder einer der von »geilt« befallenen Eremiten in den Tiefen der wildesten Wildnis.
Auch diese mageren Anhaltspunkte berechtigen jedoch allenfalls zu der Feststellung, die Grenzen zwischen alter Sagen- und neuer Heiligenwelt seien zumindest durchlässig gewesen, die Männer und Frauen, welche das grüne Martyrium auf sich nahmen, hätten mit der Tradition ihres Volkes nicht gebrochen, sondern versucht, sie fortzusetzen. Die Welt, in der sie lebten, war ohnehin ein Abbild derjenigen, die wir aus den Sagen kennen. Klöster glichen größeren Ringburgen und schlossen sich mit anderen zu zentral geleiteten Verbänden zusammen. Speertragende Äbte bevorzugten die sogenannte »johanneische Tonsur«, das heißt, sie ließen sich nicht auf dem Hinterkopf eine kreisrunde Platte ausscheren, rasierten sich vielmehr von Ohr zu Ohr und trugen das Nackenhaar lang – nach Art der Druiden, wie manche Deuter meinen.
All das aber, ihre Exzentritäten, ihre Gedichte, ihre Lebensweise, ihre spezifische Art, das Christentum zu begreifen und zu praktizieren, macht auch sie wertvoll für jeden, der Kelten zu begreifen sucht. Skizzieren nämlich irische Sagen, wie die Goidelen lebten, solange sie noch Heiden waren, so verdeutlichen die Mönche, wie dasselbe Volk die Lehren Jesu absorbierte. Auf dem Kontinent trennt eine lateinische Kulturschicht den alten Glauben vom neuen, in Irland trafen beide direkt aufeinander und verschmolzen weit vollkommener, als man es anderswo beobachten kann. Das ist schon deshalb erstaunlich, weil man eigentlich annehmen müßte, die insularen Barbaren hätten sich zumindest so hartnäckig gegen die galiläische Botschaft gewehrt wie später etwa die Friesen und die Sachsen. Da dies aber offensichtlich nicht geschah, erhebt sich immerhin die weitere Frage, ob keltische Phantasie ein besserer Nährboden für Jesu Lehren war als der germanische Mythos? Und: Hätte das Christentum in einem noch keltischen Festlandseuropa ebenso leicht Fuß gefaßt wie auf der Grünen Insel?
Beide Einwürfe gehören zu dem großen Rätselkomplex, der in der Verwunderung darüber wurzelt, daß es in Irland keine Märtyrer gab. Sie lassen sich nicht nur nicht beantworten, sie entziehen sich allen Spekulationen, zwingen aber zu der gewiß absurd anmutenden

Feststellung, selbst in den Cú Chulainns und den Cet Mac Magachs sei, wie unerkennbar auch immer, Substanz von der Substanz enthalten, aus welcher die inselkeltischen Heiligen gewachsen sind, denn man kann ja nicht annehmen, der irische Boden habe im fünften Jahrhundert einen völlig anderen Menschenschlag hervorgebracht als jenen, der schon jahrhundertelang darauf lebte.
Allein in der Gestalt des heiligen Columba wird für uns jedoch greifbar, wie der archaische Stoff sich mit dem neueren vertrug, kriegerisches Erbe mit christlicher Sanftmut. Das nächste, bedeutend jüngere Modell, welches sich dazu anbietet, ist noch einmal der Ritter, derjenige, der auch das Kreuz trug.
Auch das von ihm verkörperte Ideal scheint ein ferner Abglanz der Schönheit zu sein, die Nora Chadwick meint. Ebenso umschimmert sie den klassischen Scholaren angelsächsischer Prägung, den Gentleman von Geist, der, sanft, verträumt und kühn zugleich, Gelehrter und Poet in einer Person war.

Aber der Bischof erhob sich nicht

Was uns, ihren späten Betrachtern, so liebenswert erscheint an der Keltischen Kirche, die pastorale Lebensform, die unkomplizierte Inbrunst, die Abneigung ihrer Vertreter gegen alle Formen des Amtswesens und der Organisation, das sah man im Rom jener Zeit mit immer scheeleren Augen an.
Hatten die Bischöfe es noch zähneknirschend hingenommen, daß Schottland von Iona, nicht von Canterbury, dem katholischen Zentrum Britanniens, aus christianisiert worden war, so kämpften sie nun mit allen Mitteln dagegen an, daß sich der gleiche Prozeß in Northumbria wiederhole, jenem nördlichsten der inzwischen etablierten angelsächsischen Königreiche. Sie sandten deshalb den Priester Paulinus an König Edwins Hof und zogen diesen auf die eigene Seite herüber. Doch war der Amtskirche damit nur ein kurzfristiger Erfolg beschieden. Schon Oswald, der nächste auf dem northumbrischen Thron, fühlte sich von irischer Frömmigkeit stärker angesprochen und holte Abt Aidan von Iona ins Land. Auf Lindisfarne (heute: Holy Island) an der britannischen Ostküste rief der Columba-Nachfolger eine neue Mönchskommune ins Leben. De-

ren Angehörige bekehrten das ganze, jenseits des Hadrianwalles gelegene germanische Gemeinwesen, mit dem Erfolg, daß es dort fortan zwei Kirchenordnungen gab, eine römische und eine irische. Canterbury war nicht gewillt, auch diese Niederlage einzustecken. Oswalds Nachfolger wurde wieder für die päpstliche Partei gewonnen, gleichzeitig begannen bischöfliche Schreiber im ulsteronischen Armagh, die Könige von Tara, als deren Erbe ja schon Columba aufgetreten war, für sich zu reklamieren und den größeren Zweig der Uí Néills nun endgültig zu einer Art irischer Kaiserdynastie zurechtzumodeln. Diesen wiederum wurde der längst verstorbene und damals fast schon vergessene heilige Patrick als Apostel der Grünen Insel zugeordnet. Es war die klassische mittelalterliche Kombination, hie weltliches Schwert, da geistliches. Wie wir heute wissen, wurde sie langfristig akzeptiert. Patrick setzte sich durch – wenn auch nur postum.
Die eigentliche Entscheidung in diesem Zwist suchten Roms Vertreter jedoch auf einem anderen Feld. Sie machten den irischen Äbten zum Vorwurf, daß ihre Anhänger wie auch keltische Christen in Frankreich und Nordwestspanien das Osterfest nicht an dem Sonntag feierten, der auf den ersten Frühlingsvollmond folgt, sondern, entsprechend griechischer Regelung, einfach am dritten Tag nach dieser Phase. Das widersprach einer in langen Kämpfen durchgesetzten kirchlichen Ordnung und galt als Häresie. Die Inselbewohner haben sie dennoch hartnäckig verteidigt.
Zu einem ersten Treffen zwischen Vertretern beider Seiten kam es irgendwo in Mittelengland. Der britannische Bischof Augustinus hatte sieben Abgesandte des von Iren gegründeten Klosters Bangor in Wales zu sich bestellt. Diesen wiederum war von einem Anachoreten geraten worden, sie sollten dem Kontrahenten nur dann nachgeben, wenn er sich zu ihrer Begrüßung erhebe; wenn nicht, sollten sie auf ihrem Standpunkt beharren. Augustinus blieb sitzen.
So mußte der Streit auf einem Konzil entschieden werden. Oswiu, der Nachfolger Oswalds von Northumbria, berief es im Jahr 663 nach Whitby, einer Küstenstadt in der heutigen Grafschaft York. Vertreter der irischen Seite war Colmán, damaliger Abt von Lindisfarne, Vertreter der römischen ein Bischof namens Wilfrid.
Colmán eröffnete die Debatte. Laut Beda Venerabilis erklärte er,

Ostern sei schon von seinen Vätern und Vorvätern an den Tagen gefeiert worden, an dem auch er es begehe. »Es ist«, sagte er, »das Ostern Johannes' des Evangelisten, des Lieblingsjüngers unseres Herrn, gültig in allen Kirchen, denen er vorstand.«
Wilfrid konterte mit einem entsprechenden Argument. Das neue Ostern, führte er aus, entstamme der Tradition Roms, des Platzes, »an dem die Apostel Peter und Paul lebten, litten und begraben wurden«. Dann fügte er noch hinzu, entscheidend sei es aber, daß die keltische Ordnung nur von einer Minderheit, die römische jedoch von der Mehrheit aller Christen akzeptiert werde. Dies überzeugte auch Colmán und seine Gefährten.
Die Klöster im Südteil der Grünen Insel lenkten als erste ein und berechneten das Osterfest fortan nach den vom Papst sanktionierten Regeln, Adamnán, Abt von Iona, der Verwandte Columbas, als einer der letzten. Rom hatte gewonnen, die Keltische Kirche verloren.
Untergegangen ist sie deswegen jedoch noch lange nicht, im Gegenteil. Ihre Vertreter begannen nun, über ganz Europa auszuschwärmen und dort für ihren Denk- und Lebensstil zu werben.

Iren von griechischer Kultur

Einer der frühesten der irischen »peregrini« war Columban der Jüngere. Um 530 in Leinster geboren, machte er sich sechzig Jahre später, wie sein Namensvetter von zwölf Gefährten begleitet, auf den Weg nach Frankreich. Er muß das Land gleich einem Wirbelsturm durchfahren haben. Dem merowingischen König des Landes schleuderte er das Tafelgeschirr vor die Füße, weil sein Hof so unchristlich lebte. Bauern erzählten sich, er hätte selbst die Bären im Walde eingeschüchtert. Der Erlanger Historiker Arno Borst nennt ihn »einen struppigen Berserker des Christenglaubens«, freilich habe er auch Bildung besessen.
Am Südwestabhang der Vogesen gründete Columban die Mönchsgemeinschaften Luxueil und Fontaine, zwei Mutterzellen der späteren benediktinischen Bewegung, dann zog er weiter in Richtung Schweiz. Am Bodensee wurde sein Gefährte Gallus krank. Er blieb am Weg zurück und legte den Grundstein für das nach ihm benannte

Stift Sankt Gallen, das noch um 800 seinen irischen Charakter kaum verleugnen konnte. Es war damals ein Hüttendorf, überragt von zwei freistehenden, schlanken Rundtürmen.
Columban selbst überquerte die Alpen und schuf in der Lombardei, nahe Pavia, sein nächstes und letztes Kloster, Bobbio. Dort ist er, ein strenger, mit Prügeln nie sparsamer Mönchsvater, am 23. November 615 gestorben.
Der Weg aber, den er gegangen war, wurde zur Einfallsstraße für Dutzende seiner Landsleute. »Scotti«, also Iren, durchzogen ganz Frankreich sowie den größten Teil Deutschlands und vollbrachten dabei insgesamt eine der bedeutendsten missionarischen Leistungen der Kirchengeschichte. Cilian (Kilian), Colmán und Totnan, um die wichtigsten zu nennen, bekehrten die Ostfranken. Fergal (Vergilius) aus Aghaboe in Leinster wurde Bischof von Salzburg. »Alle vier«, meint der fränkische Lokalhistoriker Freiherr von und zu Aufsess, »predigten zu den Menschen ihres Stammes, ihrer Sprache und ihrer Haltung«, Inselkelten zu germanisierten Festlandskelten. Fromme Mainanrainer singen noch heute: »Dich loben, Dir danken / Deine Kinder in Franken / Sankt Kilian.«
Die »Exulanten Christi«, so pflegten sich irische Wandermönche zu nennen, waren jedoch mehr als nur Glaubenszeugen in einem, seit der Völkerwanderung wieder weitgehend heidnischen Land. Sie repräsentierten auch das ganze Wissen und die Bildung ihrer Zeit, trugen es mit sich, weniger in Büchern als vielmehr in gut trainierten Köpfen, ohne deswegen der Schrift unkundig zu sein. »Pugilatores Scotorum«, irische Schreibtafeln, nannte man im Deutschland des siebten und achten Jahrhunderts ihre wichtigsten Werkzeuge, und dem Beinamen Scottus, den viele der freiwilligen Emigranten trugen, kam beinahe die Bedeutung eines hohen akademischen Grades zu.
So wirkten in Lüttich der eher weltlich gesinnte Poet, Schriftkünstler und Theologe Sedulius Scottus und an der Pariser Hofschule Karls des Kahlen Johannes Scotus Eriugena. Wie die meisten ihrer ausgewanderten Landsleute waren auch sie Rebellen, die wider den Stachel der römischen Ordnung löckten.
Fergal, der Erzbischof von Salzburg, erwog die Möglichkeit, ob es nicht, analog irischem Feenglauben, eine andere Welt und andere

Menschen unter der Erde gebe. Er wurde dafür mit der Exkommunikation bedroht. Sedulius Scottus und Eriugena versuchten, spätgriechische Philosophie mit keltischem Glauben an Wiedergeburt und Wiederkehr zu vereinen.
Die karolingischen Könige und Kaiser jedoch ließen sich durch alle diese aufmüpfigen Spekulationen nicht davon abhalten, irische und angelsächsische Gelehrte an ihren Hof zu ziehen. Alkuin, Karls des Großen vertrauter Ratgeber und Freund, stammte aus Northumbria, Jonas, Raefgot, Dungal und Cadac, vier andere aus der Reihe seiner Mitarbeiter, von der Grünen Insel. Ein Zeitgenosse, Heiric von Auxerre, schrieb damals, die griechische Kultur von Byzanz ginge, dank der irischen Gelehrten, auf das Karlsreich über. Tatsächlich besaßen diese auch im neunten Jahrhundert immer noch stärkere Beziehungen zum östlichen Mittelmeerraum und den dort heimischen Lehren als zu Rom. Das erklärt sich auch aus einer plötzlichen Hinwendung zu gelehrter Literatur, mit der die irischen Mönche auf den Osterstreit und alle anderen Herausforderungen durch die Amtskirche reagiert hatten.

An die Stelle der Ohren traten die Augen

Anfang des siebten Jahrhunderts notierte Beda Venerabilis, der in einem irisch geprägten Kloster aufgewachsen war: »Neben der Beobachtung der Regelzucht und der täglichen Aufgabe, mit anderen in der Kirche zu beten, ist es stets mein Glück gewesen, zu lernen, zu lehren und zu schreiben.« Zu jener Zeit war dies ein für das keltische Mönchswesen noch völlig neuer Ton.
Bis weit in das sechste Jahrhundert hinein hatten sich die Verfechter des grünen Martyriums weniger auf das geschriebene Wort als vielmehr, traditionsgemäß, auf ihr Gedächtnis verlassen. Nicht nur Sagen und Volkslieder, auch kirchliche Hymnen und Glaubenssätze wurden fast ausschließlich von Mund zu Mund weitergegeben. Da man sich aber mit dieser Praxis schwerlich gegen den Apparat einer Kirche durchsetzen konnte, die ihre Ansichten, Meinungen und Verordnungen penibel zu fixieren pflegte, griffen nun auch die Gefährten irischer Erb-Äbte zur Feder und stellten eine neue Regel auf, welche da lautete: »Drei Pflichten täglich: beten, arbeiten und le-

sen.« An die Stelle der Ohren hatten die Augen zu treten, Bücher wurden verarbeitet und hervorgebracht.
Zunächst zeichneten die noch unsicheren Skriptoren vor allem das auf, was die Väter gelehrt hatten. Aber bald schon entdeckten sie auch Hieronymus, Augustinus, Cicero, Horaz, Virgil und eben die klassischen griechischen Schriftsteller. Um diese letzteren lesen zu können, mußten sie natürlich deren Sprache und Schrift lernen. Irgendwie scheint ihnen das jedoch auf ihrer abgelegenen Insel so gut gelungen zu sein, daß ein Produkt irischer Klostererziehung, der erwähnte Sedulius Scottus, zum damals führenden Graecisten Westeuropas aufsteigen konnte und daß junge Britannier, denen der Weg nach Hellas verwehrt war, in Scharen auf das grüne Eiland kamen, um sich dort anzueignen, was sie sonst nur noch in Alexandria, Antiochia oder Byzanz hätten lernen können.
Der nächste Schritt auf dem Weg in die Literatur führte dann folgerichtigerweise zur Entdeckung der eigenen Folklore und der eigenen Sprache. Mönche entlockten den Angehörigen alter Filid-Familien Sagen wie die von Cú Chulainn, Maeve, Deirdre, zeichneten sie auf und dichteten auch selbst. Alles in allem stand ihnen dabei eine mit Motiven reichbestückte Palette zur Verfügung: lateinische Sentenzen, griechische Theorien, keltische Märchen. Wie die schreibenden Mönche sie zusammengefügt haben, läßt sich jedoch besser als allen Texten, welche sie verfaßten, dem Schmuckwerk entnehmen, mit dem viele ihrer Bücher überreich ausgestattet sind.
Im »Book of Kells« zum Beispiel, dem Glanzstück irischer Illustrationskunst – einem Evangeliar, das vermutlich in dem gleichnamigen Kloster nahe Kilkenny (Leinster) gefertigt wurde – entdeckte Nora Chadwick unter anderem menschliche Figuren, die in dieser Darstellungsart nur noch auf bestimmten frühgriechischen Vasen zu finden sind, sowie eine Reihe typisch latène-zeitlicher Muster. In einem anderen, ähnlich prächtigen Werk, dem »Book of Durrow«, lassen sich koptische und syrische Schmuckelemente nachweisen. Beide repräsentieren also eine erstaunliche Synthese aus fast allen Elementen der frühen europäischen Kulturen, was darauf schließen läßt, daß Irland keineswegs am »Ende der Welt« lag, sondern über Wege, die wir nicht kennen, zu allen wichtigen Zentren geistigen Lebens Kontakt hatte.

Mit weniger großem Aufwand an gelehrten Vergleichen und Spekulationen, so scheint es, kann man sich dagegen den Produkten der im neunten bis elften Jahrhundert ebenfalls aufgeblühten mönchischen Kunstschmiede- und Steinmetzwerkstätten nähern. Sie erinnern ganz einfach überwiegend an das, was nach 450 v. Chr. auch die gallischen Ateliers verließ. Den rein silbernen Abendmahlskelch von Ardagh (bei Limerick) etwa schmückt eine Leiste aus virtuos verschlungenen Goldornamenten mit zwischengesetzten Emailmedaillen. Seinen Boden bedeckt ein noch dichteres Geflecht von Spiralmustern und schlangenköpfigen mythischen Ungeheuern, ähnlich denen auf dem Kessel von Gundestrup, nur unendlich viel eleganter, schlanker, zierlicher.

Die berühmtesten der für die Grüne Insel charakteristischen Steinkreuze aber, mit ihren Sonnen- oder, wie manche auch meinen, Wiedergeburtsrädern um den Crucifixus, sind bis auf den letzten Quadratzentimeter bedeckt von Schmuck- und Flechtwerk, teils figürlicher, teils abstrakter Art. Da beten Heilige, fliegen Tauben, sprossen knollige Gewächse, wachsen Ranken ineinander, stoßen Soldaten ihre Lanzen in den Leib des Herrn. Die Angst keltischer Künstler vor der leeren Fläche scheint auch im Mittelalter noch nicht bewältigt gewesen zu sein.

Auch hier gilt aber: Was immer die mönchischen Steinmetze an fremden (etwa germanischen) Motiven aufnahmen, sie haben es nicht nur bewältigt, sondern teilweise auch weiterentwickelt, vor allem das Abstruse, das Ausgefallene, das besonders Phantastische. Darin glichen sie sowohl ihren malenden als auch ihren schreibenden Brüdern. In der großen Menge der auf Irland entstandenen Bücher findet man zuweilen winzige Einsprengsel einer fremden Materie, die sich bei näherer Betrachtung als Wurzelfäden neuer Mythen erweisen. Ein Exempel dafür bieten die sogenannten »Codices Celtici«, Einschübe in die Vulgata, die lateinische Bibelübersetzung des Hieronymus. Sie stammen aus irischen und schottischen Schreibstuben, wurden wahrscheinlich im achten Jahrhundert verfertigt und sind deswegen berühmt, weil sie die Beschreibung, die Matthäus vom Tod Jesu gibt, scheinbar unmotiviert durch einen Satz aus dem Johannesevangelium ergänzen. »Einer nahm eine Lanze, stach sie in seine Seite, und es kam daraus Blut und Wasser hervor.«

Irrtum eines Abschreibers? Die Philologen sagen nein. Sie glauben in dieser Hinzufügung erste Regung des Geistes zu erkennen, der die vielleicht schönste aller spätkeltischen Sagen hervorbrachte, jene vom Gral und den Artusrittern.
Deren Ursprüngen nachgehen heißt freilich, noch einmal zurückkehren in die Zeit, in der Honorius den Britanniern mitteilte, er könne sich nicht mehr um sie kümmern.

Kapitel XVI

Das Keltenreich im Nirgendwo

»Der Geschichtsschreiber erzählt,
was wirklich geschehen ist, der Dichter,
was hätte geschehen können.
Deshalb ist die Dichtkunst eine philosophischere
und noch ernstere Tätigkeit als die Geschichtsschreibung.«
Aristoteles »Poetica«

»›sô sage mir, wer gît ritterschaft?‹
›daz tuot der künec artûs.‹«
Wolfram von Eschenbach »Parsival«

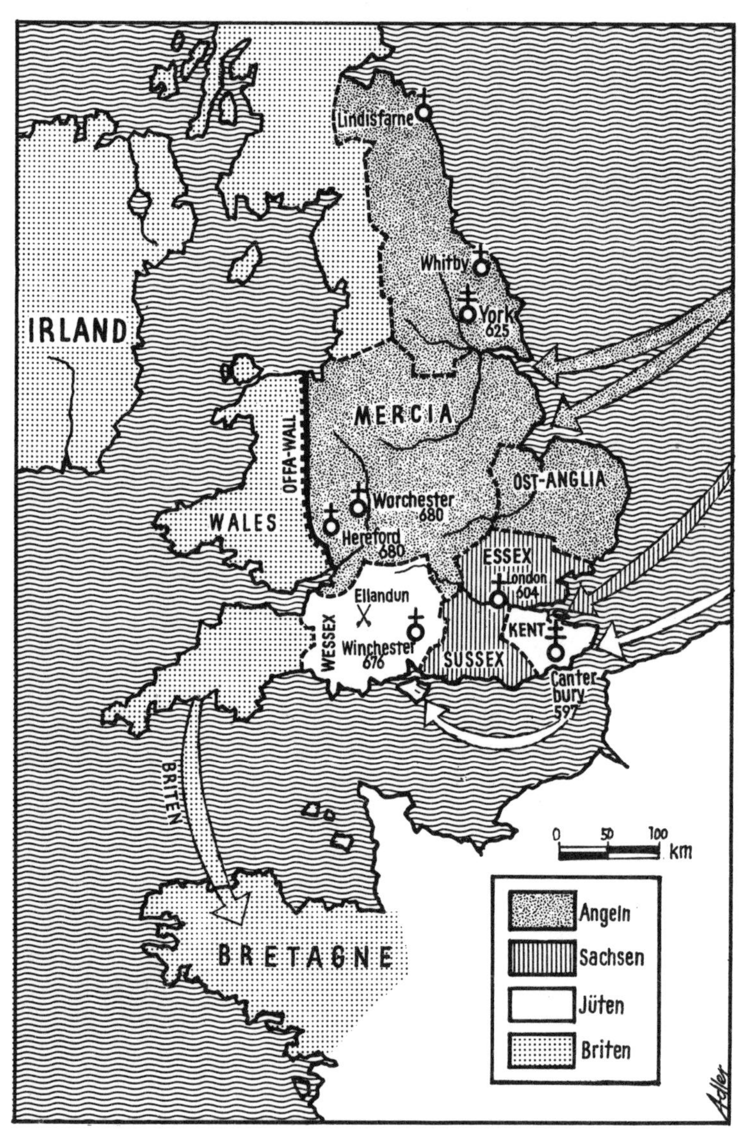

Britannien nach der Eroberung durch die Sachsen

Zeittafel:

Der Sage zufolge 417: Kaiser Konstantius entsendet eine Legion nach Britannien, welche die Sachsen in der sogenannten Halleluja-Schlacht schlägt.

Der Sage zufolge 440: Die römischen Gruppen werden wieder abgezogen. Ambrosius Aurelianus übernimmt die Macht in Britannien.

Der Sage zufolge um 450: Ambrosius schlägt Vortigern und treibt die mit ihm verbündeten Sachsen zurück.

Der Sage zufolge nach 491: Die Sachsen gewinnen wieder an Boden, werden aber von Artus in insgesamt zwölf Schlachten erneut geschlagen.

Nach 500: Sachsen, Jüten und Angeln gewinnen endgültig die Oberhand, reiben die Kelten allmählich auf und gründen sieben Königreiche, die später vereinigt werden und dem Aufbau einer Kirche nach römischer Ordnung Vorschub leisten.

1066: In der Schlacht von Hastings besiegt Herzog Wilhelm von der Normandie Englands König und unterwirft sich dessen Land. Sein Versuch, die keltische Tradition wiederzubeleben, fördert die Ausformung der Artus- und Gralslegenden.

Um 1180: Chrétien de Troyes schreibt den »Perceval«.

Um 1210: Wolfram von Eschenbach verfaßt seinen »Parsival«.

1202: Johann I. Ohneland verliert den größten Teil des ehemals normannischen Besitzes in Frankreich an den Capetinger Philipp II. August.

Ein Heerführer namens Artus

Roms ehemalige inselkeltische Untertanen mußten nach dem Jahr 410 nicht nur mit Angriffen von außen her fertig zu werden versuchen, sondern ebenso mit Barbaren, die längst in ihrem eigenen Land heimisch waren. Iren saßen an der walisischen Küste und nördlich des alten Hadrianswalles, Germanen an der Kanalküste. Römische Befehlshaber hatten den wilden Blonden aus Deutschland als Lohn für Militärdienste Siedlungsplätze in Kent und Wessex zur Verfügung gestellt, was die Einheimischen ohne Widerspruch hingenommen zu haben scheinen. Archäologen jedenfalls fanden aus dem zweiten und dritten Jahrhundert keine Spuren, die auf Auseinandersetzungen zwischen Lug- und Odinanbetern schließen lassen. Dazu kam es erst später.

Beda Venerabilis berichtet in diesem Zusammenhang von einem keltischen Adeligen namens Vurtigernus – spätere Autoren nennen ihn Vortigern – der, römischem Beispiel folgend, nach dem Abzug der Legionen eine größere Schar sächsischer Krieger anwarb, um sich mit deren Hilfe gegen Pikten und Skoten zu verteidigen. Dabei muß es zu den ersten Querelen gekommen sein. Die Germanen, geführt von den legendären Häuptlingen Hengist und Horsa, beanspruchten nicht mehr nur das Recht, sich neben bestehenden Siedlungen niederzulassen, sie wollten nun schon ihren eigenen Staat auf der Insel haben. Da sie aber stark genug waren, diese Forderung gewaltsam zu vertreten, kam es zu ersten Kämpfen zwischen Eingesessenen und landsuchenden Fremden. Vortigern scheint dabei auf der Seite der letzteren gestanden zu haben, ohne daß man sagen könnte, weshalb.

Konstantinopel immerhin nahm den Zwischenfall so ernst, daß es – das muß um 417 gewesen sein – noch einmal eine Armee nach Britannien schickte. Es fürchtete offensichtlich, seine ehemaligen, längst getauften Staatsbürger könnten von den heidnischen Sachsen ausgerottet werden. Die Legende ordnet deshalb den Legionären auch einen Bischof zu, den heiligen Germanus von Auxerre. In der sogenannten »Halleluja-Schlacht« soll er den barbarischen Glaubensfeinden eine vernichtende Niederlage beigebracht haben, Dennoch avancierte nicht der Gallier mit dem Krummstab zum eigentlichen

Helden des Befreiungskampfes, sondern ein römischer Reiterführer namens Ambrosius Aurelianus.
Wer dieser Offizier war, ist wiederum so unklar, daß sogar bezweifelt werden könnte, ob es ihn überhaupt gab. Die Überlieferung jedenfalls läßt ihn Vortigern besiegen, Hengist wie Horsa vertreiben und später, nachdem die Legionen erneut abgerückt waren, zum Vicarius Britanniae aufrücken. In dieser Funktion soll er Südengland noch einmal für die Kaiser in Konstantinopel regiert haben. Einigen Deutern gilt er darum als möglicher Kern jenes Mythos, der sich später zur Artussage verdichtete.
Deren eigentlichen literarischen Ansatzpunkt freilich liefert erst im achten Jahrhundert der hemmungslos fabulierende Geschichtsschreiber Nennius. In seiner »Historia Brittonum« heißt es: »Dann kämpfte Artus zusammen mit den anderen Britannierkönigen gegen die Sachsen, und er war ihr oberster Befehlshaber.« Weiterhin ist dort zu lesen, die Kelten hätten insgesamt zwölf Schlachten gegen ihre germanischen Widersacher geführt, die letzte am Mount Badon. »In ihr fielen an einem einzigen Tag neunhundertvierzig Mann. Artus tötete sie im ersten Anlauf. Niemand konnte die Feinde überwinden außer Artus. Er war der Sieger in allen Gefechten.«
Alle diese Mitteilungen könnte man ohne Skrupel den vielen Unglaubwürdigkeiten zuschlagen, die Nennius in seinem Werk geradezu angehäuft hat, wenn – dies zum ersten – die ein Jahrhundert später entstandenen »Annales Cambriae« (Walisische Annalen) sie nicht ebenfalls enthielten, wenn, zweitens, moderne Quellenanalytiker nicht zu der begründeten Ansicht gekommen wären, der umstrittene Historiograph stützte sich in diesem Fall doch auf authentische, aber verlorengegangene Berichte aus dem fünften Jahrhundert, und wenn, drittens, die Gerüchte um Artus sich nicht weitaus hartnäckiger gehalten hätten als vieles von dem, was im Lauf der Jahrhunderte ordentliche Chronisten ordentlich recherchiert und vollkommen abgesichert an die Nachwelt weitergegeben haben. An dem Sieger von Mount Badon hakte sich die Phantasie eines ganzen Volkes derart hartnäckig fest, daß es, bei einiger Kenntnis der Gesetze, nach denen sich Mythen entwickeln, geradezu absurd erscheint, ihn selbst ein reines Phantasieprodukt zu nennen. So wie es vermutlich ein historisches Vorbild für den homerischen Agamem-

non gab, so wie sich Dietrich von Bern auf Theoderich den Großen zurückführen läßt, so muß im fünften Jahrhundert ein Heerführer gelebt haben, der Mit- und Nachwelt zur Errichtung eines unzerstörbaren Denkmals inspirierte. Diese Ansicht hat sich auch in der Wissenschaft weithin durchgesetzt.

Zwar können die Geschichtsforscher immer noch nicht sagen, wo etwa jener Mount Badon gelegen habe, an dem Artus die Sachsen zum zwölftenmal schlug, doch glauben sie angeben zu können, daß das blutige Ereignis zwischen 490 und 499 stattgefunden haben muß, und daß der Sieger demnach wohl ein Nachfolger von Ambrosius Aurelianus gewesen sei. Sein Name klingt immerhin lateinisch genug, um solch eine Vermutung zu stützen, läßt aber gleichzeitig auch die Möglichkeit offen, er habe sich aus dem des keltischen Gottes Artaios entwickelt.

In jedem Fall muß Artus ein romanisierter Inselbewohner gewesen sein, ein Christ möglicherweise und – so die Summe aller weiteren Vermutungen – der Feldherr eines Bundes von einheimischen Kleinkönigen, die sich gemeinsam der Sachsen zu erwehren suchten.

Gefällt hat ihn jedoch kein germanisches, sondern ein keltisches Schwert. Seine letzte Schlacht, die von Camlann (vermutlich in Somerset) war ein Bruderkampf zwischen den ehemals verbündeten Fürsten. Man darf annehmen, daß sie sich nicht darüber einigen konnten, welchem von ihnen die Herrschaft in dem befreiten Gebiet zustand – eine für die keltische Geschichte ja keineswegs untypische Situation.

Psalmensingend in die Bretagne

Ob sich das Bild des Mannes, der Artus gewesen sein könnte, jemals komplettieren lassen wird, ist wenig wahrscheinlich und eigentlich auch gar nicht so wichtig. Gewiß, es wäre eine Sensation gewesen, wenn der englische Archäologe Leslie Alcock 1967 zweifelsfrei hätte nachweisen können, daß eine von ihm ausgegrabene Ringburg bei Cadbury in Somerset tatsächlich das Hauptquartier des Keltenführers während seiner Kriege gegen die Sachsen war – ausgeschlossen ist das keineswegs –, doch hätte es dem, was wir vom Artus der Sage

wissen, eigentlich nichts Wesentliches hinzugefügt. Es ist ja die Art und Weise, in der er verklärt wurde, die im Zusammenhang mit den Vorgängen am Ende der römischen Herrschaft über Britannien vor allem interessiert, denn sie dokumentiert viel eindrucksvoller als das, was wirklich geschehen sein mag, wie eine Geschichte zu Ende ging, ein Traum ausgeträumt wurde, eine Kultur starb – und dennoch weiterlebte.
Die Nachfahren des Casivellaunus und der Cartimandua wurden nach ihren letzten Widerstandsleistungen im fünften Jahrhundert von den germanischen Festlandsstämmen immer mehr aus ihren südbritischen Lebensräumen verdrängt. Viele von ihnen retteten sich nach Wales, wo mit irischer Unterstützung starke einheimische Fürstentümer entstanden; andere krallten sich in Cornwall fest oder setzten – psalmensingend, wie Gildas Bandonicus angibt – nach Frankreich über. Dort verhalfen sie der damals Armorica genannten Provinz auf dem Umweg über das Lateinische zu ihrem heutigen Namen. Aus »Britannia minor« wurde »La Bretagne«.
Alle diese Niederlagen, Rückschläge und Emigrationen aber schlugen sich nicht etwa nur in düsteren Balladen von vergeblichem Bemühen und tragischem Untergang nieder, sondern in Märchen, welche die Essenz der keltischen Welt in eine Sphäre retteten, in der sie irdischen Einflüssen entzogen war. Das mag sehr wohl geschehen sein aus Schmerz und Trauer, scheint aber auch dem Charakter eines Volkes entsprochen zu haben, welches die Wirklichkeit nie so in den Griff bekam wie seine vielen Feinde und ihnen deswegen hatte unterliegen müssen. Die Kelten, das ist ihre Schwäche und ihre Stärke zugleich, besaßen stets einen Zufluchtsort, an den sie sich zurückziehen konnten, wenn die Verhältnisse, in denen sie lebten, zu unwirtlich wurden – ihre Phantasie. Und weil das so war, ist ihnen von allen den Gemeinwesen, die sie geschaffen haben, jenes am besten gelungen, in dem König Artus regierte.

Hundertfünfzig Ritter an einem Tisch

Gründer des Staates im nicht zu erobernden Irgendwo ist der wahrscheinlich historische Vortigern. Bereits er hatte sich die zweite Hauptgestalt der Artussage an seinen Hof geholt, den Zauberer

Merlin Ambrosius, und erfuhr von ihm, daß sein Schicksal durch den Kampf zweier mythischer Drachen längst vorbestimmt sei. Das eine dieser Ungeheuer (es war rot und symbolisierte die Kelten) habe vor seinem weißen Pendant, den Sachsen, die Flucht ergriffen, das werde sich in der Wirklichkeit nachvollziehen.

Mit dieser auf reine Symbolik verkürzten Darstellung ist die Tragödie der Keltenvertreibung umrissen und fast auch schon bewältigt. Was danach anhebt, ist ein Spiel mit Fakten, Möglichkeiten, Träumen und vagen Hoffnungen.

Vortigern, der Merlin ermorden lassen wollte, wird in der Sage von zwei keltischen Häuptlingen, die aus der Bretagne zurückkommen, besiegt und erschlagen. Einer von ihnen trägt den Namen jenes vermutlich letzten römischen Befehlshabers in Britannien, Ambrosius Aurelianus, der andere, sein Bruder, heißt Uther Pendragon (Drachenhaupt).

Ambrosius ist in manchen Versionen Merlins Vater, was Uther zu dessen Onkel machte. Beide Fürsten jedenfalls regieren nacheinander das dem Vortigern abgenommene Gebiet und halten sich den jungen Zauberer als ihren engsten Berater. Artus ist damals noch nicht geboren.

Er verdankt sein Leben einem unfreiwilligen Ehebruch der schönen Igerna, Frau des Herzogs Gorlois von Cornwall. Uther, in Liebe zu ihr entbrannt, dringt in Gorlois' Schloß Tyntigaill (heute Tintagel) ein und umarmt sie, von Merlin verwandelt, in Gestalt ihres Mannes. Der Junge, der dieser Liebesnacht entstammt, erscheint Jahre später auf einer Versammlung keltischer Adeliger in London. Die Herren hatten damals gerade ein schwieriges Problem zu bewältigen.

Sie waren auf einen Stein gestoßen, darin ein Schwert stak mit der Aufschrift, der, dem es gelinge, die Waffe herauszuziehen, sei Englands wahrer König. Bisher hatte keiner es geschafft, aber nun stand ja Artus vor ihnen. Mühelos erfüllte er die Aufgabe und war damit als Nachfolger des inzwischen verstorbenen Uther qualifiziert. Gleichzeitig besaß er jetzt die ihm von Anfang an zugedachte Waffe, den berühmten »Caliburnus«.

Für die Insel begann daraufhin eine große, eine ritterliche Zeit. Artus wählte Cemelot, eine Stadt, von der niemand weiß, wo sie gelegen haben könnte, als Residenz und heiratete Guinevra (kymrisch: Guanhumara, die weiße Erscheinung), Tochter des Zwergenkönigs Leodegrance. Da aber zu deren Aussteuer ein großer runder Tisch gehörte, der einhundertfünfzig Gästen Platz bot (und also einen Durchmesser von mindestens vierzig Metern gehabt haben muß), nahm der König ebenso viele Ritter in sein Gefolge auf. Die berühmte Tafelrunde war entstanden.

Es soll eine strahlende Vereinigung gewesen sein. Die Degen, die ihr angehörten, erwiesen sich allen irdischen Feinden gegenüber als haushoch überlegen. Artus besiegte mit ihnen Sachsen, Pikten und Skoten. Als Lucius Hibernus, ein römischer Kaiser, von dem kein Geschichtsbuch kündet, ihn zu Tributzahlungen aufforderte, setzte er sogar auf den Kontinent über und trieb dessen Heere Schlacht um Schlacht bis an den Tiber zurück.

Zurückgekehrt von diesem Feldzug, schlug er noch einige rebellierende Britannierhäuptlinge, begnügte sich dann aber damit, der Tafelrunde zu präsidieren und seine Gefolgsleute zu immer neuen, auch pikanten Abenteuern auszuschicken.

Tristram von Lyonesse, einer der Artusritter, verliebte sich in Isalt, die Verlobte seines Onkels Marke, und entführte das Mädchen nach Frankreich. Dort fiel er im Kampf, während sie an gebrochenem Herzen starb. Launcelot umwarb Artus' eigene Frau. Gawain, Sohn eines Königs der Orkneys, kämpfte gegen den grünen Ritter, ein Zauberwesen, das keiner besiegen konnte, auch er nicht, das aber den, der ihm standhielt, zum edelsten aller lebenden Schwertfechter ernannte. Launcelots Sohn Galahad und der stille Waliser Percivale begriffen die Suche nach dem Gral als ihre Lebensaufgabe. Sie verließen Camelot für immer.

Merlin endlich, der Zauberer, der auch Artus beriet, besuchte Julius Caesar in Rom, pilgerte nach Jerusalem und diskutierte mit Vergil, dem Verfasser der »Aeneis«, der auch in der Magie bewandert gewesen sein soll. Später zog er sich mit der Hofdame Viviane in den bretonischen Wald Brocéliande zurück und verschmolz dort mit Baum, Stein, Farn und Eule zum Geist einer schwermütigen Landschaft.

Artus dagegen wurde, wie sein mögliches historisches Vorbild, im Kampf gegen einen Verwandten namens Modred schwer verwundet. Bevor er starb, entrückten ihn jedoch geheimnisvolle Frauen auf die Insel Avalon, von der er eines Tages zurückkehren soll. Soweit die Kurzfassung einer Märchenbiographie, die mehr als ein Jahrhundert britannischer Geschichte so auffüllt, daß bis heute noch nicht ersichtlich wurde, wo sie sich mit der Realität überlappt und wo sie Tatsachen umschleiert oder einfach unterschlägt. Die Kelten haben ein ganzes Säkulum der Inselhistorie ins Geheimnis getaucht, es war ihre letzte Zuflucht. Eben das hat die Dichter gereizt.

Der Artusroman ist in so gut wie allen europäischen Sprachen nacherzählt worden, zuletzt (1831) von dem Deutschen Karl Immermann in seinem Versdrama »Merlin«, etwas später (1885) von dem britischen Poeta laureatus Alfred Lord Tennyson in dem Gedichtzyklus »The Idylls of the King« und schließlich, in unseren Tagen (1970, 1973), von Mary Stewart, deren bisher vorliegende Merlin-Romane »Flammender Kristall« und »Der Erbe« prompt die Spitze der amerikanischen Bestsellerliste erkletterten.

Das Thema, so scheint es, fasziniert auch heute noch. Es fragt sich, warum?

Heldenportionen auf den Tellern des Märchens

Zweifelsohne vermag der Artusroman sowohl ein simples, bilderseliges Gemüt zu sättigen als auch subtilere Geister, deren Lust es ist, poetische Figurationen nachzuschmecken. In seine verschlungene Ornamentik läßt sich ebensoviel hineinsehen, wie man aus ihr herauslesen kann, ohne jemals sicher zu sein, daß man auch alle Details richtig gewürdigt hat. Da er von seinen eigentlichen Schöpfern niemals in eine literarische Form gebracht wurde, ist er ein Stoff, an dem weitergearbeitet werden kann – mit den Stilmitteln aller Jahrhunderte.

Sein fortwirkender Zauber aber läßt sich, wenn überhaupt, nur damit erklären, daß die Sagen um den Herrscher von Camelot konzentrierter Auszug der Geschichte eines ganzen Volkes sind. Die Kelten, die als Kopfjäger auf der europäischen Bühne erschienen, treten nun als christliche Edelleute wieder ab, ohne sich, wie man aus den Artuserzählungen auch herauslesen kann, deswegen untreu geworden zu sein.

In ihrem Mittelpunkt steht ja ein klassisches keltisches Paar, der Gefolgschaftsherr und sein zum Zauberer emporstilisierter Druide. Merlin lebte in den Wäldern wie die Priester Galliens oder irische Anachoreten, er hatte seinen Fürsten erzogen, beriet ihn, steuerte ihn vielleicht sogar wie noch Columba die Könige von Dál Riata. Die Ritter der Tafelrunde wiederum, in all ihrer höfischen Formvollendetheit, gleichen den ulsteronischen Helden ebensosehr wie diese den Ambiorixen. Bei Gawain wird dies besonders deutlich. Sein Angstgegner, der grüne Ritter, ist, in zeitgemäßerer Gestalt, nichts anderes als das Ungeheuer, dem Cú Chulainn den Kopf abschlug, ohne es damit besiegen zu können. Wie dieses den Iren, ernennt jener den Britannier zum vorbildlichen Edelmann, und man darf wohl annehmen, selbst am runden Tisch von Camelot seien Heldenportionen ausgeteilt und zugewiesen worden, wenn auch auf den goldenen Tellern des Märchens.

Launcelot und Tristram endlich erleiden Liebesschicksale ähnlich denen, die schon den Partnern von Etain und Deirdre widerfahren sind. Und alle erhielten ihren Rang nicht auf dem Schlachtfeld zugesprochen, sondern im Bankettsaal ihres Königs. Überhaupt ist die vielbesungene Tafel perfektes Symbol für jene Geselligkeiten, denen im Leben keltischer Krieger eine so große, fast rituelle Bedeutung zukam.

Nimmt man dann auch noch Artus' italienischen Feldzug unter die Lupe, so regt sich der Verdacht, er sei – mit Wunschtraum gemischt – ein Echo jener Zeit, in der Inselbewohner oder ihre festländischen Nachbarn gegen die Römer kämpften. Die Insel aber, auf welche der tote König entrückt wurde, ist einer der meer- oder flußumspülten Zufluchtsorte, bestückt mit gläsernen Burgen, die längst jene undefinierte Sphäre ersetzt hatten, in der tote Kelten »die Pause in einem langen Leben« verbrachten. Natürlich kam man von dorther immer wieder zurück.

Artusritter waren also geschnitzt aus dem Holz einer uralten, immer noch lebendigen Tradition. Von ihren Taten und ihrem Komment konnte deshalb noch das ganze europäische Hochmittelalter zehren. Bewußt haben dies vor allem die normannischen Könige Englands versucht. Sie reklamierten, um sich vor den Angelsachsen zu rechtfertigen, Merlin, Gawain, Tristram, Percivale und deren Herrn kurzerhand für die eigene Ahnentafel.

Poetische Verherrlichung eines stillen Walisers

Nachdem Wilhelm der Eroberer in der Schlacht von Hastings (1066) den letzten Herrscher des Volkes besiegt hatte, dem fünfhundert Jahre früher die Kelten unterlegen waren, ließ er sich einen runden Tisch schreinern, an dem – wenn sie dicht beieinander saßen – vierundzwanzig Gäste Platz nehmen konnten. Seine Platte ist aus dicken Eichenbohlen zusammengefügt, sie hat einen Durchmesser von sechs Metern und hängt heute, grün-weiß bemalt, mit den Namen der Artusritter versehen, in einer Halle des Schlosses von Winchester. Unter ihr pflegt sich das Geschworenengericht der ehemaligen englischen Hauptstadt zu versammeln.

Der nächste, der sich solch ein Möbel anschaffte, war Philipp II. August von Frankreich (1180–1223). Er tat es aus ähnlichen Gründen wie Wilhelm. In seinen Kriegen gegen Johann Ohneland, den aufrührerischen Bruder von Richard Löwenherz, waren ihm die festländischen britischen Herzogtümer Bretagne und Normandie zugefallen. Da aber die Nachfolger des Normannenkönigs die keltische Tradition auch auf französischem Boden wiederbelebt hatten, mußte er sich nun ebenfalls in die Schuhe von Artus stellen, was den Dichtern des Landes einen hochwillkommenen Anlaß bot, seine Ritter zu besingen.

Ihre »Chansons de geste«, epische Verherrlichungen einheimischer Helden wie etwa Karls des Großen und seines Paladins Roland, hatten die Phantasie der Zuhörer damals bereits so gesättigt, daß es allmählich schwer wurde, ihnen zusätzliche Reize abzugewinnen. Das Publikum verlangte nach neuen Helden in neuer Umgebung. Was hätte man ihm da besseres offerieren können als Beschreibungen der Abenteuer eines Gawain oder Merlin, dazu noch, wie es der Literaturhistoriker Paul Wiegler formuliert, »den zerfließenden Nebel der Poesie eines Naturvolkes: Zauberei, seltsame Begegnungen der Jäger im tiefen Wald, einsame Herbergen, Rufe aus dem Feenland?«

Tatsächlich erlag auch der Kontinent dem Charme inselkeltischer Phantasie. Der Kleriker Wace aus Jersey arbeitete Geoffreys Buch in den »Roman de Brut« um, eine Geschichte der Bretonen. Andere Franzosen machten ihre Landsleute mit dem Tristramstoff bekannt und den Abenteuern des irischen Inselsuchers Maelduin. Endlich

griff auch Chrétien von Troyes nach den Geschichten aus Camelot, der größte Troubadour Frankreichs.
Am Hof der Gräfin Marie de Champagne lebend, bearbeitete er die Liebesgeschichte des Ritters aus Cornwall, die noch Wagner faszinieren sollte. Dann nahm er sich nacheinander einige andere Angehörige der Tafelrunde vor. Zuerst Erec, einen mürrischen Ehetyrannen, darauf Gauvain (Gawain), schließlich Lancelot (Launcelot). Zuletzt wandte er sich dem stillen Waliser zu, den er Perceval nennt. Sein Gedicht über ihn vermochte er allerdings nicht mehr zu beenden. Er starb, bevor er das ganze Material über den Gral durchdrungen hatte. Das ermöglichte es einem Deutschen, den Stoff in die Form zu bringen, in der wir ihn am besten kennen: Wolfram von Eschenbach.
Mit seinem »Parsival« schuf der bitterarme Gefolgsmann des fränkischen Grafen von Wertheim (geboren um 1170, gestorben fünfzig Jahre später) eines der tiefsinnigsten, krausesten und schönsten Versepen der mittelhochdeutschen Literatur. Ausdrücklich bezieht er sich darin auf »von Troyes meister Christjân«, seinen großen Kollegen, wirft allerdings auch die Frage auf, ob jener der Mär vom Gral nicht »unrecht getan« habe. Er selbst nämlich sieht diese geheimnisvolle Institution ganz anders als der Franzose.
Für Chrétien war der Gral noch einfach ein Gefäß und »etwas Heiliges« gewesen, bei dem Engländer Robert de Borron ist er bereits die Schale, in der Christi Blut aufgefangen wurde, der Eschenbacher dagegen hält ihn für einen heils- und zauberkräftigen Stein, der unter anderem auch exquisite Mahlzeiten und Getränke spenden konnte. Die entsprechenden Informationen, behauptet er, habe ihm ein Provenzale namens Kyôt übermittelt.
Wer jener Wissensträger gewesen sein könnte, ist völlig unklar. Seine Erwähnung deutet jedoch darauf hin, daß es zu Wolframs Zeiten mehrere mystagogische Schulen gab, die sich jeweils im Besitz des reinen Wissens über den Gral wähnten. Tatsächlich ist dieses Phänomen Produkt nicht bloß einer, sondern mehrerer Kulturen, doch haben ihn keltisches und orientalisches Denken wohl am stärksten geprägt. Das läßt sich selbst so winzigen Hinweisen wie dem in die Vulgata hineinmanipulierten Johannes-Vers entnehmen, der uns in den Codices Celtici begegnet.

Die irischen Bibelausleger hatten offensichtlich geglaubt, daß Matthäus etwas Wichtiges vorenthalte, wenn er den Tod des Heilands mit dem simplen Satz beschreibt: »Aber Jesus schrie abermals laut und starb« (Matth. 27,50). Deshalb fügten sie hinzu, was Johannes überliefert, nämlich den Lanzenstich, der aus dem Körper des Gekreuzigten Blut und Wasser heraustreten läßt. Aber was war daran so bedeutungsvoll?

Konrad Burdach, der große deutsche Germanist, meint die Antwort auf diese Frage im Ersten Johannesbrief des Neuen Testaments zu finden. Dort (1. Joh. 5,6) ist davon die Rede, daß der Gottessohn mit Blut und Wasser komme. Das sei symbolisch gemeint. Blut repräsentiere die Fleischlichkeit Christi, Wasser seine göttliche Natur. Auf reiner Symbolik aber basiert fast die ganze Legende, die Chrétien und Wolfram später bearbeiten sollten.

Einem Geist, der in Bildern und Sinnbildern denkt, erschließen sich ja ganz andere Deutungen als nüchterner Vernunft, er assoziiert eher, als daß er schlußfolgert, in diesem Fall stark vereinfacht etwa so: Mit Wasser wird auch getauft, über den Wassern schwebte vor Beginn der Schöpfung Gottes Geist, der wiederum ist das Wort, das laut Johannes in Jesus Gestalt annahm. In die Vorstellung vom Gral ist alles das hineingearbeitet.

Als das Gefäß, das Chrétien beschreibt, umschließt er Wasser und Blut, also in höchster Verdichtung Christi doppelte Natur. Außerdem birgt er seinen Geist, das dritte der johanneischen Elemente. Bei Wolfram kommt dann wohl noch die Vorstellung hinzu, eine solche Kraft könne, analog der Speisung der Fünftausend, verhältnismäßig geringe Wunder wie die Hervorbringung von Speise und Trank mühelos bewirken. Doch gehört zu den zauberkräftigen Heiltümern, die er beschrieben hat, auch noch der Speer, der Wundschmerz zu lindern vermag und der in Wagners »Parsifal« eine so wichtige Rolle spielt.

In seiner Urform ist das natürlich die Waffe, mit der Jesus verletzt wurde. Einer apokryphen Schrift zufolge soll sie der römische Hauptmann Longinus geführt haben. Symbolbesessene Deuter konnten ihn deswegen keineswegs außer acht lassen.

Unter der Kuppel der Hagia Sophia in Konstantinopel, dem lange Zeit größten Gotteshaus der Christenheit, zerteilten byzantinische

Priester mit der Longinus-Lanze das Abendmahlsbrot. Später soll sie in den Besitz Karls des Großen gelangt sein und alle römischen Kaiser deutscher Nation auf ihren Feldzügen begleitet haben. Der letzte Politiker, der sich für sie interessierte, war Hitler. Er ließ eine Nachbildung, die im Ruf steht, das Original zu sein, aus der Weltlichen Schatzkammer der Wiener Hofburg nach Nürnberg bringen. Heute hängt sie wieder an ihrem alten Platz und kann dort besichtigt werden.

Iren aber waren es, die das heilige Gerät mit der ersten Legende umspannen. Sie machten Longinus zum Blinden, der durch das Blut aus Christi Seitenwunde wieder sehend geworden sei – eine ebenso poetische wie tiefsinnige Geschichte –, während Adamnan, der Abt von Iona, den Kelch, den Jesus beim letzten Abendmahl herumreichte, in das Geschehen einführte und damit den Gral zum erstenmal mit einem bestimmten Gegenstand identifizierte. (Sein Name ist, laut Burdach, wahrscheinlich abgeleitet von »garalis«, der Bezeichnung für einen Pokal, aus dem englische Mönche während der Fastenzeit Fischbrühe tranken.)

Damit nun war alles zusammen, das Gefäß, der Speer, die Lehre vom Blut, vom Wasser und vom Geist. Mußte nur noch eine Verbindung hergestellt werden zwischen dem Mysterium, das diese Elemente verkörperte, und dem Artushof. Das wiederum besorgten normannische Könige und britische Äbte.

Die römische Kirche hat die Gralslegende, was auch verständlich ist, ebensowenig goutiert wie früher die irischen Klöster. Durch sie schien sich ja neben den eigenen Gnadenmitteln ein Übersakrament zu institutionalisieren, das kraft eigener Märchenvollkommenheit Segen zu spenden vermochte. Sie begriff es deshalb als die Manifestation eines Vorbehaltes gegen die Ordnung, welche von den Päpsten vertreten wurde. Und genau das ist der Gral in England des elften Jahrhunderts auch gewesen.

Die normannischen Könige wollten sich nicht mehr, wie ihre Vorgänger, die Herrscher der sieben angelsächsischen Reiche Kent, Sussex, Wessex, Essex, East-Anglia, Mercia und Northumbria, es nach 700 endlich getan hatten, der römischen Jurisdiktion unterwerfen. Für sie galten die von Canterbury eingesetzten Bischöfe und Pfarrer als Repräsentanten eines Volkes, das von ihnen unterworfen worden war und dessen Identität sie zerstören mußten, wenn sie an der Macht bleiben wollten. Deshalb ihr Versuch, die ältere keltische Tradition für eigene Zwecke auszumünzen, deshalb das Bemühen, auch die christliche Lehre anders als in der überlieferten lateinischen Form zu deuten. Einen Ansatzpunkt dafür schien das Kloster Glastonbury in Somerset zu bieten, das wahrscheinlich älteste auf britannischem Boden. Es hätte für ihre Zwecke nicht günstiger gelegen sein können.

Die Flußinsel, auf der es sich erhob, soll einer alten Sage zufolge jenes Avalon gewesen sein, auf das der tote Artus entrückt worden war. Außerdem, so eine andere Legende, galt als sein Gründer der Mann, der Christus vom Kreuz genommen und begraben hatte: Joseph von Arimathia. Von dem Apostel Philippus sei er beauftragt worden, nach Britannien zu fahren und dort das Wort des Herrn zu predigen. Auf dieser Missionsreise habe er alle ihm teuren Reliquien mitgenommen und ihnen auf dem schilfumkränzten Eiland einen Altar errichtet, darunter das Gefäß, das Christi Blut barg.

Später sei das Kloster dann von Artus bestürmt worden, Gildas Bandonicus habe ihn aber mit seinem Abt versöhnt und sich mit beiden darauf geeinigt, daß Glastonbury als das zentrale Heiligtum des Landes gelten müsse und daß es sich niemals dem »Hauptort«, also Rom, unterwerfen dürfe.

Das klingt in seiner Vermengung von sagenhaften Motiven und historischen Fakten – Gildas hat ja im sechsten Jahrhundert, also um die Artuszeit, tatsächlich gelebt – wie eine späte Erinnerung an den Versuch der Inselkelten, sich gegen römisches Denken durchzusetzen und eine christliche Tradition zu begründen, welche direkt auf Jerusalem zurückgeht. Für die normannischen Könige und ihre mönchischen Freunde sollte diese Klitterung ohnehin etwas ähnliches bewirken. Beide wollten sich von Rom und von Canterbury absetzen, wollten eine nationale Kirche, in der sie, nicht die Bischöfe den Ton angaben.

Im Jahr 1191 besiegelten die Äbte von Glastonbury dieses Unternehmen mit der Nachricht, Artus' Gebeine seien auf dem Boden ihres Klosters gefunden, ausgegraben und in würdiger Form neu bestattet worden. Heute weiß man, daß dies nicht einmal pure

Erfindung gewesen ist. Die frommen Brüder hatten tatsächlich ein besonders großes Skelett aus der Erde geborgen, waren aber gar nicht auf den naheliegenden Gedanken gekommen, es könne sich dabei um die Überreste irgendeines anderen, späteren Zeitgenossen von besonders hohem Wuchs handeln.
Immerhin, wer Artus besuchen will, kann es heute tun. Er wird sich wiederfinden vor einem ausgesparten Rechteck auf dem grasüberwachsenen Boden der Ruine, die einmal die Hauptkirche von Glastonbury war. Während der Reformationszeit ist sie zerstört worden. Ihre von gotischen Fenstern durchbrochenen Seitenwände ragen aus smaragdgrünem Rasen empor wie die Kulissen für eine romantische Oper.

Ein Denkmal für die Kelten

Ritter der Tafelrunde kennen wir inzwischen längst von der Bühne her, sie figurierten sogar in einem erfolglosen Musical von Frederick Loewe, Titel »Camelot«, galoppieren auch über Filmleinwände und Fernsehschirme. In den Gralsmythos, dem Richard Wagner nur mit einem »Bühnenweihfestspiel« glaubte gerecht werden zu können, sind sie jedoch nicht mehr richtig hineingewachsen. Artus wurde mit ihm zusammengebracht durch die Manipulation der Glastonbury-Mönche und ihrer Schutzherren sowie durch Robert de Borron, einen Edelmann, der sich daran versucht hatte, Gestalten der keltischen Sage und der Bibel in einem großen Monumentalgemälde nebeneinanderzustellen und Beziehungen zwischen ihnen herzustellen – er lebte bei den Grafen von Montbéliard und schrieb nicht in seiner englischen Muttersprache, sondern in Französisch. Gelungen sind alle diese Verschmelzungsversuche eigentlich nur in einem einzigen Fall, dem des Gralsuchers, der bei Robert Bron heißt, während es in der populärsten englischen Fassung der Sage Galahad ist. Aber gerade sie wirken am Tisch von Camelot wie Fremde, passen nicht recht hinein in die Kumpanei der eher lebfrohen Gawain, Launcelot, Tristram oder Kay. Sie weisen über diesen Club hinaus, sind so etwas wie ein dünnes Bindeglied zwischen deren Nur-Rittertum und dem Ideal, das die Hüter des Heiligtums, Wolframs »Templeisen«, als vorweggenommene Ordensritter verkörpern.

Das, so scheint es, läßt erkennen, daß keltische Substanz noch hingereicht hatte, die Artussage hervorzubringen, daß sie dann aber dünner wurde und gestreckt werden mußte durch allerlei symbolistische Spekulationen teilweise orientalischer Herkunft. Das Mittelalter wurde noch überstrahlt von ihr, wenn auch mit einem eher unwirklichen, mondlichtartigen Glanz.

Freilich ist das wenig verwunderlich. Der Kern, das Volk, von dem dies alles ausgegangen war, lebte ja im zwölften Jahrhundert kaum noch irgendwo in seiner alten Ordnung, es sei denn hoch oben im schottischen Norden, an den Rändern von Wales oder in den Gebieten Irlands, die noch nicht von Wikingern oder Normannen kontrolliert wurden. Seine Sagen gerieten ihm deshalb mehr und mehr zu einem Untergrund, in dem es nun leben mußte und den es eher zu konservieren als auszuweiten suchte, ihre Helden versteinerten zu den Bildern, als die wir sie kennenlernten.

Bron, Galahad und Percival waren die letzten, die diesem Gefängnis gerade noch entrannen und in den jüngeren Mythos eingingen. Wenn man aber bedenkt, wo zumindest einer von ihnen herkam, von jenem Strand nämlich, an dem sein Urbild mit dem heidnischen Halbgott Cú Chulainn gekämpft hatte, war das ein erstaunlich langer Weg. Daß er auf der Gralsburg endete, einer der strahlendsten Hervorbringungen europäischer Märchenphantasie, hätte kein Dichter schöner erfinden können. Es ist, als hätte die Geschichte den Kelten damit ein letztes Denkmal setzen wollen, das ihnen gerecht wurde, denn greifen oder auf eine einzige Deutung festnageln läßt es sich nicht.

Literaturverzeichnis

Alcock, L.: »Camelot«, London 1972
Atkinson, W. C.: »A History of Spain and Portugal«, Harmondsworth 1960
Bezzola, R.: »Liebe und Abenteuer im höfischen Roman«, Hamburg 1961
Bittel, K.: »Die Kelten in Württemberg«, Berlin/Leipzig 1934
Bonneur, G.: »Notre Patrie Gauloise«, Paris 1974
Buchner, R. (Hsg.): »Gregor von Tours: Zehn Bände Geschichte«, Darmstadt 1972
Buismann, H.: »Spanien«, Olten 1972
Burckhardt, J.: »Die Zeit Constantins des Großen«, Basel 1929
Burdach, K.: »Der Gral«, Stuttgart 1938
Carney, J. (Hsg.): »Early Irish Poetry«, Cork 1965
Chadwick, N. K.: »The Age of the Saints in the Early Celtic Church«, London 1961
Cornelius, F.: »Geschichte der Hethiter«, Darmstadt 1973
De Camp, S.: »Geheimnisvolle Stätten der Geschichte«, Düsseldorf 1966
Dillon, M. (Hsg.): »Irish Sagas«, Cork 1970
Dillon, M., und Chadwick, N.: »The Celtic Realms«, London 1967
Dorminger, G. (Hsg.): »G. J. Caesar: Der Bürgerkrieg«, München 1964
Dorminger, G.: (Hsg.): »G. J. Caesar: Der Gallische Krieg«, München 1964
Dorminger, G. (Hsg.): »Tacitus: Agricola«, München 1968
Drexler, H. (Hsg.): »Polybios: Geschichte«, Zürich 1961
Duval, P.-M.: »La Vie quotidienne en Gaule«, Paris 1952

Eckstein, F. (Hsg.): »Tacitus: Historien«, München 1964
Eliade, M.: »Die Religionen und das Heilige«, Salzburg 1954
Eliade, M.: »Mythen, Träume, Mysterien«, Salzburg 1961
Feix, J.: (Hsg.) »Titus Livius: Römische Geschichte«, München 1972
Fox, R. L.: »Alexander der Große«, Düsseldorf 1974
Gadow, G.: »Der Atlantis-Streit«, Frankfurt 1973
Gimbutas, M.: »Bronze Age cultures in central and eastern Europe«, Den Haag, 1965
Görlitz, W.: »Hannibal«, Stuttgart 1970
Green, R. L.: »King Arthur«, Harmondsworth 1973
Hachmann, R.: »Die Germanen«, Genf 1971
Harendza, W. (Hsg.): »Tacitus: Die Annalen«, München 1964
Hatt, J. J.: »Histoire de la Gaule romaine«, Paris 1970
Hawkins, G. S.: »Stonehenge Decoded«, London 1966
Heer, F.: »Europäische Geistesgeschichte«, Stuttgart 1953
Hubert, H.: »Les Celtes et l'éxpansion celtique«, Paris 1974
Hubert, H.: »Les Celtes et la civilisation celtique«, Paris 1974
Jackson, K. H.: »The Oldest Irish Tradition«, Cambridge 1964
Jakobi, G.: »Die Ausgrabungen in Manching«, Wiesbaden 1974
Joffroy, R.: »La Tombe Princière de Vix«, Chatillon s. B. 1968
Jones, H. L.: (Hsg.) »The Geography of Strabo«, London 1969
Kaltwasser, F. (Hsg.): »Plutarch: Lebensbeschreibungen«, München 1964
Kappel, J.: »Die Ausgrabungen in Manching«, Wiesbaden 1969
Klindt-Jensen, O.: »Denmark«, London 1957
Kluxen, K.: »Geschichte Englands«, Stuttgart 1968
László, G.: »Steppenvölker und Germanen«, Herrsching 1974
Lenk, A.: »Die Gezeiten der Geschichte«, Düsseldorf 1974
Mauduit, J. A.: »L'Epopée des Celtes«, Paris 1973
Mommsen, Th.: »Römische Geschichte«, Leipzig 1865
Moody, T. W.: »The Course of Irish History«, Cork 1967
Morton, F.: »Salzkammergut«, Hallstatt 1956
Noelle, H.: »Die Kelten und ihre Stadt Manching«, Pfaffenhofen 1974
O'Connor, F.: »A Book of Ireland«, Glasgow 1959
Oldfather, C. H. (Hsg.) »Diodorus Siculus«, London 1968

Panikkar, K. M.: »Geschichte Indiens«, Düsseldorf 1957
Pfeiffenberger, H. G.: »Das Tal der Wisente«, Salzburg 1970
Piggott, S.: »The Druids«, London 1968
Pobé, M.: »Provence«, Darmstadt 1962
Pörtner, R.: »Mit dem Fahrstuhl in die Römerzeit«, Düsseldorf 1959
Pörtner, R.: »Bevor die Römer kamen«, Düsseldorf 1961
Pokorny, J.: »Altkeltische Dichtung«, Bern 1944
Richtsteig, E. (Hsg.): »Herodot: Historien«, München 1965
Rolland, H.: »Glanum«, Saint Remy-de-Provence, 1974
Rutz, W. (Hsg.): »Lucan«, Darmstadt 1970
Scherer, A. (Hsg.): »Die Urheimat der Indogermanen«, Darmstadt 1968
Seyfarth, W. (Hsg.): »Ammianus Marcellinus: Römische Geschichte«, Berlin 1971
Spanuth, J.: »Atlantis«, Tübingen 1965
Stahr, A. (Hsg.): »Sueton: Kaiserbiographien«, München 1965
Stone, J. F. S.: »Wessex«, London 1958
Tarn, W.: »Hellenistic civilization«, London 1959
Taylor, W.: »The Mycenaeans«, London 1964
Thevenot, E.: »Histoire des Gaulois«, Paris 1971
Thurneysen, R.: »Die irische Helden- und Königssage«, Halle 1921
Weber, G. (Hsg.): »Wolfram von Eschenbach: Parzival«, Darmstadt 1967
Wheeler, M.: »India and Pakistan«, London 1959
Wieland, Ch. M. (Hsg.): »Lucian von Samosata: Sämtliche Werke«, Leipzig 1788

Personen- und Sachregister

Aemilius Papus 44, 47f.
Agrigent 40
Alcock, Leslie 415
Alesia, Gründung von 88
–, Schlacht um 296ff.
Alexander von Makedonien 61ff., 86
Allia, Schlacht an der 24, 38
Allobrogen 51
Alteuropäisch 117
Ambiorix 282, 287
Ammontempel (Medinet Habu) 155
Amtskirche, römische 400
Aneroëstes, König 46f.
Anglesey, Eroberung von 320ff., 333
Ankyra (Ankara) 72
Antigonos Gonatas 66, 68
Antiochos 66ff., 75
Antonius Pius 341
Apostel Paulus s. Galaterbrief
Aquae Sextiae (Aix-en-Provence), Schlacht bei 105, 153
Aquae Sulis (Bath) 343
Arausio, Schlacht von 103
Archäologie, Meßtechnik der 146f.
Ariovist 268ff.
Aristoteles 63
Arretium (Arrezzo) 37
Artemidoros von Ephesos 104
Artemis 65
Artussage 414ff.
Athene 65
Atlantis-Theorien 148ff.
Atomuhr s. Archäologie, Meßtechnik der
Attalos I. 75f.
Attalos III. 77
Augustinus, Kirchenvater 391
Aunjetitzer Kultur 130, 153f.
Avaricum (Bourges) 290ff.

Bagaudenaufstand 344
Bandonicus, Gildas 345, 416, 425
Bannfluch 36
Belagerungstaktik, caesarische 297ff.
Bellini, Vincenzo 221
Benoît, Fernand 248
Bergomum (Bergamo) 18
Berner Scholien 175
Bibracte (Autun) 206
–, Schlacht bei 264
Boiodunum (Passau) 206
Bojer 38, 42f., 50ff.
Bolgios (Belgios) 64f.
Bonheur, Gaston 287
Book of Leinster s. Volksepen
Borst, Arno 402
Boudicca, Fürstin 323
–, Aufstand der 324f.
Brandenstein, Wilhlem 124f.
Brennus I. (Keltenführer) 24, 27, 33
Brennus II. 65f.
Britannia, inferior 342
–, superior 342
Britannien, Eroberung von 314f.
Britannienexpeditionen, römische 309f., 314ff., 317ff., 333
Bronzezeit, frühe 145
Brythonisch s. Sprachen, keltische
Bündnistreue 42
Burckhardt, Jacob 344
Burdach, Konrad 423

Cadbury (Somerset) 343, 415
Caesar, Gaijus Julius 229ff., 240,

249ff., 256, 264ff., 273ff., 300ff., 313
Caius Attilius Regulus 44, 47f.
Caius Flaminius 44
Caldedonia, Kampf um 338ff.
Calgacus (Caledonierfürst) 336ff.
Caligula 314ff.
Cambodunum (Kempten) 206
Camulodunum (Colchester) 316
Carcassonne 50
Carnac 225
Cartagena, Vertrag von 12f.
Cartimandua 317ff.
Cenomanen 42f.
Centuria 294
Ceutronen 51
Chadwick, Nora 393, 397, 400, 405
Chanson de geste 421
Chiusi 44
Christentum, Ausbreitung des 350
Christianisierung, Frankreichs 389
–, Irlands 388, 392ff.
Churchill, Winston 222
Churri 128
Cicero 262, 274
Circumvallatio s. Belagerungstaktik
Clusium (Chiusi) 19f.
Coelestin I., Papst 392
Coligny, Kalender von 225
Columba 400
Columban der Ältere 387ff.
Columban der Jüngere 402
Contravallatio s. Belagerungstechnik
Convictolitavis 293
Crassus 256
–, Tod des 302
Cú Chulainn 361ff.
Cursus 150

Damaszieren 191
De Bello Gallico s. Caesar
de Borron, Robert 422, 426
»Dicke Gräber« 170
Dillon, Myles 227
Dio Cassius 323
Diodorus Siculus 14ff., 21, 25, 33, 65f., 87f., 90, 100, 257
Diogenes Laertios 232
Diviciacus s. Häduerfürsten
Dolmenstraße 143
Druiden 93ff., 193, 216, 348
–, Stellung der 229ff.
–, Mythos der 223ff.
–, Naturheilkunde der 224
Druidenorden 222
Drunemeton 71f.
Drusus 302f.
Dumnorix s. Häduerfürsten

Ebro 13
–, Vertrag von 50
Einzelgrab, Einführung des 171
Eisenverarbeitung, Beginn der 191, 198
Eliade, Mircea 235f.
End-Bronzezeit 143
Ensérune 203
Entremont 202, 248
Etrurien, Kelteneinfall in 17f.
Etrusker 17
Euhemeros 370
Eumenes 75
Eumenes II. 77
Europa, Beginn der Geschichte von 129

Ferguson, Charles Wesley 146
Fichte, Johann Gottlieb 182, 193
Fiesole 45
Fosso della Bettina 24
Frauen, Stellung der keltischen 97ff.

Galates 88
Galatia, Gründung von 69, 71, 77
Galatier, Gerichtsbarkeit der 73
–, Parlament der 73
Gallia Cisalpina 39, 54f.
Gallien, Eroberungen in 264ff., 272
–, Kriege in 282ff.
–, Sieg über 301
Gaseaten 42, 48, 50
Gergovia, Angriff auf 292
Germani 105
Gesellschaft, irische 379
Gesellschaftsordnung, keltische 100
Gimbutas, Marija 125f.
Glastonbury, Kloster 425
Glendalough, Klosteranlagen von 397
Glockenbecherkultur 130

Glockenbecherleute 129
Gmunden am Traunsee 166
Gnaeus Pompejus 259, 302
Goidelisch s. Sprachen, keltische
Gottesdienste, keltische 93
Gundestrup, Kessel von 195ff., 234

Hadrian 341
Hadrianswall 341
Häduerfürsten, Bruderzwist der 262, 264, 281
Hallstatt 163
–, Dorffriedhof von 163
–, Gräberfeld von 164
Hallstatt-Kultur 181f.
Hallstattzeit 165, 189
Hannibal 14, 50ff.
–, Bündnispläne des 50ff.
Hasdrubal 12ff., 41
Hastings, Schlacht von 421
Hatt, Jean-Jacques 115, 173, 189, 194
Hawkins, Gerald S. 147
Hellenisierung 77
Herder, Johann Gottfried von 182, 193
Herniker 34
Herodot 19, 62, 140, 168f.
Hethiter 127f.
Heuneburg 173, 176ff.
Heuss, Alfred 275
Hieronymus 406
Historia Brittonum s. Nennius
Homer 17
Hradiště 301
Hyperboräer 85

Iberer 203f.
Immermann, Karl 419
Indogermanistik 120ff.
Indutiomarus 283ff.
Insubrer 42f., 50, 53, 55
Iona, Friedhof von 387
Irland, Keltische Besiedlung von 378ff.
Italiker 34

Jackson, Kenneth Hurlstone 376
Jacobsthal, Paul 194ff.
Joffroy, René 174
Jones, Sir William 116
Jünger, Ernst 223
Julius Agricola 331ff.
Juno, die heiligen Gänse der 25, 27

Kalender, keltischer 225f.
Kampfstil, keltischer 310
Kap Telamon 47
–, Schlacht am 48ff.
Kapitol, Angriff auf das 26
Kassiten 128
Kelten, britische 310
–, Feste der 261
–, Mutterverehrung der 244, 247
–, Opferstätten der 246
–, Tempel der 248
–, Schiffbau der britischen 315f.
Keltengötter 240ff.
Keltenschanzen s. Viereckschanzen
Keltenstil 196ff.
Keltische Kirche 393, 400
Keraunos, Usurpation des 64
Kimbern 104ff.
Kleinstaaten 189
Klimaoptimum 139ff.
Koggen 316
Konstantin III., Kaiser 347
Konstantin der Große, Kaiser 344
Kopfjägerei 91f., 169
Krahe, Hans 117, 131, 155
Kriegführung, psychologische 15f.
Kriegsgebräuche, keltische 16
Kritias s. Plato
Kronasser, Heinz 121
Kugler, Josefa 163
Kunstschmiedetechnik, keltische 198
Kurgan 126, 130, 167
Kurgankultur 126ff.

La Tène, Funde von 247
Latène-Kultur 200, 205
Latène-Stil 193f.
Latène-Zeit 193
Latiner 34
Latinerkrieg 35
Legendenbildung 33
Libby, Charles F. 146
Ligurer, Geschichte der 172ff.
–, Handelswege der 172f.

Livius 19ff., 24f., 33f., 37, 51, 53, 178, 237
Loewe, Fredérick 426
Londinum (London) 324, 342
Lug (Keltengott) 238ff.
Lugdunum (Lyon) 206
–, Gründung von

Männergesellschaft, keltische 96f.
Mag Ailbe 357
Magnus Maximus (Maxen Wledig) 346
Manching, Ausgrabungen von 207ff., 214
Manufakturen, keltische 211
Marcus Furius Camillus 33
Marcus Manlius 27
Marcus Papirius 26
Martinus 391
Mason, Vadim Michailowitsch 125, 132
Massilia (Marseille) 51
Mauduit, J. A. 144
Mauern, gallische 207, 213, 290
Maximus Rullianus 35ff.
McMahon, Bryan 227
Mediolanum (Mailand) 18f., 50
–, Gründung von 179
Megalithbauten 144
Megalopolis 83
Menander 302
Menschenopfer 92
Metarmorphosen s. Ovid
Meton von Athen 226
Miller, Gerald B. 223
Mönchsgemeinschaften, keltische 394ff.
Mönchswesen, keltisches 404
Mommsen, Theodor 333
Mont Beuvray, Ausgrabungen auf dem 206
Montepulciano 20
Morton, Friedrich 167
muri gallici s. Mauern, gallische
Musée Granet (Aix-en-Provence) 249
Musée Lapidaire (Avignon) 198
Mythenforschung 133
Mythologischer Zyklus s. Volksepen

Nachschubwesen, Organisation des 26
Nages 200
Namneton (Nantes) 206
Nation, Begriff der 182f.
Nationalstaaten 189
Nehring, Alfons 122f., 125
Nennius 414
Nero, Sturz des 331f.
Nikaia (Nizza) 200
Nikomedes 68f.
Nonnweiler 207
Noviomagus (Speyer) 206

O'Brien, M. A. 376
Ogam-Alphabet 362
Ohneland, Johann 421
Ordshonikidse, Funde von 170
Ostorius Scapula 317
Ovid 139f.
Oxenstierna, Eric Graf 141

Paläontologie, linguistische 121
Papirius Carbo 103
Parthertaktik 288, 291
pax Romana 343
Pelagius 391
Perchtenläufe 304
Pergamon, Reich von 74f.
–, Stadt 75
Philetairos 74f.
Pontos, Reich von 77
Parnaß, Schlacht am 66
Phaeton, Sage von 139
Philip II. August von Frankreich 421
Piggott, Stuart 102, 236
Plato 85, 141, 148, 140, 152
Plinius 27
Plutarch 103, 153, 290
Pörtner, Rudolf 164
Polybios 17ff., 33, 37, 39, 41, 43f., 47 52, 55, 64, 70, 83f., 199
Poseidonios 86ff., 101, 103f., 234
Ptolemaios 63f.
Ptolemaios, Claudius 313
Publius Cornelius Scipio (Africanus der Ältere) 53, 256
Publius Decius Mus 35ff.
Punier 13f., 40
Punischer Krieg, erster 13, 40

Punischer Krieg, zweiter 50
Pyrrhus-Sieg 40
Pytheas von Massilia 86
Pythia 65

Quintus Fabius 22, 35ff.
Quintus Sertorius 259

Ramsauer, Johann Georg 164
Recht, altirisches 365
Rechtswesen, keltisches 232
Religion, keltische 233f.
Renan, Ernest 183
Renfrew, Colin 146f.
Riten, religiöse 237
Rom 33
Romani, Felice 248
Roquepertuse, Januskopf von 198
–, Tempel von 248

Sabiner 34
Sagen, spätkeltische 407
Saint-Remy-de-Provence 204
Sakralhäuser, Entwicklung der 247
Samniten 34
Samnitenkriege 35
Sanskrit 169
Sardes, Schlacht bei 75
Sarsinaten 42
Sassoferrato 35
Schachermeyer, Fritz 140
Schamanen 169, 235
Schipka-Paß 61f.
Schramana s. Schamanen
Schwert, keltisches 49
Scipio Aemilianus
(Africanus der Jüngere) 84, 258
Seekriege 345f.
Seelenwanderungsglaube 234
Seeräuber, britannische 315
Seevölkerzug s. Wanderungen, mitteleuropäische
Seleukos 64
Sena Gallica (Senigallia, Sinigaglia) 39
Senonen 20ff., 37ff.
Sentinum, Schlacht von 35ff.
Seßhaftigkeit 114
Skythen, Geschichte der 168ff.
Spanien, Eroberung von 259f.
Spanuth, Jürgen 141f., 148, 152
Sprachen, keltische 311f.
Sprachforschung 116f.
Sprachforschung, vergleichende 116
Sprachgemeinschaften 116
St. Benoît 229
Steinsburg 268
Stewart, Mary 419
Stone, J. F. S. 151
Stonehenge 145, 148, 150, 225
Strabo 67f., 70, 72, 87, 113, 203
Suess, Hans E. 147
Suetonius Paulinus 320, 325
Sulla 259

Tacitus 268, 317ff., 325, 333ff.
Tarn, William 76
Tarpan 114
Tauriner 52
Taurinum (Turin) 18f.
Taurisker 42, 50
Tektosagen 67, 71
Tennyson, Alfred Lord 419
Tetrach 71f.
Thukydides 156
Thurneysen, Rudolf 377
Tiberius 302f., 314
Ticinus (Ticino), Schlacht am 53, 179
Timaios von Tauromenion 84
Tolistoager 67, 71
Torques 96, 100
Totenkult 91
Trebia, Schlacht an der 53f.
Triumvirat (Caesar, Crassus, Pompejus) 273
Trokmer 67, 71
Tylis, Reich von

Ulster-Zyklus s. Volksepen
Umbrer 42
Umfassungsangriff 24
Urnenbestattung 167
Urnenfelderkultur 130

Vadimonischer See, Schlacht am 38f.
»Vae victis« 27
vallum Antonini s. Antonius Pius
vallum Hadriani s. Hadrianswall

Veji 24, 33f.
Venerabilis, Beda 413
Veneter 42f.
Vercellae, Schlacht von 104f.
Vercingetorix 289ff., 293ff.
Verulamium (St. Albans) 324
Verwaltung, römische 301
Vesuv, Ausbruch des 348
Viereckschanzen 246f.
Vierkaiserjahr 347
Vindeliker 209
Viriatus 257
Vix, Ausgrabungen von 173f.
Völkerwanderung 18, 350
Volcae, Stammesverband der 67
Volksepen, irische 357ff., 369ff.
Volksversammlung 23
von Boeckmann, Kurt 147
von Eschenbach, Wolfram 371, 422
von Poitiers, Hilarius 391
von Tours, Gregor 246
von Troyes, Chrétien 422f.
Vulgata 406, 422

Wagner, Richard 426
Wandermönche, irische 403
Wanderungen, indogermanische 124, 129
Wanderungen, mitteleuropäische 153ff.
Web- und Färbetechnik, keltische 198
Weicheisenguß s. Eisenverarbeitung
Wiedergeburtsglaube 374
Wikingerdrachen 316
Wilhelm der Eroberer 421
Wirtschaftsform, keltische 213f.

Xenophon 85, 211

Zinnweg 174